Margit Brinke, Peter Kränzle
Athen

Hierin verdient unsere Stadt Bewunderung und noch in anderem:
Wir lieben die Kunst mit maßvoller Zurückhaltung, wir lieben den Geist
ohne schlaffe Trägheit; Reichtum dient uns der rechten Tat, nicht dem prunkenden
Wort, und seine Armut einzugestehen ist für niemanden schmählich, ihr nicht
durch eigene Arbeit zu entrinnen (gilt als) schmählicher.

Thukydides, Der Peloponnesische Krieg (II 39.4, 40.1)

Impressum

Margit Brinke und Peter Kränzle
Athen und Umgebung

erschienen im
Reise Know-How Verlag Peter Rump GmbH
Osnabrücker Str. 79
33649 Bielefeld

© Peter Rump
1. Auflage September 2003

Alle Rechte vorbehalten.

Gestaltung
Umschlag: M. Schömann, P. Rump (Layout);
 Günter Pawlak (Realisierung)
Inhalt: Günter Pawlak (Layout u. Realisierung);
Fotos: die Autoren
Titelfoto: die Autoren
Karten: Thomas Burl

Lektorat: Barbara Bossinger

Druck und Bindung
 Fuldaer Verlagsagentur

ISBN 3-8317-1207-7
Printed in Germany

Dieses Buch ist erhältlich in jeder Buchhandlung der BRD,
der Schweiz, Österreichs, Belgiens und der Niederlande.
Bitte informieren Sie Ihren Buchhändler
über folgende Bezugsadressen:
BRD
 Prolit GmbH, Postfach 9, D-35461 Fernwald (Annerod)
 sowie alle Barsortimente
Schweiz
 AVA-buch 2000
 Postfach, CH-8910 Affoltern
Österreich
 Mohr Morawa Buchvertrieb GmbH
 Sulzengasse 2, A-1230 Wien
Niederlande, Belgien
 Willems Adventure
 Postbus 403, NL-3140 AK Maassluis

Wer im Buchhandel trotzdem kein Glück hat,
bekommt unsere Bücher auch direkt bei:
Rump Direktversand Heidekampstraße 18,
D-49809 Lingen (Ems) oder über
unseren **Büchershop im Internet:**
www.reise-know-how.de

*Wir freuen uns über Kritik, Kommentare
und Verbesserungsvorschläge.*

*Alle Informationen in diesem Buch sind von den
Autoren mit größter Sorgfalt gesammelt
und vom Lektorat des Verlages gewissenhaft
bearbeitet und überprüft worden.*

*Da inhaltliche und sachliche Fehler nicht ausgeschlossen werden können, erklärt der Verlag,
dass alle Angaben im Sinne der Produkthaftung
ohne Garantie erfolgen und dass Verlag
wie Autoren keinerlei Verantwortung und
Haftung für inhaltliche und sachliche Fehler
übernehmen.*

*Die Nennung von Firmen und ihren Produkten und
ihre Reihenfolge sind als Beispiel ohne Wertung
gegenüber anderen anzusehen.
Qualitäts- und Quantitätsangaben sind rein subjektive Einschätzungen der Autoren und dienen keinesfalls der Bewerbung von Firmen oder Produkten.*

Margit Brinke, Peter Kränzle

ATHEN UND UMGEBUNG

Reise Know-How im Internet

Aktuelle Reisetipps und Neuigkeiten
Ergänzungen nach Redaktionsschluss
Büchershop und Sonderangebote
Weiterführende Links zu über 100 Ländern

www.reise-know-how.de
info@reise-know-how.de

Wir freuen uns über Anregung und Kritik.

Vorwort

Χαίρετε – Hello!

Die alte griechische Begrüßungsformel „Sei(d) gegrüßt" hört man in Athen kaum mehr. Englisch ist dagegen verbreitet und der Gast wird meist nur hastig mit einem „Hello" begrüßt. Athen ist etwas Besonderes, ist Angelpunkt zwischen Okzident und Orient und eine Stadt der Gegensätze: Chaos und Idyll, Grün und Beton, Smog und Sonne, Lärm und Beschaulichkeit, Antike und Moderne, Moloch und faszinierende Großstadt ...

Spricht man von Athen, denkt man an die Akropolis, an das Nationalmuseum und vielleicht noch an Nana Mouskouri und Piräus. Doch die Hauptstadt Griechenlands hat weit mehr zu bieten. Allerdings biedert sie sich dem Besucher nicht an, sondern will mit ihren höchst unterschiedlichen Vierteln „erobert" werden.

Athen wird vom 13. bis 29. August 2004 Austragungsort der Olympischen Spiele sein, und eines gleich vorweg: Es wird alles fertig sein. Nicht Monate oder Wochen vorher, sondern am Tag vor der Eröffnung, nicht perfekt und hundertprozentig, sondern sicher zum Teil improvisiert, aber mehr oder weniger funktionierend. Der vorliegende Band widmet sich in einem gesonderten Kapitel den Olympischen Spielen, geht auf Sportstätten, Zeitplan, Infrastruktur und Ticketerwerb ein und ist damit idealer Leitfaden für die Planung einer olympischen Athen-Reise.

Dieser City Guide soll dazu anregen, die Stadt in Eigenregie zu entdecken. Sie finden zahlreiche praktische Tipps aller Art und Antworten auf alle Fragen zur Planung und Durchführung eines Athen-Trips. Dazu gibt es Einblick in Geschichte, Kultur und Kunst der Metropole, und Sie lernen Athen als „Wiege der abendländischen Kultur" und „Geburtsort der Demokratie" kennen. Im Hauptteil „Spaziergänge durch Athen" führen wir durch die einzelnen Regionen der Stadt und Sie lernen nicht nur Straßen und Häuser, Museen und Ausgrabungen kennen, sondern auch Märkte, Parks, den besten Giros-Stand oder den idyllischsten Aussichtspunkt. Auch weitgehend unbekannte Ecken in lebendigen Stadtvierteln wie Thissio, Psirrí oder Exarchía kommen dabei zur Sprache.

Wer dann – aber nur dann – stadtmüde geworden ist, kann einen der vorgeschlagenen Ausflüge in den Großraum Athen, nach Piräus, Elefsina, auf die Insel Aígina, nach Kap Sounion oder an die Küste unternehmen.

Augsburg, im August 2003,
die Autoren

PS: Alles in Athen ist derzeit im Fluss und viele Projekte standen bei Drucklegung dieses Bandes noch vor der Vollendung – ein Umstand, der dazu geführt hat, dass einige Unklarheiten, vor allem die finale Konzeption von Museen betreffend, nicht ausgeräumt werden konnten. Wir bitten Sie, das nachzusehen und verweisen auf die Webpage des Verlages für aktuelle News.

INHALT

Vorwort	7
Exkurse	10
Kartenverzeichnis	10
Hinweise zur Benutzung	11

Vor der Reise

Informationen	14
Reisezeit und Klima	16
Kleidung und wichtige Utensilien	17
Reiseplanung und -dauer	18
An- und Rückreise	18
Im Voraus buchen: Unterkunft und Mietwagen	21
Ein- und Ausreisebestimmungen	22
Versicherungen	23
Medizinische Vorsorge	25

Praktische Reisetipps A–Z

Ankunft und Orientierung	28
Autofahren	30
Behinderte auf Reisen	31
Diplomatische Vertretungen	31
Einkaufen	32
Eintrittspreise	35
Essen und Trinken	36
Feiertage und Feste	39
Fotografieren	41
Führungen und Stadtrundfahrten	42
Geld	42
Gesundheit und Hygiene	44
Informations- und Servicestellen	45
Mit Kindern unterwegs	45
Medien	45
Museen und Ausgrabungsstätten	47
Nachtleben	48
Notfälle	51
Öffentlicher Nahverkehr	52
Öffnungszeiten	59
Post	60
Sicherheit	61
Sport und Erholung	61
Sprache	62
Strom	63
Telefon und Internet	63
Trinkgeld	64
Uhrzeit und Zeitempfinden	65
Umgangsformen und Verhaltenstipps	65
Unterkunft	65
Veranstaltungen, Theater und Kino	71

Stadtporträt – Geschichte und Gegenwart

Eine erste Annäherung	76
Geografie, Klima und Umweltschutz	76
Das antike Athen	78
Das byzantinische und osmanische Athen	92
Das neue Athen	94
Das moderne Athen	98
„Ottonopolis" und das „Neue Athen"	101
Die moderne griechische Kunst	103
Der griechische Film	107
Moderne griechische Literatur	109
Griechische Musik	113
Die Athener	120
Verwaltung, Politik und Religion	120
Wirtschaft und Tourismus	124

INHALT, DANKSAGUNG

Rundgänge durch Athen

Das antike Athen
Die Akropolis	132
Der Akropolis-Südabhang	158
Abstecher zum Olympieion	168
Areopag und Akropolis-Nordabhang	170
Pnyx, Musen- und Nymphenhügel	173
Von Thissio zum Kerameikós	177
Die Agora – das antike Zentrum	185

Die Altstadt
Monastiráki – das türkische Athen	205
Pláka – das alte Athen	207
Psirrí – das andere Athen	227

Die Neustadt
Moussio und Exarchía	238
Entlang dem Leoforos Panepistimíou	249
Um die Platía Syntagma	258
Die „Museumsmeile" am Leoforos Vassilissis Sofias	268
Rundgang durch Kolonáki und Aufstieg zum Lykabettos	275

Ausflug nach Piräus
Geografie	281
Geschichte	282
Vom Hafenviertel zum Archäologischen Museum	283
Vom Zea-Hafen zum Mikrolimano	289

Ausflüge in die Umgebung
Kifissiá	294
Die Apollonküste	295
Kap Sounion	299
Kloster Dafní und Elefsina	301
Attikas Osten	302
Der Saronische Golf	306

Die Olympischen Spiele 2004 (13. bis 29. August)

Athen als Austragungsort der Olympischen Spiele	310
Wie alles begann – Athen und die Olympischen Spiele	310
Athen 2004	313
Tickets, Verkehrsmittel und Unterkunft	315
Sportstätten und Disziplinen	317
Rund um die Olympiade	323
Ausblick	324

Anhang

Literaturtipps	326
Glossar	327
Grund- und Aufrisstypen griechischer Tempel	329
Register	332
Die Autoren	336

Danksagung
Für die Bereitstellung von Informationsmaterial über Athen und Hilfe bei der Organisation unserer Reisen möchten wir uns beim Staatlichen Fremdenverkehrsamt von Griechenland (E.O.T.) in München, Frau K. Agapaki, bedanken. „Efcharistoúme pára polí" unseren griechischen Freunden aus Studienzeiten, Dr. Dimitra Aktseli, Prof. Panos Valavanis und Dr. Wanda Papaefthimiou.

Exkurse

Göttliche Getränke: Retsina, Ouzo und Tsipouro 40
Ein Sieg der Archäologie 56
Archaische Kunst – Die „Seinsform" 82
Klassische Kunst – Die „Daseinsform" 88
Bayern und Hellas 97
Mikis Theodorakis – Ein Leben für die Musik und die Freiheit 116
Melina Mercouri: „Ich bin ein Mädchen von Piräus" 122
Die Elgin Marbles 136
Das griechische Theater 162
Mörder oder Freiheitshelden? 190
Der Karaghiozis-Kasperl und das griechische Schattentheater 219
Rembetiko – der „Blues" der Griechen 228
Heinrich Schliemann – Ein Traum wird Wirklichkeit 256
Die Evzonen 262

Kartenverzeichnis

Agora 188
Akropolis 138
Athen Innenstadt ....Umschlag vorn
Attika – Großraum Athen 296
Das antike Athen ....Umschlag hinten
Kerameikós 180
Monastiráki und Psirrí 230
Moussio und Exarchía 246
Nationalgarten, Museumsmeile und Kolonáki 260
Nymphenhügel, Pnyx und Musenhügel 175
Öffentlicher Nahverkehr 54
Olympischer Hauptkomplex Maroussi 322
Olympische Sportstätten 320
Piräus 284
Pláka 208

Hinweise zur Benutzung

Die Telefonvorwahl für Griechenland ist 0030, die Ortswahl für Athen 210 und diese muss immer mit gewählt werden. Sofern bei Restaurants Reservierung angeraten ist, wurde eine Telefonnummer angegeben.

Bei den Öffnungszeiten bezieht sich der längere angegebene Zeitraum auf die Hauptsaison (Sommer), der kürzere auf die Nebensaison (Winter).

Empfehlungen zu „Essen & Trinken" und „Einkaufen" finden sich jeweils am Ende der Rundgang-Kapitel, wohingegen Tipps zu „Nachtleben" und „Veranstaltungen/Unterhaltung" sowie „Unterkünfte" im Kapitel „Praktische Tipps A-Z" aufgelistet sind.

Umschriften griechischer Namen können stark variieren. Es wurde versucht, die jeweils geläufigste oder korrekteste Form zu verwenden.

Griechische bzw. historische Fachbegriffe werden im Anhang im Glossar erklärt.

Abkürzungen

Es wurden die üblichen Abkürzungen für Himmelsrichtungen, Tage und Monate verwendet, außerdem die folgenden:

E.O.T.	Griechische Zentrale für Fremdenverkehr
HS/NS	Haupt-/Nebensaison
Leof.	Leoforos (breite Allee)
NM	Nationalmuseum
O.	Odos (Straße), ein Schrägstrich zwischen zwei Namen bedeutet, dass die entsprechende Ecke gemeint ist.
Pl.	Platia (Platz)
rf.	rotfigurig
sf.	schwarzfigurig

Vor der Reise

Samstäglicher Wochenmarkt

Hochgewachsen und hitzeverträglich – Hauptmerkmale der Evzonen

Klassizistische Bauten prägten die neue Hauptstadt König Ottos

INFORMATIONEN

Die **Griechische Zentrale für Fremdenverkehr** (G.Z.F.) „Ellenikós Organismós Tourísmou" **(E.O.T.)** unterhält Filialen in Deutschland, Österreich und der Schweiz. Informationsmaterial allgemeiner Art, Broschüren, Übersichtskarten und Prospekte sowie Unterkunftslisten sind hier erhältlich.

In Deutschland

- Zentrale: Neue Mainzer Str. 22, 60311 Frankfurt, 069/236561-63, Fax 236576, info@gzf-eot.de
- Neue Wall Str. 18, 20354 Hamburg, Tel. 040/454498, Fax 454404, info-Hamburg@gzf-eot.de
- Pacellistraße 5, 80333 München, Tel. 089/222035-36, Fax 297058, info-Munich@gzf-eot.de
- Wittenbergplatz 3a, 10789 Berlin, Tel. 030/2176262-63, Fax 2177965, info-Berlin@gzf-eot.de

In Österreich

- Opernring 8, 1010 Wien, Tel. 01/5125317, 5125318, Fax 5139189, grect@vienna.at

In der Schweiz

- Löwenstraße 25, 8001 Zürich, Tel. 0122/10105, Fax 2120516, eot@bluewin.ch

Die Adressen der Botschaften befinden sich im Kapitel „Diplomatische Vertretungen".

Infos aus dem Internet

Internetadressen von Hotels, Museen, Tourveranstaltern etc. werden an entsprechender Stelle angegeben.

- Aktuelle Infos und Tipps zur Ergänzung dieser Auflage sowie weiterführende Links finden sich auf der Verlags-Homepage unter den Stichwörtern „Latest News" und „Travellinks". Diesen Service bietet der Verlag zu allen Reiseführern von Reise Know-How:
www.reise-know-how.de

Allgemein zu Griechenland

- **www.gnto.gr**
offizielle Seite der Griechischen Zentrale für Fremdenverkehr
- **www.diakopes.gr**
Umfassender „Greek Tourist Guide" in Englisch, der alle reisepraktischen Aspekte behandelt
- **www.gtp.gr**
Greek Travel Pages (GTP): Informationen zu 17.000 griechischen Zielen mit Suchprogramm; Geschichte, Mythologie, Kultur, ausführliche Fährfahrpläne, Listen von Reisebüros, Hotels, Fluglinien, Informations-Büros, Links zu Kulturministerium, Verkehrsmitteln, Wetterbericht u. a.
- **www.culture.gr**
Website des Kulturministeriums mit Listen von Sehenswürdigkeiten, Museen, Klöstern etc. mit Kurzbeschreibung, Öffnungszeiten und Eintrittspreisen
- **www.gogreece.com**
Internet-Guide – „Die Gelben Seiten" für ganz Griechenland

Informationen

Vor der Reise

- **www.ratgeber-griechenland.de**
Reine Linksammlung zu verschiedenen Themen (Länderinformationen, Verkehrsverbindungen, Kultur, Medien, Musik, Reiseinfos, Sprache, Wirtschaft, Reiseveranstalter etc.)
- **www.hellasproducts.com**
Ideal zur ersten Orientierung: Unterkünfte, Flüge, Last-Minute, Wetter, Kultur u.a. allgemeine Informationen mit Links zu Olympia-News und Griechenland.net-Nachrichtenarchiv
- **www.griechenland.net**
Private Website in deutscher Sprache, umfangreiche Informationen für den Anfang: Unterkünfte, Flüge, Last-Minute-Reisen, Wetter, Kultur, Kontakte
- **www.travel-greece.com**
Privat-kommerzielle (teils etwas oberflächliche) Webpage zu allen touristischen Belangen mit unterschiedlich langen Listen an Restaurants, Hotels, Shops, außerdem allgemeine Hinweise, Kochrezepte
- **www.asg.physik.uni-erlangen.de/europa/gr/gr1g.htm**
Liefert Zahlen und Fakten zu Griechenland, informiert über Politik und Geschichte, Städte und Regionen, außerdem allgemeine Touristeninformationen
- **www.cultureguide.gr**
Infos zu Kino, Theater, Tanz, Cultural Olympiad, Ausstellungen u.a., allerdings nicht nach Orten, sondern nach Genres geordnet. Inklusive griechischer Events im Ausland
- **www.hellenic-culture.net**
Kulturelle Veranstaltungen aller Art
- **www.cultural-olympiad.gr**
Hintergrund und Events der vom Kulturministerium ins Leben gerufenen Kulturolympiade

Speziell zu Athen

(siehe auch Praktische Tipps „Unterkunft")

- **www.athensguide.com**
„Athens Survival Guide" mit Infos, Tipps zu Nahverkehr, Hotels, Restaurants, zu günstigen Flügen, Wetter
- **www.cityofathens.gr/en/index2.html**
Offizielle, recht spärliche Seite der Stadt Athen
- **www.attica.gr**
Karten, nützliche Telefonnummern, Wetter, News, Geschichte, Museen, Events, Shopping, Restaurants, Hotels u.v.m. auf Englisch
- **www.athens-life.com**
Private Seite mit Infos zu Nachtleben, Unterhaltung, Essen & Trinken, Cafés etc., geordnet nach Stadtteilen; Links oft griechisch
- **www.athensnews.gr**
Informative Webpage der gleichnamigen Wochenzeitung mit aktuellen News
- **www.athens2004.gr**
Die offizielle Webpage zur Olympiade 2004
- **www.athensfestival.gr**
Veranstaltungsreihe in den Sommermonaten im Herodes Atticus Theater

Reisezeit und Klima

Athen zeichnet sich durch **milde Winter** und **heiße trockene Sommer** aus. Die durchschnittliche Niederschlagsmenge liegt bei nur 40,6 cm im Jahr. Selbst im Winter werden noch durchschnittlich 12° C gemessen, Frost ist selten und Schnee ein viel bestauntes und Chaos verursachendes Ereignis.

Juli und August sind die heißesten Monate im Jahr und identisch mit der **Hauptreisezeit der Nordeuropäer.** Ab dem 15. August – der Beginn der griechischen Ferien – leert sich die Stadt und die Hotelpreise sinken (Nebensaison 1.7.-1.9.). Im Sommer kann das Thermometer leicht auf über 40° C steigen – was besonders aufgrund der hohen Luftverschmutzung unangenehm ist – und daher fällt die Mittagszeit für Besichtigungstouren

Mittlere tägliche Maximum- und Minimumtemperaturen in °C

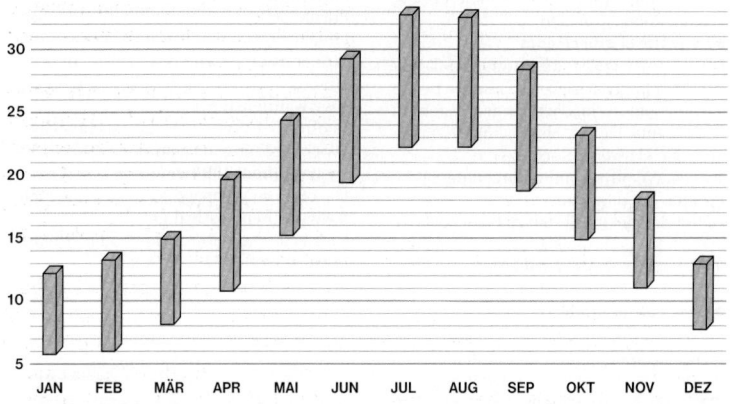

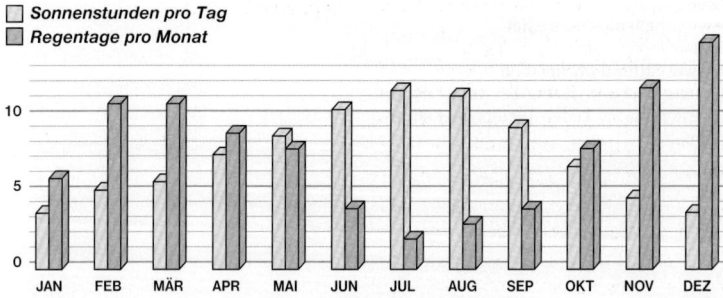

☐ *Sonnenstunden pro Tag*
☐ *Regentage pro Monat*

weitgehend flach. Schön ist es dann vor allem am Abend bis tief hinein in die Nacht. Ratsam ist darauf zu achten, dass das Hotel über eine funktionierende Klimaanlage verfügt.

Klimatisch angenehmer sind die **Frühjahrs- und Herbstmonate,** allerdings herrscht dann Hochsaison (2.4.-30.6. und 1.9.-31.10.). Im Frühjahr sind es durchschnittlich 20°C, im Herbst beachtliche 23°C, wobei Wetterumschwünge im frühen Frühjahr keine Seltenheit sind. Ideal für eine Reise nach Athen sind die Monate **Mai/Juni** bzw. **September/Oktober,** wobei es im Frühjahr abends länger hell bleibt. Das schöne Wetter hält meist bis Dezember an und erst im Februar/März wächst die Regenhäufigkeit.

KLEIDUNG UND WICHTIGE UTENSILIEN

Athen ist eine Großstadt und man wird andere Kleidung wählen als für den Strandurlaub.

Wichtig ist ordentliche Kleidung (keine Shorts, nichts Ärmelloses) vor allem in Kirchen, ebenso bei Einladungen oder Restaurantbesuchen. Leichte Kleidung aus **Baumwolle oder Leinen** ist am besten geeignet, und im Frühjahr und Herbst sind Pullover oder Windjacke und lange Hose unverzichtbar. Sonnenhut oder Mütze und Sonnenbrille gehören ebenso ins Gepäck wie ein dünner Regenschutz und natürlich bequemes Schuhwerk, das für oft unebene Ausgrabungen oder glatte Treppen, aber auch für Asphalt geeignet ist.

Es gibt einige Dinge, die man im Koffer haben sollte, da ihre Beschaffung schwierig, bzw. zeitaufwändig oder teuer ist. Zum einen handelt es sich um eine **Reiseapotheke,** die abgesehen von den üblichen Utensilien vor allem einen Extravorrat an Kohletabletten und Durchfallmittel, Insektenschutz und ein Mittel gegen Insektenstiche sowie Sonnenschutz enthalten sollte. Verbandszeug mit Desinfektionsmittel, Augentropfen – wegen der oft staubigen Wege – und Tabletten gegen Reisekrankheit können überdies nützlich sein.

Zum anderen lohnt es sich, genügend **Drogerieartikel** (Shampoo, Haarschaum, Deo etc.) mitzunehmen, da aufgrund fehlender großer Drogeriemärkte (Parfümerien gibt es!) diese Produkte nur in kleinerer Auswahl und teuer erhältlich sind.

Ein ordentlicher **Stadtplan** ist ebenfalls ein Muss, auch wenn man zu Fuß unterwegs ist. Die vom E.O.T. (auch am Flughafen) gratis verteilten Stadt- und Nahverkehrs-Pläne leisten dabei recht gute Dienste.

REISEPLANUNG UND -DAUER, AN- UND RÜCKREISE

REISEPLANUNG UND -DAUER

Bei der Reiseplanung spielt vor allem eine Frage eine Rolle: Reiner **Stadtaufenthalt** oder **Zwischenstopp in Athen,** um z. B. auf eine der Inseln weiterzureisen? In erstem Fall ist es am günstigsten, einen Direktflug nach Athen zu buchen, dazu – je nach Jahreszeit – gleich ein Hotel. Ein Mietwagen ist im Allgemeinen nicht nötig. Soll Athen mit Inseln, wie den Kykladen oder Kreta, kombiniert werden, ist zu bedenken, dass es bei geplantem Athen-Aufenthalt zu Reisebeginn Vorteile bringen kann, **von Piräus per Fähre** weiterzufahren statt einen Anschlussflug zu buchen. Zum einen entfällt dabei der lange Flughafenanfahrtsweg plus Warterei am Flughafen, zum anderen kommt man auf den Inseln meist zentral, am Hafen, an. Hinzu kommt, dass die neuen Expressboote heutzutage schnell sind und dass eine Fährpassage – egal ob „normal" oder „express" – billiger ist als ein Inlandsflug.

Je nach Interessenslage sollten für Athen, auch wenn es nur Zwischenstation sein sollte, **mindestens drei Tage,** besser vier bis sechs, eingeplant werden. Um allein die großen Ausgrabungsstätten und Museen auch nur einigermaßen gründlich besichtigen zu können, sind jeweils mehrere Stunden bis zu einem ganzen Tag nötig.

AN- UND RÜCKREISE

Nur wenige deutsche **Reiseveranstalter** haben Athen separat im Angebot. Meist handelt es sich bei den Pauschalarrangements um Strandhotels im Umkreis von Athen, z. B. in Glyfada, Kap Sunion, Ägina, Euböa, Vouliagmeni oder Anavissos. Das wohl breiteste Angebot an Pauschalarrangements bieten *TUI* und *Attika*. *TUI* offeriert z. B. neben Busrundreisen, Kreuzfahrten und Segeltörns durch Griechenland auch eine Kombination von Athen mit Kreta als Rundreise sowie einen Städtetrip bzw. eine Attika-Rundreise jeweils in Kombination mit Badeurlaub. Zudem gibt es etliche Strandhotels im Athener Umland. *Attika* bietet ein Attika-City-Package (Kurztrip Athen mit anschließendem Badeurlaub), einige Stadt- und etliche Strandhotels, außerdem Island-Hopping ab Athen an. Auch *Neckermann* und *Kreutzer* haben Rundreisen verschiedenster Art sowie Sonderprogramme und Kombitouren im Katalog.

Für einen **Städtetrip** Athen reicht es im Allgemeinen einen Flug (in der HS meist Charter) im heimischen Reisebüro oder im Internet zu buchen und die Übernachtungen separat übers Reisebüro oder privat zu arrangieren (siehe auch „Im Voraus buchen" und Praktische Tipps „Unterkunft").

Athen ist der Heimatflughafen von Olympic Airways

AN- UND RÜCKREISE

Mit dem Flugzeug

Je nach Veranstalter, Fluggesellschaft, Buchungstermin bzw. Saison und Abflughafen schwanken die Flugpreise, allerdings nicht sehr stark. Besonders außerhalb der Hauptsaison (vor Ostern und ab Mitte/Ende Okt.) lassen sich **Schnäppchen** (z. B. Lufthansa 149 €) machen und Last-Minute-Flüge ergattern, wobei es im Frühjahr meist einfacher ist, günstige Flüge zu bekommen als im Herbst. Am teuersten ist es während der Sommerferien und um Ostern. Die Flugdauer beträgt ab München knapp zweieinhalb Stunden.

Im Unterschied zu früher lassen sich **Charterflüge** auch ohne Hotel buchen. Die Maschinen fliegen von allen größeren deutschen Flughäfen, allerdings nur von Ende März bis Ende Oktober regelmäßig, meist an bestimmten Wochentagen. Chartergesellschaften sind z. B. *Hapag-Lloyd, Germania* (Berlin), *LTU* (Düsseldorf), *Air Berlin* (z. B. ab Nürnberg) und *Aero Lloyd*, wohingegen *Olympic Airways* und *Aegean/Cronus* neben *Lufthansa* ganzjährig Linienflüge anbieten, die nicht zwangsläufig teurer sein müssen. Ab München kostet ein Charter nach Athen im April, Juni und Juli rund 300 €, fast 400 € im August, und ca. 320-330 € im September/Oktober; es gibt jedoch immer wieder Sonderpreise. *LTU* und *Hapag Lloyd* gewähren Jugendlichen bis 21 Jahren 25% Ermäßigung auf den regulären Preis, bei *Olympic* gibt es einen Jugendpreis.

An- und Rückreise

Mit dem Zug

Mit dem Zug nach Ancona, von dort mit der Fähre nach Patras, weiter mit der Bahn nach Athen – das ist nicht nur zeitaufwändig, sondern zugleich kostspielig. Eine Anreise mit der Bahn stellt von Preis, Komfort und Fahrtdauer kaum eine sinnvolle Alternative zum Flug dar.

Anfahrt mit eigenem Pkw und Fähre

Das ist die preiswerteste Reisemöglichkeit, wobei die nötige **Fährpassage** von Italien nach Griechenland vor allem in der Hauptsaison langfristig im Voraus gebucht werden muss. Autofahrer müssen **Führerschein** und **Fahrzeugschein** mitführen, eine Internationale **Grüne Versicherungskarte** wird empfohlen, und auf ausreichenden Versicherungsschutz ist zu achten, da die Mindestdeckungssummen in Griechenland niedrig sind. Ein ausländisches Fahrzeug darf maximal sechs Monate in Hellas gefahren werden.

Statt der früher üblichen, heute nicht mehr empfehlenswerten Fahrt durch den Balkan, führt heute die gängigste Route nach **Ancona** – wichtigster Fährhafen Italiens – und von dort mit der Autofähre nach Korfu, Igoumenitsa (Nordgriechenland) oder – am idealsten – **Patras.** Von Patras sind es dann drei Stunden Fahrt nach Athen, es gibt auch eine Zug- oder Busverbindung. Als Abfahrthäfen stehen außerdem das fahrttechnisch nähere Venedig und das fernere Brindisi sowie Bari und Triest (alle nach Patras und Igoumenitsa) zur Verfügung.

Die größten Unternehmen heißen *Minoan Lines* (www.minoan.gr; in D. seetours, Tel. 06102/811004), *ANEK* (www.anek.gr; Tel. in D: 089/5501041), *Superfast* (www.superfast.com; Tel. in D: 0451/88006166) und *Blue Star Ferries* (www. bluestarferries.gr). Das Angebot der einzelnen Gesellschaften variiert, was Strecken, Frequenz und Preis angeht nur wenig, wohingegen Alter bzw. Komfort der Schiffe, Fahrtdauer und Konditionen unterschiedlich sein können (z.B. günstigere Preise bei Buchung von Hin- und Rückfahrt, Familien- oder Gruppen-Specials oder Jugendtarife). Es handelt sich durchweg um **Autofähren,** die zum Teil an Bord Campinggelegenheit für Wohnwagen mit entsprechenden Einrichtungen anbieten. Am preiswertesten sind Deckpassagen ohne festen Sitzplatzanspruch.

Als HS gilt meist die Zeit vom 1. April bis zum 30. September, bei manchen Gesellschaften sind die Wochenendtermine von Mitte Juli bis Mitte August am teuersten. Für die Strecke Ancona – Patras brauchen die Highspeed-Fähren um die 20 Stunden, für Venedig – Patras gut 30. Für die Deckpassage von Ancona nach Patras via Igoumenitsa ist in der NS pro Strecke ab 45 € zu rechnen, hin und zurück etwa 80-90 €, in der HS schwanken die Preise je nach Gesellschaft zwischen 65 und 80 bzw. 120 und 130 €. Der Pkw kostet je nach Saison 55-100 € (einfach), 70-170 € (H/R). Für die Route Venedig – Patras liegen die Preise auf Deck pro Strecke nur rund 10 € höher. Ein Pullmann-Sitz kostet einfach um die

Im Voraus buchen: Unterkunft und Mietwagen

55-60 € in der NS (H/R ca. 100 €), in der HS 90 (H/R 150 €). Für den Pkw fallen je nach Saison 55-100 € für die einfache Strecke an. Fährpassagen können im Reisebüro bzw. bei Reiseveranstaltern wie *Attika, Iassu* oder *Takis*, im Internet oder direkt bei den Reedern bzw. deren deutschen Vertretungen gebucht werden.

Schiffsfahrpläne finden sich im Internet unter:

- www.gtp.gr – „Ferry Schedules" anklicken!
- www.ferries.gr – Fährverbindungen ab Piräus

Im Voraus buchen: Unterkunft und Mietwagen

Unterkunft
(siehe auch Praktische Tipps „Unterkunft" und „Olympia 2004")

Athen ist eine Metropole, und wie in New York oder Rom stimmt bei zahlreichen Unterkünften das Preis-Leistungs-Verhältnis nicht. Viele Hotels sind **überteuert.**

In der NS bereitet es im Allgemeinen keine Probleme direkt vor Ort eine Unterkunft zu suchen, zumal es in Griechenland üblich ist sich die Zimmer vorher anzusehen. Für einen Kurzaufenthalt in den **Haupturlaubsmonaten** empfiehlt es sich, ein Zimmer im Voraus zu buchen. Man spart sich dadurch die je nach Saison mehr oder weniger mühsame Hotelsuche vor Ort. Übernachtungen können vor Reiseantritt z. B. mit Hilfe der Listen in diesem Band, mittels der E.O.T.-Hotellisten, eingeschränkt auch über das Internet – viele Hotels v. a. höherer Kategorien verfügen über eigene Webpages mit Möglichkeit zur Direktbuchung – oder über deutsche Reiseveranstalter gebucht werden.

Das **Stadthotel-Angebot** für Athen ist bisher noch vergleichsweise klein. Besonders *TUI* (Katalog: Städte erleben) und *Attika* bieten einige Stadthotels der mittleren bis oberen Kategorie (z. B. Grecotel Athens Plaza, Omonia Grand, St. George Lycabettus, Electra). In den Sommermonaten (vom 1.7.-31.8.) liegen die **Zimmerpreise** – anders als die Preise für Flüge und Mietwagen – meist niedriger als in den kühleren Monaten. Das preiswerteste Katalog-Angebot (Hotel Athinea) für Frühling/Herbst liegt bei derzeit 44 € pro Person inkl. Frühstück bei *TUI*, im Schnitt sind bei Buchung zuhause 70 € aufwärts inkl. Frühstück pro Person im DZ zu rechnen. Vor Ort arrangiert, bekommt man für den selben Preis manchmal das ganze DZ. Besonders empfehlenswert und ihr Geld wert sind die **drei Athener Grecotels**, (Infos: Touristik-Service Renate Drescher GmbH, Tel. 089/29160505, Fax 089/29160498, siehe Praktische Tipps „Unterkunft"), die auch über deutsche Reiseveranstalter wie *TUI* gebucht werden können.

Mietwagen
Für die Stadt Athen ist ein Mietwagen nicht nur unnötig, sondern sogar lästig. Man kommt sehr gut zu Fuß

Ein- und Ausreisebestimmungen

vor Ort dringend zu empfehlen. Ein Kleinwagen kostet in Athen in der NS ab etwa 115 € für drei Tage, bei sieben Tagen sind es knapp 200 €., im Sommer sind es rund 30 € mehr. Häufig beträgt die Mindestmietdauer drei Tage. Die meisten Mietwagenfirmen unterhalten Büros **am Flughafen** und an der **Odos Syngrou,** die Südverlängerung der O. Amalias ab dem Olympieion.

> **Buchtipp**
> ●**Unterkunft und Mietwagen clever buchen,** Erich Witschi,
> Reise Know-How Praxis

und mit öffentlichen Verkehrsmitteln zurecht und selbst Ausflüge ins Umland lassen sich per Bus absolvieren. Wer das Umland per Mietwagen erkunden möchte, für den empfiehlt sich eine Buchung im **heimischen Reisebüro.** Abgesehen von möglichen preislichen Vorteilen ist das sicherer, da europäische Reiseanbieter stärker auf Qualität und Absicherung achten als Kleinanbieter vor Ort. Günstig sind z. B. *Sunny Cars, holiday autos* oder *TUI Cars,* allesamt Leihwagen-Vermittler. Genaues **Studium der Vertragsbedingungen** und **Inspektion der Wagen vor Abfahrt** ist speziell bei Buchung

In Athen nicht unbedingt erforderlich ist ein Mietwagen

Ein- und Ausreisebestimmungen

Bei einer Reisedauer von bis zu drei Monaten genügen **Reisepass oder Personalausweis,** die zwar am Flughafen im Allgemeinen nicht kontrolliert werden, aber mitgeführt werden müssen. Auch Nicht-EU-Mitglieder brauchen bis maximal **drei Monate Aufenthalt kein Visum.** Wer seit November 1983 Nordzypern besucht hat und einen entsprechenden Vermerk im Pass trägt, dem wird die Einreise verweigert. Bei Ankunft in Athen gelangen EU-Bürger in einen „Blauen Bereich", den sie meist ohne Kontrollen durchqueren. Ein Ausweisdokument wird vor allem zur **Registrierung in Hotels** verlangt, gesetzlich darf es für maximal 24 Stunden einbehalten werden.

Mitreisende **Haustiere** benötigen einen Internationalen Impfpass mit Tollwut-Impfbescheinigung, nicht jünger als 15 Tage und nicht älter als 12 Monate, außerdem ein maximal 10 Tage altes amtstierärztliches Gesundheitszeugnis in englischer Sprache, Maulkorb und Leine. Über die Bedingungen für die Mitnahme sollte man sich bei der Fluglinie bzw. dem Reiseveranstalter vorher genau erkundigen. Nicht alle Hotels nehmen Haustiere auf.

Grundsätzlich ist innerhalb der europäischen Union die **Warenein- und -ausfuhr** in unbegrenzter Menge erlaubt, es existiert jedoch ein Richtmengenkatalog für den Privatverbrauch. Die zollfrei gekauften Waren dürfen folgende Mengen nicht überschreiten: 800 Zigaretten, 400 Zigarillos, 200 Zigarren, 1 kg Tabak, 10 l Spirituosen, 20 l Zwischenerzeugnisse, 90 l Wein, 110 l Bier. Außerdem erlaubt sind Reiseandenken im Wert bis 175 € bzw. 100 SFr. Für die Einreise in die Schweiz oder andere Nicht-EU-Staaten gelten die alten Duty-Free-Vorschriften, z. B. 200 Zigaretten, 150 g Tabak, 1 l hochprozentiger Alkohol, 1 l Zwischenerzeugnisse oder 2 l Wein.

An **Freigepäck** sind auf Linien- und Charterflügen 20 kg plus ein Stück Handgepäck von bestimmten Abmessungen und Gewicht erlaubt. Zu unterschiedlich hohen Gebühren können außerdem maximal 30 kg an Sportgeräten (z. B. Fahrrad, Surfbrett) mitgenommen werden. Voraussetzung sind rechtzeitige Anmeldung und sachgerechte Verpackung (Infos bei den Fluggesellschaften).

VERSICHERUNGEN

Am unkompliziertesten ist es, gleich mit der Reisebuchung eines der von den Reiseveranstaltern angebotenen **Versicherungspakete** (z. B. *Rat-und-Tat-* oder *Vierjahreszeiten-Paket*) abzuschließen. Es umfasst Kranken-, Unfall-, Gepäck- und Haftpflicht-Versicherung, manchmal auch Reiserücktrittsversicherung oder Feriengarantie. Meist berechnet sich der Preis nach der Reisedauer und gelegentlich spielt auch die Höhe des Reisepreises eine Rolle. Günstiger und bei einer reinen Städtetour oft empfehlenswerter ist der gezielte Abschluss einzelner Policen, z. B. bei Banken oder freien Versicherungsmaklern. Für Leute, die viel reisen, lohnen sich Jahresversicherungen.

Notieren sollte man sich für alle Fälle die auf den Versicherungsscheinen oder -karten angegebenen **Notfall-Rufnummern.** Inwieweit Versicherungen im Einzelfall tatsächlich sinnvoll sind, muss jeder selbst entscheiden. **Unfall und Haftpflicht** sind für Europa zumeist durch bestehende Versicherungen abgedeckt; die Deckungssummen sind zu überprüfen. Im Schadensfall muss ein Polizeiprotokoll vorgelegt werden. Der Abschluss einer **Gepäckversicherung** lohnt nicht immer, da es viele Einschränkungen gibt. Bei Verlust oder Beschädigung von versichertem Gepäck müssen abgesehen von einer Bestätigung des entsprechenden Beförderungs- oder Beherbergungsunternehmens eine genaue Auflistung fehlender oder be-

VERSICHERUNGEN

Medizinische Vorsorge

schädigter Gegenstände, außerdem manchmal Kaufquittungen vorgelegt werden. Eine **Reiserücktrittskosten-Versicherung** kann extra abgeschlossen werden und kostet ab 8 €. Die Bedingungen sind genau zu studieren.

Der Abschluss einer **Reisekrankenversicherung** wird mittlerweile sogar von den Krankenkassen empfohlen, zusätzlich zum Auslandskrankenschein. Im Reisebüro können Reisekrankenversicherungen auch noch unmittelbar vor Reiseantritt unkompliziert für unterschiedliche Dauer abgeschlossen werden. Meist günstiger sind jedoch die Angebote von Privatversicherern. *Universa* beispielsweise bietet eine Jahrespolice für beliebig viele Reisen von jeweils maximal zwei Monaten Dauer für derzeit 8 € pro Person an. Vollschutz ohne Summenbegrenzung, Rücktransport bei Unfall oder schwerer Krankheit und automatische Verlängerung im Krankheitsfall sollten abgedeckt sein. Bei Eintreten eines Notfalls muss die Versicherungsgesellschaft telefonisch verständigt werden, ansonsten sind ausführliche **Quittungen** (mit Datum, Namen, Bericht über Art und Umfang der Behandlung, Betrag) Voraussetzung für die Erstattung der Auslagen.

Jeder, der eine Pauschalreise, d.h. zwei beliebige Leistungen bei ein und demselben Veranstalter bucht, sollte darauf achten, dass er mit den Reisepapieren einen **Sicherungsschein** erhält, der garantiert, dass die Firma gegen Insolvenz abgesichert ist.

Medizinische Vorsorge

(siehe auch Praktische Tipps „Gesundheit und Hygiene")

Für medizinische Versorgung ist in Athen hinreichend gesorgt und auch sprachlich dürfte es kaum Probleme geben, da Ärzte vielfach im Ausland studiert haben und über Fremdsprachenkenntnisse, Englisch oder sogar Deutsch, verfügen. Eine ärztliche Behandlung ist für Touristen in staatlichen Einrichtungen im **Notfall** prinzipiell kostenlos. Der so genannte Auslandskrankenschein für Deutsche und Österreicher wird jedoch nicht per se akzeptiert. Dieses E-111-Formular muss erst bei der **Sozialversicherungsanstalt I.K.A.** vorgelegt werden, die daraufhin eine Liste der zugehörigen Ärzte oder Krankenhäuser herausgibt. Im Notfall ist es günstiger, bar zu bezahlen und zu Hause gegen Quittung eine Rückerstattung von der Krankenkasse zu fordern oder aber eine Reisekrankenversicherung abzuschließen. Auch die Kosten für Medikamente, die billiger sind als hierzulande und größtenteils rezeptfrei erhältlich, kann man auf diese Weise zurückerhalten. Besondere **Impfungen** sind nicht erforderlich, Tetanus- und Polio-Schutzimpfung sind aber empfehlenswert.

Für kleine Wehwehchen: die Apotheke

Praktische Reisetipps A–Z

PRAKTISCHE REISETIPPS

Ein Feiertag ohne Parade ist für Griechen kein Feiertag

Flohmarkt in Monastiráki

Nervenraubend:
Auf Athens Straßen herrscht Dauerchaos

Ankunft und Orientierung

Ende März 2001 eröffnete der neue **Athens International Airport Eleftherios Venizelos,** ca. 20 km im Osten der Stadt, nahe Spata. Erbaut und betrieben von einem Baukonsortium unter Leitung von *Hochtief,* hat sich der für bis zu 16 Mio. Passagiere jährlich konzipierte Flughafen als Bester in ganz Griechenland etabliert. Auf den ersten Blick wirkt er mit seinen **39 Flugsteigen** plus Satellitenterminal sehr großzügig dimensioniert und sauber, wenn auch nicht besonders spektakulär von Architektur und Design. Auf mehreren Ebenen befinden sich in Level 0 die Arrivals (Ankunft), in Level 1 die Departures (Abflug). Im Stockwerk darüber sind ein Umweltzentrum mit einer kleinen Ausstellung – der Athener Airport gilt bezüglich des Umweltschutzes als wegweisend –, ein Raum für Wechselausstellungen, ein Imbiss mit Aussicht und eine Kapelle eingezogen. Im Untergeschoss wird 2004 ein S-Bahnhof eröffnen.

Nachdem für EU-Bürger die **Grenzkontrollen entschärft** wurden und normalerweise keine Ausweiskontrollen mehr stattfinden, steht man nach der Landung rasch vor einem der zahlreichen Gepäckkarusselle. Die Wartezeit hängt in erster Linie davon ab, wie viele Flugzeuge gleichzeitig gelandet sind. Gepäckwägen stehen für 1 € Gebühr zur Verfügung. Für Leute, die einen Weiterflug geplant haben: Es gibt im Ankunftsgeschoss, am westlichen Kopfende des Baus, eine **Gepäckaufbewahrung,** ausgeschildert mit „Bagagge Storage" (6-2 Uhr, 6-11 € /Tag je nach Größe des Gepäckstücks). Das Unternehmen unterhält auch in der Stadt (O. Nikis 26) eine Filiale.

Im **Abflugbereich** befinden sich zahlreiche attraktive Läden und ein großer Duty Free Shop, Imbissstände und Lokale. Das Verpflegungs-Angebot ist recht ordentlich und nicht überteuert. Im zollfreien Laden wird eine erstaunliche Vielfalt an Spezialitäten wie Olivenöl (z. B. aus Agia Triada), griechische Feinkost (Oliven, Olivenpasten, Honig u. a.) sowie natürlich Alkoholika und Parfümerieartikel verkauft.

Wichtige Telefonnummern und Adressen

- **Flughafen:** Tel. 210 353 0000, www.aia.gr, www.athensairport-2001.gr
- **Olympic Airways (OA):** Tel. 210 926 9111 oder 210 926 7251-4, am Flughafen Tel. 210 353 0000, www.olympic-airways.gr; Büros in der Syngrou 96, O. Filellinon 15 (Syntagma), O. Kotopouli 3 (Omonia).
- **Lufthansa:** Tel. 210 617 5200, Odos Ziridi 10 (Maroussi), www.lufthansa.gr
- **Aegean Airlines:** Tel. 210 998 8350 bzw. am Flughafen Tel. 210 353 0101, www.aegean-airlines.gr

Internationaler Flughafen

ANKUNFT UND ORIENTIERUNG

S-Bahn/Metro

Die S-Bahn (Schnellbahn!) befindet sich derzeit noch im Bau. Dieser soll jedoch 2004 abgeschlossen werden. Dann wird man vom Flughafen insgesamt rund 40 Minuten fahren – leider jedoch nicht direkt in die Stadt! Man muss entweder an der Haltestelle „Douk. Plakentias" in die (bis dahin verlängerte) Metro-**Linie 3** (Richtung: Syntagma) umsteigen oder aber an neuen Stopp „Neratziotissa" am Olympiastadion in die Metro-**Linie 1** (Richtung: Omonia/Piräus).

Taxi und Busse

Zu Stoßzeiten nicht wesentlich schneller, aber teurer, für 15-25 € bzw. ab 23 Uhr sogar zum doppelten Preis, gelangt man per **Taxi** in die Stadt. Dabei ist Vorsicht vor aufdringlichen Taxifahrern („kamaki") geboten, die mit bestimmten Hotels oder Restaurants kooperieren bzw. überhöhte Pauschalpreise für die Fahrt in die Stadt erheben. Der Preis sollte unbedingt vor Fahrtantritt besprochen werden.

Vom Zeitaufwand her dem Taxi ebenbürtig, wesentlich preiswerter, allerdings mangels Platz für große Gepäckstücke etwas unbequemer sind die **Flughafenbusse**. Die Fahrt kostet nur 2,90 €, und das Ticket ist nach dem ersten Abstempeln im Bus 24 Stunden lang für beliebige Fahrten in ganz Athen gültig. Beide Verkehrsmittel fahren vor dem Hauptgebäude, Ankunfts-Ebene am östlichen Ende

AUTOFAHREN

(Exit 5) ab, dort werden auch an Häuschen die Busfahrkarten verkauft.

Es existieren **drei Express-Buslinien** vom/zum Flughafen (Infos: www.oasa.gr):

- **Bus E95** Airport – Syntagma (24 Std.)
  vom Flughafen alle 20 (8.35-18.55 Uhr) bzw. 10 Min. (18.55.-23.10 Uhr), nachts und morgens alle 15-30 Min.
  ab Syntagma alle 10 (5.15-19.25 Uhr), 20 (19.25-3.40 Uhr) bzw. 30 Min.
- **Bus E96** Airport – Piräus, (24 Std.)
  vom Flughafen alle 15-20 Min. tagsüber, sonst halbstündlich
  ab Piräus alle 15-20 Min. von 5-20.30 Uhr, sonst alle 30 Min.
- **Bus E94** ab/zur Metro-Station Ethniki Amyna (U-Bahn alle 10 Min.), 6-23.30 Uhr

Für 2,90 € vom Flughafen
per Bus in die Stadt

Mit dem Pkw

Vom Flughafen geht ein Zubringer in die neue **Ringautobahn,** die „Attiki Odos" über, von der aus, gut ausgeschildert, eine neue vierspurige Straße in die Innenstadt führt. Die Fahrt dauert etwa 40 Minuten.

AUTOFAHREN

In Athen sollte man besser auf Mietwagen oder eigenes Auto verzichten, denn Autofahren in Griechenland, speziell in Athen, kostet Nerven und erfordert hohe fahrerische Kunstfertigkeit und Unerschrockenheit. Im Stadtverkehr herrscht vor allem zu Stoßzeiten (8-10 und 14-15 Uhr bzw. 17-18 und nach 20 Uhr) Chaos. Staus gehören zur Tagesordnung und Parkplätze sind Mangelware. Besonders auf Grund der oft unvorhersehbaren Fahrweise der Griechen (z.B. unvermutetes Einbiegen in Hauptstraßen, Nichtbeachten von Vorfahrt oder Ampeln) und gefährlich agierenden Zweiradfahrern ist volle Konzentration geboten.

- **Notfälle:** Abgesehen von der Vermietfirma, die unbedingt verständigt werden sollte, hilft der griechische Automobilclub ELPA bei Pannen.
- **ELPA:** O. Messogion 395, 15343 Athen, Tel. 210 606 8800, Fax 210 606 8981, www.elpa.gr; Pannenhilfe unter Tel. 104, verbilligt für ADAC-Mitglieder bzw. sogar per Schutzbrief abgedeckt
- **ADAC-Notruf-Service:** Tel. 0049/89 222 222 (24 Std.)
- **Polizeinotruf:** 100

Autovermietung

Am Flughafen sind zahlreiche Mietfirmen vertreten, viele verfügen zudem über Stadtbüros, geballt an der O. Amalias und der Südverlängerung O. Syngrou, in denen man sich am besten persönlich nach den Preisen und Bedingungen erkundigt. Für längere Mietdauer lohnt es sich bereits im heimischen Reisebüro zu buchen (siehe Vor der Reise „Im Voraus buchen").

- **Avis, u. a.** O. Amalias 46-48,
Tel. 210 322 5971 oder 210 322 4951
- **Hertz,** O. Syngrou 12,
Tel. 0801 100100 oder 210 922 0102
- **Holiday Autos,** O. Syngrou 12,
Tel. 210 922 3088 oder 210 922 6102
- **Sunny Cars,** O. Syngrou 24

- **Literaturtipp:** Der PRAXIS-Ratgeber „**Bordbuch Südeuropa für Unfall, Panne und Verkehr**" von Friedrich Köthe und RA Michael Nissen informiert über spezielle Verkehrsregeln und Einreisebestimmungen, Strafen, Notrufe und viele weitere Fragen rund ums Autofahren und hilft, Unfälle und Pannen zu regulieren und seine Rechtsansprüche durchzusetzen. Erschienen im Reise Know-How Verlag, Bielefeld.

BEHINDERTE AUF REISEN

Gleich vorweg: Griechenland ist (derzeit) nicht unbedingt das perfekte Reiseland für behinderte Menschen. Im Vorfeld der Olympischen Spiele sind einige **Verbesserungen geplant** bzw. im Gange. Vor allem sollen öffentliche Bauten und Kultureinrichtungen endlich für Behinderte leichter zugänglich gemacht werden. In der Realität ist die Stadt bisher wenig behindertenfreundlich, denn anders als z. B. in den USA greift hier kein Gesetz. Es handelt sich stets nur um Empfehlungen und Vorschläge, deren Verwirklichung nicht immer ganz ernst genommen wird.

Rampen und Lifts sind in den meisten großen, aber noch bei weitem nicht in allen Museen vorhanden, die Akropolis ist ohne Fremdhilfe komplett unzugänglich. Behindertenparkplätze existieren zwar, sind aber häufig anderweitig besetzt, spezielle Hotelzimmer (Ausnahme: Grecotels), Behinderten-WCs und andere Serviceeinrichtungen muss man suchen. Der neue Flughafen hingegen ist vorbildlich, es gibt Behindertentoiletten, mit Summern versehene Straßenübergänge, Lifts, und zum Transport von behinderten Passagieren zwischen den beiden Terminals Elektroautos. Ebenfalls leicht zugänglich sind die neuen Metrostationen.

Behinderte, die eine Reise nach Griechenland unternehmen möchten, erhalten spezielle **Informationen** bei: Werner und Diana Hans, Box 411, GR-24500 Kyparissia, Tel. 0030-76105 1147, Fax 0030-761051146, hans@otenet.gr; dort können auch Reisen gebucht werden.

DIPLOMATISCHE VERTRETUNGEN

An die Botschaften vor Ort wendet man sich nur im absoluten Notfall. Ein Überbrückungsgeld gibt es nicht, es wird lediglich in Extremfällen Geld für ein Rückflugticket geliehen. Bei Verlust des Ausweises wird die Beschaffung eines Ersatzpapiers veranlasst (siehe auch „Notfälle").

Botschaften & Konsulate in Athen

● **Deutsche Botschaft und Konsulat**
3, O. Karaoli Dimitriou, 10675 Athen
Postfach 1175, 10110 Athen
Tel. 210 728 5111, Fax 210 725 1205,
E-Mail: boathens@compulink.gr

● **Österreichische Botschaft**
O. Leof. Alexandras 26, 10683 Athen
Tel. 210 825 7230 oder 210 825 7240,
Fax 210 821 9823,
E-Mail: austria@ath.forthnet.gr

● **Schweizerische Botschaft**
O. Iassiou 2, 115 21 Athen
Tel. 210 723 0364-6 oder 210 724 9208,
Fax 210 724 9209,
E-Mail: vertretung@ath.rep.admin.ch

Griechische Botschaften

● **in Deutschland**
Jägerstr. 55, D-10117 Berlin-Mitte
Tel. 030/20612900, Fax 030/20626444
E-mail: info@griechische-botschaft.de

● **in Österreich**
Argentinierstr. 14, 1040 Wien,
Tel. 01/5055791, Fax 01/5056217
E-mail: hellasemb@greekembassy.jet2web.at

● **in der Schweiz**
Jungfraustrasse 3, 3005 Bern,
Tel. 031/3521637 und 3528607
Fax 031/3520557
E-Mail: thisseas@iprolink.ch

*Odos Ermou –
die Fußgängerzone im Stadtzentrum*

EINKAUFEN

Handeln ist – entgegen immer noch weit verbreiteter Meinung – in Geschäften und bei fester Preisauszeichnung generell nicht möglich. Einzige Ausnahme sind Flohmärkte. **Rabatte** sind möglich, z. B. beim Kauf größerer Mengen oder bei Barbezahlung hoher Summen. **Supermärkte** sind in Athen Mangelware, hingegen gibt es unzählige **kleinere Lebensmittel-Läden.** Außerdem sorgt der Perípteros, der **Kiosk** – eine griechische Institution und mitnichten bloß Zeitungsverkaufsstand –, für den täglichen Kleinbedarf (gekühlte Getränke, Snacks, Süßigkeiten, Zahncreme etc.). Frisches Backwerk (Koulouri und Loukoumades) und Obst wird vielfach an **Straßenständen** verkauft. Am lohnendsten für Selbstversorger sind die **Wochenmärkte,** speziell der Stadtmarkt.

Die Spezialisierung der Läden ist noch sehr groß und man wird z. B. die unsere Fußgängerzonen prägenden **Kaufhäuser** wie Hertie, Karstadt oder Kaufhof vergeblich suchen. Die vorhandenen griechischen Kaufhäuser – wie Hondos Center – sind eher klein und nicht sonderlich attraktiv, und auch Kettenläden (mit Ausnahme einiger in der O. Ermou) sind in der Minderzahl.

Öffnungszeiten

Es gibt keine allgemein verbindlichen Ladenöffnungszeiten und daher dürfen die nachfolgenden Angaben nur als Anhaltspunkte verstanden wer-

EINKAUFEN

den. Während Kaufhäuser, Supermärkte, Souvenirshops, aber auch Konditoreien meist Mo-Sa durchgehend bis abends geöffnet sind, gelten für kleinere und spezialisierte Läden die **alten „griechischen" Regeln:** Montag, Mittwoch und Samstag wird nur bis 15 Uhr geöffnet, hingegen Dienstag, Donnerstag und Freitag bis 19 oder maximal 20.30 Uhr, manchmal unterbrochen durch eine Mittagspause von ca. 13.30/14.30 bis 17 Uhr. Am Morgen öffnen die Läden gegen 9 Uhr.

Mitbringsel, Spezialitäten und Souvenirs

Gerade in der Pláka gibt es Souvenirs aller Art, vor allem Keramik in Gestalt von Massenkitsch aus Fernost, Figürchen, emaillierte Flaschenöffner, Olivenholzschnitzereien, bronzene Türklopfer, Komboloi und Modeschmuck aller Art. Authentisches wird man hier allerdings kaum finden. **Antiquitäten,** die vor 1830 datieren, dürfen nicht ausgeführt werden und daher handelt es sich bei vielen „echten" Antiquitäten um Nachbildungen, noch dazu oft um wenig gelungene. Für Antikenfans lohnen die offiziellen Museumsshops des Kulturministeriums, die **Nachbildungen** von Antiken aus verschiedensten griechischen Museen verkaufen; auch Benaki- und Goulandris-Museum bieten eine gute Auswahl an Originalabgüssen und sonstigen hübschen Mitbringseln.

Einkaufen

Früher dominierten die Leder-Shops die Pláka, heute haben die Schmuckläden die Oberhand gewonnen. **Lederwaren** aus meist hellem Naturleder in unterschiedlicher Qualität – Taschen aller Art, Gürtel und Sandalen – sind noch relativ preiswert, bezüglich ihrer Ästhetik aber auch Geschmackssache. Beliebt sind auch Schafwoll- und Baumwollpullover und leichte **Baumwollkleidung**. Eine schöne Erinnerung an warme griechische Nächte sind **CDs**, die es in Souvenirshops, bei Straßenhändlern sowie in großen Musikshops (z. B. Metropolis) gibt. Momentan im Trend sind **Olympiasouvenirs**, die es in eigenen Shops (auch am Flughafen) zu kaufen gibt.

Eigentlich immer noch am lohnendsten zum Mit-nach-Hause-nehmen sind **Lebensmittel** und, bei Interesse, **Haushaltwaren**. „Spezialitätenläden" in der Pláka bieten meist Kretisches – Honig, Wein, Käse, Kräuter etc. –, die Läden und Stände im Marktareal an der Odos Athinas einfach alles Erdenkliche an Lebensmitteln: Hülsenfrüchte, Honig, Kaffee, Ouzo und Tsipouro, türkischen Honig und Knoblauchzöpfe, Kräuter und Olivenöl, Würste und Käse. Am beeindruckendsten ist die Vielzahl verschiedener **Olivensorten** zu enorm günstigen Preisen. Wer da nicht ein Pfund mit nach Hause nimmt, ist selber Schuld. Auch der Käse (v. a. Graviera oder Kefalotiri) lohnt, da lange lagerbar und frisch aufs Brot oder hart als Reibkäse zu verwenden. Ebenfalls im Marktviertel gibt es Haushaltwaren- und Bastlerläden, die oft allerhand Brauchbares und Praktisches für Haushalt (z. B. Kaffeepfännchen und -tassen, Wasserkrüge) oder Garten zu günstigen Preise anbieten.

Einkaufsviertel

Es gibt in Athen nicht einen „Shopping District", sondern verschiedene Regionen, in denen ein Einkaufsbummel Spaß macht. Nachfolgend ein paar Hinweise auf Regionen, die leicht mit öffentlichen Verkehrsmitteln zu erreichen sind:

Stadtzentrum

Im historischen Stadtzentrum zwischen Omonia, Syntagma und Akropolis treffen nicht nur Moderne und Geschichte aufeinander, hier bummeln und shoppen auch Einheimische und Touristen. Die Besucher tummeln sich bevorzugt in der **Pláka** (O. Adrianou und O. Kidathineon) und in **Monastiráki** (Umkreis Pl. Avissinias). Die Athener bevorzugen die Fußgängerzonen **O. Ermou** (ausgehend vom Syntagma) – die Haupteinkaufsstraße mit zahlreichen großen Modeläden, Accessoires, Schuhen, Schmuck u. a. – sowie **O. Eolou** (preiswertere Modeläden). **Psirrís** Hauptachse, die O. Athinas, ist das Zentrum für Gebrauchsdinge, mit Lebensmittel-, Haushalts- u. a. nützlichen Läden des Alltagsgebrauchs. Im Zentrum des Viertels steht der **Zentralmarkt**, Kentrikí Agorá, mit Hallen und Ständen im Freien, umgeben von kleinen Feinkost- und Lebensmittel-Läden verschiedenster Couleur.

Kolonáki

Am Fuße des Lykabettos, rund um die Pl. Fil. Eterias und die O. Tsakalof, die angeblich zu den sechs teuersten Straßen der Welt zählt, reihen sich feine und ausgefallene **Boutiquen** (auch großer Modeschöpfer), Schmuckläden, Schuhgeschäfte, Antiquitätenshops, Galerien, trendige Cafés und Restaurants aneinander.

Kifissiá
(Endstation der Metro-Linie 1)

Der nördliche Vorort Kifissiá ist nicht nur beliebter Wohn- und Erholungsort wegen seines angenehmeren Klimas, sondern hat sich in den letzten Jahren auch zum Einkaufszentrum der Extraklasse gemausert. Gerade wer sich für **Designermode** interessiert, ist hier richtig. Nur wenige Schritte von der Metro-Endstation entfernt, liegt das Herz um Leof. Kifissias, O. Kassaveti, Panagitsas und Papadiamanti.

Glyfada
(Bus A3/B3/E3, ab 2004 Tram)

Die Athener lieben ihre Küstenvororte, nicht allein wegen der Strände und Cafés, sondern auch wegen lebendiger Shopping-Zentren wie jenes in Glyfada. Entlang und um die Hauptachse **Odos Metaxa** reihen sich Boutiquen und kleine Einkaufszentren der gehobenen Kategorie aneinander.

Besondere Läden

- **Museumsshops:** im Nationalmuseum (O. Patission 44), bei TAP (Panepistimiou 57) und vor dem Akropolis-Zugang werden zertifizierte Gipsabgüssen von antiken Originalen, dazu Karten, Bücher, Dias, Videos, Schmuck und andere Accessoires verkauft. Auch die Läden im Benaki- und Goulandris-Museum lohnen.
- **Buchläden:** *Eleftherodakis* (Hauptstelle O. Panepistimiou/Amerikis und Filiale O. Nikis) hat die wohl größte Auswahl an englischsprachigen Büchern zu bieten. *Compendium* (O. Nikis 28) bietet englische und Secondhand-Bücher.
- **Supermärkte** befinden sich überwiegend in den Außenbezirken der Stadt, in der Athener Innenstadt gibt es nur wenige, z. B. *Marinopoulos/Champion* in der O. Kanari oder O. Athinas.
- **Märkte** (Laiki) finden einmal wöchentlich in verschiedenen Athener Vierteln statt und bieten Lebensmittel, manchmal auch Haushaltwaren. Schön am Samstag ist der Wochenmarkt in der O. Kallidromiou (Exarchía). Der größte Markt ist der täglich geöffnete Zentralmarkt, mit Hallen (Fleisch/Fisch/Geflügel) und offenem Areal für Obst, Gemüse, Oliven, Gewürze und sonstige griechische Spezialitäten. Von Mittwoch bis Sonntag vor Ostern findet um die Platia Iroon der **Naxos Lamb and Cheese Market** statt.
- **Flohmarkt** am Sonntag in Monastiráki; zu den täglich geöffneten festen Läden/Buden kommen dann auf den Straßen die privaten Flohmarkthändler.

Eintrittspreise

Die Eintrittspreise sind insgesamt noch recht moderat. Die meisten kleineren Museen kosten 2 € Eintritt, größere 4 bis max. 6 €. Für Athenbesucher bietet sich das **Kombiticket** (4 Tage Gültigkeit) für 12 € (ermäßigt 6 €) an; es gilt für Akropolis, Agora, Dionysos-Theater, Kerameikós, Olympieion und Römische Agora.

Ermäßigung von 50% gibt es für Senioren über 65 Jahren und Nicht-EU-Studenten. EU-Studenten mit Internationalem Studentenausweis und Schüler unter 18 Jahren bezahlen keinen Eintritt. Von Anfang November bis Ende März wird an Sonntagen kein Eintritt erhoben, das gleiche gilt für die meisten Feiertage, den 18.5. – International Museums Day – und den ersten Sonntag jedes Monats mit Ausnahme der Monate Juli, August und September.

ESSEN UND TRINKEN

(einzelne Tipps bei den Rundgängen)

„Toren besuchen im fremden Land die Museen, Weise gehen in die Tavernen ... Die griechische Kost ist liebenswert durch einen ländlichen Zug ... Unantastbar die Grundstoffe. Immer kommen die grünlichen oder schwärzliche Oliven zum Tisch. Weißer Schafkäse, Joghurt, Feigen, das jahreszeitliche Obst, das kehrt immer wieder, und niemand wird es mißachten. Das Öl durchzieht die Speisen als Element ..."
(Erhart Kästner, „Ölberge, Weinberge", 1960)

Längst beschränkt sich die **kulinarische Palette Athens** nicht mehr allein auf Oliven, Schafskäse und Jogurt. Gerade in Athen ist in den letzten Jahren in gastronomischer Hinsicht enorm viel passiert, und völlig zu Recht hat die Stadt den Ruf einer kulinarischen Hochburg erworben. **Hochklassige Gourmettempel,** mit Spitzenköchen ausgestattet und von erlesenem Ambiente, bieten längst nicht mehr nur griechische Standardkost, sondern **„Greek Nouvelle Cuisine"** und kreative Weltküche, dazu auserwählte Weine. Ein Menü in einem solchen Edelrestaurant, die man konzentriert in Gazi/Thissio und Kolonáki sowie in Psirrí findet, ist nicht eben billig (2 Personen mit 2 Gläsern Wein um die 100 €), doch das Geld ist gut investiert (Reservierung erforderlich, meist nur Abendessen, sonntags häufig geschlossen).

Zum **Fischessen** fährt man nach Piräus, bevorzugt zum Microlimano, wo sich ringsum den Jachthafen ein Lokal ans andere reiht, oder gleich ein Stückchen weiter die Küste südwärts, z. B. nach Glyfada. Das Angebot in der Pláka ist ebenso groß wie gleichartig. Die Qualität des Essens ist weitgehend einheitlich, dies gilt auch für die Preise. Geboten wird durchschnittliche **griechische Standardkost,** die ganze Palette von Bauernsalat über Moussaka zu Stifado oder Lammkoteletts. Etwas Besonderes sind die meist im Kellergeschoss befindlichen **Fisch-Frittierstuben** in der Pláka (siehe dort). Meist einfache Hausmannskost gibt es in den Tavernen rund um den Zentralmarkt, die nur bis zum Nachmittag geöffnet sind.

Restauranttypen

Die formale Unterscheidung nach **Taverne** (Wirtschaft) und **Estiatório** (Restaurant) trifft heute kaum mehr zu, die Übergänge sind fließend. In einer **Psistaria** wird überwiegend Gegrilltes serviert, in einer **Psarotaverna** Fisch und Meeresfrüchte, in **Bakaliara-**

kia frittiertes Fischfilet, und das nur in den kühlen Monaten. Einige Athener Lokale schließen zwischen Mitte Juli und Mitte September ihre Türen, manche betreiben dann Filialen in Piräus oder in Küstenorten. **Kafenía** – die charakteristischen spartanisch ausgestatteten Männertreffs – sind in Athen selten geworden. Viel verbreiteter sind **Snackbars** oder **Café-Bars**, die besonders vom jungen Publikum in Scharen frequentiert werden. Obwohl recht teuer, kann man hier mit einer Tasse Kaffee quasi beliebig lange sitzen bleiben und die Leute beobachten. Das Zentrum dafür ist Thissio, gefolgt von Kolonáki, Exarchía und Psirrí. Dazu zählt z. B. *Flocafé,* eine beliebte Cafékette mit Kaffeespezialitäten.

Die schicken Cafés haben zum Teil auch die Funktion von **Mezedepolien/Ouzerien** übernommen, perfekt vor dem Abendessen, bei Sonnenuntergang an einem schönen Ort. Für den schnellen Snack zwischendurch bieten sich vor allem die beinahe an jeder Ecke vorhandenen **Imbissbuden** bzw. Verkaufstheken an, die Giros oder Souvlaki preiswert und frisch anbieten (z. B. *Savvas*). *Grigoris* und *Everest* sind weit verbreitete Imbissketten

Schicke Cafés liegen in Athen voll im Trend

Essen und Trinken

Durchschnittliche Lebensmittelpreise
(Stand 2003)

Markt:
1 kg Oliven 1-4 € (durchschn. 2-2,50 €)
1 kg Hartkäse
 (Graviera/Kefalotiri) ca. 9,50 €
1 kg Tomaten 0,33-0,60 €

Imbiss:
großes Koulouri (Sesamkringel) (megalo/ diplo/thessalonikis) am Stand 0,40-0,50 €
kleines Koulouri (mikro) 0,30-0,35 €
Loukoumades (Honighäppchen; am Stand) 0,50-0,60 €
Brot (1 Pfund-Laib) ab 1 €
Bougatsa (Blätterteig gefüllt mit Sahnecreme und Zucker) 1,60 €
Tiropita (Schafskäse in Blätterteig) 1,20 €
Sandwich je nach Belag ab 1,50 €
Giros ab 1,30 €
Souvlaki mit Brot ab 1 €

Getränke:
Wasser am Kiosk 0,50-0,80 €
(0,5 l-Flasche), 1-1,50 € (1,5 l)
1,5 l Wasserflasche im Supermarkt ab 0,30 €
1 l Wein vom Fass ab 1,50 €
0,7 l-Flasche Wein, mittlere Qualität 3 €
0,5 l-Flasche Retsina ab 0,70 €
0,5 l Bier im Restaurant 3 €
0,5 l-Dose Bier im Laden ab 0,50 €
0,33 l-Dose Bier am Kiosk ab 0,80 €
0,7 l-Flasche Ouzo ab 2,50 € im Laden
Tasse Kaffee im Café ab 2,50 €, im Imbiss ab 1,30 €
Softdrink (0,33 l-Dose) am Kiosk ab 0,70 €

Restaurant-Essen:
einfaches Frühstück in der Pláka ab 2,50 €
Hauptgericht (Gemüse/Auflauf) ab ca. 6,50 €
Fleischgericht ab 8,50 €
Fisch ab 10 €
Touristenmenü (Moussaka, Salat, Getränk) ab ca. 9 €

mit nur wenigen Sitzgelegenheiten, die allerlei Snacks, Pasteten, Sandwiches (nach Wunsch belegt), Gebäck, Café und Softdrinks relativ günstig anbieten. Der einfache **Bäcker** *(Artopolíon)* – eine verbreitete Kette ist *Kastelis* – hat oft das beste Brot und einfaches Gebäck (Kekse!). Größer ist die Auswahl in der **Konditorei** *(Zacharoplastíon)*. Sie führt nicht nur Süßes und Eis, sondern auch salzige Pastetchen wie *tiropides* oder *bougatses*. An jeder Straßenecke und sogar sonntags verkaufen **Koulori-Wägelchen** die typischen Sesamkringel in verschiedenen Größen, außerdem Loukoumades und Stafidopsoma (Rosinenbrötchen). **Obststände, Maroniverkäufer** und **Nusswägelchen** sind ebenfalls leicht zu finden, und für den Notfall gibt es ja noch den Kiosk.

Speisekarte und Bestellung

Die Speisekarte *(katalogo)* ist meist mehrsprachig verfasst und die Preise beinhalten normalerweise die landesüblichen **10% Mehrwertsteuer und 13% Service,** manchmal kommt ein Aufpreis für das Gedeck extra hinzu. Bestellung von der Warmhaltetheke nach Optik ist selten geworden. Auf „normalen" Speisekarten finden sich zumeist nur **wenige Grundgerichte,** basierend auf Fleisch oder Fisch, dazu gibt es gleich bleibende **Beilagen,** vor allem Kartoffeln. Diese müssen wie Salat oder Gemüse extra bestellt werden und werden auf eigenen Tellern serviert, während **Brot** *(psomí)* und **Wasser** *(neró)* im Gedeck enthalten sind.

Feiertage und Feste

Üblicherweise kocht man nur einmal am Tag, vormittags, und hält die Kasserollen oder Töpfe ganztags warm. Fleisch und Fisch wird hingegen meist frisch auf dem Grill zubereitet. Es wird **herzhaft und kräftig**, mit Kräutern aller Art, Zitrone und natürlich Olivenöl gekocht. Das Bestellte kommt meist alles gleichzeitig auf den Tisch und nach griechischer Sitte essen alle von jedem Teller.

Bezahlen „à la germanikos", d.h. getrennt, ist verpönt – eine Person übernimmt die **Rechnung** (to logariasmo) für alle. **Trinkgeld** (pourboire) wird üblicherweise auf dem Tisch zurückgelassen, auch der Kellnergehilfe (mikró) erwartet ein paar Cents.

Essenszeiten

Frühstück spielt in Griechenland mit Ausnahme eines Kaffees keine Rolle. Hotels bieten je nach Kategorie Marmeladentoast bis hin zum üppigen Buffet (Grecotel). Sofern nicht automatisch im Preis enthalten, sollte man das meist übeteuerte Hotelfrühstück besser ignorieren und auf Obst, Jogurt mit Honig (yaoúrti me méli), frisches Gebäck vom Imbiss oder Bäcker oder Koulouri oder Loukoumades vom Straßenstand umsteigen. Ihr **Mittagsmahl** nehmen die Griechen zwischen 14 und 17 Uhr ein, zu **Abend** gegessen wird selten vor 21 Uhr. Viele Lokale öffnen nicht vor 19 Uhr und Hochbetrieb herrscht bis Mitternacht.

Feiertage und Feste

Im Zentrum des Festkalenders stehen **zwölf große Kirchenfeste,** die von der gesamten orthodoxen Christenheit gefeiert werden, daneben gibt es in Griechenland zahlreiche **lokale religiöse Feste** zu Ehren verschiedener Heiliger, Märtyrer oder Kirchenväter. An Patronatstagen – besonders verehrt werden Dimitrios, Johannes und Georg – finden Kirchweihfeste (Panigíria) statt, mit Morgengottesdienst und anschließendem Fest.

- **6. Januar:** Hl. Drei Könige/Theophania (Wasserweihe): In Erinnerung an die Taufe Christi wird an diesem Tag das Wasser gesegnet.
- **Februar:** „Aschenmontag", der Montag nach Fasching ähnlich unserem Aschermittwoch und signalisiert den Beginn der Fastenzeit.
- **6. März:** Feiertag zu Ehren von Melina Mercouri († 6.3.1994).
- **25. März:** Griechischer Nationalfeiertag, erinnert an den Beginn des Befreiungskrieges im Jahr 1821.
- **März/April:** Ostern (Páscha) variiert terminlich und fällt wie das orthodoxe Pfingstfest nicht mit dem hiesigen Termin zusammen. Am Karfreitag (Megáli Paraskeví) werden die Kirchen mit Blumen geschmückt, am Abend findet eine feierliche Kerzenprozession statt. In der Nacht zum Sonntag endet der Abendgottesdienst mit dem Jubelruf „Christus ist auferstanden!", danach entzündet der Priester die Osterkerze. An dieser entzündet die Gemeinde ihre mitgebrachten Kerzen und nimmt sie mit nach Hause, um die Hausikone zu beleuchten. Draußen wird ein Holzstoß mit verborgenen Feuerwerkskörpern in Brand gesetzt und zu Hause gibt es in der Nacht Ostersuppe (Majíritsa), am Sonntag dann Lamm und ein großes Fest im Familien-

Göttliche Getränke: Retsina, Ouzo und Tsipouro

„Wer den Harzwein nicht mag, weiß nicht, was Attika ist. Mögen die ersten fünfzig Liter ein bißchen fremd schmecken, wie bald gibt sich das ... Der Harzwein gewährt den spirituellsten Rausch von allen Weinen der Welt ... nur in Attika will er getrunken sein." (Erhart Kästner, „Ölberge, Weinberge", 1960)

Retsina ist ein mit Pinienharz versetzter Weißwein (áspro/lefkó krassí) – der Legende nach wollte man durch diesen Zusatz im II. Weltkrieg den deutschen Besatzern den Geschmack verderben. Der Inhaber der gleichnamigen großen Weinfirma, *Vassilis Kourtakis*, nennt einen plausibleren Grund: Schon in der Antike seien die Amphoren mit **Pinienharz** verschlossen worden, damit der Wein nicht schlecht würde – und so nahm er im Laufe der Zeit den Geschmack an. Ende des 19. Jahrhunderts gab es immerhin 6000 Tavernen in Athen, und die wurden aus dem Hinterland per Pferdekarren mit Retsina beliefert. Erst in den 1960ern begann man den Wein in Flaschen abzufüllen, und heute ist Retsina zum Markenzeichen Griechenlands geworden, gelegentlich vom Fass, häufiger aus Flaschen und das in sehr unterschiedlichen Qualitäten erhältlich. Zu den bekanntesten Marken gehören **Boutaris**, **Kourtaki** und **Tsantalis**. Wer etwas besonderes will, der sollte nach **Gaia** suchen, der derzeit beste Retsina.

Griechen an der kleinasiatischen Küste sollen nach einer Version schon im 15. Jahrhundert aus Trauben und Feigen, Anissamen und Mastix sowie Kräutern und Gewürzen erstmals den so genannten **Raki** gebrannt haben. Bereits im 19. Jahrhundert wurde der Anisschnaps auch nach Frankreich exportiert und erhielt nach der Kistenaufschrift „Uso di Massillia" (für den Gebrauch in Marseille) seinen Markennamen „Ouzo". **Ouzo** ist wie der türkische Raki, wie Pernod, Ricard oder Sambuca ein Anisschnaps. Anis-Alkoholika entstehen durch Destillation des Weintrebers bzw. (heute) der Trauben und Zusatz eines Öls, das ursprünglich aus zerstampftem Anissamen gewonnen wurde, heute aber in einem preiswerteren Anissubstitut aus importiertem Sternanis (einer Magnolienart aus China) besteht. Außerdem können Mastixharz sowie Zimt, Ingwer, Fenchel und andere aromatische Samen, Kräuter und Beeren – wie Koriander, Lakritz, Minze – zugegeben werden, je nach (streng gehütetem) Rezept. Danach folgt eine dreimalige Destillation, und nach mehrmonatiger Reifung wird das hochprozentige Produkt unter Hinzufügung von Wasser auf einen Alkoholgehalt von maximal 46%, meist um die 40%, gebracht. Heute werden Ouzos vielfach nicht mehr selbst destilliert sondern nur noch vor Ort gemischt, d.h. der Grundstoff wird mit Zucker, Anis und anderen Kräutern versetzt. Ouzo wird meist als Aperitif serviert, aber auch in Cocktails verwendet. Die Trübfärbung bei Wasserzugabe ist auf das Anis-Öl zurückzuführen, das bei Verringerung des Alkoholgehalts in weißen Kristallen ausfällt. Der beste Ouzo kommt heute aus Lesbos, wie **Giannatsi**, **Arvanitis** oder **Barbayannis**.

Neben Ouzo sollte man aber auch den **Tsípouro** versuchen. Er ist mit dem Ouzo eng verwandt und beide unterscheiden sich lediglich durch die die Beimengung verschiedener aromatischer Zutaten bzw. dem Fehlen solcher Zusätze. Im Allgemeinen versteht man unter „Tsigouro", wie er in Athen heißt, einen Tresterschnaps ohne bzw. mit nur sehr dezentem Anisgeschmack. Es gibt ihn quasi weltweit, unter jeweils anderen Namen: „Tsikoudia" auf Kreta, „Grappa" in Italien, „Marc" in Frankreich, „Bagaceira" in Portugal oder „Komovica" in slavischen Ländern, gelegentlich wird auch das orientalische „Raki" nach dem türkischen Wort für „Traubenschalen" dafür verwendet. Man sagt, der erste Tsipouro wäre auf dem Berg Athos im 14. Jahrhundert aus dem übrig gebliebenen Trester gebrannt worden. Er soll zu Anfang auch im Winter heiß, anstelle von Kaffee, getrunken worden sein. Tsipouro – mit durchschnittlich 36% Alkohol – wurde ursprünglich vor allem in Makedonien, Thessalien, Epirus und auf Kreta gebrannt, wobei kommerzielle Herstellung verboten war und nur bestimmte Familien das Recht hatten, an zwei Tagen im Jahr zu brennen. Im Laufe der Jahrzehnte wurde der Tsipouro mehr und mehr von Auslandsimporten, von Whiskey, Gin und Wodka verdrängt, bis 1987 die Regierung beschloss, das Getränk als traditionelles Produkt zu schützen und zu fördern. Heute gibt es eine Vielzahl von Tsipouro-Herstellern und eine Menge unterschiedlicher Qualitäten. Er kann sehr mild oder scharf, von feinen Aromen oder aber eher robust sein, auf jeden Fall sollte er gekühlt, aber nicht aus dem Gefrierfach getrunken werden.

● **Lesetipp:** Nico Manessis, The Illustrated Greek Wine Book (2001)

kreis. Die 49 Tage von Rosenmontag bis zum Samstag vor Ostern sind die Fastenzeit (Megali Sarakosti).
● **1. Mai:** Tag der Arbeit (Protomaiiá).
● **Mai:** Christi Himmelfahrt, außer Gottesdiensten gibt es ein Feuerwerk.
● **40 Tage nach Ostern:** Pfingsten mit Pfingstmontag als Feiertag.
● **15. August:** Maria Himmelfahrt, größtes Marienfest, das besonders in Klöstern gefeiert wird, eines der wichtigsten kirchlichen Feste in Griechenland, an dem viele Athener in ihre Heimatdörfer zurückkehren.
● **28. Oktober:** „Ochi"-Tag (Nationalfeiertag), erinnert an das Nein von Regierungschef Metaxas, mit dem er 1940 Mussolinis Aufforderung zur Kapitulation ablehnte.
● **25./26. Dezember:** Weihnachtsfeiertage (Christoujennon): Am Heiligen Abend laufen die Kinder (wie am 31.12. und am 5.1.) Lieder singend von Haus zu Haus und wünschen ein schönes Fest für eine kleine Gabe, meist Geld. Christbäume (importiert) u. Ä. Rituale haben sich eingebürgert, früher war das Fest eher unbedeutend. Heiligabend ist wie Silvester kein Feiertag.
● **31. Dezember/1. Januar Silvester/Neujahr:** An Silvester ziehen die Kinder von Haus zu Haus, sammeln Geld und Süßigkeiten, wobei der Tag offiziell als Arbeitstag gilt. Zu Mitternacht werden die Fenster geöffnet und der Vasilopita (Neujahrskuchen) mit einer besonders Glück bringenden eingebackenen Münze angeschnitten. Der Neujahrstag gilt der Verehrung des Ágios Vasilios, der den Kindern, dem Nikolaus gleich, Geschenke bringt.

FOTOGRAFIEREN

Angesichts der meist grellen griechischen Sonne reichen Filme mit einer Lichtempfindlichkeit von **21 DIN/100 ASA** im Allgemeinen vollkommen aus. Für Innenaufnahmen (z. B. in Kirchen oder Museen, wo Blitzen und Stativ meist verboten sind), bietet es sich an,

Führungen und Stadtrundfahrten, Geld

auf eine höhere Filmempfindlichkeit umzusteigen Gerade im Sommer ist es nötig, Filmmaterial möglichst kühl und trocken zu lagern. In Museen und auf Ausgrabungen ist Fotografieren und Videofilmen prinzipiell erlaubt, doch nur ohne Blitz und Stativ. Auch in Klöstern und Kirchen darf oft nur mit Genehmigung fotografiert werden.

●**Photo Olympia**, O. Akademias 57, nach unseren Erfahrungen der beste Fotoladen der Stadt

Buchtipps
●**Reisefotografie**, Helmut Herrmann
●**Reisefotografie digital**, Volker Heinrich
beide Bände REISE KNOW-HOW Praxis

Führungen und Stadtrundfahrten

Das Angebot an Führungen und Stadtrundfahrten ist in Athen eher spärlich. Am besten fragt man bei Bedarf im Hotel oder in einem Reisebüro nach. **Fantasy Travel** (Tel. 210 331 0530, www.fantasy.gr) bietet beispielsweise halbtägige Athen Sightseeing Touren (45 €), ebenso **Carlson Wagonlits Travel** (Megaron Syntagmatis 2, Pl. Syntagma, Tel. 210 324 4139). Auf der Akropolis und im Nationalmuseum werden ständig Führungen angeboten.

Geld

Der griechische Euro

Schweren Herzens und optimistisch zugleich haben sich die Griechen am 1.1.2002 von ihrer Drachme verabschiedet. Griechenlandbesucher müssen seither keine Gehirnakrobatik im Umrechnen der Drachmensummen mehr betreiben.

Die Euro-Scheine sind bekanntlich in allen Ländern identisch, bei den Münzen bestehen je nach Land Unterschiede. In Hellas tragen alle Scheine und Münzen bis 1 € neben dem Wort EURO auch die griechische Aufschrift **EYRO** (ausgesprochen: Evro), kleinere Münzwerte (Cent-Münzen) werden hingegen weiter griechisch mit **Lepta** bezeichnet. Die griechischen Münzen tragen folgende typisch griechischen Symbole:

2 €: Entführung der *Europa* durch *Zeus* in Stiergestalt
1 €: Eule (Weisheitssymbol)
50 Lepta: *Eleftherios Venizelos*, Ministerpräsident 1864-1936
20 Lepta: *Ioannis Kapodistrias*, 1. Präsident Griechenlands 1776-1831
10 Lepta: *Rigas Fereos* (1757-98), der geistige Wegbereiter für den Osmanenaufstand
1/2/5-Lepta: Hinweise auf die lange Seefahrertradition Griechenlands

Der Umrechnungskurs **Euro – Schweizer Franken** beträgt zurzeit (August 2003):
1 € = 1,53 CHF (SFr)
1 CHF (SFr) = 0,65 €

Geldbeschaffung vor Ort

Die Zeiten des Geldwechsels sind vorbei. Das gute alte Postsparbuch kann zu Hause bleiben, ebenso Euroschecks, beide sind nicht mehr einsetzbar. Am unkompliziertesten ist die Verwendung von **EC-Karte** und Geheimnummer. Gegen eine **Gebühr** von einheitlich 3,83 € lässt sich damit an jedem Automaten Bargeld ziehen.

Sogar kostenlos (sechsmal im Jahr) ist Geldabheben an jedem VISA-plus-Automaten mit der **Post-SparCard** möglich, wobei die maximale Abhebungssumme 500 € pro Vorgang bzw. 2000 € pro Woche beträgt. Auch in Notfällen kann die Post hilfreich sein. Per **Postbank Minuten-Service** kann im Notfall Geld innerhalb weniger Stunden weltweit transferiert werden (Gebühr für EU-Länder 4% bzw. mind. 20, höchstens 200 €). Bei Abholung des Gelds auf dem lokalen griechischen Postamt (Mo-Sa 8-15 Uhr) muss ein Ausweis vorgelegt werden. Ebenfalls auf Notfälle und Blitzüberweisungen spezialisiert ist die Deutsche Reisebank, die auf Flughäfen, Bahnhöfen etc. zu finden ist (Infos: Tel. 0180/5225822).

Zu erheblich höherer Gebühr, unterschiedlich je nach ausgebender Bank, lässt sich mit der **Kreditkarte** Geld am Automaten holen. Kreditkarten werden in Touristenzentren, in besseren Restaurants und Shops angenommen. Generell sollte man sich auf die Akzeptanz nicht verlassen. Nötig ist die Vorlage einer Kreditkarte hingegen im Allgemeinen beim Anmieten eines Leihwagens zur Stellung der Kaution.

Der große Vorteil der Kreditkarte ist, dass bei Verlust der Inhaber lediglich mit max. 50 € haftet.

Reiseschecks werden zu Hause erworben, sind aber in Griechenland eher ungebräuchlich. Sie kosten außer der üblichen Kommission zusätzliche Gebühren vor Ort, werden allerdings gegen Kaufquittung bei Verlust sofort ersetzt. *American Express, Thomas Cook* oder *VISA* geben Reiseschecks, ausgestellt auf US$ oder € aus.

Für den schnellen Snack:
ein Koulouri vom Straßenrand

Gesundheit und Hygiene

Banken haben Mo-Fr von 8 bis mindestens 14 Uhr geöffnet, freitags manchmal nur bis 13.30 Uhr, selten am Samstag. Doch normalerweise benötigt man ja nur den zugehörigen Automaten.

Die **Sperr- und Notfallnummern**, unter denen Sperrung der Euro-, Kreditkarte oder der Reiseschecks bei Diebstahl oder Verlust veranlasst werden kann, variieren je nach ausgebender Stelle bzw. Bank und sind entweder dem mit der Karte erhaltenen Merkblatt bzw. der Rückseite der Karten zu entnehmen und unbedingt vorher zu notieren.

Gesundheit und Hygiene

(siehe auch Vor der Reise „Medizinische Vorsorge")

Arztpraxen – mit „Iatriko" ausgeschildert – sind in ausreichender Zahl vorhanden und Fremdsprachenkenntnisse verbreitet. Im Notfall wird für kostenlose Behandlung ein **Auslandskrankenschein** – ein bei hiesigen Krankenkassen erhältliches E111-Formular – benötigt. Dieser muss zunächst zusammen mit dem Personalausweis bei der griechischen Sozialversicherungsanstalt *I.K.A.* vorgelegt und gegen ein „Krankenanspruchsheft" eingetauscht werden. Danach wird man von einem dieser Organisation angeschlossenen Arzt bzw. Krankenhaus kostenlos behandelt. Da dies ein ziemlich umständliches und zeitaufwändiges Prozedere bedeutet, ist es meist sinnvoller bar zu bezahlen und gegen **Quittung** *(apodixi)* zu Hause auf Rückerstattung durch die Krankenkasse zu hoffen bzw. bei abgeschlossener Auslandskrankenversicherung dort Kostenerstattung zu fordern.

Es gibt grundsätzlich verschiedene Sorten von **Krankenhäusern**, staatliche Health Centers, Universitäts- und Privatkliniken. Ein zentral organisiertes Netz an Notärzten und Ambulanzen gibt es hingegen nicht. Um eine **Ambulanz** zu rufen, wählt man die Telefonnummer **166**, für **Erste Hilfe 112**.

Apotheken *(Farmacia)* sind gekennzeichnet mit dem grünen Malteserkreuz, haben normale Ladenöffnungszeiten und Wochenenddienst, der am Eingang vermerkt ist. **Medikamente** sind dort billiger als in Deutschland und größtenteils rezeptfrei erhältlich, dennoch sollte man auf die eingangs erwähnte Reiseapotheke nicht verzichten.

Öffentliche Toiletten – gekennzeichnet mit **ándron** (männlich) und **ginaíkon** (weiblich) – sind erstens selten und zweitens nicht immer empfehlenswert. Ein kleiner Vorrat an Klopapier in der Tasche ist zweckdienlich. Leitungswasser schmeckt oft nach Chlor, kann aber problemlos getrunken werden.

Seit Kurzem herrscht **Rauchverbot** an öffentlichen Plätzen, was zwar bisher noch meist ignoriert wird, obwohl Rauchen jedoch ein Vergehen darstellt, das bis zu 90 € Strafe kostet.

INFORMATIONS- UND SERVICESTELLEN

(siehe auch „Medien")

Man möchte nicht glauben, dass eine Millionenmetropole wie Athen abgesehen von einem Schalter am Flughafen (Ankunfts-Bereich, Mo-So 8-22 Uhr) nur über ein einziges (zudem relativ spärlich ausgestattetes) **Informationsbüro** im Stadtzentrum verfügt. Informationsmaterial liegt im Stadtbüro kaum offen aus, es muss konkret nach bestimmten Broschüren (z.B. Bus-Liste, Taxipreisliste, Veranstaltungskalender, Museumsliste) gefragt werden. Das am Jachthafen von Piräus befindliche Infobüro (O. Marina Zeas) war zuletzt nicht mehr geöffnet.

- **E.O.T.:** O. Amerikis 2 (nahe Pl. Omonia), Postf. 1017, 10564 Athen, Tel. 210 327 1300 oder 210 327 1301, www.gnto.gr., E-Mail: gnto@otenet.gr, Mo-Fr 9-16.30 Uhr
- **Hellenic Chamber of Hotels**, O. Karageorgi Servias 2, in der Nationalbank direkt am Syntagma, Tel. 210 323 7193, Mo-Do 8.30-14, Fr 8.30-13.30, Sa 9-12.30 (Mai-Nov.); verteilt Hotellisten und nimmt Reservierungen vor

MIT KINDERN UNTERWEGS

Während in Restaurants und Hotels Kinder im Allgemeinen gern gesehen sind, ist es in einer Stadt wie Athen schwierig mit einem Kinderwagen oder Buggy herumzukommen. Unebene Straßenübergänge und Kopfsteinpflaster, Baustellen, Missachtung von Ampeln, Kreuz und Quer Parken, zu schmale bzw. zugeparkte Fußwege, gefährliche Motorräder machen es für Eltern wie Kinder nervraubend und teilweise sogar gefährlich. Besonders für Ausgrabungsbesichtigungen ist zudem ein geländegängiger Buggy oder noch besser, eine **Rückentrage** ratsam.

Athen ist eine Großstadt und hat vielerlei **Attraktionen** auch für Kinder zu bieten. Die wichtigsten sind:

- Nationalgarten mit Ententeich und Spielplatz, Streichelzoo
- Wachwechsel vor dem Parlament
- Fahrt mit der Seilbahn auf den Lykabettos (Kolonáki)
- Kindermuseum, O. Kidathineon 14 (Pláka)
- Museum für griechische Kinderkunst, O. Kodrou 9 (Pláka)
- Gaia Centre, O. Othonos (Kifissiá)
- Centre for the Study of Traditional Pottery, O. Melidoni 4-6 (Psirrí)
- Schattenspieltheater Figoures kai Koukles, O. Tripodon 30 (Pláka)

MEDIEN

Zeitungen

Zeitung lesen hat in Griechenland einen hohen Stellenwert. Es gibt derzeit 16 **überregionale Tageszeitungen** in Griechenland, allein in Athen erscheinen insgesamt über 30 Blätter, ein Drittel vormittags, zwei Drittel nachmittags. So wie die Tageszeitungen parteipolitisch ausgerichtet sind, sind auch die täglich erscheinenden sieben (!) **Sportzeitungen** – mit Aufla-

gen bis zu 20.000 – jeweils einem bestimmten Verein zugetan, z.B. *Phos ton Sport* oder *Protathlitis* für Olympiakos Piräus, *Sportecho*, *Derby* oder *Athlitiki* für Panathinaikos Athen.

Deutsche Tageszeitungen (meist einen Tag alt) und **Magazine** sind an vielen Kiosks erhältlich, natürlich mit Aufschlag. Der **International Herald Tribune** ist täglich ein interessanter und aktueller, tagesfrischer Auszug der Athener Tageszeitung *Kathemerini* in englischer Sprache beigelegt, der über aktuelle Events, Kino, Apotheken, Fährabfahrzeiten, Notrufnummern etc. informiert.

Zeitungslesen hat in Griechenland einen hohen Stellenwert

Informationsmedien

Athens News ist das wohl interessanteste Stadtmagazin für Besucher. Es erscheint seit 1952 einmal wöchentlich (dienstags) in handlichem Format und englischer Sprache (1,50 €, www.athensnews.gr). Hier finden sich umfassende Informationen zu allen praktischen Belangen, ein **Veranstaltungskalender,** ein **Kinoprogramm** u.v.a. aktuelle News.

Ebenfalls auf Englisch, allerdings nur sechsmal im Jahr, erscheint **Odyssey** (www.odyssey.gr, 6,50 €). Das Athen-Magazin enthält vor allem im Sommer einen ausführliche Veranstaltungskalender und Tipps, ansonsten finden Besucher hier viel Lesestoff und News.

Museen und Ausgrabungsstätten

Die Athener Zeitung – die einzige **deutschsprachige Wochenzeitung** Griechenlands für Politik, Wirtschaft, Kultur und Tourismus – erscheint immer am Freitag für 1,50 € in Griechenland, für 2,05 € im Ausland. Besonders hilfreich ist der ausführliche Kulturkalender mit Ausstellungen, Theater- und Konzertprogramm sowie anderen Veranstaltungen.

Radio und Fernsehen

Die **staatliche Radio-Anstalt** ERT Ära (MW 792 KHz) sendet täglich um **16.30 Uhr deutschsprachige Nachrichten,** ebenso gibt es im Athener-Stadtradio (98,4 FM) – dem ersten privaten Radiosender in Griechenland – montags bis freitags um 8.30 und 16.30 Uhr Nachrichten in Englisch, Deutsch und Französisch. Auch das Greek Radio 1 (91,8 FM) bietet täglich um 7.40 Uhr fremdsprachige Nachrichten.

Fernsehsender gibt es viele, doch wie in Deutschland ist die Qualität der meisten eher zweifelhaft. Fast noch beliebter als bei uns sind Game-Shows und Soap Operas, wobei letztere von Herstellungsweise, Handlung und Darstellern oft sehr handwerklich gemacht sind.

Die **Haupt-Sender** in Athen sind die staatlichen ET-1, NET, ET3, außerdem die privaten Sender Mega, Antenna, Star, Alpha, Filmnet Cable. Lokalsender mit geringem Radius sind Alter, Seven Local, Tempo, Extra Channel (News), Polis TV und an deutsch- bzw. englischsprachigen Sendern sind meist zu empfangen: Deutsche Welle, CNN Satellite, BBC und MTV, selten ZDF, Sat 1 oder RTL.

Museen und Ausgrabungsstätten

(siehe auch „Eintrittspreise")

Fast alle Sehenswürdigkeiten sind an den hohen Feiertagen wie Neujahr, Ostern, dem 25.3., 1.5. und Weihnachten geschlossen. An manchen Feiertagen (wie dem 28.10.) gelten lediglich verkürzte Öffnungszeiten. Die Zeiten variieren je nach Saison. Als Anhaltspunkt kann gelten, dass Ende April bis Ende September die meisten größeren Ausgrabungen und Museen von **8-19 Uhr geöffnet** sind, gelegentlich außer montags. Kleinere Ausgrabungen und viele Museen öffnen nur von 8.30-15 Uhr. Ebenfalls verkürzt, bis 14 oder 15 Uhr, außer montags, ist in der Regel in den Monaten Oktober bis März geöffnet. In diesem Zeitraum ist der Eintritt sonntags kostenlos. Kirchen sind vor und nach den Sonntags-Gottesdiensten geöffnet, werktags meist von 7-13 und von 16-18.30 Uhr.

Die Beschreibung der einzelnen Museen und Ausgrabungsstätten sowie nützliche Daten (Öffnung, Preise) finden sich im Reiseteil, nachfolgend deshalb nur eine Liste der wichtigsten Sehenswürdigkeiten. Als **absolute Highlights** unter den Museen gelten das Archäologische Nationalmuseum, Akropolis- und Agora-Museum, Kerameikós- und Benaki-Museum, Byzantinisches und Kykladen-Museum.

Achtung: Die Angaben zu **Öffnungszeiten** im Reiseteil beziehen sich normalerweise auf die HS, d.h. im Allgemeinen Ende April – Ende Sept.

Wichtige Museen und Ausgrabungsstätten

(Details siehe Kapitel „Rundgänge durch Athen")

- **Agora**, Hauptzugang: Pl. Thissio/O. Adrianou 24, weiterer Zugang von Akropolis/Aeropag (Süden) her
- **Akropolis**, Zugang O. Theorias
- **Archäologisches Museum Piräus**, O. Charilaou Trikoupi 31, Piräus
- **Archäologisches Nationalmuseum**, O. Patission 44, Museio/Vathi
- **Athener Stadtmuseum**, O. Paparigopoulou 71, Neustadt
- **Benaki-Museum**, O. Koumbari 1/Vass. Sofias, Neustadt
- **Byzantinisches Museum**, O. L. Vass. Sofias 22, Neustadt
- **Dionysos-Theater und Akropolis-Südabhang**, O. Dionissiou Areopagitou
- **Eisenbahnmuseum**, O. Siokou 4, Neustadt
- **Frissiras Museum**, O. Monis Asteriou 3 und 7/Ecke Kidathineon, Pláka
- **Goulandris Museum & Gaia Centre (Museum für Naturgeschichte)**, O. Levidou 13, Kifissiá
- **Historisches Nationalmuseum**, Altes Parlament, O. Stadiou 13, Neustadt
- **Ilias-Lalaounis-Schmuckmuseum**, O. Karyatidon 4A/Kalisperi, Makrigiani, nahe Akropolis-Studienzentrum
- **Jüdisches Museum**, O. Nikis 39, Pláka
- **Kanellopoulos Museum**, O. Theorias/Panos, Pláka
- **Keramikós**, O. Ermou 148
- **Kindermuseum**, O. Kidathineon 14, Pláka
- **Kriegsmuseum**, O. Rizari 2, Neustadt
- **Museum für griechische Volkskunst**, O. Kidathinéon 17, Pláka
- **Museum für griechische Kinderkunst**, O. Kodrou 9, Pláka
- **Museum für griechische Volksinstrumente**, O. Diogenous 1-3, Pláka
- **Museum kykladischer und antiker griechischer Kunst (Museum Goulandris)**, O. Neophytou Douka 4 sowie Stathatos Haus, O. Vassilissis Sophias/Irodotou 1, Neustadt
- **Nationalgalerie**, L. Vassileos Konstantinou 50, Neustadt
- **Numismatisches Museum/Iliou Melathron**, O. E. Venizelos 12, Neustadt
- **Olympieion**, O. Vass. Olgas/Amalias
- **Römische Agora**, Pl. Aerides, O. Pelopida/Eolou, Pláka
- **Schifffahrtsmuseum Piräus**, Akti Themistokleous, Piräus
- **Zentrum für Volkskunde und traditionelles Leben**, O. A.-Chatzimichali 6, Pláka

Berühmte Rembetiko-Stars sind schon im „Mnisikleous" in der Pláka aufgetreten

NACHTLEBEN

(siehe auch „Veranstaltungen, Theater, Kino", Stadtporträt „Musik", Rundgänge „Essen & Trinken")

Athen ist, auch was das Nachtleben angeht, eine vielseitige und lebhafte Metropole, bunt und schrill. Im Sommer finden vielerlei Veranstaltungen im Freien statt und Cafés, Bars und Ouzerien stellen ihre Tische auf Fußweg oder Straße. Im Winter hingegen sind es die Club-Szene, konzentriert u. a. in Psirrí, aber auch viele Diskos, die für Unterhaltung sorgen. Etliche Bars, Cafés und Restaurants sind bis 2 Uhr nachts oder länger geöffnet. **Diskos** und **Rembetiko-Lokale** bzw. Clubs öffnen nicht vor 22 Uhr und setzen den Konsum eines (meist teuren Getränks) voraus. Konzerte beginnen

NACHTLEBEN

nicht vor 22.30/23 Uhr. Beliebt sind auch **Bouzouki-Tavernen** – griechisch „bouzouktsidika" – und **Freiluftkinos**.

Lokaler Schwerpunkt des Nachtlebens ist zum einen die **Pláka** mit der O. Mnesikleous – eher touristisch. Beliebt wegen der Bars und Musiklokale sind unter Insidern und Einheimischen aber auch **Psirrí** und **Thissio/Gazi** sowie das Studentenviertel **Exarchía**. Bekannt für ihr Nachtleben sind auch die Vororte **Glyfada** im Süden (am Meer) und **Kifissiá** im Norden.

Nach Einbruch der Dunkelheit wandelt sich das tagsüber unscheinbare **Psirrí** komplett: Es gibt kaum mehr Parkplätze, die **Kneipen** sind rappelvoll, Musik tönt auf den Straßen und der Geräuschpegel schwillt. Jetzt lohnt es sich, auf Entdeckungstour durch die höchst unterschiedlich gestalteten und musikalisch ausgerichteten Cafés und Kneipen zu gehen. Das Herz des Viertels liegt um die **Platia Iroon**. Eine ausführliche Auflistung der Restaurants, Services und Shops, aber auch Infos zu Geschichte und Events finden sich auf der Webpage www.psirri.gr/english.

Thissio/Gazi, am Westrand der Agora, ist ein Areal, das gerade erst im Begriff ist so richtig chic zu werden. Wo ursprünglich Möbel-, Kfz- und Metallwerkstätten dominierten, siedeln sich mehr und mehr Cafés, Bars und Restaurants an, die vor allem von jungen Leuten frequentiert werden.

●**Tipp: OZON Magazine** ist ein frei in Cafés und Bars ausliegendes zweisprachiges Heft mit aktuellen Nightlife-Tipps. Auch Athens News und Athener Zeitung sind diesbezüglich hilfreich.

Psirrí

●**Astron,** O. Taki 3, eine der beliebten Bars, die im Sommer eher an ein Kykladendorf als an eine Großstadt erinnert
●**Bee,** O. Miaouli/Themidos, Bistro mit Salaten, Paste, Vegetarischem; beliebter Nightspot (Techno)
●**Cubanita,** O. Karaiskaki 28, berühmt sind die exotischen Cocktails und die Auftritte kubanischer Bands; eine der lebendigsten Bars der Stadt
●**Mezedopoleion Platia Iroon,** Platia Iroon, große Auswahl, Livemusik (Rembetiko), prima Salate und naxische Spezialitäten wie Saganaki (gebackener Käse, meist Schafskäse, mit Zitrone serviert) oder Würste
●**Sokrátous & Evripídou – Mousikó Mezedopoleío,** O. Sokrátous/Evripídou, gute Mezedes und Liveauftritte von Musikern am Wochenende.
●**Stoa Athanaton,** O. Sofokleos 19 (im Zentralmarkt), hier treten die Oldies der Rembetiko-Szene *(Takis Benes, Babis Tsertos, Babis Goles)* auf

NACHTLEBEN

- **Vibe,** O. Aristofanous, beliebt bei Künstlern und Journalisten, vielfach Auftritte internationaler DJs

Thissio/Gazi

- **Camel,** O. Iraklidon 74, beliebt bei Rock-Fans
- **FOS,** Iera Odos 7-9, Club, in dem schon Pop-Rock-Ikone *Anna Vissi* auftrat, außerdem *Michalis Chatzigiannis* mit *Iro* und *Eleni Peta*
- **Grammes,** O. Konstantinoupoleos 111, in einer alten Fabrik wurde ein futuristisches Ambiente geschaffen; hervorragende Konzerte, u. a. Auftritte von *Savvopoulos*
- **Kerameikos,** O. Kerameikos 58, zwar werden Mezedes serviert, aber hierher kommt man wegen der Konzerte eines *Dionysis Savvopoulos* oder *Nikos Papazoglou*
- **Loop,** O. Ag. Asomatou 3, wechselnde Livebands und lokale DJs (Rock, Jazz, Hip Hop)
- **Nipiagogio,** O. Kleanthous 8, aus dem ehemaligen „kindergarden" wurde ein beliebter Club (Alternative Jazz, Blues, Funk)
- **Plus Soda,** O. Ermou 161, der „Dance Club" der Stadt: Techno und House
- **Studio Peireios 130,** O. Peireios 130, einer der beliebtesten Clubs des Stadt
- **Vox,** Iera Odos 16, der Newcomer, eingeführt von *Eleftheria Arvanitaki* und *Lavrentis Machairitsas*

Pláka

- **Mnisikleous,** O. Mnisileous 22/Ecke Lission, zwar etwas touristisch, aber gutes Essen und immer wieder Auftritte bekannter Rembetiko-Stars
- **Perivoli t'Ouranon,** O. Lysikratous 19, einst politischer Treff, heute berühmt für seine Küche und Rembetiko-Konzerte, z. B. von *Mario*
- **Zygos,** O. Kidathineon 22, neu eröffnet im EG des Cine Paris, Konzerte bekannter griechischer Popstars wie *Dimitra Galani* oder *George Dalaras*

Exarchía

- **Au Revoir,** O. Patision 136, Nightclub im derzeit beliebten Retrolook
- **Boemissa,** O. Solomou 19, authentischer Rembetiko
- **Decadence,** O. Voulgaroktonou 69, einer der ältesten Rock-Clubs, immer noch sehr beliebt
- **Kavouras,** O. Themistokleous 64, Laiko/Rembetiko-Gruppen
- **Mo Better,** O. Koletti 32/Themotokleos, immer voll und jährlich neue Dekos (zumeist Rock)
- **Rembetiki i Storia,** O. Ippokratous 181, hier treten u. a. *Pavlos Vasileiou* und Band auf

Andere Viertel

- **Apollon Palace,** O. Singrou 259 (Nea Smirni), hier treten die kommenden Bouzouki-Stars auf
- **Aptaliko,** O. Heronda 6a (Pangrati), Rembetiko mit jungen Nachwuchsmusikern
- **Blues Hall,** O. Arditou 44 (Pangrati), neben dem Half Note Jazz Club einer der Topspots für Livemusik, vor allem Blues
- **Douzeni,** O. Magrigianni 8 (Makrigiani), Fr-So Auftritt von vier Rembetiko-Sängern
- **Gagarin 205 Club,** O. Liosion 205 (nahe Larissa-Bahnhof), u. a. Filmfestival im November, daneben zahlreiche Konzerte, vor allem Rock
- **Metro,** O. Kalvou/Gyzi (Gyzi), ehemaliges Kino mit großer Bar und großen Namen auf der Bühne, Studentenatmosphäre, für wahre Musikliebhaber aller Altersgruppen, Auftritte von *Nikos Portokaloglou, Miltiadis Paschalidis, Dionysis Tsaknis* u. a.
- **Half Note Jazz Club,** O. Trivonianou 17 (Pangrati), live von Reggae über Jazz und Blues, R&B bis Klezmer und Latino, auch große Konzerte
- **Jazz,** O. Tatoiou 15 (Kifissiá), einer der Topspots im Norden, dem Jazz verschrieben, mit schönem Garten und toller Bar
- **Stavros tou Notou,** O. Tarypou 37/Frantzi (Neos Kosmos), beliebte Live-Rock-Bühne mit Ruf, auf zwei Stockwerken, u. a. *Tania Tsanaklidou* (Elektro-Rock)
- **Parafono Jazz & Blues Club,** O. Asklipiou 130A/S. Krinis 1 (Neapoli), alteingesessen, verschiedene Konzerte, zumeist Jazz
- **Wild Rose,** O. Panepistimiou 10 (Zentrum), Pop und Rock der 60er und 70er, sehenswertes Dekor

NOTFÄLLE

Die **Touristenpolizei** (Aufschrift „Tourist Police" auf der Schulterklappe, Tel. 171) ist mit denselben Kompetenzen ausgestattet wie die normale Polizei, hilft aber Besuchern auch mit Auskünften weiter. Die „richtige" Polizei hilft in erster Linie in wirklichen Notfällen (z. B. zum Aufnehmen eines Protokolls nach Straftaten).

Wichtige Telefonnummern

- Ambulanz 166
- Polizei 100
- Feuerwehr 199
- Mobilnetz-Notruf 112
- Touristenpolizei 171 (Auskünfte, allg. Hilfe, 24 Std.)
- Polizei (Information) 133
- Verkehrspolizei 210 523 0111-5
- Flughafen-Polizei 210 353 6919
- 24-Std. Ärzteservice 1016 oder 105
- Notfall-Krankenhäuser 106
- Apotheken-Notdienst 107
- IKA (Krankenversicherungsanstalt) 184
- Fundbüro: Tel. 210 642 1616 (Mo-Fr 8-14 Uhr)
- ELPA (Automobilclub) 104 (Pannenhilfe), sonst: Tel. 210 606 8800

Vorsorgemaßnahmen vor Reiseantritt

- Den **Versicherungsschutz** prüfen: Ist z. B. eine Auslandsreise-Krankenversicherung bzw. eine Reise-Notfall-Versicherung sinnvoll?
- Chronisch Kranke sollten einen **Gesundheitspass** mitnehmen, ebenso natürlich alle benötigten Medikamente in ausreichender Menge.
- **Notruf-Telefonnummern,** z. B. für Kreditkarten- oder Schecksperrung, von Versicherungen und hilfreichen Stellen/Personen notieren und genügend Geld für den Notfall auf dem Kartenkonto deponieren.
- Details über Möglichkeiten der **Geldüberweisung** im Notfall erfragen (Bank, Post) und einer Vertrauensperson Adressen, Versicherungsnummern etc. hinterlassen.
- **Kopien** aller wichtigen Dokumente (Pass, Flugticket, Versicherungsscheine, Führerschein etc.) anfertigen und Scheck-, Pass-, Karten- und Notrufnummern notieren. Einen Satz Kopien getrennt von den Originalen mitnehmen, einen zu Hause hinterlegen.
- **Originaldokumente** sicher verstauen, am besten am Körper (Brustbeutel, Gürteltasche o. Ä.) tragen und wenn möglich im Hotelsafe deponieren.
- **Notfall-Pass** mit persönlichen Daten, Adresse, Kontaktperson/-adresse, Notruf-, Versicherungs-, Sperrnummern, Botschaft/Konsulat am Reiseziel, Nummern der verschiedenen Dokumente, Schecks, Kreditkarten, Tickets usw. anfertigen.

Im Krankheitsfall

- Ausführliche **Bescheinigungen des Arztes** über Diagnose, Behandlung und verordnete Medikamente sowie Quittungen über geleistete Zahlungen helfen ggf. zu Hause, das Geld von der Krankenkasse oder der Versicherung zurückzufordern.
- Bei Unfällen oder schweren Erkrankungen sollte man außer dem **Notfallservice**

ÖFFENTLICHER NAHVERKEHR

der **Versicherung** auch die Botschaft bzw. das Konsulat informieren.

Verlust von Dokumenten oder Geld

- Bei Diebstahl oder Verbrechen ist immer **Meldung bei der Polizei** und Anfertigung eines ausführlichen Polizeiprotokolls erforderlich, danach umgehende Meldung des Verlustes bei der betreffenden Stelle (z. B. Botschaft, Fluggesellschaft oder Bank), möglichst exakt mit Nummern bzw. Kopien der entsprechenden Dokumente.
- Botschaften bzw. Konsulate stellen ggf. bei **Passverlust** nach Klärung der Identität durch eine Passkopie (oder durch zeit- und kostenaufwendige Nachfragen zu Hause) einen Ersatzpass aus.
- Bei **Eurocard-, Kreditkarten- oder Scheckverlust** muss umgehende Sperrung veranlasst werden. Eine Ersatzkarte wird normalerweise innerhalb von 24 Stunden besorgt.

Beschaffung von Geld

- Eine **Kreditkarte** hilft dank ihres individuell festgelegten Verfügungsrahmens auch in Notfällen weiter.
- **Blitzüberweisungen** durch die Deutsche Verkehrsbank (Infos: 069/2648201), die mit Western Union kooperiert, funktionieren im Normalfall schneller als Überweisungen durch die eigene Hausbank. **Postanweisungen** dauern in der Regel 48 Stunden und gehen an das Hauptpostamt. Bei Abholung des Geldes muss ein Pass vorgelegt werden.
- **Botschaften und Konsulate** helfen nur in wirklichen Ausnahmefällen, jedoch so gut wie nie in Form von Bargeld.

ÖFFENTLICHER NAHVERKEHR

Es gibt grundsätzlich zwei Möglichkeiten in Athen herumzukommen: **Metro** und **Busse,** wobei letztere einen aktuellen Plan und genaues Kartenstudium voraussetzen (kostenlose „Athens Public Transport Pocket Map" und Liste der wichtigsten Busse in Infostellen erhältlich).

Zum Organismos Astikon Synkoinonion Athenon (O.A.S.A., Info-Telefon: 185) – die für den Öffentlichen Nahverkehr zuständige Organisation – gehören **Attiko Metro** (die neue U-Bahn), **ISAP** (die alte „Elektriki"-U-Bahn), **Trolley Busse** (O-Busse) und „normale" **Busse** sowie (ab 2004) die **Tram.**

Tickets müssen vor Fahrtantritt an Kiosks oder den Ständen von O.A.S.A. bzw. an Automaten in den Metrostationen gekauft werden. Die Entwertung erfolgt dann an Automaten in den Bussen bzw. vor dem Einsteigen in die Metro. Innerhalb von 90 Minuten nach dem Abstempeln ist ein Umsteigen in einen anderen Bus/Metro in dieselbe Richtung erlaubt.

- **Busse:** 0,45 €
- **ISAP** (Piräus-U-Bahn): 0,60 bzw. für längere Strecken (3 Zonen) 0,70 €
- **Metro:** 0,70 €
- **24-Std.-Ticket** für alle Nahverkehrsmittel (und zum/vom Flughafen): 2,90 €

Mit dem Bus erreicht man in Athen jeden Punkt

Metro

Drei Linien der „Attiko Metro" gibt es heute in Athen, davon zwei neue, die derzeit noch im Ausbau begriffen sind, und eine alte (diejenige nach Piräus).
- Info-Telefon: 210 679 2399
- Tarif: 0,70 € bzw. 0,60 € (Linie 1)
- verkehrt tgl. 5-0.30 Uhr (Linie 1), 5.30-24 Uhr (Linien 2/3), ca. alle 5-10 Minuten

Die Linien
- **1 KIFISSIA-PIREAS (grün):** Die älteste und längste Linie „Elektriki" führt von Piräus vorbei an Agora und Omonia nordwärts nach Kifissiá.
- **2 SEPOLIA-DAFNI (rot)** quert die Stadt in N-S-Richtung von derzeit Sepolia via Omonia, Panepistimiou zum Syntagma und über Akropoli zur gegenwärtigen Endstation im Süden, Dafni. Eine Erweiterung in beide Richtungen ist geplant.
- **3 ETHNIKI AMYNA-SYNTAGMA/MONASTIRAKI (blau):** Ab 2004 wird diese Linie zusammen mit der S-Bahn für eine Anbindung vom Flughafen zum Stadtzentrum (Syntagma und Monastiraki) sorgen. Eine Weiterführung über die gegenwärtigen Endstationen Monastiráki im Westen und Ethniki Amyna im Osten ist im Bau.

Stadtbusse

Stadtbusse (I.S.A.P.) gibt es in verschiedenen Erscheinungsformen: Zum einen die **Trolleys** (#1 bis #22) – Oberleitungs-Busse, die entweder im alten Orangegelb oder in der neuen Version in Gelb-Violett bzw. Weiß-Blau-Gelb auftreten – und **„normale" Busse.** Die

Nahverkehrssystem und Metro

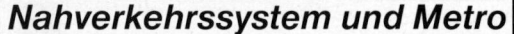

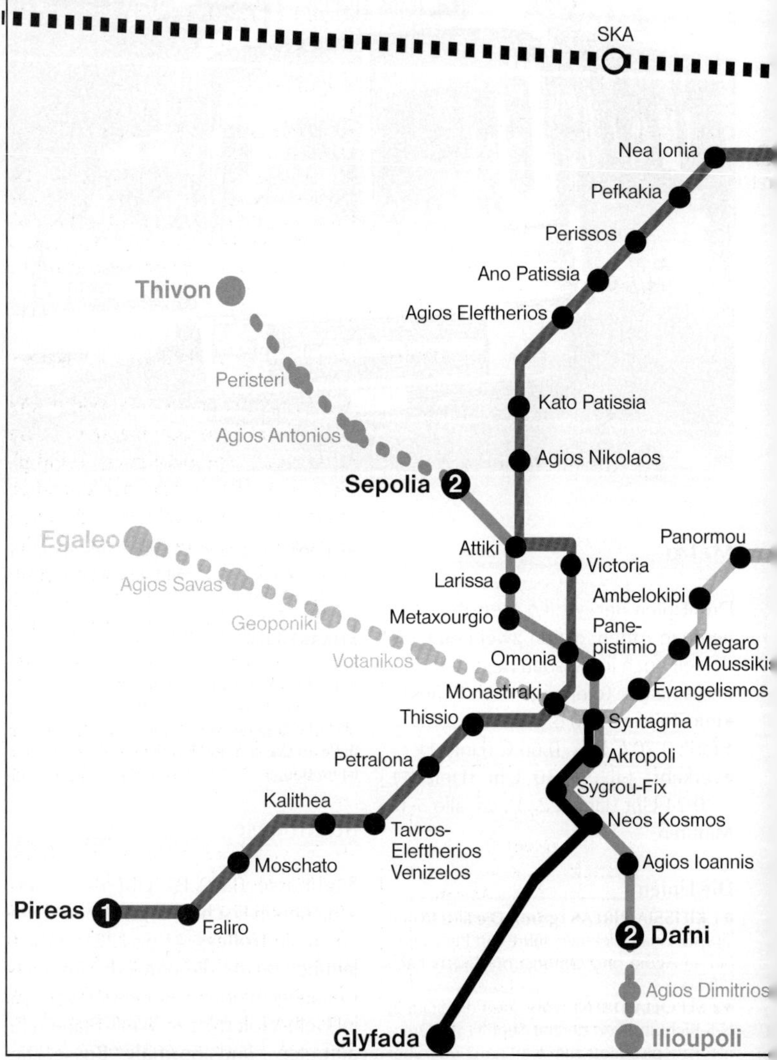

ÖFFENTLICHER NAHVERKEHR

einfache Fahrt kostet derzeit 0,45 €. Tickets sind an Zeitungskiosken und speziellen blau-weißen Verkaufsständen erhältlich bzw. werden vor wichtigen Bushaltestellen verkauft.

- **Infos:** Tel. 185 (tgl. 7-21 Uhr)
- **Frequenz:** 5-24.00 Uhr alle 10-30 Min.
- **Airportbusse:** E 94, E 95 sowie E 96, siehe „Ankunft und Orientierung"
- Im Stadtzentrum verkehren zwei wichtige **Minibus-Linien,** Nr. 100 zwischen Psirrí, Omonia und Syntagma und Nr. 200 zwischen Nationalmuseum, Omonia, Zentralmarkt, Kolonáki, Museumsmeile und Syntagma

Tram und S-Bahn

Noch im Bau befindet sich derzeit die neue **Tram,** die auf eigener Trasse schnelleres Vorankommen ermöglichen soll. 1953 hatte der damalige Staatspräsident *Karamanlis* die alten Tramgleise entfernen lassen, auf denen ab 1880 pferdegezogene Wagons verkehrten. Bis Mitte der 1970er blieb eine Linie im Betrieb und 2002 beschloss Transportminister *Christos Verelis* den Bau neuer Trassen.

- EHS/Tram (Straßenbahn): ab 2004 vom Syntagma nach Faliron (Olympia-Areal) sowie Ellinikon (Olympia-Areal) und weiter südwärts nach Glyfada

Ab 2004 soll auch eine neue **S-Bahn** (Schnellbahn) fertig gestellt sein, die vom Flughafen westwärts die Stadt bis Elefsina umschließt und Anschluss an die Metrolinien 1 und 3 gewährt sowie über die reguläre Bahnlinie Richtung Innenstadt (Larissa-Bahnhof) fährt. Man spricht von einem mehrteiligen S-

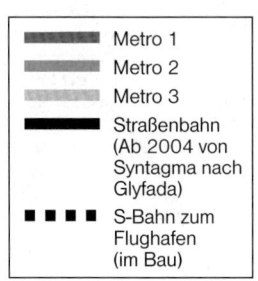

Ein Sieg der Archäologie

"Sokrates sagte, wohl könne er denken, dass man eines Tages auf neuartigen Rädern schneller in den Piräus gelange, nicht aber, dass die Gesetze von Wahrheit und Recht sich je ändern könnten." (Erhart Kästner, "Ölberge, Weinberge", 1960)

Zu Zeiten *Kästners* existierte in der Tat die schon vom alten *Sokrates* für möglich gehaltene Piräus-Bahn, die "Elektriki" oder Linie 1, die 1869 erbaut wurde und vom Hafen nach Kifissiá im Norden führte. Seit 2000 gibt es zwei neue Linien der Attiko Metro, Nr. 2 und 3, die über weite Strecken unterirdisch verkehren und zusammen heute täglich über 500.000 Fahrgäste transportieren. 1991 war im Vorfeld der Bewerbung um die Olympischen Spiele 1996 der Entschluss dazu gefasst und ein Konsortium ins Leben gerufen worden. Für den Bau der zwei neuen Linien, die zur Hälfte von der EU finanziert wurden, gab es strikte Auflagen, nämlich die absolute Priorität der Erforschung von beim Bau zu Tage tretenden Altertümern.

Dadurch wurde das Projekt alles andere als leicht realisierbar, da man bei fast jeder Baggerschaufel Erde auf archäologische Hinterlassenschaften stieß und es immer wieder zu Stopps, Verzögerungen und Trassenverlegungen kam. Archäologen traten in den direkten Wettstreit mit den Tunnelbohrmaschinen, und statt der üblichen 4 m pro Stunde kamen die Maschinen in Athen nicht einmal einen halben Meter weiter. Die Bauzeit verlängerte sich um zwei Jahre und die Baukosten erhöhten sich um 70 Mio. €, doch die Belohnung waren und sind phänomenale Funde, Zeugnisse vom Höhepunkt der Stadtgeschichte im 5./4. Jahrhundert, doch auch aus mykenischer, hellenistischer, römischer und spätantiker Zeit – und dazu eine saubere, moderne U-Bahn mit Bahnhöfen, die weltweit ihresgleichen suchen.

Die Ausgrabungen wurden dokumentiert, die Funde attraktiv ausgestellt und sogar ganze Grabungsschnitte konserviert. Dazu kommen moderne Kunstwerke und Dokumentationen zum entsprechenden Viertel. Besonders sehenswerte Stationen sind **Syntagma** (mit der konservierten Grabungsstratigraphie über 50x6m in der Haupthalle, inklusive Marmorsarkophag und Skelett). In Syntagma-Nähe, beim Zappeion, wurde 1996 ein spätrömisches Badehaus, eine antike Straße und eine spätklassische Tempelmauer entdeckt, die eine Verlegung der Trasse zur Folge hatten. Das Badehaus soll ebenfalls noch der Öffentlichkeit zugänglich gemacht werden. Am Metrostopp **Akropoli** gibt es den Parthenongiebel und -fries (als Abguss) in Originalgröße und auf Augenhöhe zu sehen. Außerdem zeugen die Funde, die beim Tunnelbau zu Tage traten – Amphoren, Kannen, Aryballoi, Terrakottaspielzeug und Küchenutensilien – davon, wie es in einem Athener Haushalt des 3. Jh. v. Chr. aussah. Des Weiteren gibt es auch hier einen konservierten Grabungsschnitt bestehend aus 13 Schichten. Erkennbar ist u. a. die Straße, die ab dem 4. Jh. v. Chr. vom Dionysos-Heiligtum nach Süden führte. Bei frühen Testbohrungen war in nächster Nähe der Station ein antiker Brunnen mit über 130 Gefäßen zu Tage getreten; auch davon gibt es ein Foto im Bahnhof. Des weiteren sind im Bahnhof **Evangelismos** Grabungsfunde, wie die Teile einer antiken Wasserleitung, attraktiv ausgestellt.

ÖFFENTLICHER NAHVERKEHR

Bahn-System, zu dem auch eine S-N-Verbindung (von Piräus über Athen Richtung olympisches Dorf) gehören soll.

Überlandbusse

K.T.E.L. betreibt Busse ins Umland (Attika), auf die Peloponnes und nach Zentral- und Nordgriechenland. Der Zielort wird in der Regel auf einem Schild vorne im Bus angezeigt. Es gibt je nach Zielregion mehrere Busbahnhöfe:

- Abfahrten nach Attika **ab O. Mavromateon/Alexandras (Areos Park)** (u.a. Metro Viktoria)
- Abfahrten West-Attika (Eleusis, Megara, Kineta, Alepochori) **ab Thission Metro Station**
- Abfahrten nach Korinth, Nauplia, Mykene, Argos, Olympia, Patras, Epidauros und Ziele auf der Peloponnes, nach Zentral- und Nordgriechenland **ab O. Kifisou 100** (erreichbar per Bus Nr. 51 ab Pl. Ag. Konstantinou/Omonia)
- Abfahrten nach Delphi, Lamia u.a. zentralgriechische Destinationen sowie Ziele in Thessalien und Makedonien **ab O. Liossion 260** (u.a. Nr. A12, B12, G 12, ab Nationalmuseum, Nr. 24 ab Syntagma)

Diese Busse verkehren in regelmäßigen Abständen, je nach Entfernung mehr oder weniger häufig, z.B. im Halbstunden- oder Stundentakt bei näheren Zielen, mehrmals täglich bei ferneren. Die **Abfahrtszeiten** ändern sich je nach Jahreszeit bzw. Saison häufig, daher muss man am Bahnhof einfach nach dem nächsten Bus fragen. Die **Fahrkarten** sind preiswert und müssen vor Reiseantritt gekauft werden. Es werden nur so viele Tickets verkauft, wie Sitzplätze vorhanden sind, und bei längeren Fahrten ist die Sitzplatznummer auf dem Ticket angegeben. Kontrollen sind auch während der Fahrt üblich. Abfahrtszeiten werden an Knotenpunkten weitgehend eingehalten, doch es kann passieren, dass, wenn der Bus voll ist, abgefahren wird und unterwegs keine Passagiere mehr mitgenommen werden. Genügend Zeit einplanen und nicht unbedingt auf Anschlüsse verlassen!

- **Infos:** Tel. 142, www.ktel.org – Auskünfte Attika: Tel. 210 823 0179

Eisenbahn

O.S.E. heißt die staatliche Eisenbahngesellschaft, die in Athen **zwei Bahnhöfe** unterhält, die eng beieinander liegen, winzig sind und überhaupt nichts mit Großstadt gemein haben.

- **(Stasmos) Larissis R.S.,** O. Diligianni, Tel. 210 529 7777; Hauptstrecke von Piräus nach Norden (Thessaloniki), auch IC; leicht erreichbar per Metro 2 Syntagma-Sepolia oder Trolleybus 1 von O. El. Venizelou/Panepistimiou
- **(Stasmos) Peloponissou R.S.,** O. Konstantinoupoleos, Tel. 210 513 1601, Züge in Richtung Süden, außerdem Abfahrt von O.S.E.-Bussen; erreichbar wie oben bzw. mit Bus 057 ab O. El. Venizelou/Panepistimiou. Schmalspurbahn auf die Peloponnes via Eleusis, Megara, Korinth, Argos, Nauplion, Tripolis, weiter Patras/Kalamata, außerdem Olympia
- **Infos:** O.S.E., Tel. 210 529 7313 (Buchungen 8-14.30 Uhr, mind. zwei Tage vorher), www.ose.gr

ÖFFENTLICHER NAHVERKEHR

Taxi

Taxis gibt es in Athen genügend, das Problem ist nur, für eine bestimmte Route eines zu finden. Nicht jedes Taxi fährt jede Strecke, bzw. in jedes Viertel. Zusteigen in ein bereits besetztes Taxi ist üblich, sofern die gleiche Richtung gewünscht wird, der Preis ist derselbe wie allein.

- **Grundgebühr** 0,73 €
- **zuzüglich pro km** im Stadtgebiet 0,23 €, außerhalb der Stadtgrenzen und bei Nacht (24-5 Uhr) 0,44 €
- **Mindestpreis** 1,47 €
- **Aufschläge** für Fahrten von Busbahnhöfen, Häfen, Bahnhöfen 0,59 €, für jedes Gepäckstück, 0,29 € und für Fahrten vom/zum Flughafen 1,18 €

Taxigesellschaften

- **Athina** Tel. 210 921 7942
- **Kosmos** Tel. 210 801 9000
- **Ellas** Tel. 210 645 7000
- **Express** Tel. 210 994 3000

Fähren – Inselverkehr

Piräus ist der Haupthafen neben den kleineren und weniger frequentierten **Páleo Fáliro** (Ausflugsschiffe zu Inseln im Saronischen Golf) und **Rafina.** Von Piräus aus – leicht erreichbar per Metrolinie 1 – verkehren Fähren zu beinahe allen denkbaren Inseln, je nach Jahreszeit in unterschiedlicher Frequenz. Insgesamt 350 Linienschiffe – betrieben von 100 Groß- und Kleinstreedereien – verkehren vom Festland zu den insgesamt 170 bewohnten Inseln und zwischen ihnen und transportieren jährlich rund fünf Millionen Schiffspassagiere.

Obwohl für 2003 Preiserhöhungen von 7,4% für die dritte Klasse – die einzige Kategorie, die von der Regierung gesteuert werden kann (restliche von Reedereien festgelegt) – geplant sind, sind die **Preise** immer noch enorm günstig und für rund 12 € kommt man auf die Kykladen, für rund 20 € nach Kreta. Ein Deckplatz ist auch in der HS meist relativ leicht zu bekommen, teurer wird es mit Auto. Die Schiffe unterscheiden sich erheblich und je nach Ziel stehen sogar mehrere Varianten (Autofähre/Highspeedboot) zur Verfügung. Die größte Flotte betreibt *Hellas Flying Dolphins* (www.dolphins.gr, Tel. 210 419 9000) mit Tochterunternehmen wie *Hellas Ferries, Saronikos* (Aígina) oder *Sporades Ferries*. Vor allem die kürzeren Strecken werden durch hochmoderne **Highspeedfähren** (Katamarane) bzw. **Flying Cats** (Tragflächenboote) bedient. Nach Aígina kommt man beispielsweise in 45 Minuten mit Flying Dolphin (5,35 €) und in etwa 1.30-2 Stunden mit der regulären Fähre (5 €). Nach Salamis verkehrt sogar eine **„Taxi-Fähre"** alle 30 Minuten.

Infos
- **Hafenamt Piräus,** Tel. 210 422 6000-4 und 210 451 1311
- **www.gtpnet.com** – „Ferry Schedules" anklicken!
- **www.ferries.gr** – Fährverbindungen von Piräus

ÖFFNUNGSZEITEN

Charakteristisch für Athen bzw. ganz Griechenland ist erstens, dass es keine allgemein verbindlichen Öffnungszeiten gibt und zweitens, dass, falls vorhanden, diese nicht zwangsläufig eingehalten werden. Als Anhaltspunkte können folgende Zeiten gelten:

- **Geschäfte:** Mo/Mi/Sa ca. 8.30/9-15 Uhr und Di/Do/Fr 8.30/9-19/20 Uhr gelegentlich mit Pause von 13.30/14.30 und 17 Uhr. Touristisch orientierte Läden und Kiosks haben durchgehend bis abends geöffnet.
- **Banken:** Mo-Do 7.30/8-14, Fr bis 13.30 Uhr
- **Post:** Mo-Fr 8/9-14 Uhr, an zentralen Plätzen auch länger (18/19 Uhr)
- **Infobüro (E.O.T.):** Mo-Fr 9-16.30 Uhr
- **Sehenswürdigkeiten** (siehe auch „Museen"): Als Anhaltspunkt kann gelten, dass in der **Hauptsaison (Ende Apr.-Ende Sept.)** größere Sehenswürdigkeiten von 8-19 Uhr geöffnet sind, kleinere von ca. 8.30-15 Uhr (vielfach außer montags). In der **Nebensaison** schließen Museen und Ausgrabungsstätten häufig schon am Nachmittag.

Die alte „Elektriki" nach Piräus – die Metrolinie Nr. 1

Post

Post *(Tachidromíon)* und **Telefonamt** *(O.T.E.)* sind strikt voneinander getrennt. In der Post kauft man die nötigen Briefmarken (auch an Kiosks und in manchen Läden) und gibt Karten auf. An den gelben Briefkästen, die die Aufschrift „ELPA" bzw. „Post" tragen, wird manchmal nach dem Ziel unterschieden: **Inlandspost** *(esorterikí)* und **Auslandspost** *(exoterikí)* oder zwischen Athen, Griechenland und Ausland.

- **Postgebühren:** Ansichtskarten und Briefe bis 20 g kosten in alle europäischen Ländern 0,60 €
- Die **Postleitzahlen** in Athen sind 5-stellig und beginnen mit einer 1, für das Zentrum heißt sie z. B. 106 78.
- **Postlagerung** ist für maximal zwei Monate unter Angabe des Hauptpostamtes (Pl. Syntagma/O. Mitropoleos in Athen) plus Zusatz „Poste restante" möglich. Per Postbank Minuten-Service oder normale Postanweisungen überwiesenes Geld kann ebenfalls auf dem Hauptpostamt gegen Vorlage von Pass oder Ausweis erfolgen.
- **Postämter** gibt es in jedem Stadtviertel, z. B. zentral in der O. Nikis 33, am Syntagma, in der O. Monastiráki oder O. Dorou (Omonia).

Seit einigen Jahren ist die Polizei in Athen omnipräsent

Sicherheit

Die Griechen sind insgesamt für ihre **Ehrlichkeit** bekannt, schwarze Schafe gibt es überall, und in einer Großstadt ist die Wahrscheinlichkeit beklaut zu werden natürlich größer als in einem Dorf im Hinterland. Deshalb sollte man vor allem bei Menschenansammlungen wie in Bussen oder bei Veranstaltungen die **üblichen Sicherheitsvorkehrungen** beachten: Keine großen Bargeldsummen mit sich herumtragen, Wertgegenstände im Hotel aufbewahren, keinen wertvollen Schmuck zur Schau stellen, möglichst keine Handtäschchen schlenkern oder Geldbeutel lose in die Gesäßtasche stecken, im Hotel keinem Unbekannten die Zimmertüre öffnen etc. Bettelnde oder Ramsch verkaufende Zigeunerkinder, Rosenverkäufer und an der Straße stehende Tempotaschentuchverkäufer sind lästig, meist aber harmlos.

Sport und Erholung

Man fährt eigentlich nicht nach Athen, um ins Fitnesscenter oder zum Surfen zu gehen, aber selbst dafür und sogar zum Skifahren (auf dem Mt. Parnassos) gibt es Gelegenheit. Zudem verfügen die größeren Hotels über Fitnesszentren und oft über einen Pool.

Obwohl Athen nicht gerade eine „grüne Stadt" ist, hat sich in den letzten Jahren in Sachen Grünanlagen viel getan. Rund um die Akropolis entstand eine **Fußgängerzone mit Grüngürtel**. Derzeit ist sogar im Gespräch, die O. Amalias einzubeziehen und den unterirdisch verlaufenden Fluss Ilissos teilweise freizulegen. Grüne Oasen im Großstadtgewimmel sind auch die Hügel, v.a. Pnyx, Philopappos, Nymphenhügel, Streffi, Areopag oder Lykabettos, von denen sich zudem ein **grandioser Ausblick** bietet. Gerade im Frühjahr gleichen die Ausgrabungsareale, wie Agora, Kerameikós oder der Akropolis-Südabhang blühenden, idyllisch von Ruinen durchsetzten Grünflächen. Der größte Park ist der **Nationalgarten** mit den anschließenden Arealen um Zappion und Olympiastadion (Arditos-Hügel), außerdem der Areos-Park.

Die nächst gelegenen **Strände** liegen in Piräus, zwischen Zeas-Hafen und Mikrolimano oder südlich des Zeas-Hafen. Dort gibt es Snackbars, Umkleiden und im Sommer Liegen und Sonnenschirme. Andere Strände befinden sich in den Vororten Paleo Faliro, Alimos, Elliniko, Glyfada und Voula. Alle werden an Wochenenden und während der Ferienzeit stark von Athener Ausflüglern frequentiert und die Zustände sind dann nicht unbedingt exzellent. Sie sind leicht mit der Metro Nr. 1 bzw. Stadtbussen (z.B. A2/B2/E2 ab O. Panepistimiou) erreichbar.

An den Stränden entlang führt ab Nea Faliro die Odos Possidonos (fortgesetzt durch O. Alkyonidon) und ab 2004 die neue Tram. Der **Strand von**

Glyfada – etwa 50 Busminuten von der Innenstadt entfernt – ist als Seaside Resort bekannt mit Marinas, Stränden und Gelegenheit zum Wassersport. Es gibt einen Golfplatz (O. Pronois/Evlimenis), außerdem den Agios Kosmas Sportkomplex mit Spielfeldern und Sportplätzen aller Art sowie Fitnesszentren im Umkreis. Nach Süden schließt **Voula Beach** an, vor allem von einem jüngeren Publikum frequentiert, während der ältere Voula-Strand ruhiger ist. In **Vouliagmeni** unterhalten die reichen Athener ihre Villen, um sich dann am Exklusivstrand **Kavouri** zu sonnen; es gibt jedoch auch einen „normalen" Sportstrand, außerdem eine der exklusivsten Marinas. Zum **Strand von Varkiza** führt eine malerische Straße und in **Vari** bietet sich Gelegenheit zum Fischessen.

Sprache

Es sollte eigentlich selbstverständlich sein, dass jeder, der ein fremdes Land besucht, zumindest die elementaren Grundzüge der Sprache wie Danken, Bitten, Begrüßen, Essensbestellung beherrscht. Es zeugt von Überheblichkeit, davon auszugehen, dass die eigene Sprache der Nabel der Welt sei und sie jeder beherrschen müsse. Obwohl in Athen im Allgemeinen gut Englisch gesprochen wird, manchmal sogar Deutsch, sollte man sich bemühen, wenigstens etwas **Neugriechisch** zu lernen. Neugriechisch hat mit Altgriechisch, abgesehen von Schrift und Grundvokabular, nur wenig gemeinsam und ist zugegebenermaßen schwierig. Beim Lernen der Grundbegriffe ist es wichtig, auf die richtige **Betonung** der Wörter zu achten. Obwohl auf den meisten Schildern die Aufschriften auch in lateinischer Umschrift stehen, kann es nützlich sein, sich auch ein wenig in die griechische Schrift einzuarbeiten. So können griechische Namen oder Bezeichnungen leichter entschlüsselt und im Wörterbuch nachgesehen werden.

Auffällig ist, dass es für die **Umschrift**, z.B. von Straßennamen, mangels verbindlicher Regelung, vielerlei Varianten gibt: z.B. ist das griechische Συνταγμα umgeschrieben als Syntagma, Sintagma, Sindagma, Sindagmatos auf Schildern oder Broschüren zu finden, oder Piräus als Pireias, Pirevs oder Pireos. Andererseits werden auch alle ausländischen Wörter, oft auf kuriose Weise – meist nach der Aussprache – umgeschrieben. So Μαγιορκα (Mallorca) oder Σαντουιτς (Sandwich).

Die Griechen haben außerdem eine eigene **Körpersprache,** und statt z.B. verneinend den Kopf zu schütteln, wird er vielfach nur leicht nach hinten geneigt, bei hoch gezogenen Augenbrauen. „Ja" kann eine leichte Kopfneigung zur Seite sein und „pass auf" die Berührung der Unterlippe mit einem Finger. Eine erhobene, komplett geöffnete **Handfläche** wird übrigens nicht als Gruß-, Dankes- oder Beschwichtigungsgeste, sondern als Beleidigung angesehen, wohingegen die ausgestreckte Innenhandfläche *(mountza)* als allgemeinste Form des Meinungsaustausches gilt und damit so gut wie alles heißen kann.

Wer sich näher mit der Sprache Griechenlands beschäftigen möchte, sei auf die **Sprechführer** der Reihe Kauderwelsch im REISE KNOW-HOW Verlag verwiesen, die einen schnellen, unkomplizierten Zugang zur Sprache ermöglichen.

> **Buchtipp**
> ● **Griechisch – Wort für Wort,** Kauderwelsch Band 4, REISE KNOW-HOW Verlag

STROM

In Athen sind 220 V Wechselstrom – wie bei uns – üblich. In älteren Häusern sind für mitgebrachte Geräte noch **Adapter** (Zusatzstecker „Südeuropa") für die griechischen Steckdosen nötig, meist jedoch nicht mehr.

TELEFON UND INTERNET

> **Wichtig!**
> Bei sämtlichen Gesprächen, auch innerhalb einer Stadt, muss immer die **komplette Vorwahl,** immer mit einer 2 beginnend und mit einer 0 endend, mitgewählt werden, für den Großraum Athen ist das die **210,** gefolgt von einer normalerweise siebenstelligen Rufnummer.

O.T.E. *(Organísmos Tilepikinoníon tis Elládos)* heißt die halbstaatliche Telefongesellschaft, die früher wegen ihrer Kabinen, von denen man ungestört und ohne Kleingeld telefonieren konnte, beliebt war. Inzwischen haben **Kartentelefone** an jeder Ecke sie ersetzt. Die Verbindung ist im Allgemeinen

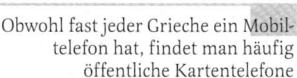

Obwohl fast jeder Grieche ein Mobiltelefon hat, findet man häufig öffentliche Kartentelefone

gut, die Geräte funktionieren. An jedem Kiosk, im O.T.E. und in manchen Läden gibt es Telefonkarten im Wert von 3 € (außerdem Karten höherer Werte im O.T.E. erhältlich).

Ein **Dreiminuten-Gespräch nach Deutschland** kostet von einem Kartentelefon ca. 1 €, wobei werktags zwischen 23 und 8 Uhr und an Wochenenden die Tarife etwas günstiger sind. Um einiges teurer wird ein Anruf vom Hotelapparat. Innerhalb Griechenlands gilt, dass Anrufe zwischen 14 und 17 Uhr verpönt sind, wohingegen es üblich ist bis spätabends zu telefonieren.

Griechenland wird flächendeckend von T-D1 bzw. deren Partnern versorgt. Es bedarf bei **Mobiltelefonen** mit Vertrag keiner besonderen Voreinstellungen, sofern man nicht durch manuelle Auswahl Geld sparen möchte. Nach dem automatischen Einwählen ins lokale Netz kommt das gewünschte Gespräch ohne Probleme und in brauchbarer Qualität zustande. Anfang 2003 wurden alle griechischen Handy-Nummern geändert: die erste Ziffer der Rufnummer, bisher eine 0 wurde durch eine 6 ersetzt. Internetzugänge beginnen mit einer 8.

Bei **Auslandsgesprächen** ist folgende Kombination zu wählen:

- Deutschland: 0049; Österreich: 0043; Schweiz: 0041 + Ortsvorwahl ohne Null + Rufnummer
- Für Anrufe aus Deutschland/Österreich/Schweiz nach Griechenland (etwas preiswerter als vice versa) gilt: Vorwahl 0030 + Ortsvorwahl (in Athen 210) + Rufnummer.
- Vermittlung/Auskunft: 131 (Attika), 153 (überregional), 161 (international).

Während nur höherklassige Hotels über Internetanschlüsse (für den eigenen Labtop) im Zimmer verfügen, sind **Internet-Zentralen bzw. -Cafés** in Griechenland verbreitet. In Athen gibt es z. B. Gelegenheit:

- an der Ecke Apolonos/Voulis (Pláka); im Skynet Centre
- im Museum Internet Cafe, O. Patision 46 (Pláka)
- The Pláka Internet World, O. Pandrossou 29
- Skynet Centre, O. Apolonos/Ecke Voulis
- Flughafen (Abflugbereich)

TRINKGELD

Die Deutschen gelten in Hellas (und nicht nur dort) als geizig. Obwohl es angenehmerweise noch die Ausnahme ist, dass ein Grieche fürs Kofferschleppen oder Essenservieren unübersehbar die Hand aufhält, ist es angemessen entsprechend der Dienstleistung ein Trinkgeld zu geben. Auch Kellner in Restaurants, die ein festes Gehalt beziehen, nehmen gerne Trinkgeld, da ihr Lohn nicht sehr hoch ist. Kann es in Familienbetrieben genügen die Summe aufzurunden, ist es in größeren Lokalen durchaus üblich **10 % Trinkgeld** zurückzulassen. Gleiches gilt für Zimmermädchen, Gepäckträger, Taxifahrer (runden!) und andere Serviceleister.

Buchtipp
- **Respektvoll reisen,** Harald A. Friedl, REISE KNOW-HOW Praxis

Uhrzeit und Zeitempfinden

Es gilt OEZ, Osteuropäische Zeit, was **eine Stunde Vorsprung** gegenüber MEZ bedeutet. Wie hierzulande herrscht von Ende März bis Ende Oktober Sommerzeit. Neben den offiziellen Zeitangaben von 1-24 benutzen die Griechen wie die Amerikaner bei Zeitangaben nur 1-12, d.h. es wird für den Vormittag ein „π. μ." für „προ μεσημερι" (vor Mittag) nachgestellt, für nachmittags hingegen „μ. μ." (μετα μεσημερι/nach Mittag).

Griechen haben ein anderes Zeitgefühl und das Sprichwort **„Die Europäer haben die Uhr, wir die Zeit"** scheint selbst im hektischen Athen zu gelten. Man nimmt es weniger genau mit Terminen und der Nachmittag kann durchaus bis 18 Uhr dauern. Man isst mittags kaum vor 14 und abends nicht vor 21 Uhr. Die Mittagspause ist heilig und sollte möglichst nicht gestört werden.

nicht so recht ins vorgefasste Klischeebild vom jeweiligen Land. Athen ist hektisch, umtriebig, rücksichtslos, laut, in Stoßzeiten droht man überrannt (oder überfahren) zu werden. Und doch gibt es sie, die freundlichen Athener – man muss nur etwas Geduld haben und die Augen offen halten.

Gemeinsames **Essen mit Griechen** birgt seine Besonderheiten: Die Gerichte kommen alle zusammen auf den Tisch, Vorspeisen und Hauptgerichte, und in geselliger Runde bedient sich jeder aus den aufgestellten Schüsseln und Schalen, wobei Griechen eine ziemliche Geschwindigkeit im Essen entwickeln können. Alkohol wird in Maßen genossen, und obwohl die Gläser immer sofort nachgefüllt werden, sollte man sich zurückhalten. Es ist verpönt „deutsch zu bezahlen", d.h. jeder am selben Tisch für sich. Stattdessen sollte man besser die Summe vorher zusammenlegen oder reihum für alle bezahlen, zumal die Preisunterschiede zwischen den einzelnen Gerichten meist nicht allzu groß sind.

Umgangsformen und Verhaltenstipps

In den Augen der anderen Griechen gelten die Athener als arrogant und tatsächlich treten sie um einiges weltstädtischer auf als die Restgriechen. Ein bisschen ist die griechische Hauptstadt wie New York – beide passen

Unterkunft

(siehe auch „Im Voraus buchen")

Es stehen rund **700 Hotels** mit insgesamt 33.000 Zimmern und mehr als **60.000 Betten** zur Verfügung. Einige davon, besonders kleine Familienherbergen, sind den Winter über geschlossen, manche auch im August.

Unterkunft

Mehr noch als anderswo bestimmt meist die **Lage des Hotels** den Preis entscheidend mit, und wer am Syntagma, Omonia oder mitten in der Pláka wohnen möchte, muss dafür bezahlen, ohne notwendigerweise dafür auch guten Service und einer der Kategorie angemessene Qualität erwarten zu können.

Konzentriert finden sich **kleinere Hotels** in der Pláka, in Monastiraki, Makrigiani und Thissio. Die großen, vorwiegend von Geschäftsleuten frequentierten Luxus-(Ketten-)Hotels sind vor allem um die Plateias Syntagma und Omonia und im Bereich der Vasilissis Sofias und Amalias, etwas außerhalb, zu finden.

Athen ist prinzipiell ein touristisches Ganzjahresziel und um Ostern und Weihnachten – wichtigen Familienzusammenkünften – sind viele beliebte Hotels ausgebucht, auch während Großveranstaltungen, Messen u. a. Events. Die saisonalen Preisunterschiede differieren nach Hotelgröße. Während die Großen meist ganzjährig denselben Preis verlangen, bieten kleinere Herbergen vielfach günstigere Preise in den Sommermonaten (1.7.-1.9.), manchmal auch in der absoluten NS, d.h. etwa von November bis März.

Probleme, was Warmwasser, Wasserabfluss oder Strom, Klimaanlage, Fernseher oder Schallschutz anbelangt, sind verbreitet. Das größte Ärgernis ist oft die **Lautstärke**. Griechen sind laut und „Nachteulen", und der Lärmpegel ist entsprechend hoch. Motorradralleys bei Nacht, lautstarke Diskussionen oder TV-Geräte, Kinderkrach, Baulärm und Verkehrslärm an Hauptstraßen gehören zum Alltag, speziell in der Pláka und an den Hauptplätzen.

Hotel-Kategorien

Hotels werden von der Tourismusbehörde E.O.T. in die Kategorien Luxus – derzeit zwölf im Großraum Athen –, A, B und C sowie D und E eingeteilt, wobei eine Anpassung an das europaweit übliche Sterne-System im Gange ist. Die von E.O.T. registrierten Unterkünfte weisen am Eingang ein entsprechendes blaues Schild auf.

Die **Durchschnittspreise** für ein DZ mit Bad/Dusche/WC meist ohne Frühstück liegen derzeit in der A-Kategorie bei ca. 150 €, in der Kategorie B bei 110 €, in C bei 80 €.

Die vorgenommenen Einstufungen sind nicht immer nachvollziehbar, oft kann man sich des Eindrucks nicht erwehren, dass Sterne vor Jahrzehnten vergeben worden sind und seither nicht mehr viel geschehen ist. Andererseits kann die Zuordnung zu einer niedrigeren Kategorie Steuergewinn und damit nicht zwangsläufig schlechteren Standard bedeuten. Kategorisierungen sind somit nicht notwendigerweise ein Indiz für Preis und Qualität. Ein familiär geführtes kleines C-Klasse-Hotel kann um einiges gepflegter und billiger sein als ein in die Jahre gekommenes A-Klasse-Hotel.

Luxus- und A-Kategorie sind im Allgemeinen empfehlenswert, während bei B und C bereits ein bisschen Glück nötig ist; bei den Kategorien D und E –

in Athen selten – ist Vorsicht geboten, man sieht sich die Zimmer vor Bezug besser an. Es kann sich nämlich durchaus um so genannte Jugendhotels oder „Absteigen" mit vernachlässigten Etagenbädern/-duschen und WCs sowie schäbiger Einrichtung handeln. Pensionen gibt es in Athen nur vereinzelt, ebenso sind Ferienwohnungen und Privatzimmer rar. Wer in den Sommermonaten unterwegs ist, sollte darauf achten, dass das Hotel mit einer funktionierenden Klimaanlage ausgestattet ist.

Die Preise sind zum einen abhängig von der Saison und der Auslastung und können zum anderen je nach Größe und Ausstattung des Zimmers (renoviert/unrenoviert, eigenes Bad/WC oder nicht, Ausblick oder nicht) variieren. Zudem stehen im Vorfeld der Olympischen Spiele Renovierungen und damit Preiserhöhungen auf der Tagesordnung, so dass es unmöglich ist, genaue Summen anzugeben.

Die nachfolgend eingeführten **Preiskategorien** können (neben den offiziellen Kategorien) lediglich als Anhaltspunkte dienen:

€:	50-90 €
€€:	90-130 €
€€€:	über 130 €

Neu renoviertes Luxushotel: Das Grande Bretagne

UNTERKUNFT

Der besondere Tipp
Wer schon auf Kreta oder anderen griechischen Inseln **Grecotels** kennen und schätzen gelernt hat, wird in Athen für die drei zur Verfügung stehenden Hotels der Kette dankbar sein. Sie weisen den gewohnten hohen Standard und exzellenten Service auf, liegen überaus zentral an den beiden Hauptplätzen, sind perfekt ausgestattet und bieten hervorragende Frühstückbüffets. Sie sind allesamt über *TUI* zu buchen, am günstigsten im August.
- **Grecotel N.J.V. Athens Plaza (L)**, Tel. 210 335 2400, Fax 210 323 5856, www.ath.grecotel.gr; 5-Sterne-Luxusklasse am Syntagma, mit Restaurant und Lounge sowie edlen Gästezimmern, je nach Saison inkl. Frühstück ab ca. 200 €.
- **Grecotel Omonia Grand Hotel (A+)**, O. Pireos 2 (Omonia), Tel. 210 523 5230, Fax 210 523 4955, www.ath.grecotel.gr; mit Cafeteria und Restaurant, 115 Zimmer mit allem Komfort auf 8 Etagen, wobei besonders die oberen eine tolle Aussicht auf den Lykabettos bieten. Hervorragend ausgestattete Zimmer mit Minibar, TV, Internetanschluss, Safe, Telefon, Radio, Fön u. a., außerdem üppiges Frühstücksbüffet. Ab 116 € pro DZ/Frühstück.
- **Grecotel Athens Acropol (A)**, O. Pireos 1, Tel. 210 528 2100, Fax 210 523 1361; www.ath.grecotel.gr; 165 Zimmer, wie beim Grand Hotel gut ausgestattet; Restaurant und Bar ab 114 € pro DZ mit Frühstücksbüffet.

Hotelsuche vor Ort

Sofern man nicht gerade zu Ostern, im Mai/Juni oder September/Oktober und während großer Events und Feiertage unterwegs ist, gibt es normalerweise keine Probleme direkt vor Ort eine Unterkunft zu finden. Bei spontaner Suche ist es am einfachsten sich in der **Pláka** umzusehen, wobei die Hotels dort gerne laut und nicht immer von höchstem Standard sind. Da es in Griechenland üblich ist, sich die Zimmer vor Bezug anzusehen, kann man auch mehrere Herbergen abklappern.

Beim Einchecken wird ein **Ausweis** verlangt, der jedoch innerhalb von 24 Stunden zurückzugeben ist. Auf Frühstück sollte man soweit möglich verzichten, da es erstens meist recht spärlich und zweitens oft überteuert ist.

Hilfe bei der Hotelbuchung
- **Hotelreservierungen vor Ort** nimmt vor: Hellenic Chamber of Hotels, 2, O. Karageorgi Servias, in der Nationalbank am Syntagma, Tel. 210 323 7193, Mo-Do 8.30-14, Fr 8.30-13.30, Sa 9-12.30 (Mai-Nov.); Hauptsitz (schriftliche Anfragen/Reservierungen): O. Stadiou 24, 10564 Athen, Fax 210 322 5449 oder 210 323 6962; E-Mail: grhotels@otenet.gr
- **www.gtp.gr** oder **gtpweb.com** – unter „Accommodations" Athens eingeben; relativ große Liste von Hotels der Kategorien L-C, z. T. mit Links zu den entsprechenden Hotels
- **www.greekhotel.com/athens**, Liste von Unterkünften nach Kategorien (L-C), z. T. mit Links; außerdem Links zu Tourveranstaltern, Reisebüros und Autovermietern.
- **www.hotelsofgreece.com** – Hotelliste mit unterschiedlich ausführlichen Informationen, vom Verfasser des Internet-Athen-Guides www.athensguide.gr; Buchung über bestimmte Athener Reisebüros.

UNTERKUNFT

- **www.athenshospitality.gr** – ist eine Organisation, die Privatunterkünfte und Apartments unterschiedlicher Größe in zentraler bzw. günstiger Lage zu den olympischen Stätten vermittelt, Buchung übers Internet. Außerdem ausführliche Infos zu den Olympischen Spielen und zur Stadt (Pläne, Wetterbericht, Museen, Lokale, Märkte u.a.), Letzteres derzeit nur in Griechisch.

Hotels

Syntagma und Umgebung

- **Achilleas €€ (C)**, O. Lekka 21, Tel. 210 323 3197, Fax 210 322 2412, www.achilleashotel.gr; 34 neu hergerichtete Zimmer, Klimaanlage, Kühlschank, TV, Safe, Föhn, Telefon; auch große Familienzimmer. Preise inklusive Frühstücksbüffet; im Internet DZ für 112 €.
- **Amalia Hotel €€ (B)**, 10 O. Amalias Tel. 210 323 7301, Fax 210 323 8792; in Syntagma-Nähe gegenüber dem Nationalgarten; Zimmer nach vorn lauter, aber mit Balkon und Blick auf Parlament und Nationalgarten, seitliche ruhiger. Der Glanz ist etwas verblasst, inkl. Frühstück.
- **Astor Hotel €€ (A)**, O. Karageorgi Servias, Tel. 210 325 5555, Fax 210 325 5115, www.hotelsofgreece.com/athens/astor; nahe Syntagma mit Lokal, Dachterrasse (mit Bar) und Akropolisausblick von oberen Zimmern, neu renovierte und gut ausgestattete Zimmer.
- **Best Western Ilisia Hotel € (B)**, 25 O. Michalakopoulou, Tel. 210 724 4052 oder 1800 528 1234, Fax 210 724 1847; 10 Minuten zu Fuß zum Syntagma; zweckmäßig und modern, inkl. Frühstück.
- **Grande Bretagne Hotel €€€ (L)**, O. Vassilissis Georgiou 1/Pl. Syntagma, Tel. 210 333 0000, Fax 210 322 8034, www.hotelgrandebretagne-ath.gr; ältestes (1872) und legendärstes Hotel Athens, im März 2003 nach Komplettrenovierung neu als Starwood Hotel eröffnet. Mit „Grande Bretagne Corner" und Dachterrasse, Fitnessstudio und Pools. Elegante Marmorlobby, über 400 Zimmer und Suiten zu Preisen ab rund 400 €.
- **Hotel Metropolis € (C)**, O. Mitropoleos 46, Fax 210 321 7871 oder 210 321 7469, www.hotelmetropolis.gr, DZ mit und ohne eigenes Bad, wenig Luxus, aber neu renoviert.
- **Pan Hotel €-€€ (B)**, O. Mitropoleos 11, Tel. 210 323 7816, Fax 210 323 7819, E-Mail: panhotel@hol.gr; 33 klimatisierte Zimmer in nächster Nähe zum Syntagma.

Pláka

- **Acropolis House € (D)**, O. Kodrou 6-8, Tel. 210 322 2344 o. 210 322 6241; seit 1965 existierender Familienbetrieb, einfach ausgestattete, aber ordentliche Zimmer (20), auch Familienzimmer, mit und ohne eigenes Bad.
- **Adonis Hotel € (C)**, O. Kodrou 3, Tel. 210 324 9737-8; kleines sauberes Pláka-Hotel, eher ruhig, mit Dachgarten und Akropolisblick, Frühstück und Bar, 26 Zimmer meist ausgebucht.
- **Hotel Adrian €**, O. Adrianou 74, Tel. 210 322 1553, kleines, sauberes Hotel, mitten in der Pláka mit tollem Dachgarten.
- **Arethousa € (B)**, O. Mitropoleos 6-8/Nikis 12, Tel. 210 322 9341, Fax 210 322 9439, schlicht-funktionales Touristenhotel in modernem Hochhaus in Syntagma-Nähe mit 87 klimatisierten Zimmern; Dachgarten-Bar.
- **Hotel Plaka €€ (C)**, O. Kapnikareas 7/Mitropoleos, Tel. 210 322 2096-7, Fax 210 322 2412, www.plakahotel.gr; mit Klimaanlage, Dachgarten, Bar und Restaurant; minimalistische, aber geschmackvolle, neu renovierte 67 Zimmer mit Telefon, TV, Safe und Minibar in sauberem, neu renovierten Hotel; bei Internetbuchung DZ 112 € inkl. Frühstücksbuffet. Schönster Ausblick von den Zimmern ganz oben.
- **Electra Hotel €€€**, O. Ermou 5, Tel. 210 322 3223. Fax 210 322 0310, zwischen Syntagma und Pláka mit Pool auf dem Dach und Akropolisblick; großes Frühstücksbüffet, 109 gut ausgestattete Zimmer, auch bei TUI zu buchen.

Makrigianni

- **Acropolis View € (C)**, O. Rovertou Galli 10/Webster, Tel. 210 921 3035, Fax 210 923 0705, www.acropolisview.gr; am Fuße der Akropolis ruhig gelegenes, neu renoviertes kleines Hotel; 32 Zimmer, die meisten mit

UNTERKUNFT

Balkon und Blick auf Akropolis oder Philopappos, Dachgarten-Café, inkl. Frühstück.
- **Airotel Parthenon** €€ **(A)**, O. Makri 6, Tel. 210 923 4594-8, Fax 210 923 5797, www.airotel-hotels.com/parthenon; ruhige Umgebung trotz zentraler Lage nahe dem Olympieion.
- **Athenian Callirhoe** €€-€€€ **(A+)**, O. Kallirrois 32/Petmeza, Tel. 210 921 5353, Fax 210 921 5342, www.tac.gr; erst 2002 eröffnetes Boutiquehotel in Nähe des Olympieion, nahe Metrostation bzw. Pláka zu Fuß erreichbar; 84 Zimmer, auch Nichtraucherzimmer, davon 11 im Executive Floor, alle mit Satelliten-TV, Internetanschluss, Minibar, Safe, A/C, Stereoanlage, 24-Std.-Service, Fitnesszentrum; außerdem Lounge, Dachgarten sowie Restaurant mit Livemusik, inkl. Frühstück.
- **Athenaeum Intercontinental Hotel** €€€ **(L)**, O. Syngrou 89-93, Tel. 210 920 6000, Fax 210 924 3000, eines der größten Hotels der Stadt mit rund 600 Zimmern.
- **Best Western Athens Gate** € **(B)**, O. Syngrou 10, Tel. 210 923 8302, Fax 210 923 7493, Klimaanlage, Dachgarten, Bar und Restaurant; nahe dem Olympieion gelegenes Touristenhotel mit über 100 Zimmern und Dachterrasse.
- **Herodion** €€ **(A)**, O. Rovertou Galli 10, Tel. 210 923 6832, Fax 210 921 1650, www.herodion.gr, in direkter Akropolisnähe ruhig gelegenes, neu renoviertes kleines Hotel.

Psirrí

- **Athens Center** € **(B)**, O. Sofokleous 26, Tel. 210 524 8511, Fax 210 524 8517, www.athenscenter.gr, renoviertes Hotel aus den 1970ern nahe dem Rathaus, mit Dachpool.
- **The Attalos** € **(C)**, O. Athinas 29, Tel. 210 321 2801 oder 210 321 2803, Fax 210 324 3124, www.attalos.gr, zentral gelegen nahe Monastiraki Metro Station, aber relativ kleine Zimmer (80) mit Standardausstattung; Dachterrasse mit Akropolisblick, familiär.
- **Cecil Hotel** €€ **(C)**, O. Athinas 39, Tel./Fax 210 321 7079, www.greekhotel.com/athens/cecil/home.htm, nahe dem Zentralmarkt, modernes Hotel in altem Bau; 40 Zimmer mit Klimaanlage, TV, Telefon. Schöner Ausblick vom Dachgarten.
- **Jason Inn** € **(C)**, O. Asomaton 12, Tel. 210 325 1106, Fax 210 324 3132, funktionale Zimmer, kleiner Dachgarten mit Bar. Gute Lage und günstiger Preis.

Omonia und Umgebung

- **Achillion** €€ **(B)**, O. Ag. Konstantinou 32, Tel. 210 522 5618, Fax 210 523 6326, schönes Hotel mit komfortablen Zimmern.
- **Amaryllis** € **(C)**, O. Veranzerou 45/3. Septembriou, Tel. 210 523 8738, Fax 210 522 5954, www.greekhotel.com/athens/amaryllis; 57 neu renovierte Zimmer mit eigenem Bad und Balkon, TV, Telefon und Klimaanlage. Bar und Lounge.
- **Athinea** € **(C)**, O. Vilara 9, Tel. 210 524 3884-5, Fax 210 524 5737; kleines Familienhotel nahe dem Omonia mit Restaurant. 48 gut ausgestattete, preiswerte Zimmer, auch bei *TUI* zu buchen.
- **Best Western Esperia Palace** €€ **(A)**, O. Stadiou 22, Tel. 210 323 8001, Fax 210 323 8100, mitten im Zentrum, gut ausgestattete Zimmer, wegen der Straße sind jene ab dem 7. Stock empfehlenswert.
- **Best Western Pythagorion** €-€€ **(B)**, O. Ag. Konstantinou 28, Tel. 210 524 2811, Fax 210 524 5581, Standardhotel nahe dem Omonia-Platz, neu renovierte Zimmer.
- **Dorian Inn** €€ **(B)**, O. Peiraios 15-17, Tel. 210 523 9782, Fax 210 522 6196, www.greekhotel.com/athens/dorian-inn, neu renoviertes empfehlenswertes Hotel mit komfortablen Zimmern und Ausblick vom kleinen Dachgarten.

Andere Stadtviertel

- **Andromeda Athens Hotel & Apartments** €€€, O. Timoleontos Vassou 22 (Pl. Mavili), Tel. 210 643 7302 oder 1800 525 4800, Fax 210 646 6361; schickes kleines Designer-Luxushotel wenige Minuten vom Zentrum entfernt im Diplomatenviertel (östlich Lykabettos); zum Hotel gehört ein asiatisches Restaurant.
- **Art Gallery Hotel** €€, O. Erechthiou 5, Tel. 210 923 8376, Fax 210 923 3025, E-Mail: ecotec@otenet.gr; 20 Zimmer mit eigenem Bad, viele mit Balkon. In ehemaliger Kunstgalerie in ruhigem Koukaki-Viertel unweit der Akropolis.

- **Athens Hilton** €€€ **(L)**, O. Vasilissis Sofias 46, Tel. 210 725 0201, Fax 210 725 3110, www.athens.hilton.com; angesehenes und neu renoviertes und erweitertes Großhotel mit über 500 Zimmern nahe Kolonáki, Balkone, Minibar, Klimaanlage.
- **Best Western Museum** €€ **(B)**, O. Bouboulinas 16 (hinter dem Nationalmuseum), Tel. 210 380 5611, Fax 210 380 0507; neu renovierte 58 Zimmer auf 7 Etagen im Studentenviertel Exarchía.
- **Erechthion** € **(C)**, O. Agias Martinis, Tel. 210 345 9606, Fax 210 346 2756, westlich der Agora mitten in Thissio, dennoch ruhig und schöne Aussicht von den Balkonen.
- zwei weitere nette, einfache Hotels (C-Kategorie) an der Fußgängerzone O. Apostolou Pavlou (Thissio) sind: **Thission** € (Nr. 25, bzw. O. Ag. Marinas 2, Tel. 210 346 7634)) und **Phidias** € (Nr. 39, Tel. 210 345 9511).
- **President Hotel** €€ (A), O. Kifissias 43, Tel. 210 648 9000 oder 210 648 9500, Fax 210 692 4900, nicht unmittelbar im Zentrum, dafür aber für den Standard relativ günstiges, modernes Hotel.
- **St. George Lycabettus Hotel** €€€ **(L)**, O. Kleomenous 2/Pl. Dexamenis (Kolonáki), Tel. 210 729 0711 oder 1800 448 8355, Fax 210 729 0439; am Fuße des Lykabettos in schöner ruhiger Lage mit Restaurant, Café-Bar und Shops, Dachpool, Gratis-Shuttle zum Syntagma. Auch bei *TUI* (günstiger).

Im Umland

- **Asteras Vouliagmenis** €€€ **(L)**, Leof. Apollonos, Vouliagmeni Beach, Tel. 210 890 2000, Fax 210 896 2583, www.astir.gr; beeindruckender Resort-Komplex bestehend aus drei Deluxe-Hotels (Aphrodite, Arion, Nafsica) am Strand, auch über deutsche Reiseveranstalter zu buchen; nahe gelegen: Jachtclub, Pools, Fitnesszentrum; Airport/Downtown-Shuttle. inkl. Frühstück.
- **Kefalari Suites** €€€ **(A)**, O. Pentelis 1, Kifissiá, Tel. 210 623 3333, Fax 210 623 3330, www.kefalarisutes.gr, kleines Boutique-Hotel mit 12 individuell ausgestatteten Suiten.

Jugendherbergen

Das Angebot in Athen ist nicht berauschend. Die maximale Aufenthaltsdauer ist häufig auf ein paar Tage (meist 5) begrenzt und die Vorlage eines **DJH- oder YHF-Ausweises** ist nötig. Der Preis pro Nacht und Person liegt bei derzeit ca. 7,50 €.

Infos

- DJH, Bismarckstr. 8, Detmold, Tel. 05231/74010, Fax 05231/740174, E-Mail: service@djh.de
- Reservierung ist möglich über die Greek Youth Hostel Organization, O. Damareos 75, 11644 Athen, Tel. 210 851 9530, Fax 210 751 0616, E-Mail: Skokin@hol.gr
- Jugendherberge IYHF Athens, International Hostel „Victor Hugo", O. Victor Hugo 16, 10438 Athens, Tel. 210 523 4170 oder 210 523 4170; Fax 210 523 4015, E-Mail: y-hostels@otenet.gr
- Über preiswerte Budget- und Jugend-Hotels gibt es Informationen auf der Webpage der Reiseagentur Consolas: www.consolas.gr

VERANSTALTUNGEN, THEATER UND KINO

(siehe auch „Nachtleben")

Athens **Kulturkalender** ist vielseitig, vor allem im Sommer, wenn viele Veranstaltungen und Konzerte im Freien stattfinden. Einen umfassenden Überblick geben die Athener Zeitung, *Athens News, Odyssey* und natürlich die Tageszeitungen, wie die englische Kurzversion von *Kathimerini* in der **Herald Tribune.**

VERANSTALTUNGEN, THEATER UND KINO

Tickets für Veranstaltungen gibt es außer an den jeweiligen Veranstaltungsorten auch von unabhängigen Stellen wie:
- **Ticket House,** O. Panepistimiou 42, Tel. 210 360 8366
- **Ticket Hellas,** Tel. 210 618 9300 (nur telefonische Bestellungen)

Veranstaltungsorte

- **Athener Konzerthalle Megaron,** O. Kokkali/Vas. Sofias 1, Tel. 210 728 2000, www.megaron.gr; Tickets auch O. Stadiou 4, Tel. 210 728 2333, Fax 210 729 0174. Highlight ist ab Oktober das Winterprogramm mit Konzerten, Oper, Ballett. 2000 Plätze im großen, 500 im kleinen Saal.

Die Athener Konzerthalle „Megaron Moussikis"

- **Athener Staatsoper,** ohne permanente Bühne, Auftritte im Olympia Theatre (O. Akadimias 59-61, Tel. 210 361 2461), möglicherweise ab 2004 im Amphitheater der Athener Music School.
- **Griechische Nationaloper,** Auftritte u. a. im Olympia Theatre (O. Akadimias 59, Tickets: Tel. 210 361 2461), im November und Dezember.
- **Lycabettos-Theater,** auf dem gleichnamigen Hügel, Tel. 210 722 7204; von Mai-Sept. Aufführungen moderner und antiker Stücke, Konzerte u. a. Veranstaltungen im Freilichttheater.
- **Nationaltheater,** O. Aghiou Konstantinou 22-24, Tel. 210 522 3242, außerdem Auftritte im Rex, O. Panepistimiou 48, Tel. 210 330 5074.
- **Odeion des Herodes Atticus,** O. Dionissiou Areopagitou (Akropolis-Südabhang), Tel. 210 322 7944 oder 210 323 2771, Tickets: O Stadiou 4 bzw. am Theater. Juni-Ende Sept. im Rahmen des Athen-Epidauros-Festivals (s. u.) fast täglich Aufführung antiker

VERANSTALTUNGEN, THEATER UND KINO

Klassiker, aber auch modernes Theater, Konzerte, Ballett und Tanz, Oper u.a.; eigenes Programm erhältlich.
- **Tanztheater Dora Stratou,** Tel. 210 921 4650 oder 210 324 4395, www.users.hol.gr/grdance; Mai-Sept., tgl. außer Mo. 22.15, So/Mi zusätzlich 20.15 Uhr am SW-Abhang des Philopappos Aufführungen von griechischen Volkstänzen in Trachten im Open-Air-Theater.
- **Ton & Licht-Shows,** April-Okt. um 21 Uhr auf der Pnyx in Englisch, zweite 45-Min.-Show in Deutsch oder Französisch um 23 Uhr, mit 1500 Scheinwerfern und (pathetischem) Kommentar.

Sonstige Veranstaltungsorte

- **Athinaida,** O. Kastorias/Vourbianis (Metaxourgeio), in eine alte Seidenfabrik soll in Kürze ein neues Kultur-, Unterhaltungs- und Geschäftszentrum einziehen (mit Museum für zyprische Kunst und moderner Kunstsammlung)
- **Centre for Contemporary Art: Deste Foundation,** O. Omirou 8, Tel. 210 672 9460, Wechselausstellungen, Veranstaltungen aller Art, Shopping- und Diningcenter
- **Deutsche Schule Athen,** O. Chomatianou/Ziridi, Paradissos/Maroussi, verschiedene Veranstaltungen, z.B. Lesungen
- **Gazi Technopolis,** O. Peireos 100, Tel. 210 346 0981, Ausstellungen im ehemaligen Gaswerk aus dem 19. Jh.
- **Goethe Institut,** O. Omirou 14-16, Tel. 210 460 8111, verschiedene Veranstaltungen
- **Melina Mercouri Cultural Center,** O. Thessalonikis 66/Iraklidon, Tel. 210 345 2150, verschiedene Veranstaltungen, Ausstellungen etc.
- **Stoa tou Bibliou,** O. Pesmazoglou 5/Panepistimiou, Tel. 210 325 3989, Lesungen und Veranstaltungen im angeschlossenen Theatro Technis, Tel. 210 322 8706

Kino

Ein Grund dafür, dass viele Griechen gut **Englisch** sprechen, ist, dass gleichermaßen im Kino wie im Fernsehen viele Filme in der Originalsprache (mit Untertiteln) ausgestrahlt werden. Besonders schön im Sommer sind **Freiluftkinos,** zu denen meist Bars gehören, wie das Cine Paris (O. Kidathineon) oder das Thission (O. Ap. Pavlou 7). Einige andere große Kinos:

- **Trianon Filmcenter,** O. Kodringtonos 21 (Areos Park), Tel. 210 821 5469, hier findet im Herbst das Drama-Kurzfilm-Festival statt
- **Apollon Renault-Filmcenter 2000,** O. Stadiou 19 (Nähe Syntagma) Tel. 210 323 6811
- **Titania Cinemax,** O. Themistocleous 3 (Exarchía) Tel. 210 381 1147

Regelmäßige Veranstaltungen

- **hellenic festival,** Tel. 210 928 2900, www.hellenicfestival.gr (Programmbroschüren u.a. im E.O.T. erhältlich). Juni-Sept., breite Palette unterschiedlichster Aufführungen auf verschiedenen Bühnen Griechenlands, darunter im Herodes Atticus Theater – Ballett, Oper, Philharmonie, Konzerte und antike Stücke – z.B. 2003 *Bocelli, George Dalaras, Manos Chadzidakis, Mikis Theodorakis* u.v.a.
- **Cultural Olympiad 2001-2004,** (www.cultural-olympiad.gr), während der Sommermonate 2001-2004 zahlreiche Veranstaltungen in ganz Griechenland sowie im Ausland in Kooperation von Olympischem Komitee, UNESCO, UN und anderen Organisationen
- **Mai:** European Jazz Festival, im Technopolis (Gazi)
- **Juni:** Athens International Jazz and Blues Festival, im Lykabettos Theater
- **29./30.September:** Spartathlon, 250-km-Rennen mit über 200 Läufern von der Akropolis nach Sparta. Infos: Tel. 210 923 9788, http://spartathlon.webvista.net.
- **Ende Okt.:** Athens Marathon, Nachstellung des berühmten Marathonlaufs von 490 v.Chr., endet im alten Olympia-Stadium
- **November:** Gimme Shelter Film Festival, im Gagarin 205 Club (205 Liosion, Thymarakia, Tel. 210 854 7600)

Stadtporträt – Geschichte und Gegenwart

Stadtporträt – Geschichte und Gegenwart

Stolz auf Unabhängigkeit und Demokratie prägt die Athener bis heute

Athens weißes Häusermeer

Eine erste Annäherung

In der berühmten Gefallenenrede, eine der nachdenklichsten Stellen seines monumentalen Werkes „Der Peloponnesische Krieg", schildert der antike Schriftsteller *Thukydides* (ca. 460-400 v. Chr.) die Vorzüge seiner Heimatstadt Athen und erläutert, warum er sie **„der Bewunderung würdig"** hält (II, 39, 4). Damals wie heute fragen sich Besucher, was denn bitte in Athen so bewunderungswürdig sei, bei all dem Chaos, dem Dreck, dem Lärm. Und doch, lässt man sich Zeit, schlendert mit offenen Augen, Ohren und Nase durch die Straßen, ändert sich die Einstellung zu dieser faszinierenden Stadt.

Geografie, Klima und Umweltschutz

Schon beim Anflug bzw. auf der Fahrt in die Innenstadt lernt man die Ausmaße der Metropole kennen. Athen (37°58′ nördlicher Breite, 24°43′ östlicher Länge) liegt im Herzen der griechischen Landschaft **Attika**, 5 km von der Küste und 10 km vom Hafen Piräus entfernt. Der Großraum der Metropole mit rund 430 qkm Fläche ist der bevölkerungsreichste Teil Griechenlands und misst von SW nach NO rund 30, von NW nach SO rund 20 km Luftlinie. Die Hauptstadt wird mit Ausnahme des SW, wo der **Saronische Golf** die natürliche Grenze bildet, von **Gebirgszügen** gerahmt: vom Hymettos im O (1027 m), vom Pentelikon (1110 m) im N(O), vom Parnithia/Parnass (1413 m) im NW und von den nicht sehr hohen Agaleos-Bergen (Egaleo-Hügel, 467 m) im W.

Kein Wunder also, dass Athen – wie die berühmte antike Schwester Rom – als **Stadt der Hügel** gilt. Zu den markantesten gehört der **Akropolis-Kalkfelsen** mit seinen knapp über 156 m. Er ist heute zwar nicht mehr, wie in der Antike, Mittelpunkt der Metropole, prägt aber immer noch das Stadtbild. An die Akropolis schließt sich im NW der Kalkvorsprung des **Areopag** mit 115 m Höhe an, im W und SW eine weitere Hügelkette mit **Pnyx** (110 m), **Nymphen-** (105 m) und **Musenhügel** (147 m) als höchsten Erhebungen. Im SO des Nationalgartens erhebt sich der niedrige **Ardittos**, im NO liegt der höchste Hügel der Stadt: der **Lykabettos**, ein steiler Kegel von 277 m Höhe.

Klima

„In den nächtlichen Zimmern war eingefangene Hitze, auf den Dächern aber war es luftig und gut. Eine leichte Matratze, eine Wolldecke genügte, so war man Herr in den weitläufigen ebenen Gefilden, die Dächer waren aneinandergebaut und hatten ihre eigene Geographie. Damals erfuhr ich zum ersten Mal, wie unbeschwert der südliche Sommer sein kann. Man braucht das Haus nicht. Wo man ist, kann man bleiben. Der Himmel ist Freund."

Geografie, Klima und Umweltschutz

Schön, wenn man wie *Erhart Kästner* („Weinberge, Ölberge", 1960) im Sommer auf dem Dach nächtigen kann – oder ein Zimmer mit funktionierender Klimaanlage hat. Denn in einer Stadt, wo hochsommerliche Temperaturen von **bis zu 40° C** die Regel sind und die **Smogglocke** einem manchmal den Atem raubt, ist es sonst schwer Schlaf zu finden. Typisch für Athen ist das **niederschlagsarme Klima** (siehe Vor der Reise, „Reisezeit und Klima"): Die durchschnittlich 376 mm pro Jahr fallen größtenteils von November bis Februar, Schnee ist eine Rarität und sorgt, wie zuletzt Ende März 2003, für chaotische Verhältnisse.

Eine exakte und aktuelle Klimatabelle zu Athen findet sich im Internet:

●www.stadtklima.de/webklima/cities/europe/gr/athens/athens.htm

Umweltschutz

Was den Umweltschutz angeht, hinkt Griechenland noch weit hinterher. Erst 1989 entstand eine ökologische Partei, deren Bedeutung bis heute begrenzt ist. Selbst *Greenpeace* ist erst in den letzten Jahren in Hellas aktiver geworden und hat andere ökologische Organisationen mitgerissen, sich für den Schutz von Landschaften, Flora und Fauna und zur Aufklärung der Bevölkerung einzusetzen. Umweltprobleme wie Wasserverschmutzung durch Pflanzenschutzmittel und Industrie-Rückstände, Abwasserentsorgung, Luftverschmutzung, Müll, Lärm und von Spekulanten oder durch Fahrlässigkeit verursachte Waldbrände sind bis heute nur ansatzweise thematisiert worden. Einzig die **Wasserqualität** ist in letzten Jahren wieder gestiegen, die griechischen Strände gelten gemeinhin als sauber – hier hat sich der Druck des Tourismus positiv ausgewirkt.

Eine Million Privatautos, 15.000 Taxis, 600.000 Mopeds, aber auch 40.000 Kleinfabriken tragen dazu bei, dass die Smogglocke über der Stadt den eigentlich tiefblauen Himmel graubraun färbt. Und das, obwohl in den letzten Jahren eine deutliche Besserung in Sachen **Straßenverkehr** und Luftverschmutzung festzustellen war. Nachdem sich die Einführung von Restriktionen beim Befahren der Innenstadt nach Nummernschild-Endziffern (tageweiser Wechsel von solchen mit geraden und ungeraden) als wenig effektiv erwiesen hat, scheinen nun vor allem drei große Projekte zu greifen: 1. der **U-Bahn-Ausbau**; 2 der Bau einer **neuen Ringstraße** von 71 km Länge (Verbindung auch zum Flughafen), die das Zentrum entlasten soll, und 3. die **Einrichtung eines Archäologischen Parks,** einer Art Fußgängerzone im Zentrum, einhergehend mit einer Vergrößerung der Grünflächen. Seit der Inbetriebnahme der Metro im Jahr 2000 scheint es zumindest gelungen zu sein, eine Reihe von Leuten von der Benutzung des eigenen Pkw abzubringen – etwa 500.000 Menschen nutzen derzeit täglich die **drei Metro-Linien.** Die geplante und teilweise schon fertig gestellte **Straßenbahn** soll für weitere Entlastung sorgen.

DAS ANTIKE ATHEN

Zeittafel antiker Kunst/Kultur

Bronzezeit
2500-2000	Frühhelladikum
um 2000	erste Einwanderungswelle
2000-1600	Mittelhelladikum
1600-1200	Späthelladikum, mykenische Zeit
um 1200	Dorische Wanderung

Geometrische Zeit
1000-900	protogeometrisch
900-850	frühgeometrisch
850-750	mittel/hochgeometrisch
750-700	spätgeometrisch

Archaik
700-650	protoarchaisch (740-630 protokorinthisch)
650-620	früharchaisch (orientalisierend/daidalisch – 620-600/590 frühkorinthisch)
620-550	hocharchaisch (600-575 mittelkorinthisch)
550-500/480	spätarchaisch (575-550 spätkorinthisch)

Klassik
480-450	Strenger Stil
450-30/20	Hohe Klassik
420-380	Reicher Stil
380-330	Spätklassik

Hellenismus
330/20-230	Frühhellenismus
230-150	Hochhellenismus
150-50	Späthellenismus

Römische Kaiserzeit
27 v. Chr.-14 n. Chr.	Augustus
14-69	julisch-claudisches Geschlecht
69-96	Dynastie der Flavier
96-192	Adoptivkaiser
193-235	Dynastie der Severer
ab 235	Soldatenkaiser (284-305 *Diocletian*, 324-337 *Konstantin*)
395	Trennung West-/Oströmisches Reich
476	Untergang des Weströmischen Reiches

Dass der **Lärmpegel** in der Innenstadt rund um die Uhr immer noch hoch ist, ist vor allem den auffrisierten Motorrädern auf den Straßen zu verdanken, nebenbei natürlich auch der südländischen Mentalität, den Diskotheken und Bars. War früher Athen ein dreckiger Moloch, setzt man heute auf Mülltrennung, sorgt durch mehr Überwachungspersonal an Bahnhöfen und auf öffentlichen Plätzen für Ordnung und Sauberkeit. Die Metro ist geradezu ein Musterbeispiel für den Wandel, der die Stadt erfasst hat.

DAS ANTIKE ATHEN

Eine relativ kurze Phase von nur **rund hundert Jahren** war es, die die Athener Geschichte prägte und der Stadt eine zentrale Rolle in der Kulturgeschichte zuwies. Der italienische Philosoph und Schriftsteller *Luciano De Crescenzo* fasste es in seiner „Geschichte der griechischen Philosophie" (Bd. 1, Die Vorsokratiker) so zusammen: „Erstaunliche Menschheit: da rührt sich 1000 Jahre lang gar nichts, und dann kommt in einem knappen Jahrhundert auf kaum mehr als zwei Quadratkilometern einfach alles in Bewegung!"

Im **5. Jh. v. Chr.** legten die Athener die **Wurzeln unserer Zivilisation**. Die damals entstandenen Ideen, Kunst- und Bauwerke und insbesondere das politische System der **Demokratie** hat unsere Welt entscheidend beeinflusst und geformt. Bis heute sind viele Persönlichkeiten der damaligen Zeit un-

DAS ANTIKE ATHEN

vergessen: *Aischylos, Aristophanes, Aristoteles, Demosthenes, Epikur, Euripides, Herodot, Isokrates, Kleisthenes, Lysipp, Perikles, Phidias, Platon, Praxiteles, Protagoras, Polyklet, Sokrates, Sophokles, Themistokles, Thukydides* – um nur einige zu nennen.

Die Frühzeit

ca. 7. Jtsd.-800 v. Chr.

Die **mythische Frühgeschichte** Athens kennt im Unterschied zu der Roms – mit *Aeneas, Romulus* und *Remus* – kaum jemand. Glaubt man dem antiken Autor *Apollodor*, begann alles mit dem schlangenleibigen Urkönig **Kekrops** um 1580 v. Chr. Während seiner Regierung sollen sich **Athena** und **Poseidon** um das attische Land gestritten haben, wobei die Göttin mit der Pflanzung des ersten Ölbaums den Streit für sich entschied und der Stadt ihren Namen gab. Auf *Kekrops* folgten *Kranaos* und *Amphiktyon*, ehe der schlangengestaltige Sohn von *Hephaistos* und der Erdmutter *Gaia, Erichthonios,* die Macht übernahm. Auf seinen Nachfolger *Pandion* kam **Erechtheus,**

Der Burgberg war schon in vorchristlicher Zeit besiedelt

Das antike Athen

von dem *Homer* (II, 7,81) berichtet, dass er eine feste Burg auf der Akropolis errichtete. Zwar wurden die Nachkommen des *Erechtheus* vertrieben, doch mit *Aigeus* kehrte das alte Königsgeschlecht zurück. Der berühmteste der mythischen Könige war *Aigeus'* Sohn **Theseus,** dessen Taten in der Antike mit denen des *Herakles* gleichgesetzt wurden. Unter anderem befreite *Theseus* Athen von der Tributpflicht gegenüber König *Minos,* indem er mit Hilfe der *Ariadne* den Minotauros auf Kreta tötete. Da er jedoch bei der Heimreise vergaß, die weißen Segel als Zeichen des guten Ausgangs zu hissen, stürzte sich sein Vater vor Gram ins Meer – von ihm erhielt das **Ägäische Meer** seinen Namen. Wer der letzte mythische König war, darüber war man sich in der Antike uneinig: *Thymotes* oder *Kodros*?

Historisch gesehen ist Athen wesentlich älter: **Erste Besiedelungsspuren** weisen ins 7. Jtsd. v. Chr. und Reste von Siedlungen um den Akropolisfels lassen sich in die Jahre 3200-3000 v. Chr. datieren. In der mittleren Bronzezeit (2000-1600 v. Chr.) begann sich Athen als lokales Machtzentrum zu etablieren, in mykenischer Zeit (1600-1150 v. Chr.) entstand auf der Akropolis ein Palast. Athen war damals eine der **„Zwölf Städte" Attikas,** die jedoch außenpolitisch keine große Rolle spielten. Als im 12. Jh. v. Chr. die so genannte **Dorische Wanderung** – eine Bewegung indogermanischer Stämme im Mittelmeerraum – für Unruhe und den Zusammenbruch alter Strukturen sorgte, blieb es in Athen vielleicht gerade deshalb ruhig. Nach Quellen wie der Bibel oder ägyptischen Königsinschriften erfolgte die Wanderung in zwei Schüben im 13. und 12. Jh. v. Chr. In Athen lief das Leben währenddessen friedlich weiter und es kam zur Vermischung zwischen Urbevölkerung (Pelaskern) und dorischen Zuwanderern. Um 1200 v. Chr. wurde die Burgmauer verstärkt und erweitert; sie diente bis in klassische Zeit als Befestigung.

Die Epoche der Dorischen Wanderung und die Folgezeit bis um 800 v. Chr. wurde von der Wissenschaft als **„dunkles Zeitalter"** bezeichnet, wohl vor allem mangels Fakten. Heute neigt man eher dazu, von einer **Phase der Neuorientierung** zu sprechen, wie sie sich auch am Übergang der protogeometrischen zur geometrischen Keramik ablesen lässt. In jener Zeit schien sich Athen als kulturelles Zentrum der Region etabliert zu haben und die Stadtentwicklung um die Burg auf der Akropolis schritt vor allem am Nordabhang, wo später die Agora entstehen sollte, voran.

Epoche der Umwälzungen
8. Jh.-Anf. 6. Jh. v. Chr.

Im 8. Jh. v. Chr. kam es zu politischen und kulturellen Umwälzungen. Das **Zeitalter der Kolonisation** war angebrochen, und ausgelöst durch Wirtschaftskrisen und Überbevölkerung begannen die Griechen im gesamten Mittelmeerraum neue Siedlungen zu gründen. Athen war daran kaum beteiligt, da man mit Attika über ein großes

DAS ANTIKE ATHEN

fruchtbares Umland verfügte. Etwa zur selben Zeit übernahmen die Griechen von den Phöniziern die Schrift, und 776 v. Chr. fanden die **ersten Olympischen Spiele** im Zeusheiligtum in Olympia statt. Zwischen 760-730 v. Chr. erlebte die **geometrische Keramik** – nach den vorherrschenden Mustern auf den Tongefäßen benannt – einen Höhepunkt, und im fortgeschrittenen Stadium traten erstmals stilisierte **figürliche Darstellungen** hinzu. Es dominierten drei Hauptthemen: Prothesis (Leichenzug), Ekphora (Aufbahrung) und Wagendarstellungen. Keramik und Kleinplastik waren die beiden vorherrschenden Kunstgattungen.

Um 700 v. Chr. wird die **archaische Epoche** angesetzt, ein Zeitalter der Entfaltung, in der sich u. a. die griechische Schrift herausbildete. Politisch wird die Monarchie in Athen von der **Oligarchie** abgelöst: Die aristokratische Oberschicht wechselt sich in der Machtausübung durch zeitlich begrenzte Ämter (Archonten) ab und kontrolliert durch den Aeropag (Adelsrat) das Geschehen. Es herrschte auf allen Gebieten ein konstanter Wettstreit unter den Familien der Oberschicht, Beleg dafür ist die zunehmende Bedeutung der Olympischen Spiele. Die Konkurrenz auf politischer Ebene führte letztendlich zu einem scheinbaren Rückschritt: der Ausbildung einer Einzelherrschaft, der so genannten Tyrannis (siehe unten).

Die erste bedeutende politische und historisch belegbare Person in Athen ist **Drakon,** dessen Gesetzgebung um 620 v. Chr. sagenumwoben ist. Noch heute spricht man von einer **„drakonische Strafe",** dabei tat er nichts anderes, als erstmals rechtliche Rahmenbedingungen für das Zusammenleben in einer Gemeinschaft – einen Rechtskodex – aufzustellen. Die zweite große Persönlichkeit ist **Solon,** der etwa eine Generation später (Anf. 6. Jh. v. Chr.) lebte. Er sorgte dafür, dass die rechtlichen Grundlagen um die **soziale Komponente** ergänzt und allen Bürgern gleiches Recht garantiert wurde. Am deutlichsten zeigte sich der soziale Wandel am Kriegswesen: Die alte Kampftechnik des Adels mit Reiterei und Streitwagen wurde nun von der **Hoplitenphalanx,** einer Heerschar gleichberechtigter Fußsoldaten, abgelöst. Damit war die breite Schicht der Bürger zum Rückgrat des Staatswesens geworden.

Athen unter der Tyrannis
546/5-510 v. Chr.

Drakon und *Solon* hatten die Rahmenbedingungen abgesteckt, doch von „Demokratie" konnte noch keine Rede sein, spielten doch alte Verwandtschafts- und Kultbünde sowie finanzielle Grundlagen noch immer eine große Rolle. Im politische Wettstreit der mächtigen Familien setzte sich 546/5 v. Chr. **Peisistratos** als Alleinherrscher durch. Kennzeichnend für die Tyrannis waren eine **Leibwache** – zur Demonstration des Machtanspruchs und zum Schutz – sowie eine Politik, die den **„kleinen Mann"** förderte, um durch dessen Loyalität die

Archaische Kunst – die „Seinsform"

Archaische Kunst – die „Seinsform"

Als Mittler zwischen Orient und Okzident begann sich die griechische Kunst im 7. Jh. v.Chr. zu verselbstständigen. In der so genannten **dädalischen Periode** (3. Viertel des 7. Jh.) entstand erstmals griechische **Großplastik**, möglicherweise liegt der Ursprung dafür auf Kreta. Drei Typen setzten sich in der Archaik durch: Die Sitzfigur, der Typus des nackten Jünglings (Kouros) und der weiblichen bekleideten Figur (Kore) – anfangs stark an ägyptische Vorbilder angelehnt, frontal mit stilisierter Binnenzeichnung. Bei den Figuren handelte es sich durchwegs um Idealbilder ohne individuelle Züge, in „lebendiger Dauerhaftigkeit" auf Gräbern oder als Weihegaben in Heiligtümern aufgestellt. Beispiele gibt es zuhauf im National- und im Akropolis-Museum.

Auffällig ist, dass die Mädchen **(Koren)** stets bekleidet sind, die Knaben **(Kouroi)** dagegen in „idealer Nacktheit" dargestellt wurden. Dahinter stecken nicht allein ästhetische Gründe, vielmehr war diese Darstellungsweise auch Ausdruck eines sozialen Standes. Zum Wertekanon der Adelskaste, die sich im 7. Jh., herausgebildet hatte, gehörte nämlich auch die körperliche Schönheit und damit die sexuelle Attraktivität des jungen Mannes zur Abgrenzung von gewöhnlichen bürgerlichen Schichten. Päderastie war verbreitet, auch unter Frauen (beispielsweise bei *Sappho*), wohingegen Homosexualität unter Erwachsenen als schändlich galt. „Erastes" hieß der Liebhaber und Lehrer, „Eromenos" der knabenhafte Geliebte und Schüler, dem der Aufstieg in der Adelsgesellschaft ermöglicht werden sollte.

Eine wichtige Rolle im Bereich der **Architektur** spielte die Entstehung der Polis, der Stadt als Wohnort und soziales Zentrum. Im fortgeschrittenen 7. Jh. v.Chr. ersetzten erste Tempel aus Stein die alten Holzbauten. Zudem bildete sich allmählich die klassische Tempelform mit zentraler Cella (Hauptraum mit Kultbild) und umlaufender Säulenhalle (Peristasis) heraus. *Peisistratos* initiierte als Förderer von Handwerk und Kultur erste Großbauten in Athen und maß der Bauplastik – Giebeln, Metopen und Friesen – große Bedeutung zu.

Die **Vasenmalerei,** d.h. die so genannte schwarzfigurige Keramik, wurde in Korinth eingeführt und erlebte in Athen um 610/600 v.Chr. eine Blüte. Die prächtig bemalten Tongefäße dienten als Grabbeigaben oder Weihegeschenke, fungierten jedoch nie als Gebrauchsgeschirr. Zumeist waren Töpfer und Maler zweierlei Personen, die gelegentlich ihre Werke auch signierten und in einer Werkstatt zusammen arbeiteten. Grundsätzlich werden zwei Stile unterschieden: der frühere schwarzfigurige und der spätere rotfigurige, wobei die Färbung von Konsistenz und Dicke des Malmaterials – nicht Farbe, sondern dünner Tonschlicker – und Brennvorgang abhing.

Das ungebrannte Tongefäß wurde vorbereitend in dünnen eisenhaltigen Tonschlicker getaucht (einer Art Glanzfirnis), ehe mit Pinsel und dickerem Tonschlicker dann mythologische Szenen (Trojanischer Krieg, Heraklestaten u. a.) aufgebracht wurden, die sich beim Brand schwarz färbten während der Hintergrund rot blieb – man spricht von **schwarzfiguriger Malerei.** Um 530 v. Chr. kam es zu einem Einschnitt: Die Figuren wurden nun – technisch schwieriger – ausgespart und färbten sich aufgrund der dünneren Tonschicht beim Reoxidationsbrand rot, im Kontrast zum schwarzen Grund – die **rotfigurige Vasenmalerei** war geboren. Zudem vergrößerte sich die thematische Palette: Alltagsszenen traten neben mythologische Themen und die Plastizität und Lebendigkeit wuchs.

Eine weitere Kunstgattung, die in der Archaik eine Blüte erlebte, war die Reliefkunst, speziell die **Grabstelen.** Anfang des 6. Jh. v. Chr. wurden erste attische Grabreliefs geschaffen; sie lösten die zuvor üblichen Ritzstelen ab und stellten die Verstorbenen in entrückter Pose auf einer Marmorstele in Hochrelief dar. Das führte innerhalb der wohlhabenden Schichten zu solch monumentalen und prächtigen Ausformungen, dass 509 v. Chr. der Politiker *Kleisthenes* ein erstes „Gräberluxusgesetz" durchsetzte, das allzu aufwändig gestaltete Grabdenkmäler untersagte.

Weiblicher Haupttypus
der archaischen Plastik: die Kore

eigene Machtbasis zu stärken. In der Tat war *Peisistratos* beim Volk beliebt, zumal er und seine Söhne Handwerk und Kunst förderten und eine **wirtschaftliche Blüte** einleiteten.

Die ersten Probleme traten nach dem Tod des *Peisistratos* auf. Nachdem **Hipparchos,** einer seiner beiden Söhne, 514 v. Chr. ermordet worden war, übte sein Bruder **Hippias** ein straffes und brutales Regiment aus. Die Tyrannis wurde zur **Gewaltherrschaft** und bekam jenen negativen Beigeschmack, den sie bis heute hat. Kein Wunder, dass auch der Widerstand anderer Adelsfamilien wuchs und schließlich dazu führte, dass *Hippias* 510 v. Chr. abgesetzt und vertrieben wurde. Danach wurden die beiden getöteten Attentäter, die 514 *Hipparchos* ermordet hatten, **Harmodios** und **Aristogeiton,** zu Freiheitshelden stilisiert und erhielten ein Ehrenmonument auf der Agora.

Die Erfindung der Demokratie
510-ca. 500/490 v. Chr.

Die Vertreibung des Tyrannen *Hippias* 510 v. Chr. markierte in Athen einen Einschnitt: **Kleisthenes,** aus der bis dato verbannten Familie der Alkmeoniden, konnte sich politisch durchsetzen. Statt jedoch das System der Oligarchie wieder aufzugreifen, schuf er die entscheidenden **Grundlagen für die Demokratie.** So wurden 508/7 v. Chr. nach seinen Plänen die vier Phylen, die alten Stammes- und Religionsverbände, abgeschafft und durch eine revolutionäre Neugliederung, **die Demen-Ordnung,** abgelöst. Es entstanden etwa 170 kleine, regional begrenzte Selbstverwaltungseinheiten (Wohnbezirke = Demen), die darüber hinaus drei regional bestimmten Bezirken (Trittyen) zugeteilt wurden: der Stadt mit ihren Häfen, der Küste und dem Binnenland. Aus diesen drei Bereichen wurden schließlich die Demen zu je zehn Gruppen zusammengefasst, den zehn **Phylen.**

Eine weitere wichtige Neuerung war um 500 v. Chr. die Schaffung des **Rats der 500** (Boule), in den jede Phyle für ein Jahr 50 ausgeloste Vertreter schickte. Entscheidungen traf jedoch seit der Kleisthenischen Reform allein die **Volksversammlung,** d.h. alle freien Bürger, sprich Männer. Um Machtbündelung zu vermeiden, wurden die Ämter jährlich neu per Los bestimmt – es konnte demnach jeder Bürger ein Amt bekleiden. Nur die Archonten als oberste Beamte und die zehn Strategen (militärische Oberbefehlshaber) wurden aus einer Reihe geeigneter Bewerber ausgewählt. Zwar waren immer noch die adeligen und reichen Familien politisch und sozial bestimmend, doch mussten sie jetzt um die Gunst der Volksversammlung buhlen. Drei Standbeine der Demokratie waren somit geschaffen: Isonomie (Gleichheit vor dem Gesetz), Isotimie (gleiches Recht Ämter zu bekleiden) und Isegorie (Redefreiheit).

Die Perserkriege

ca. 490-479 v. Chr.

Der politische Umbruch im letzten Jahrzehnt des 6. Jh. v. Chr. markierte auch einen kulturellen Wandel. Die das Abendland entscheidend prägende **griechische Klassik** nahm in Athen ihren Ausgang – der Mensch wurde zum Maß aller Dinge. Ein Schlüsselereignis war dabei die kriegerische Auseinandersetzung mit dem mächtigen Perserreich. Kaum jemand in den griechischen Stadtstaaten war sich gegen Ende des 6. Jh. v. Chr. der Gefahr bewusst, die sich im Osten zusammenbraute: Unter *Kyros* (559-530 v. Chr.), *Kambyses* (530-522) und *Dareios* (552-486) war ein **persisches Großreich** entstanden, das bis Ägypten, ans Schwarze Meer und nach Makedonien reichte. Auch die zahlreichen griechischen Poleis (Stadtstaaten) in Kleinasien unterstanden – obwohl nur indirekt – dem persischen König. Über den Kampf der Griechen gegen die Perser berichtet ausführlich und eindrucksvoll der Geschichtsschreiber **Herodot** (ca. 490-425 v. Chr.) in seinem Werk „Historien".

Anlass für das „Interesse" des persischen Königs an Griechenland war ein **Aufstand der kleinasiatischen Griechen** um 500 v. Chr. gewesen. Athen und Eretria hatten als Einzige ein paar Kriegsschiffe zu Hilfe geschickt, was sich später negativ auswirken sollte, da die Perser diese Maßnahme als Vorwand für einen Angriff auf das griechische Festland nutzten. *Herodot* nannte es „arche kakon", den Ausgang al-

DAS ANTIKE ATHEN

len Übels. Der Aufstand war bald niedergeschlagen und die blühende Stadt **Milet** wurde im Jahr 494 v.Chr. zur Abschreckung zerstört. Die griechische Welt war schockiert, doch nur **Themistokles** schien die drohende Gefahr einer persischen Expansion nach Hellas wahrzunehmen.

Die Schlacht von Marathon

In der Tat zog im Sommer 490 v.Chr. ein Expeditionsheer des persischen **Großkönigs Dareios** Richtung Athen; offizielle Begründung war die Bestrafung von Eretria und Athen für ihre Beteiligung am ionischen Aufstand. Trotz militärischer Überlegenheit erlitten die Perser nach ihrer Landung bei Marathon eine empfindliche Schlappe. Die von **Miltiades** angeführte Hoplitenphalanx – eine geschlossene Schlachtordnung schwer bewaffneter Soldaten – erwies sich als überlegenes militärisches Konzept. Dieser Sieg bei Marathon, von dem angeblich ein **Läufer** in Athen berichtet haben soll, was als historische Wurzel für den Marathonlauf gewertet wird, stärkte das Selbstbewusstsein der Bürgerschaft als Rückgrat des Heeres. Die Einführung weiterer demokratischer Elemente war die Konsequenz: Neben dem Ostrakismos **(Scherbengericht),** bei dem ungeliebte Politiker auf Volksabstimmung in die Verbannung geschickt werden konnten, wurde ab 487/6 auch die Wahl der Archonten – der Oberbeamten der Stadt – durch Los festgelegt. Nur noch die zehn Strategen – die militärischen Oberbefehlshaber – wurden aus einer Gruppe von Spezialisten gewählt. Nachdem *Themistokles* das Strategenamt übernommen hatte, konnte er endlich seinen großen Plan, den Bau einer schlagkräftigen Flotte, durchsetzen.

Sieg der attischen Flotte bei Salamis

Im Sommer 480 v.Chr. begann der Nachfolger des *Dareios* – **Xerxes** – mit einem gewaltigen persischen Heer und einer großen Flotte, erneut den gesamten griechischen Raum zu erobern. Er unterwarf auf dem Weg vom Hellespont Richtung Süden alles. An den Thermopylen und dem hier gelegenen Kap Artemision in Mittelgriechenland setzten sich die griechischen Verbände vergeblich zur Wehr, so dass Athen letztlich ungeschützt dem riesigen persischen Heer ausgeliefert schien. Während die Spartaner auf den letzten Sperrriegel, den Isthmos von Korinth setzten, evakuierten die Athener ihre Stadt. Die Perser bezogen hier ihr Hauptquartier, plünderten und zerstörten Athen. Der **„Perserschutt"** wurde zum archäologischen Begriff und dient als „terminus post quem" zur Datierung von Kunstwerken. Die im Schutt befindlichen Stücke mussten vor 480 v.Chr. entstanden sein.

Zum Schlüsselereignis wurde die **Seeschlacht bei Salamis** im Herbst 480 v.Chr. *Themistokles* hatte die persische Flotte mittels einer List in die enge Bucht zwischen Salamis und dem Festland gelockt. Als bei Tagesanbruch der persische König von einer Klippe aus den Sieg seiner Flotte ver-

DAS ANTIKE ATHEN

folgen wollte, erlebten er und sein Gefolge den plötzlichen **Angriff der Griechen**. Äußerst diszipliniert und mit dem Mut der Verzweiflung – „Befreit das Vaterland ..., denn um alles geht der Kampf", heißt es bei *Aischylos* („Die Perser", 402 ff.) – schlugen die Griechen die persische Flotte.

Für *Xerxes* bedeutete das eine bittere Enttäuschung doch keine endgültige Niederlage. Er plante nach dem Winter zurückzukommen und ließ ein Heer in Griechenland zurück. Allerdings schlugen die vereinigten Griechen auch diese Truppe im folgenden Frühjahr 479 v.Chr. bei Plataia (Böotien, nördlich von Athen). Als entscheidend erwies sich jedoch der „Nachschlag" der attischen Flotte, die sofort nach Kleinasien segelte und bei Mykale, in Sichtweite des zerstörten Milets, die persische Flotte endgültig zerstörte. Das panhellenische **Zusammengehörigkeitsgefühl** war erwacht, der „Hellene" war zum Gegenbild des „Barbaren" (wörtlich: „Stammler") geworden. Und *Xerxes*? Er hatte längst das Interesse an den widerspenstigen Griechen verloren ...

Die Pentekontaëtie – Athens goldenes Zeitalter

479-431 v. Chr.

Nach den Perserkriegen hatte besonders Athen immenses Ansehen gewonnen und zog daraus bis in die Spätantike hinein politischen Nutzen. **Thukydides** (ca. 460-ca. 395 v.Chr.), der wohl bedeutendste Historiker aller Zeiten, gab der Epoche vom Rückzug des *Xerxes* bis zum Ausbruch des Peloponnesischen Krieges den Namen **Pentekontaëtie – die 50 Jahre –**, eine Phase geprägt vom kometenhaften **Aufstieg Athens** von einer unbedeutenden Kleinstadt zu einer Großmacht und, damit verbunden, das Aufkommen des spartanisch-athenischen Dualismus, der in einem Bruderkrieg enden sollte.

Mit Verwunderung und Argwohn beobachtete Sparta den Aufschwung Athens, vor allem die Tatsache, dass sich Athen das **Oberkommando über die griechische Flotte** gesichert hatte. Der Zusammenschluss von Athen und seinen Bundesgenossen sollte zum Schutz vor erneuten persischen Angriffen bestehen bleiben und wurde neu im **Delischen Seebund** organisiert. Der Name leitete sich davon ab, dass die Mitglieder zum Unterhalt der Flotte jährlich Abgaben nach Delos, Sitz der Bundeskasse, leisten mussten.

Gleichzeitig strebte die Demokratie ihrer „Vollendung" entgegen: 462/1 v.Chr. wurde der Areopag (Adelsrat), von *Solon* als „Wächter der Gesetze" bezeichnet, entmachtet. Ab jetzt ging alle Macht von der **Volksversammlung** und dem **Rat der 500** aus.

Zu dieser Zeit betrat **Perikles** (ca. 495-429) – wegen seines großen Kopfes spöttisch „Schinokephalos", Mehrzwiebelkopf, genannt – die politische Bühne. Er ging als hervorragender Redner und Politiker in die Geschichte ein, aber auch als großer Kunstmäzen, ohne den die griechische Klassik nicht vorstellbar gewesen wäre.

DAS ANTIKE ATHEN

Bis heute wird die **antike Demokratie Athens** als Vorbild hochgehalten und mit modernen Gegebenheiten verglichen. Ganz korrekt ist dieser Vergleich nicht, handelte es sich damals doch um eine unmittelbare Demokratie, bei der jeder Bürger zum Aktiven wurde. Nach antiken Vorstellungen würde besonders das moderne Wahlsystem Unverständnis auslösen: Die Wahl aus einer begrenzten Anzahl von „Fachleuten" – aus den Besten oder Aristoi – war für sie kein demokratisches Element, sondern Zeichen einer Aristokratie. Dagegen war für die alten Athener das Auslosen eines Amtsbewerbers aus der gesamten Bürgerschaft das Ideal. Zudem galten die Geschicke und die Freiheit des Gemeinwesens als höchstes Gut, wohingegen das Individuum zweitrangig war. Die Geltung eines freien Mannes – und nur sie bildeten die Bürgerschaft, im Gegensatz zu Sklaven, Fremden und Frauen – richtete sich in der Demokratie nach dem Beitrag, den er für den Staat leisten konnte. Die Teilnahme an der Politik wurde deshalb als besonderes Privileg des Bürgers empfunden – und heute?

> **Buchtipp**
> Moses I. Finley, **Antike und moderne Demokratie** (Reclam Band 9966)

Der Peloponnesische Krieg
431–404 v. Chr.

Der **Konflikt zwischen Athen und Sparta** basierte auf einer unvermeidlichen Blockbildung beider Mächte. Auslöser des Konflikts, der fast die ganze griechische Welt mitriss, war **Korinth.** Einst bedeutendste Handelsmacht, war die Stadt von Athen überflügelt worden und es kam zu Interessenkonflikten. Als sich **Kerkyra,** eine Kolonie Korinths, von der Mutterstadt lösen wollte, wurde der militärische Konflikt unausweichlich. Athen unterstützte Kerkyra und die Korinther überredeten den von Sparta geleiteten **Peloponnesischen Bund** 431 v. Chr. zum Krieg gegen Athen.

Aufgrund der Unmenge von Flüchtlingen, die nach Athen strömten, und wegen mangelnder hygienischer Bedingungen brach im Sommer 430 v. Chr. die **Pest** in Athen aus, der auch Perikles zum Opfer fiel. Athen war schockiert und musste nach Niederlagen bei Delion und Amphipolis 421 v. Chr. den so genannten **Nikias-Frieden** schließen. Neuer mächtiger Mann in Athen wurde **Alkibiades,** ein Neffe des Perikles. Der Konflikt mit Sparta schwelte jedoch weiter und 415 griffen die Athener sogar nach Unteritalien über. Als das „sizilische Unternehmen" aufgrund taktischer Fehler gescheitert war, sah sich Athen in seinen Grundfesten erschüttert, allerdings endete der Konflikt mit Sparta erst 404 v. Chr. mit der endgültigen **Kapitulation Athens.**

Nach der Niederlage versuchten zurückgekehrte Adelige erneut eine Oligarchie aufzubauen, doch diese Gewaltherrschaft der **Dreißig Tyrannen** scheiterte. In den folgenden Auseinandersetzungen setzte sich selbst

Klassische Kunst – die „Daseinsform"

Trotz aller militärischen Konflikte war die Zeit der attischen Demokratie im 5. und 4. Jh. v. Chr. eine Periode der kulturellen Blüte und des künstlerischen Umbruchs: die „Seinsform" der Archaik wurde durch die „Daseinsform" der Klassik abgelöst, in der Statuen begannen, in den Raum auszugreifen und das Zeitmoment einbezogen wurde. Seit dem späten 18. Jh. und dem deutschen Forscher *J.J. Winckelmann* heißt diese Phase der griechischen Kunst **Klassik**, Ideal und Höhepunkt der westlichen Kunstgeschichte.

Die **Architektur** erlebte während des 5. Jh. v. Chr. einen Höhepunkt. Große Tempel aus Marmor entstanden, allen voran das Mammut-Bauprojekt **Akropolis.** Damals fanden die Baumeister die so genannten klassischen Proportionen für einen Tempelbau: Die Zahl der Säulen auf der Längsseite entsprach der doppelten Anzahl plus einer – beim Parthenon lautet das Verhältnis 8:17. Neben der älteren dorischen setzte sich die ionische Ordnung mit einem Fries als oberem Wandabschluss durch. Das **Theater** taucht als neue Bauaufgabe auf und das Dionysostheater entstand als erstes in Stein ausgeführtes Theater in Griechenland am Akropolis-Südabhang.

Neben der Architektur war es besonders die **Großplastik,** Bronze- und Marmorskulpturen, die aufblühte. Da im Lauf der Jahrhunderte viel zerstört wurde, sind uns heute die Kunstwerke überwiegend in Gestalt römischer Kopien erhalten. In Athen bietet sich jedoch Gelegenheit, zahlreiche Originale zu bewundern. Am Beginn der klassischen Plastik steht der so genannte **Kritiosknabe** (Akropolis-Museum) – Musterbeispiel für den Übergang von der Archaik zur Klassik. Mit ihm wurde die Unterscheidung von Stand- und Spielbein (Ponderation) eingeführt und die strenge Frontalität und Starre früherer Figuren aufgelöst. Zu den berühmten Künstlern der Zeit gehörten *Myron* (Mitte 5. Jh.) und *Phidias* (2. Hf. 5. Jh.), der u. a. den Parthenon-Bildschmuck, die Kultstatue der Athena Parthenos und das Zeus-Kultbild in Olympia geschaffen haben soll. *Polyklet* aus Argos hatte sich auf Athletenfiguren wie den Doryphoros oder den Diadumenos spezialisiert. Er gilt als der „Erfinder" des Kontraposts, des Gleichgewichts zwischen Ruhe und Bewegung. *Praxiteles* (ca. 360-330) wird der „Hermes mit dem Dionysosknaben" in Olympia als einziges überliefertes Original zugeschrieben; nach Quellen soll von ihm aber auch die berühmte Aphrodite von Knidos als erste nackte weibliche Figur in der griechischen Kunst stammen. *Lysipp* (395-300) dagegen gilt mit Athletenfiguren wie dem Apoxomenos als Wegbereiter des **Hellenismus.**

In der **Keramik** wird die **rotfigurige Vasenmalerei** weiter perfektioniert, die Szenen auf den Gefäßen werden gewagter und lebendiger, mehr Figuren treten nun auch in Alltagsszenen auf, und die räumliche Tiefe der Szenen wächst. Ebenso nimmt die Zahl der unterschiedlichen keramischen Formen zu. Auch die Gattung der **Grabreliefs** erlebt eine neue Blüte. Leider ist von der zeitgenössischen **Wandmalerei** nichts erhalten, doch nach antiken Quellen müssen die Werke des *Polygnot von Thasos* (1. Hf. 5. Jh.), des *Mikon* oder *Panainos* beeindruckend gewesen sein. Zudem absolvierte die **Literatur** einen Höhenflug: *Euripides, Sophokles, Aischylos* oder *Aristophanes* schrieben Theatergeschichte, *Herodot* und *Thukydides* begründeten die Geschichtsschreibung, Philosophen *(Sokrates, Platon)* und Redner *(Isokrates, Aischines, Demosthenes)* schufen die Grundlagen des europäischen Denkens.

DAS ANTIKE ATHEN

der Spartanerkönig *Pausanias* für das demokratische System ein, zu dem man im Herbst 403 v. Chr. zurückkehrte.

> **Buchtipp**
> Thukydides, **Der Peloponnesische Krieg** (Reclam Band 1808)

Athens politischer Niedergang
403-337 v. Chr.

Athen war außenpolitisch nurmehr eine Mittelmacht, erlebte innenpolitisch aber eine erneute Blüte der Demokratie. Zudem brach die Zeit der **Philosophenschulen** an – wie der Akademie des Sokrates-Schülers *Platon* (427-347) – und große Redner wie *Isokrates* (436-338) oder *Demosthenes* (384-322) traten auf. Als neue außenpolitische Macht hatte sich in der zweiten Hälfte des 4. Jh. v. Chr. das **makedonische Königtum** durchgesetzt. 338 unterlagen die Griechen den Makedoniern unter *Philipp V.* bei Chaironeia. Der makedonische König reagierte milde und versuchte Griechenland neu zu ordnen, indem er den **griechischen Gemeinfrieden** ausrief. Um den Zusammenhalt der Griechen zu festigen und jegliche Opposition gleich im Keim zu ersticken, wurde 337 der **Panhellenische Krieg** gegen Persien ausgerufen – als „Vergeltungsmaßnahme" gegen den Überfall 480 durch *Xerxes*.

Athen im Hellenismus
337-1. Jh. v. Chr.

Im Jahr 337 v. Chr. begann der makedonische König **Philipp V.** mit den Vorbereitungen für den Ost-Feldzug, wurde allerdings ein Jahr später ermordet. *Philipps* Sohn **Alexander,** der später als **„der Große"** in die Geschichte eingehen sollte, übernahm den Thron. Für die Zeit von Alexander bis zur Auflösung der griechischen Welt im Imperium Romanum im 1. Jh. v. Chr. führte der preußische Historiker *Johann Gustav Droysen* (1808-84) den bis heute gebräuchlichen Epochenbegriff „Hellenismus" ein.

Um *Alexander* rankten sich schon in der Antike viele Mythen. Unbestritten ist, dass er ein gewiefter Politiker und hervorragender Militär war. Einer seiner Lehrer hieß **Aristoteles** (384-222), was vielleicht seine Zuneigung zu Athen erklärt. *Alexander* ergriff sofort nach der Ermordung seines Vaters die Initiative, beseitigte Rivalen und sicherte sich durch einen raschen Feldzug nach Griechenland die Loyalität der Verbündeten. So konnte im Frühjahr 334 der **Asienfeldzug** beginnen, und mit 35.000 makedonischen und 10.000 griechischen Soldaten wurde in kürzester Zeit ein gigantisches Reich erobert. Unerschrockenes Handeln und psychologische Kriegsführung waren *Alexanders* Stärken und er kreierte den Nimbus des Unbesiegbaren. Vielfach empfingen ihn die unterjochten Völker als „Befreier", z. B. Ägypten. 330 erklärte *Alexander* den Rachekrieg gegen die Perser für been-

Das antike Athen

det und entließ die griechischen Bundesgenossen. Drei Jahre später stieß er erfolglos ins heutige Indien vor, und auch seine großen Pläne, das westliche Mittelmeergebiet zu erobern und Karthago als Machtfaktor auszuschalten, scheiterten. *Alexander* starb, knapp 33 Jahre alt, am 13. Juni 323 in Babylon – an Erschöpfung.

Athen selbst spielte zu *Alexanders* Zeiten und auch danach politisch keine Rolle, dafür florierte die Stadt wirtschaftlich und kulturell. Die wichtigsten Gefährten *Alexanders* stritten sich einstweilen heftig um die Nachfolge und die so genannten **Diadochenreiche** entstanden, die bis ins 1. Jh. v. Chr. das Geschehen diktieren sollten. Es handelte sich zunächst um drei Reiche, das der Ptolemäer (Ägypten), der Seleukiden (Asien) und der Antigoniden (Makedonien und Griechenland). Daneben existierten mehr oder weniger stark abhängige **Stadtstaaten** wie Athen, oder kleine Bündnisse, wie Achäerbund und Ätoler.

In der hellenistischen **Baukunst** hieß die neue Bauaufgabe Platzanlagen. Plätze und Heiligtümer wurden planmäßig angelegt bzw. ausgebaut, Bibliotheken und Stoai (Säulenhallen) beliebt zur Rahmung großer Marktplätze. Speziell die Herrscher des kleinasiatischen Pergamon, das sich als Ableger aus dem Reich der Seleukiden herausgelöst hatte, entwickelten sich zu wichtigen Kunstmäzenen, die auch in Athen Spuren hinterließen: *Eumenes II.* (197-159) ließ die Stoa am Südhang der Akropolis errichten und sein Nachfolger *Attalos II.* (159-138) die heute wiedererrichtete Halle auf der Agora. Auf dem Gebiet der **Plastik** spielte Athen in hellenistischer Zeit keine maßgebliche Rolle mehr; die Bildhauerwerkstätten verlagerten sich mit den Auftraggebern verstärkt in den Osten (Pergamon, Rhodos u. a.).

Das römische Athen

86 v. Chr.-Ende 3. Jh. n. Chr.

Der politische Machtwechsel im 2. Jh. v. Chr., d.h. die **römische Vorherrschaft** in Griechenland und damit in Athen ist eines der spannendsten Kapitel der antiken Geschichte. Zunächst ließ sich Rom um 200 v. Chr. in innergriechische Streitereien hineinziehen. Trotz des Rückzugs 196 v. Chr. war es in der Folge immer wieder nötig, militärisch den Status Quo zu sichern. Am Ende entstanden **römische Verwaltungseinheiten:** 148 v. Chr. die Provinz Makedonien, 146 zur Provinz Griechenland und Makedonien erweitert, und 133 die Provinz Asia.

Lange Zeit herrschte nun Ruhe, ehe um 88 v. Chr. ein Aufstand in der Provinz Asia gegen die römische Herrschaft auch auf das Festland übergriff. Von **Sulla** und seinen Truppen niedergeworfen, wurde **86 v. Chr.** auch Athen erobert. Obwohl der politische Einfluss Athens unbedeutend war, darf die Wirkung von Geisteswelt und Kultur im römischen Machtbereich nicht unterschätzt werden. So erhielt Athen beispielsweise unter *Caesar* besondere Freiheiten und Privilegien. Mit der endgültigen Machtübernahme durch **Augustus 31 v. Chr.** gilt die Epoche

des Hellenismus als beendet – Athen und Griechenland waren Teil des **Imperium Romanum.**

Mit Augustus begann für Athen eine lange **Friedensphase,** während der römische Kaiser und vermögende Privatleute die kulturelle Hauptstadt des Reiches durch Prachtbauten und Stiftungen verschönerten. **Kaiser Hadrian** entwickelte eine persönliche Vorliebe für Athen und steckte viel Geld in die Stadt, ebenso *Herodes Attikus,* der als Privatmann Wohlstand und Kultur förderte. Der **Niedergang des antiken Griechenlands** zeichnete sich wie der des übrigen römischen Reiches im 3. Jh. n. Chr. ab, verursacht einerseits durch eine Wirtschaftskrise, andererseits durch militärische Dauerkonflikte und den Einfall fremder Völker, wie um 267 n. Chr. der **Heruler,** die auch Athen verwüsteten.

Während der römischen Zeit hielten auch auf dem Gebiet der Architektur typisch römische Errungenschaften, wie das **Opus Caementicium (Beton),** Einzug. Neue Bauten wie der Rundtempel des Augustus und der Roma auf der Akropolis oder das Grabmonument des Philopappos entstanden und die römische Agora als neuer Marktplatz. In der Plastik konzentrierte sich alles auf den neuen römischen Kunstmarkt: **Kopisten-Werkstätten** schossen aus dem Boden, die die Originale abformten.

Die römische Agora

Das byzantinische und osmanische Athen

Mit den Reformen der römischen Kaiser **Diokletian** (284-305) und **Konstantin** (306-337) zerfiel das römische Reich in zwei Teile und Athen wurde dem **Oströmischen Reich** mit der Hauptstadt Konstantinopel zugeordnet. Nach dem Niedergang des Weströmischen Reiches 476 n.Chr. blieb vom Imperium Romanum nurmehr der Ostteil übrig, der als Byzantinisches Reich in die Geschichtsbücher einging. Die erneuten Unruhen während der **Völkerwanderung** um 400 und der Aufstieg des Christentums sorgten für einen Niedergang Athens als kultureller Mittelpunkt, erst recht, nachdem Kaiser **Theodosius I.** (379-395) das Christentum zur Staatsreligion erhoben hatte. Lange war die Akademie letzte Zuflucht vor dem Christentum gewesen, bis Kaiser *Justinian* diese Hochburg klassischer Bildung und Wissenschaft schließlich 529 n.Chr. – 900 Jahre nach ihrer Gründung durch *Platon* – schließen ließ. Dieses Datum markiert „offiziell" **das Ende der Antike.**

Erst mit Beginn der **makedonischen Renaissance** unter dem byzantinischen Kaiser **Basileios II.** erlebten Wirtschaft, Landwirtschaft und Handel wieder einen Aufschwung und sorgten damit für eine neue kulturelle Blüte. Zwischen 1205 und 1311 geriet Athen im Lauf der **Kreuzzüge** unter fränkische Herrschaft: **Otto de La Roche,** Teilnehmer des vierten Kreuzzuges, war 1205 der erste Franke auf der Akropolis. 1311 lösten Söldner den letzten Franken, *Walter de Brienne,* als Herrscher ab und begründeten die **Katalanische Dynastie,** die bis 1388 dauerte. Ihr folgte die **Florentinische Herrschaft** unter *Nerio I. Acciajuoli* (1388-1394).

Athen unter türkisch-osmanischer Herrschaft

1456-1830

Der Fall von Konstantinopel 1453 an die Türken bedeutete für den östlichen Mittelmeerraum das **Ende des Mittelalters.** In der Folge geriet Stück für Stück des Byzantinischen Reichs unter türkisch-osmanische Herrschaft. 1456 eroberten Türken schließlich auch die Athener Unterstadt und zwei Jahre später die Akropolis. **Sultan Mehmet II., der „Eroberer",** unterstellte zwar die griechischen Provinzen jeweils einem Voivoden (Stadtverwalter), ließ aber alle anderen gewachsenen Strukturen bestehen und gewährte sogar Religionsfreiheit.

1464 begann der lang anhaltende Konflikt zwischen dem **Osmanischen Reich** und **Venedig** um die Vorherrschaft im östlichen Mittelmeerraum. Erst der **Sieg der spanisch-venezianischen Flotte** bei Lepanto im Jahr 1571 raubte den Türken den Ruf der Unbesiegbarkeit und begrenzte den osmanischen Einflussbereich. Athen war nur peripher betroffen: Die türkische Besatzungsmacht lebte auf der Akropolis, während sich in der Unterstadt ei-

Das byzantinische und osmanische Athen

ne rege griechisch-orientalische Gemeinde – Moslems, Juden und Christen – mit eigener Oberschicht entwickelte. Lediglich die Eroberung Athens 1684 durch die Venezianer unter **Morosini** sorgte kurz für Unruhe, doch bereits ein Jahr später zogen diese wieder ab.

Im 18. Jh. entdeckten europäische Intellektuelle die griechische Antike und Athen erhielt wieder Bedeutung. Vorreiter waren die Engländer, deren 1733 gegründete Gesellschaft der Dilettanti unter anderem wissenschaftliche **Expeditionen nach Hellas** finanzierte. Aus der Griechenlandreise von *Stuart* und *Revett* 1751-53 resultierte das Werk „Antiquities of Athens", das lange Zeit weltweit als Musterbuch des Klassizismus diente. Der Begriff des **Philhellenismus** – erstmals beim griechischen Geschichtsschreiber *Herodot* im 5. Jh. v. Chr. auftretend – griff vor allem in der Zeit des griechischen Freiheitskampfes weltweit um sich und bezeichnete auch Nichtgriechen, die den Hellenen beistanden. Eine wichtige Rolle übernahmen die **Griechenhilfsvereine,** die in aller Welt gegründet wurden. Sie sammelten Geld für den Freiheitskampf, publizierten Pamphlete und vergaßen dabei oft, dass ihr türkisches Feindbild seitens der Griechen gar nicht existierte.

Der griechische Befreiungskampf
1821-1830

Die Ideale der Aufklärung, die amerikanische und französische Revolution, nationalistische Strömungen, soziale Konflikte, aber auch die machtpolitischen Interessen Russlands, Frankreichs und Englands trugen dazu bei, dass es zum griechischen Befreiungskampf kam. **Auslandsgriechen** – Händler zwischen Orient/Balkan und Europa – brachten die Idee von

Relikt der türkischen Zeit:
die alte Koranschule in der Plàka

Das neue Athen

Gleichberechtigung, wirtschaftlicher Entwicklung und griechischer Identität mit in ihre Heimat. Wohlhabende und gebildete Diaspora-Griechen begannen nach Wegen zu suchen, um ihr Land von der Türkenherrschaft zu befreien. Ein erster Schritt war die Gründung eines **Geheimbunds** 1814 in Odessa, die „Filiki Eteria" (Gesellschaft der Freunde), der maßgeblich Anteil an der Vorbereitung des **Aufstandes am 25. März 1821** (heute Nationalfeiertag) hatte.

Rasch kontrollierten die Freiheitskämpfer das Festland und bemühten sich, eine Staatsform zu etablieren. Doch das alte griechische Übel, interne Streitigkeiten, brachte die Sache ins Stocken. Als der türkische Sultan *Mahmud II.* seinen Statthalter in Ägypten, *Mohammed Ali,* zur Hilfeleistung überreden konnte, sorgten die ägyptischen Truppen schnell für Ruhe. Schlüsselereignisse waren der **Fall von Mesolongi** im April 1826 und die **Eroberung Athens im Mai 1827.** Erst das Eingreifen russischer Truppen in der Donauregion und das Auftauchen einer französisch-englischen Flotte, die „aus Versehen" im Oktober 1827 die osmanische Flotte in der Bucht von Navarino vernichtete, sorgten für ein Einlenken des Sultans und bewirkten die Erklärung der **Autonomie Griechenlands am 3. Februar 1830.**

Ganz bayerisch: Die Evzonen, ausstaffiert von der bayerischen Königin Amalia

Die Gründe für die **Hilfsbereitschaft** der Europäer waren vielschichtig: Unterstützung der Nachfahren eines antiken Kulturvolkes, christliche Solidarität mit der orthodoxen Kirche gegen den Islam – nach der falschen Vorstellung, dass die Griechen in ihrer Religionsausübung von den Türken unterdrückt worden wären –, oder Stärkung der liberalen Bewegung in Europa. Bis heute ist nicht ganz geklärt, warum 1827 Frankreich und England plötzlich mit einer gemeinsamen Flotte in den Konflikt eingriffen.

Nach der Autonomie-Erklärung galt es nun, die Griechen zu einer **Gemeinschaft** zusammenzuführen. Eine schwere Aufgabe angesichts der jahrhundertealten lokalen und sozialen Sonderinteressen und damit fast unüberbrückbaren Gegensätze, die besonders auf der Peloponnes zu bürgerkriegsähnlichen Situationen führten. Am 11.4.1827 wurde **Ionnis Kapodistrias** (1776-1831) aus Korfu auf Druck der Briten von der Nationalversammlung zum **Übergangs-Präsidenten** gewählt. Er war Arzt und zuvor als stellvertretender Außenminister am Hof des russischen Zaren tätig gewesen. Während er sich daran machte, einen liberalen Staat aufzubauen, verhandelten Briten, Franzosen und Russen, was aus dem befreiten Griechenland werden solle. Im Frühjahr 1830 einigten sich die Alliierten auf ein **unabhängiges griechisches Königreich**, was schließlich am 20. April 1830

Das neue Athen

Stadtporträt

Das neue Athen

auch der türkische Sultan *Mahmud II.* akzeptieren musste.

Inzwischen sorgte *Kapodistrias* autoritärer Regierungsstil für Unruhen, die dazu führten, dass er am 9.10.1831 ermordet wurde. Sofort flammten alte Kontroversen wieder auf, wobei doch übersehen wurde, dass europäische Mächte noch immer die Geschicke Griechenlands bestimmten. Man einigte sich auf die **bayerischen Wittelsbacher** als neue Herrscher in Hellas, war doch König *Ludwig I.* für seine philhellenische Haltung bekannt. Mit dem Staatsvertrag vom 7.5.1832 legte man die rechtliche Basis für ein **erbliches Königsreich** unter **Otto,** dem Sohn Ludwigs.

Ein bayerischer König für Hellas

1832-1862

Am 21.7.1832 machte der Sultan – nach einer Entschädigungszahlung – den Weg frei und am 6.12.1832 konnte der 17-jährige *Otto* nach Hellas aufbrechen. Bis zu seiner Volljährigkeit sollte ein **dreiköpfiger Regentschaftsrat** die offizielle Verantwortung tragen, wobei die Rechte und Pflichten genau festgelegt waren.

Anfangs war die Begeisterung in Griechenland groß, doch das legte sich schnell. Gerade das ungeschickte Vorgehen gegenüber Freiheitskämpfern und Kirche sorgte erneut für Unruhe, die sich auch nach **Ottos offizieller Amtsübernahme** am 1. Juni 1835 nicht legte. Otto war nicht nur schlecht beraten, er versuchte mit seinem Stab auch **bayerische Verhältnisse** einzuführen, wobei er die griechisch-orientalischen Gegebenheiten ignorierte. Dennoch kam es unter Otto zu einem **kulturellen Aufschwung,** waren ihm doch zahlreiche Wissenschaftler, Lehrer und Künstler aus dem Umkreis des finanzkräftigen bayerischen Königs nach Athen gefolgt.

1834 kam es zu einem folgenreichen Entschluss: Die **Hauptstadt** wurde von Nauplia nach Athen verlegt, was einen ungeahnten Boom zur Folge hatte (siehe unten). Die Benachteiligung der griechischen Oberschicht führte am 3.9.1843 zu einer friedlich verlaufenden **Revolution in Athen:** Die absolute wurde durch eine **konstitutionelle Monarchie** ersetzt und damit die Basis für die Demokratisierung Griechenlands geschaffen. 1844 wurde eine **Verfassung** (syntagma) verabschiedet, in der die Grundrechte verankert waren. Doch *Otto* verfolgte das Pech: Wegen der schlechten wirtschaftlichen Lage, seines glücklosen und ungeschickten Führungsstils und der Kinderlosigkeit seiner Ehe mit *Amalia von Oldenburg* wurde er 1862 zur **Abdankung** gezwungen und verließ im Oktober 1862 das Land, um sich in der Neuen Residenz in Bamberg niederzulassen, wo er 1867 starb.

Noch kam es nicht zur Ausrufung der Republik, hatten doch die drei **Schutzmächte** England, Frankreich und Russland 1863 Prinz *Christian Ferdinand Adolf Georg* aus der dänischen Dynastie der Glücksburger als neuen griechischen König, **Georg I.,** eingesetzt.

Bayern und Hellas

Bayern spielte eine ganz besondere Rolle bei der Entstehung des modernen Griechenlands. Eine Italienreise 1804/5 hatte König *Ludwig I.* dermaßen beeinflusst und seine Begeisterung für alles Antike so sehr geschürt, dass er, nach München heimgekehrt, Pläne machte eine **Antikensammlung** zu eröffnen. Ludwig gewann *Martin von Wagner* als Agenten und diesem gelang es von 1810 bis zu seinem Tod 1858 unter anderem 1813 die berühmten „Ägineten", die Giebelfiguren des Tempels auf Aigina, an Land zu ziehen.

Nach Beginn des Aufstandes 1821 hatte sich Bayern sofort auf die Seite der Griechen gestellt und diese auch finanziell unterstützt. Besonders *Friedrich Thiersch* (klassischer Philologe und erster Inhaber des Lehrstuhls für klassische Archäologie in München) unterstützte mit flammenden Artikeln in der Augsburger Allgemeinen Zeitung den Befreiungskampf. Mit dem Regierungsantritt Ludwigs am 18.10.1825 wurde die Unterstützung der Hellenen wesentlicher Bestandteil der bayerischen Politik; Ludwig plante sogar eine Militärexpedition. Als sein Sohn Otto am 6. Februar 1833 in Nauplia ankam, herrschten noch immer bürgerkriegsähnliche Zustände, und deshalb wurde Thiersch als Friedensstifter nach Hellas geschickt. Er hatte mit seiner taktisch-sensiblen Vorgehensweise durchaus Erfolg und wurde von den Griechen geachtet. Allerdings geriet er beim bayerischen König zunehmend in Missgunst, da er sich zu sehr mit liberalen griechischen Politikern verbündete.

Sah man das **Philhellenentum** der Bayern in Griechenland stets mit Freude, ruft der Begriff der **„Bavarokratie"** nicht durchwegs gute Erinnerungen wach. Bayerischen Beamten fehlte damals jegliche Kompromissbereitschaft, jedes Verständnis für lokale Gegebenheiten und ihre **deutsche Gründlichkeit** führte zu zahlreichen Missverständnissen. Bayerische Organisationsstrukturen und orientalisch geprägte Realität prallten aufeinander. Dabei wollte Otto I. nur Ordnung in das Chaos bringen und „türkische Barbarei" durch europäische Bildung und Sitten ersetzen. So wurde unter den Bayern ein großartiges **Aufbauprogramm** entwickelt; was fehlte, waren die richtigen Köpfe, dieses in kurzer Zeit umzusetzen.

Betrachtet man die „bayerische Epoche" aus der Distanz muss man zugeben, dass die bayerischen Gelehrten, Politiker, Militärs und Handwerker unter ungünstigsten Bedingungen dennoch die Basis für ein funktionierendes Staatswesen legten und viele Grundlagen des modernen Griechenland schufen. Dazu gehört der Schutz der Altertümer, Bauordnungen zum Erdbeben- und Brandschutz, neue Hygienevorschriften und der Bau von Krankenhäusern, die Organisation der Trinkwasserver- und Abwasserentsorgung, der Aufbau einer schlagkräftigen Armee, deren Kern eine Modelltruppe (die heutigen Evzonen) bildete, und von Gendarmen-Einheiten, die Gründung von Schulen, der Athener Universität und anderer Ausbildungsstätten, sowie der Aufbau eines geregelten Postdienstes und einer Infrastruktur.

Das moderne Athen

England hatte sich bezüglich *Ottos* Nachfolger 1863 durchgesetzt und *Georg I.* wurde neues Oberhaupt. Erleichtert wurde sein Amtsantritt durch einen **wirtschaftlichen Aufschwung**, der zur Folge hatte, dass Athen prächtig im Stil des Klassizismus und Historismus zu einer Hauptstadt europäischen Stils ausgestaltet und vor allem unter Ministerpräsident *Trikoupis* (1875-1895) der **Ausbau der Infrastruktur** forciert wurde.

Eleftherios Venizelos und der Traum von der Megali Idea

1910-1935

Für ein jähes Ende der Aufbruchsstimmung sorgte 1913 das **Attentat auf Georg I.** in Thessaloniki, bei dem dieser ums Leben kam. Dass es danach zu keiner Krise kam, ist dem damaligen **Ministerpräsidenten Eleftherios Venizelos** (1864-1935) zu verdanken. Nach diesem geachteten Vertreter des griechischen Liberalismus und **„Vater des modernen Griechenlands"** sind unzählige Plätze und Straßen in Griechenland benannt. Er führte Verfassungs-, Sozial- und Steuerreformen durch, reorganisierte die Verwaltung, wandte sich gegen staatliche Misswirtschaft, reformierte das veraltete Bildungssystem, dämmte den starken Einfluss der Kirche ein und trat den Kampf gegen die weit verbreitete Armut an.

Venizelos erzwang gegen den Willen des neuen Königs *Konstantin I.* (1868-1923) die Beteiligung Griechenlands am **Ersten Weltkrieg.** Daraufhin dankte Konstantin 1917 ab, wurde jedoch 1920 wieder eingesetzt. *Venizelos* hatte sich die einst von den Bayern propagierte **Megali Idea** (Große Idee) d.h. die Rückgewinnung von Istanbul, dem Zentrum der griechisch-orthodoxen Kirche, und den Zusammenschluss aller griechischen Gebiete als Ziel gesetzt, und so landeten 1919 griechische Truppen in Kleinasien und marschierten Richtung Ankara. 1922 wurden sie von den Türken zurückgedrängt, die Pläne waren gescheitert und es kam im Friedensvertrag von 1923 zu einem umstrittenen Kompromiss: Ein **Bevölkerungsaustausch** nach religiösen Kriterien wurde vereinbart. 1,5 Mio. griechisch-orthodoxe Christen wurden nach Griechenland umgesiedelt und etwa 500.000 Türken mussten Griechenland verlassen. Innenpolitisch setzten sich die Auseinandersetzungen zwischen Monarchisten und Liberalisten fort, was am 4.8.1936 zur **Diktatur des Ioannis Metaxas** führte.

Zweiter Weltkrieg und Bürgerkrieg

1940-1946

Im Lauf des Zweiten Weltkriegs stellte Italien 1940 dem bis dato neutralen Griechenland ein **Ultimatum** zur bedingungslosen Kapitulation. Am 18. Oktober 1940 – dem so genannten **Ochi-Tag** (Nationalfeiertag) – lehnte

DAS MODERNE ATHEN

Hellas dies, unterstützt von Großbritannien, ab. Folgen waren die **Besetzung Griechenland 1941 durch italienische und deutsche Truppen** und das Entstehen von Partisanengruppen. Bis 1944 war es mit Hilfe der Alliierten gelungen, die deutschen Besatzungstruppen aus Griechenland zu vertreiben. Doch es kehrte kein Frieden ein, im Gegenteil: Die zersplitterten Partisanengruppen lieferten sich einen blutigen Bürgerkrieg. 1946 mussten sich die **kommunistischen Partisanengruppen** E.A.M. und E.L.A.S. geschlagen geben, die von den Briten unterstützen Kämpfer der E.D.E.S. hatten sich durchgesetzt. Zudem wurde nach einer Volksabstimmung die Monarchie wieder eingeführt.

Nachkriegszeit und Militärdiktatur
1946-1974

Unter **König Paul** (1901-1964) kehrte wieder Ruhe ein, es entstand eine neue Verfassung und der Wiederaufbau begann. 1952 wurde Griechenland in die NATO aufgenommen. Zwischen 1956 und 1963 leitete **Konstantin Karamanlis** als Ministerpräsi-

Demonstrationen stehen auf der Tagesordnung

DAS MODERNE ATHEN

dent die politischen Geschicke, 1964 gewann dann der links gerichtete **Georgios Papandreou** (PASOK) die Parlamentswahlen. Vor seiner Wiederwahl im Jahr 1967 putschte am 21. April 1967 eine Gruppe von Offizieren unter Oberst **Georgios Papadopoulos** und begründete eine Militärdiktatur. Diese **„Junta der Obristen"** überstand einen Gegenputsch von König *Konstantin II.* – er war 1967 nach *Pauls* Tod König geworden und ging nach dem Scheitern des Gegenputschs ins Exil – und übte bis 1974 ein Terrorregime aus. Unruhen im Polytechnikum bewirkten schließlich eine Ende der Junta, und der ehemalige Ministerpräsident *Karamanlis* kehrte aus dem Exil zurück. Die **Staatsform der präsidialen Republik** wurde noch im gleichen Jahr per Volksabstimmung festgelegt.

Der Weg nach Europa

1974 wurde **Karamanlis** (Mitglied der konservativen Partei Nea Demokratia) erneut zum Ministerpräsidenten gewählt. Er initiierte eine neue Verfassung mit umfassenden Grundrechten. 1980 betrat Karamanlis als **Staatspräsident** die politische Bühne und ein Jahr später wurde Hellas **Vollmitglied der EU.** Zugleich gewann PASOK, die sozialistische Partei unter **Andreas Papandreou,** erstmals die Wahl. Ihre hohen Ziele – u. a. die Umstrukturierung der Gesellschaft, die Modernisierung des Schulsystems und eine Legalisierung der Abtreibung – wurden massiv durch Korruption und Vetternwirtschaft sowie durch die Kirche behindert. 1990 kam es zum Regierungswechsel, bei dem **Kostas Mitsotákis** und die ND an die Macht gelangten. Wirtschaftsprobleme und Sparauflagen der EU verschlechterten die Bedingungen weiter, zudem kamen sehr viele Zuwanderer nach Athen. 1990 soll die Stadt schon über 3,5 Mio. Einwohner gehabt haben. Aber auch der rigorose Sparkurs der ND sorgte für Unmut, so dass 1993 der fast 80-jährige **Papandreou** mit der PASOK wieder an die Macht gelangte. Ihm folgte nach seinem Tod 1996 sein Parteigenosse **Kostas Simítis,** der zusammen mit Staatspräsident **Kostis Stephanópoulos** allen Widrigkeiten zum Trotz das Land für den Euro flott machte und 2000 wieder gewählt wurde.

Mehr zur aktuellen politischen und wirtschaftlichen Situation Griechenlands und speziell Athens findet man im Kapitel „Verwaltung, Politik und Religion" sowie im Kapitel „Wirtschaft und Tourismus".

König Otto von Bayern in griechischer Tracht

„Ottonopolis" und das „Neue Athen"

Keine andere Epoche hat Athen architektonisch stärker geprägt als das **Zeitalter des Perikles** einerseits und die **Monarchie** andererseits. Wäre es nach dem deutschen Architekten *Friedrich Schinkel* gegangen, stünde heute der Königspalast auf der Akropolis und nicht am Syntagma. Athen, wie wir es heute sehen, ist dennoch größtenteils ein Produkt des 19. Jh., König *Ottos* und *Ludwig I*. Um 1800 war Athen noch eine unbedeutende Provinzstadt mit rund 8000 Einwohnern, dicht und unkoordiniert bebaut und von riesigen Olivenbaumhainen umgeben. Während der Befreiungskriege und der Belagerung 1826/7 wurde die Stadt fast völlig zerstört, „eine gestaltlose, einförmig graubraune Masse von Schutt und Staub" *(Ludwig Ross, 1832)*. Als 1834 Athen Hauptstadt wurde und Otto seinen Regierungssitz hierher verlegte, handelte es sich trotz steigender Einwohnerzahlen (1836: 14.000 EW) noch immer um ein recht trostloses, schmutziges „Kaff" mit ungeteerten Wegen und maroden Wohnvierteln.

Kontroversen bei der Stadtplanung

Bereits 1832 hatten die Regierungsarchitekten der Spezialkommission zur Städteplanung, **Stamatios Kleanthes** (1812-62) und **Eduard Schaubert** (1804-60), offiziell den Auftrag erhalten die neue Hauptstadt zu planen. Sie erstellten nach gründlicher Vermessung einen Plan, der eine großzügig angelegte und **begrünte Neustadt im klassizistischen Stil** im Norden vorsah und diese **durch Achsen mit der Ausgrabungszone um die Akropolis** verband. Mit dieser Vorstellung von einer Art **„Kulturpark"** rings um die Festung war man seiner Zeit weit voraus. Im Scheitel der Hauptachsen in der Neustadt (am heutigen Omonia-Platz) sollte die Residenz entstehen.

Die Ideen von *Kleanthes/Schaubert* schienen einfach zu verwirklichen, da die durch den Krieg stark reduzierte Bausubstanz kaum ein Hindernis darstellte. Dennoch wurde der kühne Entwurf schon 1834 in Frage gestellt: illegale Neubauten, Bodenspekulation und Proteste der Anwohner machten ein Umdenken nötig. König *Ludwig* selbst griff ein und beauftragte seinen „Hofarchitekten", den Königlichen Baurat **Leo von Klenze** (1784-1864), den Plan zu prüfen.

Dieser bedauerte zutiefst, dass kein kompletter Neuentwurf mehr möglich sei, da der **Kleanthes-Schaubert-Plan** bereits genehmigt und die Achsen trassiert waren, modifizierte aber bestmöglichst. Immerhin ist es *Klenze* zu verdanken, dass die archäologischen Überreste geschützt wurden und die Altstadtviertel Pláka und Psirrí nicht einem Abbruch zum Opfer fielen. Ohne seinen Einsatz gäbe es die Akropolis in ihrer heutigen Gestalt nicht und hätte sich möglicherweise der Entwurf *Schinkels*, des Lehrers von *Schaubert*, durchgesetzt, das Königsschloss auf die Akropolis zu verlegen.

Darüber, wie die Stadt genau aussehen sollte, in welchem Verhältnis Alt und Neu zueinander stehen sollten, herrschten die unterschiedlichsten Ideen: von einer „Flächenstadt" über eine „Hügelstadt" bis hin zu dem wegweisenden Plan von *Lysandros Kaftanzoglou* von 1839. Er wollte die Altstadt komplett aufgeben, um den antiken Bestand zu schonen und einen **archäologischen Park** zu schaffen und die Neustadt östlich der Residenz im Schachbrettmuster anlegen. Trotz aller gut gemeinten Konzepte konnte nicht verhindert werden, dass die Stadt einstweilen wild wuchs und besonders nach der Umsiedelungsaktion zu Beginn des 20. Jh. aus allen Nähten zu platzen schien. Am Ende waren vom ursprünglichen Kleanthes-Schaubert-Plan nur das **dreieckige Grundschema** der Hauptstraßen (Panepistimiou, Ermou, Athinas und Pireos), das **Nebeneinander von Alt- und Neustadt** sowie einige Straßendurchbrüche übrig geblieben.

Die königliche Residenz

Lange war offen geblieben, wo sich das **Königsschloss** befinden sollte: Während *Kleanthes/Schaubert* es an den Omonia-Platz verlegen wollten, plädierte *Klenze* in einem Brief an *Martin von Wagner* für die Gegend um den Kerameikos: „Den Platz habe ich auf einem Hügel gewählt welcher zwischen der Piraeus Straße dem Theseus Tempel, und den Felsenhöhen von Areopag Pnyx und Nymphenhügel am ehemaligen inneren Kerameicos liegt: einen schöneren Platz kann es nicht in der Welt geben." Es war *Ludwig* selbst, der während eines Athen-Aufenthalts von Dezember 1835 bis März 1836 den Standort der Residenz und den Baumeister – *Friedrich von Gärtner* (1792-1847) – bestimmte: Weiter im Süden der Stadt, **am Fuß des Lykabettos,** sollte die königliche Wohnung entstehen und im Februar 1836 wurde der Grundstein für das heutige Parlament gelegt.

Athen am Ende des 19. Jahrhunderts

Gegen Ende des 19. Jh. hatte sich Athen zum **kulturellen Mittelpunkt Griechenlands** mit zahlreichen Bildungs- und Wissenschaftseinrichtungen, Museen und Bibliotheken sowie Theatern entwickelt. Wenngleich große städtebauliche Ambitionen in den Kinderschuhen stecken geblieben waren, hatte sich das Stadtbild trotzdem deutlich verbessert: **Große repräsentative Plätze** – allen voran Omonia und Syntagma –, **Prachtalleen** wie Ermou oder Panepistimiou, **Monumentalbauten** und **Villen** waren entstanden. Vor allem öffentliche Bauten – Krankenhäuser, Bildungs- und Kultureinrichtungen –, waren forciert worden.

Es herrschte in der Baukunst der **Klassizismus** vor – eine Gegenbewegung zu den prunkvollen und verschnörkelten Stilen Barock und Rokoko – dessen Hauptanliegen die Rückkehr zu den reinen, ursprünglichen (antiken) Formen war. Abgelöst wurde er vom **Historismus** – einer eklektizistischen Mischung verschiedener früherer, aus Westeuropa übernommener Kunststile. Antikenzitate wie Tempelgiebel, Portiken, Statuen und Säulen sind deshalb Charakteristika der im 19. Jh. entstandenen Athener Bauten.

Als Wegbereiter des Klassizismus gilt gemeinhin **Friedrich Gilly** (1882-1800), in Athen waren es jedoch zunächst vor allem *Stamatios Kleanthes und Eduard Schaubert, Leo von Klenze, Karl Friedrich Schinkel* (1781-1841) und *Friedrich von Gärtner* gewesen, die das Stadtbild prägten. Im Lauf des Jahrhunderts gesellten sich immer mehr „Ausländer" hinzu: die Dänen Freiherr *Theophil von Hansen* (1813-1891) und dessen älterer Bruder *Christian* (1803-83), der Franzose *François Boulanger* (1807-75), außerdem *Ernst Ziller* (1837-1923), Architekt, Designer und Archäologe. Sie alle trugen maßgeblich zur Entstehung der **„weißen Stadt" Athen** bei – ein Bild, das sich z. B. vom Lykabettos aus noch heute bietet.

Moderne Architektur

Die 1920/30er gelten als das Zeitalter der modernen, funktionalen Bauten, sie stehen im Zeichen von **Bauhaus und Zeitlosigkeit.** Einer der führenden Architekten dieser Phase in Athen war *Kiriakos Panagiotakos,* dessen ästhetisch gelungenen Bauten, wie das **Blaue Etagenhaus** (Pl. Exarchion, O-Ecke), kaum würdige Nachfolger fanden. Während des Zweiten Weltkriegs und des Bürgerkriegs und verursacht durch die folgende Landflucht, wurden dann vermehrt uniforme, primitive **Wohn- und Bürobauten** aus dem Boden gestampft. Auf Städteplanung nahm man kaum mehr Rücksicht. Sie prägen bis heute das Bild Athens und stellen die verstreut erhaltenen Gebäude aus der Zeit der Jahrhundertwende und dem 19. Jh. und sogar die zahlreichen byzantinischen Kirchen in den Schatten.

DIE MODERNE GRIECHISCHE KUNST

Vor *Otto* und dem Klassizismus waren es die Europäer – Venezianer, Holländer und Franzosen – und die jeweiligen europäischen Stile gewesen, dazu die post-byzantinische Volkskunst, die die griechische Kunst prägten. In der

Die moderne griechische Kunst

zweiten Hälfte des 19. Jh. setzte die Entwicklung Athens zum kulturellen und künstlerischen Mittelpunkt Griechenlands ein, „Kunst" wurde zum Lehrfach, Kunstakademie und Kunstgewerbeschule entstanden und eine Art „nationales Selbstbewusstsein" kam auf. Maßgebliche Kunstgenres waren **Porträt-** und **Historienmalerei**.

Eine der frühen Leitfiguren hieß *Lyssandros Kaftzantzoglou* (1811-85), der der **Athener Schule** vorstand. *Theodoros Vryzakis* (1814-78) gilt als erster moderner griechischer Künstler; er revolutionierte die Athener Kunsthochschule. War sein Werk zu Anfang noch deutlich klassizistisch geprägt, wuchsen Plastizität und Expressionismus der Bilder im Lauf der Jahre. Er schuf zahlreiche Porträts (v. a. von Kindern) und Genreszenen.

Griechische Künstler gingen fortan gern zum Studium nach Deutschland, bevorzugt nach München. Dazu gehörten *Nikolas Gisis* (1842-1907), der zusammen mit *Nikiphoros Lytras* (1832-1904, Porträts), *Constantinos Volanakis* (1837-87) und *Georgios Iakovidis* (1853-1932) den Kern der **Schule von München** bildete. *Volanakis* und *Gisis* machten sich als Historienmaler – vor allem mit Seebildern, die Ereignisse der griechischen Geschichte thematisierten und mit *Delacroix* verglichen wurden – einen Namen. *Gisis* war jedoch außergewöhnlich vielseitig, schuf Genres und Obststillleben, wählte religiöse Themen, malte kitschige „Schlafzimmerbilder" und formte Keramikstatuetten. *Volanakis* und *Iakovidis* leiteten im Spätwerk bereits zum **Impressionismus** über, ein Stil, den *Odysseas Fokas* (1857-1946) mit seinen Landschaftsbildern perfekt verkörperte. Einer der bekanntesten griechischen **Bildhauer** des 19. Jh. war *Giannulis Chalepas* (1851-1938), dessen **„Koimomeni" (Schlummernde)** auf dem Hauptfriedhof bekannt ist, außerdem befinden sich mehrere seiner Porträts in der Nationalgalerie.

Aufbruch ins 20. Jahrhundert

Allmählich formierte sich die griechische Kunst und erlangte internationale Bekanntheit, die Künstler wurden selbstbewusster. 1895 fand im **Zappeion** eine erste große Ausstellung mit über 400 Werken von 115 griechischen Künstlern statt, anlässlich der olympischen Spiele 1896 eine weitere. 1900 hatte die drei Jahre zuvor entstandene „Society of the Friends of the Arts" erstmals Bilder von **Konstantinos Parthenis** (1878-1967) ausgestellt. *Parthenis* symbolisierte die „nationale" griechische Malerei besonders gut, war vielseitig beeinflusst – von Jugendstil, Symbolismus, byzantinischer Kunst, Impressionismus – und fungierte an der Athener Kunsthochschule von 1929-48 als Leitfigur. Seine Bilder, meist im Überformat, sind zeichenhaft, vielfach mit religiös-symbolischen Inhalten.

Theophilos (Chatzimichael) (1873-1934) wurde aufgrund seines naivikonenhaften Stils häufig mit dem naiven französischen Maler *Rousseau* verglichen, wohingegen **Georgios Bouzianis** (1885-1959) dem **Expres-**

Die moderne griechische Kunst

sionismus zugerechnet wird. Während seiner Aufenthalte in München und Berlin hatte er in den 1920ern die Expressionisten kennen gelernt und deren breiten, expressiven Pinselstrich, kräftige Farben und den Mensch als beherrschendes Thema übernommen. Im Spätwerk wuchs der amerikanische Einfluss von *De Kooning, Pollock* und *Rothko*. Expressionistische Landschaftsbilder waren das Kennzeichen der Mitglieder der **Gruppe „Techni"** (Kunst), die 1919 unter Leitung von *Nikolaos Lytras* (1883-1927) mit Malern wie *Iakovidis* und *Fokas* (siehe oben), gegründet worden war.

Die 1930er-Generation

Eine der am klarsten abgrenzbaren Kunstgruppen in Griechenland war die **Generation der 30er,** zu der *Nikos Ghikas, Yannis Tsarouchis, Diamantis Diamantopoulos, Nikos Engonopoulos, Yannis Moralis, Georg Mavroides* und *Nikos Nikolaou* zählten.

Nikos (Chatzikiriakos-)Ghikas (1906-94) war der wohl international bekannteste moderne Maler Griechenlands, der sich vor allem dem **Kubismus** verschrieben hatte. Der gebürtige Athener begann als Autodidakt, besuchte die Athener Kunstschule und studierte in Paris Malerei und Literatur. Ab 1934 wieder in Athen, begann er sich als Mitherausgeber der Zeitschrift „To Trito Mati"(„Das 3. Auge") mit der modernen Malerei auseinanderzusetzen. Zu seinem Oeuvre zählen auch Stiche, Lithografien und Skulpturen sowie Architekturprojekte, Bühnenbilder und Theaterkostüme, Buchillustrationen und Bücher über Kunst und Architektur. Zahlreiche Werke sind in seiner ehemaligen Athener Wohnung zu sehen.

Yannis Tsarouchis (1910-89) fand ebenfalls weltweit Beachtung. Er stand wie *Ghikas* unter dem Einfluss der europäischen Avantgarde, vor allem von *Matisse* und *Picasso,* war dazu jedoch maßgeblich vom französischen Impressionismus beeinflusst. Auch er war vielseitig und als Bühnenbildner, Designer und Schriftsteller tätig. Das **„typisch Griechische"** darzustellen war sein Anliegen, dazu verband er verschiedene Stile, Landschaften und Genres wie pompejanische Fresken mit byzantinischer Ikonenmalerei, Renaissance, Barock und Matisse, kombinierte Frontalität und intensive Farbigkeit, Abstraktion und individuell gestaltete Einzelfiguren. Im Athener Stadtviertel Maroussi kann das **Künstlerhaus** besichtigt werden, außerdem sind in der Städtischen Pinakothek Bilder ausgestellt.

Nikos Engonopoulos (1910-85) war wie *Tsarouchis* ein Schüler von *Photios Kontoglou* (1896-1965), in dessen expressionistischem Werk byzantinische Tradition mit hellenistischer Moderne und Mythologie verschmolzen und Bildobjekte häufig Ikonen glichen. *Engonopoulos* war **Maler und Dichter** und gilt als einer der bedeutendsten und frühesten **Surrealisten** Griechenlands. Er übersetzte surrealistische Traktate und verfasste eigene Gedichtbände, schuf Bühnenkulissen, -kostüme und großformatige Wandbilder

Die moderne griechische Kunst

und war 1949 mit *Ghikas, Tsarouchis, Moralis, Tetsis* u. a. Mitbegründer der Gruppe „Armos".

Yannis Moralis (*1916) gilt als einer der wichtigsten Nachkriegskünstler. Seine expressionistischen bis – im Spätwerk – abstrakten Werke waren zwar von *Picasso* beeinflusst, doch Farbgebung und Kompositionen sind kreativ und eigenständig.

Panagiotis Tetsis (*1925) ging noch einen Schritt weiter. Er hatte ebenfalls an der Athener Kunsthochschule studiert, war nach Paris gegangen und lehrte 1976-91 in Athen. Weltweit sind auf Ausstellungen seine teils stark impressionistisch bzw. von *Cezanne* beeinflussten, teils schon expressionistischen und farbintensiven Bilder (zahlreich in der Nationalgalerie) – am bekanntesten „Balconies", 1961 – zu sehen.

Wegbereiter der Moderne

Nach dem Zweiten Weltkrieg nahmen die **Einflüsse aus Westeuropa und den USA** zu, ungeachtet der Tatsache, dass während der Diktatur in den 50ern und 60ern viele Künstler ins Exil gegangen waren und erst ab 1974 mit dem Fall der Junta der internationale Austausch aufblühte. Auch der Bildhauer (Vassilakis) **Takis** (*1925) hatte sich der griechischen Künstlergemeinde in Paris angeschlossen. Seine minimalistischen, kinetischen, visuellen und telemagnetischen Skulpturen – vergleichbar mit jenen *Jean Tinguelys* – leisteten **Pionierarbeit** für die griechische Kunst der Moderne.

1960 hatte **Giannis Spyropoulos** (1912-90) die Griechen auf der Biennale erfolgreich vertreten, war danach auf großen Ausstellungen präsent und entwickelte sich zu einem der renommiertesten griechischen abstrakten Künstler.

Kostas Tsoklis (*1930), wie *Spyropulos* Berlin-Student, schuf multimediale Kunst und machte mit Objekten wie „Billardtisch" oder Videoinstallationen wie „Saint Georges" (1990) auf sich aufmerksam. Er vertrat Griechenland bei der Biennale 1986 mit Video-Porträts.

Zeitgenössische Kunst

Einmal im Jahr veranstaltet die *Association of Owners of Greek Galleries* die Messe **ART-ATHINA,** die als Gratmesser der zeitgenössischen griechischen Kunst und als Spiegel der bunten Athener Kunstszene gilt.

Auf Objektkunst – Flugzeuge, Koffer, Faltboote – hatte sich **Alexis Akrithakis** (1939-94), Autodidakt und „Poet" unter den Künstlern, spezialisiert.

Giannis Psychopedis (*1945) lebt und arbeitet in Griechenland und Deutschland. Realistisch und sozialkritisch stellt er in seinem Werk häufig menschliches Leid dar und mischt dabei gerne verschiedene Medien – Zeichnung, Fotografie und Malerei.

Ebenfalls die moderne Künstlergeneration vertritt **Jannis Kounellis** (*1936). Zu Beginn seines Schaffens war er der Arte Povera, später dann der Transavantgarde verbunden und wurde bekannt für minimalistische

Schwarzweiß-Bilder und Objektkunst. Unübliche, nicht „kunstgemäße", häufig industrielle Materialien und Objekte wie Türstöcke und Fensterrahmen, Kohle, Kleiderbügel und Bettrahmen sind Bestandteile seiner multimedialen Installationen.

Zwei der bedeutendsten zeitgenössischen Maler sind **Alekos Fassianos** (*1935) und **Dimitris Mytaras** (*1943). Letzterer, ein Schüler von *Moralis*, schuf während der Diktatur realistisch-surrealistische Bilder mit sozialkritischem Hintergrund. Später wurden seine Werke expressionistischer im Ausdruck, die Figuren bewegter, die Farben kräftiger.

Der griechische Film

Seit „My Big Fat Greek Wedding" in den deutschen Kinos lief, kennt zwar jeder griechische Sitten und Hochzeitsbräuche, doch mit griechischer Filmkunst hat dieses Produkt wenig zu tun. Griechenland hatte sich lange Jahre von Resteuropa abgeschottet und gewinnt erst ganz allmählich an Popularität. Filmmusiken, vor allem jene von *Mikis Theodorakis* waren häufig bekannter als die zugehörigen Filme. Heute bieten **Eurimages** – das Filmförderungsprogramm der EU – und das **Internationale Filmfestival in Thessaloniki**, mit *Theo Angelopoulos* als Präsident, auch jungen griechischen Künstlern Gelegenheit in der Welt bekannt zu werden.

Die Anfänge

Der erste griechische Spielfilm, „Golfo", wurde 1914 produziert, ansonsten entstanden in der Frühphase vor allem Komödien und Melodramen, Musicals und Western im Hollywood-Stil. In den frühen 1950ern tauchten vermehrt Filmproduktionen auf. *Grigoris Grigoriou* (*1919) führte Regie in „Bitter Bread" (1951) und initiierte damit, beeinflusst vom italienischen Nachkriegskino und *Roberto Rossellini, Luciano Visconti* und *Vittorio De Sica* den griechischen **Neorealismus** – mit Laiendarstellern, Themen der Arbeiterklasse und Verfremdungstechniken. Die ersten beiden Filme, die internationale Aufmerksamkeit erregten, hießen „Stella" (1955) und „Zorbas, der Grieche" (1964). Letzterer basiert auf einem Roman von *Nikos Kazantzakis*, erhielt zwei Oscars und machte *Melina Mercouri* bekannt. Zwischen 1955 und 1969 produzierte Griechenland die höchste Zahl von Filmen pro Kopf weltweit, zum Großteil billige Komödien. *Giannis Dalianidis* zählt zu den Legenden der Goldenen Jahre des griechischen Kinos, außerdem *Giorgos Tzavellas* (1916-76) und *Alekos Sakellarios* (1913-92).

Der Neue Griechische Film

Im Grunde genommen gründet der Ruf der griechischen Filmkunst auf einem einzigen Namen: **Theo Angelopoulos,** einer der wichtigsten Regisseure weltweit und in einem Atemzug mit *Rossellini* und *Visconti*, Fassbender und *Scorcese* zu nennen. *Angelopoulos* prägte den „Neuen Griechischen

DER GRIECHISCHE FILM

Film", der während der Junta (1967-74) aufkam und bis Mitte der 80er populär war. Zentrale Themen waren Identitätssuche, Auswanderung und Geschichte.

Theo Angelopoulos ist **Regisseur und Drehbuchautor** in einer Person. Geboren 1936 in Athen studierte er zunächst Jura in Athen, dann an der Filmhochschule Sorbonne in Paris. 1964 heimgekehrt, wirkte er einige Jahre als Filmkritiker, ab 1965 dann als Regisseur. Der Durchbruch gelang in den 70ern mit „richtigen Filmen" wie 1970 „Anaparastassi – Rekonstruktion". 1975 folgte „O Thiassos", „Die Wanderschauspieler", eine Reise in die neuere Geschichte Griechenlands mit all ihren politischen und sozialen Problemen. Seine großen Erfolge fallen in die 1980er mit „Reise nach Kythera" (1984), „Der Bienenzüchter" (1987) oder „Eine Ewigkeit und ein Tag" (1998, goldene Palme in Cannes). Seine Filme, für die er zahlreiche **Auszeichnungen** erhielt, sind vor allem in der frühen Phase politische Filme, schildern das Platzen des sozialistischen Traums, Entfremdung und Werteverlust, Einzelgängertum und Isolation. Es sind aber auch realistische Schilderungen seines Heimatlandes, speziell des ländlichen Griechenlands, durch das er häufig reiste. *Angelopoulos* unternimmt Zeitreisen, geprägt von der Vorstellung, dass sich nicht die Dinge ändern, sondern die Jahreszeiten und die Sichtweise, und führte eine besondere Aufnahmetechnik ein. Charakteristisch für *Angelopoulos'* Filme ist das Fehlen eines eindeutigen Endes, hinzu kommt, dass im Lauf der Zeit der poetische Gehalt zunimmt. *Angelopoulos'* Film „Der Blick des Odysseus" (1995) zählt zu den besten Filmen überhaupt.

Pantelis Voulgaris (*1940 in Athen) kommt das Verdienst zu, Mitte der 60er Jahre als 25-jähriger Newcomer aus der Werbebranche mit seinen Kurzfilmen – „The Thief" (1965) und „Jimmy The Tiger" (1966) – für die **Erneuerung des griechischen Kinos** gesorgt zu haben. *Voulgaris* erzählt Alltagssituationen und schilderte typische Verhaltensweisen, teils kritisch, teils politisch, teils ideologisch. Sein Dokumentarfilm „The Goat Dance" (1969) wurde ebenso wie der Spielfilm „Anna's Engagement" (1972) ausgezeichnet. Letzterer verhalf dem griechischen modernen Film zum internationalen Durchbruch. „Quiet Days in August" (1990) ist die Schilderung dreier Schicksale im sommerlich verlassenen Athen. *Voulgaris* produzierte zudem zahlreiche Fernsehfilme und Dokumentationen.

Im Ausland leben Regisseure wie **John Kassavetis** (Goldener Löwe für „Gloria" bei den Festspielen von Venedig 1980), **Kostas Gavras** (Oscar für „Der Vermisste" 1982), der mit der Verfilmung des Romans „Z" von *Vassilis Vassilikos* berühmt wurde, oder **Elias Kazan** (Oscars für die Filme „Ein Gentleman-Abkommen" 1947 und „In der Wasserfront" 1954). **Vassilis Georgiadis** (1921-2000) war der Erste, der Auszeichnungen für die besten **fremdsprachigen Filme** – „The Red Lanterns" und „Blood on the Land" –

erhielt und außerdem einen Golden Globe Award für „Girls in the Sun". Dieser 1969 entstandene Liebesfilm brach alle Kassenrekorde und gab dem griechischen Film neue Impulse. *Georgiadis* war vielseitig, schuf auch Komödien, Kriegsepen und Spionagefilme. Die jüngeren Generation griechischer Filmemacher vertritt **Sotiris Goritsas** (*1955 in Athen), der als Regisseur zahlreicher Dokumentarfilme und Werbefilme für ET-1, außerdem für seine Filme „Balkanisateur" (1996), „Despina" (1990) und „From The Snow" (1993) bekannt wurde.

MODERNE GRIECHISCHE LITERATUR

Hauptursache dafür, dass griechische Literatur hierzulande so wenig bekannt ist, ist das **Problem der Übersetzung,** zumal sich die griechische Sprache durch ihre Bildhaftigkeit und ihr Ausdruckspotential von anderen unterscheidet. Die Zahl der kompetenten Übersetzer ist ebenso begrenzt wie die Auswahl neugriechischer Autoren auf dem Buchmarkt und die Zahl spezialisierter Verlage (z. B. der Romiosini-Verlag). Erst seit der 53. **Frankfurter Buchmesse 2001,** die unter Beteiligung von 56 griechischen Autoren/innen stattfand, rückte Hellas auch literarisch stärker ins Rampenlicht. Die griechische Literatur ist durchaus eigenständig und was sie besonders macht, ist die Dominanz der **Lyrik.** Dies gründet wohl in erster Linie darauf, dass die Griechen ein gefühlsbetontes, impulsives Volk sind und die Lyrik schon seit *Homer* und *Sappho* Tradition hat. Kein Zufall also, dass die beiden griechischen **Literaturnobelpreisträger** bis dato – *Seferis* und *Elytis* (siehe unten) – Dichter sind.

Von der Hoch- zur Volkssprache

Mit der Staatswerdung um 1830 und dem Kontakt zu Europa begann die Ablösung der vormals gebräuchlichen Kunst- oder Hochsprache „Katharévoussa" – die in der Literatur noch bis Ende des 19. Jh. hochgehalten wurde – durch die **Volkssprache „Dimotikí".** Aus der „Frühzeit" der modernen griechischen Literatur, während der Athen und die Ionischen Inseln führend waren, sind nur wenige Werke überliefert: *Dionysios Solomos* soll der Erste gewesen sein, der seine Texte in Dimotikí verfasste, gefolgt von *Aristoteles Valaoritis* und *Emanuil Roidis*. Von 1903 stammt der Roman von *Aléxandros Papadiamántis* (1851-1911) „Die Mörderin", der auch in Deutsch vorliegt (1989).

Bewältigung eines Traumas

Die „Megali Idea", die am Ende in den frühen 1920ern zur **Umsiedelungsaktion** von 1,5 Mio. Griechen aus Kleinasien führte, wurde zum Trauma mehrerer Generationen, der Verlust der anatolischen Heimat, Entwurzelung und Entfremdung zentrale Themen großer Romane, besonders in den 30ern: *Elías Venezis* schrieb 1943 „Äolische Erde" und sein Buch „Nummer 31328" berichtet über seine

Moderne griechische Literatur

Zwangsarbeit in türkischer Gefangenschaft. Erst 1962 thematisierte *Didó Sotiríou* (1911-2002) in ihrem Roman „Blutgetränkte Erde" das kleinasiatische Desaster von 1922.

Stratis Myrivilis (1892-1969) ist einer der bedeutendsten Prosaschriftsteller Griechenlands und wurde 1960 für den **Nobelpreis nominiert.** Seine Romane erschienen als Trilogie und liegen inzwischen in zahlreichen Übersetzungen vor: Der erste, „Das Leben im Grab" (1924, dt. 1986) ist ein Antikriegs-Roman, der den Schmerz des Menschen während des Balkankrieges mit Rückblenden und in derber Sprache thematisiert. Es folgten „Die Lehrerin mit den Goldaugen" und „Die Madonna mit dem Fischleib".

Lyrische Dreißiger Jahre

In den ersten drei Jahrzehnten des 20. Jh. dominierten die Lyrik und Namen wie *Kostis Palamas, Konstantínos Kaváfis, Angelos Sikelianos, Kostas Kariotakis* oder *Kostas Varnalis*. **Konstantínos Kaváfis** war 1863 als Sohn eines Händlers in Alexandria geboren und 1970 dort gestorben. Ganze 30 Jahre lang war er als Ministerialbeamter in Alexandria tätig gewesen, ehe er 1930 den Futuristen *Filippo Tommaso Marinetti* kennen lernte, der seine Lyrik und Prosa maßgeblich beeinflussen sollte. Seine Verse, die in ungewöhnlich großer Zahl in Werkausgaben und Übersetzungen vorliegen – wie „Ta poemata" (1935), „Der Wein der Götter", „Ithaka" (1994) oder „Das Begräbnis Sarpedons" (1908) – zeichnen sich durch große sprachliche Schlichtheit aus. **Angelos Sikelianos** (1884-1951) war einer der wichtigsten griechischen Dichter des 20. Jh. und zugleich Autor von Theaterstücken, wie „Sibylla", „Daedalus in Crete", „Christ in Rome" oder „Asklepius".

Die drei Nationaldichter

Spätestens seit der Verleihung des **Literaturnobelpreises 1979** ist **Odysseas Elytis** (1911-96) international bekannt. Er hatte in Athen Jura studiert, in der Seifenfabrik der Familie gearbeitet, als Soldat in Albanien gedient und gehörte während des Zweiten Weltkriegs der Resistance an. Er arbeitete bei der Tageszeitung „Kathimerini" und beim Rundfunk und lernte in Paris, wo er ab 1948 studierte, nicht nur *Picasso* und *Matisse,* sondern auch die Surrealisten und *Paul Éluard* kennen. 1959 erschien „To Axion Esti", eine Mischung aus biblischer und moderner griechischer Geschichte mit starkem Naturbezug, später von *Theodorakis* vertont. 1965-68 wirkte *Elytis* am **Griechischen Nationaltheater,** nach dem Militärputsch 1967 ging er erneut nach Paris, um 1978 mit dem vollendeten Werk „Maria Nefeli" nach Griechenland zurückzukehren. Er gilt als **„Erneuerer der Lyrik",** schrieb Gedichte, Erzählungen, Romane und galt als sensibler Einzelgänger ohne Allüren, aber auch als begabter Maler. Typisch für sein Werk sind seine poetischen Bilder, seine teils ekstatische und blumige Sprache mit mythologischen und historischen Inhalten.

Giannis Ritsos (1909-90) gilt als gefeiertster **Lyriker** Griechenlands. Mit seinen Gedichtbänden „Epitaphios" (1936) und „Romiosini" (1958), von *Theodorakis* vertont, wurde er berühmt. Auch er verfolgte eine sozialistische Ideologie und stand der Linken nahe, weswegen er zweimal ins Gefängnis bzw. in die Verbannung ging. Seine Gedichte – die größtenteils im Exil entstanden – wurden wegen ihres gesellschaftskritischen Tons zur Zeit der Obristen aus den Bibliotheken verbannt.

Giorgos Seferis (1900-71), der Dritte im Bund der „großen griechischen Dichter", wurde 1900 in Smyrna geboren, ging dort und in Athen zur Schule und studierte ab 1918 in Paris Jura. In seiner Funktion als Diplomat beim Außenministerium lebte er lange in England und Albanien. Während des Zweiten Weltkriegs im Exil, kehrte er 1944 nach Athen zurück und übernahm diplomatische Posten in Ankara und London. Mehrere Ehrendoktortitel und der **Nobelpreis 1963**, der ihm acht Jahre vor seinem Tod als erstem griechischem Dichter verliehen wurde, krönten seine glanzvolle Karriere. *Seferis'* Dichtung trug entscheidend zu einer Neuorientierung der neugriechischen Literatur bei. Sie war geprägt von der „Kleinasiatischen Katastrophe" 1922, durchzogen von einer pessimistischen Grundstimmung, die die menschliche Existenz in Zweifel zog und sich mit Fremde, Flucht und Tod beschäftigte. Charakteristisch für ihn war eine ausgeprägte Naturverbundenheit, eine bewusst knappe, zugleich aber farbige Sprache, die Atmosphäre schuf. Außer seinem umfangreichen lyrischen Werk entstanden eine Reihe von Essays, ein Roman und einige Tagebücher.

Alle drei Genannten übten enormen Einfluss aus, ihre Texte wurden von Rembetes (siehe unten) zur Bouzouki vorgetragen oder von berühmten Komponisten wie *Theodrakis* verwendet. Auch die nachfolgenden Autoren waren und sind von der Trias beeinflusst.

Unruhige Zeiten

Mit Ausbruch des Zweiten Weltkriegs und im Lauf der nachfolgenden Unruhen begann die literarische Produktion Griechenlands zu stagnieren und es brachen harte Zeiten für die Linke – zu der zahlreiche Intellektuelle gehörten – an. Die literarische Bewegung der **„Dichter der Niederlage",** einer Gruppe enttäuschter linker Autoren, wurde angeführt von *Titos Patrikios* (*1928 Athen), Dichter und Übersetzer, Sachbuchautor und Zeitschriftengründer, aber auch UNESCO-Ratgeber und Kandidat der PASOK. Zuletzt erschien von ihm die Anthologie „Thalassa, Thalassa – Erzählungen und Gedichte vom Meer und seinen Anwohnern" (2001).

In den 1950/60ern fand in erster Linie die Prosa **Nikos Kazantzakis** (1883-1957) Beachtung. Der reiselustige Kreter hatte in Athen Jura studiert, beschäftigte sich in Gedichten, Kurzgeschichten, Romanen und Tragödien meist mit historischen oder religiösen Themen. Der internationale Durchbruch gelang mit „Zorbas dem Griechen" und „Rechenschaft vor El Gre-

MODERNE GRIECHISCHE LITERATUR

Nikos Kazantzakis ist der griechische Nationaldichter schlechthin

co" sowie „Die letzte Versuchung". Mehrere seiner Werke wurden verfilmt.

Obristendiktatur (1967-1974) und **Studentenaufstand** hatten weitreichende Folgen. In *Alexandros Kotzias'* (1926-92) Roman „Amtsanmaßung", einem der bedeutendsten der Nachkriegsliteratur, werden die drei Tage des mit Panzern blutig niedergeschlagenen Aufstandes eindrucksvoll geschildert. Mehr und mehr Intellektuelle boykottierten die Obristen, *Seferis* brandmarkte 1970 international das Regime und *Jannis Ritsos* wurde für seine Äußerungen nach Samos deportiert. Allmählich wurden die **politischen Querelen** Griechenlands international bekannt, wozu vor allem die Verfilmung des Romans von *Vassilis Vassilikos* „Z" (1969) beitrug. 1934 auf Thasos geboren, war er bei Radio und TV tätig, Kolumnist für „Ta Nea", seit 1996 UNESCO-Botschafter und hat rund 100 Publikationen – Romane, Novellen, Erzählungen und Essays – verfasst.

Griechische Literatur heute

Die griechische Gegenwartsliteratur kennzeichnet universales Denken, zugleich aber ein Streben nach griechischer Identität und die Besinnung auf Traditionen. Zu den Neuerscheinungen der letzten Jahre gehören zahlreiche interessante Romane, wie von *Nikos Themelis* „Die Suche", von *Soti Triantaphylou* „Die Bleistiftfabrik" oder von *Ioanna Karystiani* „Die Frauen von Andros".

Als Krimiautor, dessen Hauptakteur Kostas Charitos in Athen agiert, wurde **Petros Markaris** bekannt, sein Ruhm basiert aber auch auf zahlreichen Übersetzungen klassischer Werke und dem Verfassen von Drehbüchern. Krimis schreibt auch **Jorgi Jatromanolakis** aus Kreta (*1940). Für seinen Roman „Schlaf der Rinder" (dt. 1996) – die Schilderung einer tödlichen Familienfehde in einem kretischen Dorf – erhielt er den **„Ersten Griechischen Na-**

tionalpreis für Literatur" und den Nikos-Kazantzakis-Preis.

Kiki Dimoula (*1931 Athen) ist in Griechenland ein gefeierter Star. Sie arbeitete 25 Jahre lang als Bankangestellte und veröffentlichte ihre erste Gedichtsammlung 1952. Inzwischen kamen acht weitere Bände dazu, darunter als Letzter „Eine Minute zusammen", der auch auf Deutsch erschienen ist (2000).

Amanda Michalopoulou (*1966 Athen) zählt zur jüngsten Generation neugriechischer Autoren. Von ihr stammen Gedichte, Erzählungen und Romane wie „Oktopusgarten" (1996, dt. 1999) – ein humoristisch-sozialkritischer Familienroman in originell-frecher Sprache.

Dimosthenis Kourtovik (*1948 Athen) ist nicht nur Schriftsteller sondern auch einer der bekanntesten Literaturkritiker und Übersetzer Griechenlands.

GRIECHISCHE MUSIK

Denkt man an griechische Musik, fallen einem zuerst Namen wie *Vicky Leandros*, *Nana Mouskouri* oder *Demis Roussos* ein. Schade, denn eigentlich kann Griechenland auf eine **5000 Jahre alte Musiktradition** verweisen und hat wesentlich mehr zu bieten als Urlaubsschnulzen.

Bouzouki

Bouzouki ist **Instrument und Musikrichtung** zugleich und hängt eng mit Rembetiko (siehe unten) zusammen. Das aus dem Orient stammende Instrument war ursprünglich eine mit zwei oder drei Saiten bespannte **Langhalslaute,** die später vier, dann sechs, heute acht Saiten aufweist. Ursprünglich war der Klangkörper mehr birnenförmig, heute gleicht er eher einer großen Mandoline. Zur Familie zählt auch die 30-35 cm große Miniaturversion, **Baglamas** genannt. Dieses meist aus einem einzigen Stück ausgehöhltem Holz gefertigte Instrument konnte leicht unter dem Gewand verborgen werden. Weltweit berühmt wurde das Instrument durch den **Sirtaki,** heute ist allerdings die Verbindung zur populären Musik **Laika** enger. Bouzouki ist ursprünglich **Musik auf Bestellung,** bei der der Auftraggeber zum Solisten wird und sich dem „selbstreinigenden Ritual" des Tanzes hingibt und damit Wut und Schmerz ausdrückt.

Große Bouzouki-Stars

Wesentlich beteiligt an der Entwicklung der modernen Laika-Musik und dem Aufstieg des Rembetiko von einer Subkultur-Musik in die Salons von Athen war **Manolis Chiotis** (1920-70). Er spielte verschiedene Saiteninstrumente und war der Erste, der eine Bouzouki mit acht Saiten meisterhaft beherrschte und außerdem Elektrogitarre und Verstärker benutzte. Auch *G. Zambetas* war Bouzouki-Komponist und -Solist und schuf u.a. Filmmusik. In den 60ern erlebten *Harry Lemonopoulos* und *Christos Nikolopoulos* ihre große Zeit. *Lemonopoulos,* klassisch ausgebildet, gilt als einer der größten Bouzouki-Solisten überhaupt.

GRIECHISCHE MUSIK

Rembetiko

(siehe auch Exkurs „Rembetiko – der „Blues" der Griechen")

Rembetiko, ursprünglich die **Musik der griechischen „Unterwelt"** ist das Erbe einer bewegten Zeit und inspiriert bis heute Komponisten und Musiker. Eine bemerkenswerte musikalische Tradition mit vielerlei Wurzeln, dazu kritische und oft melancholische Texte in einfachen Worten, prägt das Rembetiko. Anfangs noch von Solisten zur Bouzouki dargebracht, entstanden im Lauf der Zeit mehr und mehr Bands oder „Kompanias", bestehend aus einem Sänger und begleitet von einem oder mehreren Bouzoukia, einem oder zwei Baglamades und einem Gitarristen. In den 1950ern kamen zum Hauptinstrument Bouzouki Akkordeon und Piano hinzu und manchmal tauchen daneben Violine, „alla turca" gespielt, Sandouri (eine Zither mit über 100 Saiten, mit zwei Stäben gespielt), Tsuras (eine Art Baglamas mit langem Griff), Flöte und Lauto auf.

Pioniere des Rembetiko

Markos Vamvakaris, am 10. Mai 1905 auf der Insel Syros geboren, gilt als „Vater" und Wegbereiter des Rembetiko. 1917 war er in den damaligen „Sündenpfuhl" Piräus gekommen und hatte am Hafen gearbeitet, ehe er ab Ende der 20er mit seinem Bouzouki durch die Tavernen tingelte. 1932 entstand die erste Platte, 1933 gründete er „Tetras", die durch ihre Auftritte im ganzen Land bekannt wurde. Er starb 1972 in Piräus. Das jüngste Mitglied dieser legendären Band war *Anestis Delias,* 1912 in Smyrna/Izmir geboren und 1922 als Flüchtling nach Piräus gelangt. Der talentierte Musiker spielte Gitarre, aber auch Bouzouki und Baglama, nahm allerdings nur wenige Platten auf, da er sich während der Metaxas-Diktatur weigerte, zensierte Textversionen zu singen und schon 1944 an Drogenmissbrauch starb. Als ihre über 60-jährigen Gesangskarriere am 2. Dezember 1980 endete, war *Rosa Eskenazi* längst eine Legende. 1900 in Konstantinopel/Istanbul geboren, war sie 1922 nach Athen gekommen. Ihre Karriere war steil: 1929 erste Plattenaufnahmen, Zusammenarbeit mit den größten Komponisten der Zeit und Plattenaufnahmen und Konzerte in den USA.

Goldenes Rembetiko-Zeitalter

Die Blütezeit des Rembetiko lag **zwischen 1930 und 1950,** und vor allem nach dem Zweiten Weltkrieg waren Bouzouki-Bands verbreitet. Eine der damaligen Berühmtheiten war *Yannis Papaioannou*. Besonders dem Sänger und Komponisten **Vasilis Tsitsanis** (1915-84) ist es zu verdanken, dass Rembetiko in den 50ern noch einmal zum Höhenflug ansetzte. Er machte mit einem Repertoire von über 2000 Liedern den Musikstil zusammen mit *Markos Vamvakaris, Yannis Papaioannou* und *Apostolis Kaldaras* bei breiteren Volksschichten populär. Seine gelegentlichen Auftritte mit *Marika Ninou* – Titelfigur im Film „Rembetiko" – und *Sotira Bellou*, eine der bekanntesten Rembetiko-Sängerinnen, waren legendär. Auch *Poly Panou* sang schon in den 60ern mit ihrer Band und füllt bis heute die Tanzböden der Athener Clubs.

Moderner Rembetiko und Varianten

In den 1960ern setzte sich mehr und mehr die **Volksmusik (laiki musiki)** durch, die zwar auf dem Rembetiko basiert, jedoch oft inhaltlichen Tiefgang vermissen lässt. Auf **Laika** fußt wiederum die heutige **Schlager- und Volksmusik**. Dennoch gibt es einige Interpreten, die in jüngerer Zeit den Rembetiko neu interpretierten.

Apostolos Nikolaidis (1938-99), Sänger, Gitarrist und Komponist, war der Erste, der nach Ende der Militärdiktatur, 1975, die Rembetiko-Lieder der 20er und 30er neu ins Programm aufnahm. Zur „alten Garde" zählen *Babis Goles,* der noch gelegentlich in Athen zu erleben ist, und *Takis Benis,* der in der „Stoa Athenaton" auftritt. Er stand bereits in den 50ern mit *Tsitsanis* (siehe oben) und anderen großen Rembetes auf der Bühne und bekleidete eine Rolle im Film „Rembetiko".

Agathonas (Iakovidis) ist ein Rembetes im Stil eines Rockers der 70er. Mit charismatischer Stimme und viel Ausstrahlung gibt er noch nach 30-jähriger Bühnentätigkeit Auftritte in Athener Tavernen. Auf über 30 CD- und LP-Produktionen wurde sein fast unerschöpfliches Repertoire als Sänger und Baglama-Spieler festgehalten. Er tritt gelegentlich mit *Kontrabando* auf, eine Gruppe aus Volos, die traditionelle und moderne griechische Musik gekonnt vereint.

Georgios Dalaras – Hauptvertreter der griechischen Folkmusik – gelang es ebenfalls, mit seinem Album „50 Jahre Rembetika", die Aufmerksamkeit der Nation wieder auf den Rembetiko zu lenken. *Dalaras* ist vielseitig, vertritt die verschiedensten Stilrichtungen von Folk über Klassik zu Latin und Zeitgenössischen. Er ist aus der **Athener Musikszene** nicht wegzudenken und tritt des Öfteren im „Zygos" auf.

Weitere Vertreter des modernen Rembetiko sind *Stelios Kazantzidis* – berühmt geworden mit seinem Album „Enas Rembetis", *Katerina Skordalaki,* deren CD „Sto Kafe Aman" sich durch ungewöhnliche Instrumente auszeichnet, *Mario,* eine Ikone des Rembetiko aus Thessaloniki, oder die Gruppe *Saz Grubu,* die gelegentlich auch in Deutschland auftritt.

Die „griechische Klassik"

Auch der weltberühmte **Mikis Theodorakis** hat Anteil am Überleben des Rembetiko. Er griff dessen Elemente auf, um damit das politisch orientierte populäre „Kunstlied" zu schaffen. *Theodorakis* kommt der Verdienst zu, die Musik nie in Kategorien eingeteilt zu haben. Er und seine Komponisten-Kollegen *Manos Chatzidakis* und *Apostolos Kaldáras* erlangten weltweiten Ruhm mit Kompositionen, Film-Soundtracks und der Vertonung von Texten von *Ritsos* oder *Seferis*.

Manos Chatzidakis (1925-93) studierte Musiktheorie und Harmonielehre, außerdem Philosophie an der Athener Universität, konnte aber beides wegen des hereinbrechenden Krieges

Mikis Theodorakis – Ein Leben für die Musik und die Freiheit

Mikis Theodorakis gilt weltweit als berühmtester Künstler und Komponist Griechenlands. Geboren 1925 auf der Insel Chios, studierte er in Athen und Paris und war zwischen 1963-67 Abgeordneter der Vereinigten Demokratischen Linken im Parlament. Nach dem Militärputsch steckte man ihn 1967 ins Gefängnis und verbannte ihn mit seiner Familie. Auf Initiative berühmter Zeitgenossen wie *Leonard Bernstein*, *Arthur Miller* und *Harry Belafonte* frei gelassen, ging er 1970 ins Exil nach Paris. Nach der Befreiung von der Militärdiktatur vier Jahre später, kehrte er in seine Heimat zurück und engagierte sich erneut als Politiker.

Begonnen hatte alles mit einem Kinobesuch: Als 17-Jähriger sah Mikis einen deutschen Film, untermalt von **Beethoven-Musik** und war seither von der deutschen klassischen Musik begeistert; er wollte Komponist werden. Doch Krieg und innere Unruhen formten zunächst den Politiker Theodorakis, der als Widerstandskämpfer und später als linker Politiker keinen leichten Stand hatte. Erst im Frühling 1953 sollte sich Einiges ändern: Mikis erhielt vom griechisch-amerikanischen Produzenten *Gregory Tallas* den Auftrag, die Musik für den Film „The Barefoot Batallion" zu schreiben.

Am 18. März 1953 heiratete er *Myrto Altinoglou*, zog nach Paris und startete seine internationale Karriere als Komponist.

Theodorakis hat die Musik nie in Kategorien aufgeteilt, wollte auch nicht zwischen U- und E-Musik oder autonomer und angewandter Komposition unterscheiden, allenfalls zwischen guter und schlechter Musik. So entstand ein beeindruckendes Oeuvre von über 1000 Liedern und Liedzyklen, Oratorien, Balletten, Opern sowie Bühnen- und Filmmusiken. Nach seiner Rückkehr in die Heimat wandte sich Mikis verstärkt der traditionellen griechischen Musik zu und hatte mit seinem Engagement nicht unerheblichen Anteil an deren Erhalt und Revival. Die **Filmmusik zum weltberühmten „Zorbas, der Grieche"** ist das bekannteste Beispiel.

Daneben hat Theodorakis nie aufgehört, sich politisch zu engagieren. Zwischen 1981 und 1986 und 1989 bis 1993 war er erneut **Mitglied des Parlaments**, 1990-92 zudem **Minister.** Bis heute setzt er sich für die Einhaltung der Menschenrechte, für Umweltschutz, den Frieden auf der Welt und für eine Freundschaft mit der Türkei ein.

Buchtipps

- **Bis er wieder tanzt.** Erinnerungen von Mikis Theodorakis (Insel-Verlag)
- **Ein Leben für Griechenland.** Guy Wagner, Mikis Theodorakis (Edition Phi)

GRIECHISCHE MUSIK

nicht zu Ende führen. Ab 1945 arbeitete er mit dem Nationaltheater Athen, schuf u. a. Kompositionen für „Medea" (1956), „Die Vögel" (1959) oder „Othello" (1957). Er trug wesentlich dazu bei, dass vormals in Griechenland unbekannte Komponisten wie *Copland, Prokofiev, Shostakovich* oder *Bernstein* ein Begriff wurden und er machte die Musik der Unterschicht, den Rembetiko, in weiten Kreisen bekannt und akzeptiert. Mit „Bosporus" (1986) schuf er ein Stück kreative Weltmusik mit Musikern aus Istanbul und Instrumenten wie Lyra, Outi, Kanonaki, Tambour und Bedir. *Chadzidakis* war 1949 Mitbegründer der **Greek Dance Theatre Company** und schrieb Musik für mehrere Ballette. Er komponierte Filmmusiken für „Stella" (1955), „The Rapist" (1956), „America-America" (1963) und erhielt für die Musik zu „Never on Sunday" von *Jules Dassin* 1960 den **Oscar.** *Chatzidakis* war ein Multitalent, organisierte neben seiner Theaterarbeit Festivals, schrieb für Musikmagazine und wirkte an Radioprogrammen mit, verfasste Gedichtbände und Kommentare.

Ein international bekannter Vertreter elektronischer Musik ist **Vangelis.** Am 29.3.1943 als *Evangelos Odyssey Papathanassiou* bei Volos geboren, spielte er bereits mit 4 Jahren Piano. Mit 6 schuf er seine ersten Kompositionen und war als Jugendlicher Mitglied der Popband „Forminx". Ende der 60er gründete er in Paris die Band „Aphrodite's Child" mit Sänger *Demis Roussos* und Schlagzeuger *Lucas Sideras.* 1970 schlug er eine Solokarriere ein, gründete Studios in London und Paris. Beeinflusst von traditioneller und byzantinischer kirchlicher Musik, komponiert er Instrumental-, Werbe- und Filmmusik. Von ihm stammt z. B. die Musik zu den Filmen „1492, the Conquest of Paradise", zu „Chariots of Fire" (1981, Oscar) und „Blade Runner".

Liedermacher, Neo Folk und Art Pop

Gruppen wie die 1985 gegründeten *Forces of the Aegean* oder *Labyrinthos* mit dem Iren *Ross Daly* trugen zum **internationalen Revival traditioneller griechischer Musik** bei. Ebenfalls in 80ern kam es zu einer Rückbesinnung auf die traditionellen Instrumente, z. B. bei *Nikos Xydakis* oder dem auch in Athen umjubelten Kreter *Psarantonis.*

Dionysis Savvopoulos – der „Bob Dylan Griechenlands" – gilt als Begründer des griechischen Rocks und ist in diesem Bereich trotz 30-jähriger Karriere immer noch führend. Mit „To Vromiko Psomi" gelang ihm eine originelle Mischung aus Rembetiko, Volksmusik und westlicher Rock/Popmusik. Oft mit *Lucio Dalla* verglichen, ist *Savvopoulos* für seine gesellschaftskritischen Texte bekannt. *Lavrentis Machairitsas, Dionisis Tsaknis* und *Sokratis Malamas* fallen wie *Savvopoulos* in die Kategorie der **Liedermacher.** Sänger und Songwriter *Lavrentis Machairitsas,* der schon mit *Charis Alexiou* im Kerameikós auftrat schuf in den 90ern zahlreiche Hits und Balladen.

Glykeria gilt als eine der populärsten Sängerinnen in Hellas, die vor allem Fremdtexte interpretierte. Ihr wohl bekanntestes Album ist „Glykeria At

GRIECHISCHE MUSIK

Omorfi Nichta". Auch *Charis Alexiou* ist eine bekannte und vielseitige Folk-, Art Pop-, Rembetiko- und Laika-Interpretin, fern vom Mainstream. Sie tingelte zu Anfang ihrer Karriere, in den frühen 70ern, durch die Nachtclubs der Pláka, arbeitete dann mit fast allen großen Komponisten und Dichtern zusammen und 1995 wurde ihr Album „Odos Nefelis 88", ihr erstes mit eigenen Texten und Melodien, zum Kassenschlager.

Eleftheria Arvanitaki ist vor allem Komponistin und beeinflusste mit ihren Rhythmen und Melodien die zeitgenössische griechische Musik der letzten 15 Jahre maßgeblich. Sie verarbeitet Texte von Dichtern und tritt häufig auf ethnischen Festivals auf. **Michalis Chatzigiannis** stammt aus Zypern, studierte Musik in London und trat 1998 beim **Eurovision-Gesangswettbewerb** auf. Mehrere Soundtracks für griechische TV-Serien und sein erstes Soloalbum „Parakseni Giorti" (2000) sorgten für den internationalen Durchbruch. Derzeit tritt er zusammen mit der Senkrechtstarterin von 2002 *Iro* und mit *Eleni Peta* im „Fos" auf.

Pop, Laika und Elafrolaika

Griechische Laika-Musik ist identisch mit Popmusik und lässt sich schwer definieren oder abgrenzen. Etwas weniger originell als Laika, eher ein internationalisierter Pop-Verschnitt, ist die Musikrichtung **Elafrolaika,** doch die Grenzen sind fließend.

GRIECHISCHE MUSIK

Nachfolgend sollen nur einige der **großen Popstars** erwähnt werden:

Anna Vissi – eine griechische Version von *Madonna*, die wie *Dalaras* als Laiensängerin anfing – ist die wohl bekannteste und erfolgreichste griechische Sängerin und Entertainerin der letzten Jahre, ihre Alben „Antidoto" und „Live!" sind sogar in deutschen Plattenläden erhältlich. Früher häufig an *Vissi* gemessen wurde **Despina Vandi**. Sie ist inzwischen zur dynamischen und hochproduktiven **Königin des zeitgenössischen Laika** aufgestiegen. In Deutschland geboren, begann sie ihre Karriere in Athen mit dem ersten Album „Smile at me" (Gela mou).

Sakis Rouvas aus Korfu hatte mit Elvis- und Beatles-Songs seine Gesangskarriere begonnen. *Rouvas* ist seit seinem ersten Soloalbum „Sakis Rouvas" einer der größten Popstars Hellas. Gleiches gilt für den gut aussehenden **Antonis Remos,** Bindeglied zwischen Laika, Moderne und Elafrolaika. Anders als *Giannis Ploutarchos* – ein typischer Schnulzensänger, der häufig im „Posidonio" auftritt – ist **Notis Sfakianakis** ein Popstar mit intellektuellen Ambitionen. Mit beeindruckenden Shows und breitem Song-Repertoire von klassischem Folk, Rock bis Latin entwickelte er sich zum produktiven Spitzenakteur mit gelegentlichen gesellschaftskritischen Tönen. **Katy Garbi,** oder liebevoll von ihren Fans „Ketoula" genannt, ist ein Athener Urgewächs. Sie trat schon mit 15 mit ihrer Schwester als „Garbi Sisters" auf, ihre Solokarriere begann nach einem Song Contest 1987. Mit „Gyalia Karfa" (1990) und der Eurovisions-Teilnahme 1993 gelang der Durchbruch.

Mehr Infos zu Musik, Film, Literatur etc. **im Internet** unter:

● http://dir.forthnet.gr/488-0-en.html
● www.e-stet.net/celebrities.html – allgemein zu Stars aus Musik, Film etc.

Weltmusik präsentiert
von einem Straßenkünstler

Die Athener

Gerade auf Athen passt Erhart Kästners Ausspruch – „Dies Land erfordert Zeit und Geduld" – besonders gut. Denn Athen, die Metropole mit ihren offiziell 800.000 EW (inoffiziell über 1 Mio., Großraum geschätzt 4-6 Mio.), ist Chaos pur, eine „brodelnde Ursuppe, aus der die Götter die Welt erschufen." Ebenso wie New York wenig mit den USA gemein hat, ist Athen nicht Griechenland, zu groß sind die Unterschiede zwischen der **hektischen Hauptstadt** und dem beschaulichen Rest-Griechenland. Das griechische Lebensmotto „sigá-sigá" – immer mit der Ruhe – scheint hier außer Kraft gesetzt. Von der seit der Antike legendären **griechischen Gastfreundschaft**, der „philoxenía", ist hier nicht mehr allzu viel zu spüren, der Besucher ist vielfach zum „xenos" im Sinne des Fremden statt des Gastes geworden: toleriert, aber häufig ignoriert.

Die „Rest-Griechen" halten nicht viel von den Athenern: Sie gelten als **Snobs,** als überheblich und stolz, unkontrollierbar und arrogant – und als **Melancholiker,** die ihre Stadt einerseits innig lieben, andererseits vehement hassen. Geselligkeit und Gastfreundlichkeit scheinen in Athen verkümmert, zumindest auf den ersten Blick. Ebenso ist der Familiensinn weniger ausgeprägt als auf dem Land. Die traditionelle Großfamilie ist in Athen weitgehend ausgestorben – zu klein sind die Wohnungen, zu teuer Mieten und Lebenshaltung. Die hohen Kosten in der Hauptstadt sind auch ein Grund dafür, dass Staatsbedienstete und Lehrer, die im Allgemeinen nur bis zum frühen Nachmittag arbeiten, mindestens einen Nebenjob haben. Schul-, Universitäts- und/oder Berufsausbildung spielen in Athen eine große Rolle und die als besser geltenden kostenpflichtigen Privatschulen boomen ebenso wie Nachhilfeschulen.

Griechen sind **Meister der Improvisation,** was besonders im vorolympischen Athen deutlich wurde. Feste Zeiten und Termine werden ungern vereinbart und noch seltener eingehalten, Anfragen bleiben unbeantwortet, Telefonate unerwidert. Und doch klappt am Ende Alles – oder das Meiste. Man trifft sich eben schnell mal zwischendurch, ruft sich ganz spontan per Mobiltelefon, dem heiß geliebten „Kinito", zusammen: „Pame gia café – treffen wir uns?" Das Leben findet **im Freien** statt, in den Cafés und auf den Plätzen, man braucht seine Bühne, um Auto bzw. PS-starkes Motorrad und die neueste Mode vorführen zu können.

Verwaltung, Politik und Religion

Als das Terrorregime 1974 zusammenbrach, entschieden sich die Griechen im Dezember 1974 in einer Volksabstimmung für die **präsidiale Republik** als Staatsform – die „moderne Demokratie" war besiegelt. Staatspräsident, Premierminister, Kabinett und ein aus 300 Mitgliedern bestehendes Parlament bestimmen seither die Ge-

schicke Griechenlands. Das Parlament wird alle vier Jahre neu gewählt.

Das Land ist in **13 Regionen** (Nomoi) eingeteilt, diese wiederum in **57 Bezirke** (Präfekturen), deren Vorsteher alle vier Jahre gewählt werden. Jeder Bezirk zerfällt wiederum in **mehrere Provinzen** (Eparchíes) und diese wiederum in die **Gemeinden** (Kinótites). Der Nomos Attika besteht beispielsweise aus den Präfekturen Athen-Piräus (3,2 Mio. EW), West- und Ost-Attika, und diese drei untergliedern sich in 57 Unterbezirke (Dimoi).

Bei den letzten Wahlen im Jahr 2000 gewann die **sozialistische Bewegung PASOK** mit 43,8 % und 158 Sitzen die absolute Mehrheit im Parlament und **Premierminister Kostas Simítis** wurde im Amt bestätigt. **Staatspräsident** ist seit 1995 ist der parteilose **Kostis Stefanópoulos,** der dieses Amt für jeweils fünf Jahre, maximal drei Amtsperioden lang, bekleiden kann. Seit 1986 übernimmt der Staatspräsident vor allem Repräsentationsaufgaben, er vereidigt Premierminister und Minister und hat Vetorecht im Parlament. Traditionell werden die **großen griechischen Parteien** mit verschiedenen Farben gleichgesetzt: die konservative Neo Democratia (ND) mit Blau, die sozialistische PASOK mit Grün und die kommunistische KKE mit Rot. Die rechte LAOS-Partei unter *Giorgos Karadzaferis* und SYN (Synaspismos), ein Zusammenschluss linker Parteien, spielen erst in letzter Zeit eine Rolle.

Melina Mercouri: „Ich bin ein Mädchen von Piräus"

Mit dieser ersten Zeile des Liedes **„Ein Schiff wird kommen"** setzte sich *Melina Mercouri* als Dirne Ilya im Film „Sonntags nie" ein Denkmal. Es wäre jedoch ein schlimmer Fehler, die couragierte und vielseitig engagierte Dame auf diese Schnulze zu reduzieren. In Athen am 18. Oktober 1925 als *Maria Amalia Mercouris* als jüngster Spross einer angesehenen Politikerfamilie und Enkelin des langjährigen Athener Bürgermeisters geboren, sahen es die Eltern überhaupt nicht gerne, dass ihre Tochter Schauspielerin werden wollte und dazu erst in Athen, dann in Paris **Schauspielschulen** besuchte. Ihr Filmdebüt gab sie im Jahre 1955 in „Stella" von *Michalis Kakoyannis*, wo sie eine auf Unabhängigkeit bedachte Bouzouki-Sängerin im Hafen von Piräus spielte. Der Film erhielt mehrere Auszeichnungen und brachte Mercouri zugleich mit ihrem späteren Ehemann, dem amerikanischen Regisseur *Jules Dassin*, zusammen.

1959 folgte der Oskar-nomminierte Kinohit „Sonntags nie", in dem Dassin selbst die Hauptrolle des naiven Amerikaners Homer Thrace spielt. Nach „Phaedra" (1962) kam zwei Jahre später ein weiteres Highlight unter der Regie von Dassin: Mit *Peter Ustinov* und *Maximilian Schell* spielte die Mercouri eine Hauptrolle in dem Krimi „Topkapi". „A Man could get killed" (1966), vor allem aber „Heißes Pflaster Chicago" (1969), in dem Melina eine Puffmutter spielte, sorgten für Aufsehen. In dem Drama „Versprechen in der Dämmerung" (1970) schlüpfte sie schließlich in die Rolle einer russisch-jüdischen Schauspielerin.

In den 60ern engagierte sich Melina Mercouri verstärkt in der Politik, wandte sich als Freigeist **gegen die Militärjunta** und wurde in der Konsequenz 1967 des Landes verwiesen. Sie ging nach Frankreich ins Exil, unterließ es aber nicht, während ihrer Konzerttourneen – sie trat nun häufiger als Sängerin denn als Schauspielerin auf – immer wieder das Regime zu kritisieren

VERWALTUNG, POLITIK UND RELIGION

und für die **Wiederherstellung der Demokratie** zu kämpfen. Auch der 1974 entstandene Film „The Rehearsal" über den Aufstand der Athener Studenten ist ein Beleg für Mercouris Engagement und Mut. Im selben Jahr kehrte sie triumphal nach Athen zurück und arbeitete schwerpunktmäßig für das Theater – und in der Politik. Es entstanden in der Folge nur noch wenige Filme, darunter Jacqueline Susann's „Einmal ist nicht genug", und zuletzt war sie 1978 in Dassins Film „Traum einer Leidenschaft" zu sehen. Dafür war sie 1977 für die sozialistische PASOK ins Parlament gewählt worden und fungierte 1981-89 als **Kulturministerin** im PASOK-Kabinett *Andreas Papandreous*. 1990 scheiterte sie als Bürgermeisterkandidatin, bekleidete jedoch von 1993 bis zu ihrem Tod noch einmal das Amt der Kulturministerin.

Melina Mercouri hatte ein Talent für melodramatische Filme, strahlte aber gleichzeitig sprühende Lebensfreude aus. Als Politikerin erwarb sie sich als Initiatorin der europäischen Kulturhauptstädte und Mitbegründerin der panhellenischen Bewegung nachhaltigen Ruhm – besonders bekannt wurde sie aber durch ihre Forderung der **Rückgabe der „Elgin Marbles"** (siehe Exkurs: Die Elgin Marbles). Als sie am 6. März 1994 in New York dem Lungenkrebs erlag, starb eine nationale Ikone ...

Nicht nur „Mädchen von Piräus", sondern auch engagierte Politikerin: Melina Mercouri

Ob *Simitis,* bereits im Rentenalter, nächstes Frühjahr noch einmal kandidieren wird, ist bislang noch offen. Dem derzeitigen Außenminister *George Papandreou* werden als Nachfolger größere Chancen eingeräumt als dem „Neuen" bei PASOK, *Michalis Chrysochoidis*. Ihm war 2002 ein erfolgreicher Feldzug gegen die griechische Terror-Gruppe „17. November" gelungen.

Die „neue Athena"

Die letzten **Regionalwahlen** im Herbst 2002 sorgten für einen **Erfolg der Konservativen.** Nach knapp 20-jähriger, fast ununterbrochener Regierung von PASOK hatten viele Griechen nun ihren Unmut geäußert, wenn auch bisher nur auf Regionalebene. Vor allem Alltagsprobleme – wie die enorme Verteuerung durch den Euro, Arbeitslosigkeit und Zuwanderungspolitik – verhalfen der ND zur Mehrheit in 30 Präfekturen, die PASOK gewann in 23 und war damit Nr. 2. In allen größeren Städten (Athen, Piräus, Thessaloniki, Larissa) mit Ausnahme von Patras und Iraklion wurden **ND-Bürgermeister** gewählt, in Athen zum ersten Mal **eine Frau: Dora Bakoyianni.**

Sie siegte mit 60,6% gegen PASOKs *Christos Papoutsis* (38,8%) und löste damit *Dimitris Avramopoulos* (ND) im Amt ab. Die neue Dame im Amt ist kein unbeschriebenes Blatt: 1968 war sie mit ihrem Vater, Ex-Premierminister *Konstantin Mitsotakis,* vor den Obristen nach Paris geflüchtet. In

Stadtporträt

Dora Bakoyianni, seit Herbst 2002 die neue Bürgermeisterin der Stadt

München lernte sie *Pavlos Bakoyiannis* kennen und kehrte mit ihm 1974 nach Athen zurück. Nachdem ihr Mann am 26.9.1989 auf offener Straße nahe dem Parlament von der Terrorgruppe „17. November" erschossen worden war, ging *Dora* selbst in die Politik. Ende der 1990er heiratete die 1,84 m große, 48-jährige Bürgermeisterin, die zwei Kinder hat, zum zweiten Mal. Nun will sie Athen in eine neue Epoche führen und den modernen Höhepunkt der Stadt, **die Olympischen Spiele 2004,** zum unvergessenen Event machen.

Zusammen mit *Dora* triumphierte im Oktober 2002 eine weitere Frau: **Fofi Yennimata.** Die PASOK-Politikerin wurde die neue Chefin der Mega-Präfektur Athen-Piräus. Bleibt nur zu hoffen, dass sich die beiden couragierten Damen vertragen und der Parteienkonflikt nicht auf dem Rücken der Athener ausgetragen wird.

WIRTSCHAFT UND TOURISMUS

60% aller **Industriebetriebe** Griechenlands befinden sich in Athen, außerdem ist die Stadt **Verkehrsdrehkreuz, Güterumschlagplatz** (Hafen) und **Bankenzentrum.** Handwerk und Industrie – das produzierende Gewerbe – stellen die meisten Arbeitsplätze, vor allem **Textil- und Lederwarenindustrie** (Export) sind bedeutend, wobei die Zahl der Kleinbetriebe hoch ist. Daneben spielen Maschinenbau, Metallverarbeitung, Schiffbau und Holzverarbeitung eine Rolle. Zweites wichtiges Standbein sind Handel und Dienstleistungen, Banken, Versicherungen, Groß- und Einzelhandel, Import und Export, außerdem der Tourismus. Die **Gewerbegebiete** konzentrie-

Noch immer ein großes Problem ist der Müll

ren sich im Südwesten der Stadt, außerdem in Piräus und in der Bucht von Eleusis. Die Landwirtschaft spielt im Großraum Athen hingegen kaum mehr eine Rolle.

Hellas in der Währungsunion

Eigentlich ist man in Griechenland auf Europa nicht gut zu sprechen. Man hat nicht vergessen, dass man lange als das **Armenhaus,** das wirtschaftliche Schlusslicht galt und zumeist links liegen gelassen wurde und wird. Noch heute wettern viele Griechen gegen die Europhilen und bezeichnen die Nordeuropäer als „frankolevantini" – „Untertanen des westlichen Europas". Und das, obwohl Griechenland 1981 als erstes Land im östlichen Mittelmeerraum als **Vollmitglied in die EU** aufgenommen wurde, man im Juni 2000 der **Währungsunion** beitrat und seit dem 1.1.2002 **der Euro** als Zahlungsmittel gilt. Dass sich die Griechen etwas Eigenständigkeit bewahrt haben, beweisen die **Münzen.** In Griechenland spricht man nämlich nicht von Euro-Cent, sondern auf den Münzen steht noch immer die alte Bezeichnung **Lepta.**

Seit 1996 machte sich ein Rückgang der **Inflationsrate** auf derzeit etwas über 2% positiv bemerkbar und sind die Staatsschulden ebenso wie die Neuverschuldung gesunken. Dank des von *Simítis* eingeschlagenen **Stabilitätskurses** und seinen Bemühungen durch Modernisierung (und Privatisie-

WIRTSCHAFT UND TOURISMUS

rung) das Land systematisch voranzubringen, wurde eine Konsolidierung des Haushalts erreicht. Was allerdings passiert, wenn voraussichtlich 2006 die Unterstützung durch **EU-Strukturanpassungsfonds** wegfällt, da dann das Durchschnitts-Pro-Kopf-Einkommen der EU erreicht sein dürfte, steht noch in den Sternen. Ein weiteres Problem ist auch die immer noch hohe **Arbeitslosenrate** von knapp 10%.

Tourismus

Auf ein neues Rekordjahr mit **13 Mio. Auslandsbesuchern** wie 2000 wird man angesichts der gegenwärtigen Wirtschaftslage wohl einige Zeit warten müssen. Dennoch geht es Griechenland touristisch gesehen immer noch relativ gut, betrug der Rückgang in den Krisen geschüttelten Jahren 2001 und 2002 „nur" maximal 5%. Seit 1997 war es konstant bergauf gegangen, zeitweilig war das kleine Griechenland unter den europäischen Urlaubszielen nach Spanien und Italien sogar an dritter Stelle zu finden gewesen. Statt zu fliegen, entschlossen sich zuletzt mehr und mehr Urlauber per Fähre über Italien anzureisen (8-10% Anstieg). 70% der **deutschen Urlauber** (gut ein Fünftel der Gesamtzahl) bereist Griechenland pauschal, 30% individuell. In den letzten Jahren sind die **Hotel- und Restaurantpreise** gestiegen, allerdings kommen Selbstversorger immer noch gut weg und sind

Wirtschaft und Tourismus

Nahverkehrs- und Eintrittspreise relativ moderat geblieben.

1951 wurde die **Griechische Fremdenverkehrszentrale E.O.T.** gegründet mit dem Ziel, die touristische Infrastruktur zu verbessern. E.O.T. hat gegenwärtig große Pläne, die zum einen auf eine Ausdehnung der Reisezeit auf die Nebensaison abzielen (derzeit kommen 70% aller Besucher in den drei Sommermonaten) und – weg vom Motto „Sonne-Strand-Meer" – eine Förderung des Wintertourismus vorsehen. Außerdem sollen die Märkte im Westen stärker erschlossen, Asien als neuer Markt gewonnen und alternativer und religiöser Tourismus forciert werden. Dies verkündeten im Herbst 2002 *Yiannis Patellis* (Präsident des E.O.T.) und Entwicklungsminister *Akis Tsochadzopoulos* anlässlich der großen Philoxenia Tourism Exhibition in Thessaloniki. Überdies sollen (speziell in Athen) mehr 4- und 5-Sternehotels mit Konferenzzentren entstehen und Griechenland häufiger Ziel von Kreuzfahrtschiffen sein. **Und was zieht Besucher nach Athen?** In erster Linie die **Akropolis:** Rund **1 Mio. Besucher** sollen es pro Jahr sein, dagegen nur etwa 300.000 auf der Agora, der zweitbeliebtesten Attraktion.

Nicht gerade umweltfreundlich: Autowaschen vor dem Kafenion

Rundgänge durch Athen

RUNDGÄNGE DURCH ATHEN

Markthalle

Beschauliches Altstadtviertel Monastiráki

Das Wahrzeichen Athens: die Akropolis

Rundgänge durch Athen

Seit Jahrtausenden ist die Akropolis eine Baustelle

„Dies Land erfordert Zeit und Geduld. Die beides nicht haben, speist es mit ein paar Allerweltsplätzen ab; sie sind ja mit dem geringsten Bißchen zufrieden."

Was der einstige Sekretär von *Gerhart Hauptmann* und spätere Bibliothekar *Erhart Kästner* (1904-1974) in seiner 1960 erschienenen Griechenland-Beschreibung „Ölberge, Weinberge" bemerkte, gilt noch heute. Hellas und ganz besonders Athen erfordern Geduld. Von oben gesehen – am besten von der Akropolis oder dem Lykabettos – präsentiert sich ein Moloch, ein endloses und kaum gegliedertes Häusermeer. Begibt man sich hingegen erst einmal auf Erkundungstour, unternimmt einige Spaziergänge – „Peripatoi" – durch die unterschiedlichen Viertel, lernt man die Stadt erst richtig kennen.

Der **erste Rundgang** führt durch das **antike Zentrum Athens.** Schon der erste griechische König, der Bayer

RUNDGÄNGE DURCH ATHEN

Otto I., träumte in den 1830ern von einer archäologischen Zone um den Akropolishügel. Doch erst im Vorfeld der Olympischen Spiele 2004 gelang es diese Idee umzusetzen: Eine breite Fußgängerzone umfasst nun die Akropolis, das Olympieion, den Kerameikós und die Agora und grenzt auf diese Weise das antike Athen ab. Da sich zwei Viertel geografisch direkt anschließen, wurden sie in diesen Rundgang eingeschlossen: **Thissio** – beliebter Treff der jungen Griechen wegen seiner zahlreichen Cafés – und das ehemalige Industriegebiet **Gazi** – Zentrum des Nachtlebens und des „Fine Dining".

Das **zweite Hauptkapitel** ist der **Altstadt** gewidmet. Sie zeigt sich dem aufmerksamen Besucher von drei ganz unterschiedlichen Seiten: Da ist einmal das geschäftige **Monastiráki**, Überbleibsel des türkischen Athens mit Bazar-Charakter, dann die **Pláka**, das berühmte touristische Zentrum der Altstadt, und schließlich **Psirrí**, das alte Handwerkerviertel, in dem besonders am Abend wegen seiner Bars und Musikkneipen das Leben pulsiert. Das eingeschlossene Handelsdreieck zwischen Omonia im N, Syntagma im O und Monastiráki im S – das **„Emboriko Trigono"** – ist größtenteils Fußgängerzone. Als Haupteinkaufsstraße gilt die Odos Ermou, die die Altstadt mit dem Syntagma verbindet.

Der **dritte große Rundgang** führt schließlich durch die **Neustadt**, jenes Athen, das erst nach der Ernennung zur neuen griechischen Hauptstadt 1832 entstanden ist. In dessen Zentrum liegen die beiden Hauptplätze **Omonia und Syntagma,** verbunden durch Odos Stadiou und parallel dazu Leof. Venizelou **(Panepistimiou)** und Akadimias. Vom Omonia nordwärts führt die **28 Octovriou** (Patission) zum Nationalmuseum; im Osten: das Studentenviertel **Exarchía.** Syntagma ist synonym für das **Regierungsviertel** mit Parlament, Präsidentensitz und Nationalgarten, und südwärts schließen sich das alte Olympiastadion und das Olympieion an. Nördlich des Platzes bildet die Vassilissis Sofias die Grenze zum nördlichen **Kolonáki,** in dessen Cafés man sich trifft, um zu Sehen oder Gesehen zu werden, ehe man die exklusiven Boutiquen besucht.

DAS ANTIKE ATHEN

DIE AKROPOLIS

„Man würde erschrecken, wenn man auf die Akropolis käme und sie wäre so, wie sie war: ein Gewimmel von Opferbildern und Siegerbildern, keineswegs alles schön ... Bis eben die Archäologie kam und das Purifizieren begann ...", bemerkte *Erich Kästner* („Ölberge, Weinberge", 1960) ganz richtig. Heute wimmelt es in erster Linie vor Besuchern aus aller Welt – eine Million im Jahr soll es sein, die sich über das weithin sichtbare, 156 m hohe und 156 x 320 m große Kalksteinplateau ergießt, um dessen Bestand deshalb nicht nur die Wissenschaftler bangen. In der Antike war das Plateau dicht mit Weihgeschenken und Kultgegenständen bestückt und vor allem der Weg zwischen Propyläen und Parthenon war buchstäblich zugepflastert mit Denkmälern. Nur wenige davon sind erhalten, z. B. die Basis der Athena Promachos (siehe unten).

Der **Burgberg** hat die Menschheit von jeher in seinen Bann gezogen. War die „obere Stadt" einst Wohnort und Kultstätte, gilt sie heute als eines der ungewöhnlichsten Denkmäler der Welt und erinnert an die erste Blütezeit europäischer Kultur. Es ist den Bayern zu verdanken, dass neben dem grandiosen **Zugang im Westen** – die übrigen drei Seiten sind wegen der Steilhänge unzugänglich – noch drei Tempel aus dem 5. Jh. v. Chr. (**Parthenon, Niketempel und Erechtheion**) – relativ gut erhalten sind. Während der langen Türkenherrschaft weitgehend ignoriert, setzten König *Ludwig I.* und sein Baumeister *Leo von Klenze* alles daran, die antike Stätte als Denkmal zu schützen. So wurde das ganze Areal kurz nach der Befreiung Griechenlands 1834 zum Kulturzentrum erklärt – und seither mühen sich Wissenschaftler und Architekten beständig, dieses für die Nachwelt zu erhalten. Ihren Anstrengungen ist es zu verdanken, dass die Akropolis heute den Zustand ihrer Blüte Mitte des 5. Jh. v. Chr., zur Zeit des *Perikles,* widerspiegelt.

Die Anfänge

Scherbenfunde belegen, dass die Akropolis konstant vom Neolithikum (ca. 3500-1800 v. Chr.) bis in die Neuzeit besiedelt war. Schon *Homer* (8. Jh. v. Chr.) erwähnt im achten Buch der Odyssee einen Palast an der Stelle des heutigen Erechtheion und nennt ihn das „prächtige Haus des Erechtheus". In prähistorischer Zeit gab es neben diesem **mykenischen Königspalast** – dort, wo später der so genannte Alte Athenatempel entstand – einige Gräber, Höhlen, Quellen und Wohnhäuser, außerdem das Pelargikon, den schützenden Mauerring, der um 1200 v. Chr. durch Kyklopenmauerwerk verstärkt worden war. Die Mauer folgte dem Geländeverlauf und wurde nur im Norden durch zwei kleine Tore (zur Klepshydraquelle und zu Grotten am N-Abhang) durchbrochen. Erst allmählich entwickelte sich rings um die Burg, vor allem am Nordabhang, eine Stadt.

Blütezeit

Wie der antike Historiker *Herodot* (5. Jh. v. Chr.) überliefert, erlebte die „obere Stadt" als **Wohnareal und Heiligtum** unter der Tyrannenfamilie der Peisistratiden Mitte bis Ende des 6. Jh. v. Chr. eine erste Blüte. Außerdem fungierte der Hügel ab 566 v. Chr. als Veranstaltungs- bzw. Zielort der Neuen Panathenäen, einem von *Peisistratos* wieder eingeführten athletisch-kultischen Fest.

Um **480 v. Chr.** wurde das zuvor evakuierte Athen und die Akropolis durch Truppen des **Perserkönigs Xerxes** zerstört. Gleich nach dem Desaster begann jedoch der Wiederaufbau, wobei zunächst das Plateau im Norden und Süden mit zerstörtem Material, dem **„Perserschutt",** aufgefüllt wurde. Bei Grabungen in den 1880ern traten hier zahlreiche qualitativ hochwertige Funde zu Tage, denn nicht nur Bauteile, sondern auch Statuen waren als Füllmaterial verwendet worden.

Während der **Klassik,** vor allem unter *Perikles* (ca. 450-420 v. Chr.), begann ein groß angelegtes Bauprogramm. Der **Parthenon,** das **Erechtheion,** der **Niketempel** und **die Propyläen** entstanden und machten aus der Akropolis ein bis heute einzigartiges Kunstdenkmal. Zahlreiche Funde in den Fundamenten und Aufschüttungen – Säulentrommeln, Skulpturen, Dachziegeln und andere Bauteile – anhand derer neun Bauten, Tempel bzw. Schatzhäuser rekonstruiert werden konnten, die vom späten 7. Jh. v. Chr. bis zum Persersturm existierten, deuten einen Bedeutungswandel an: Aus dem befestigten Wohnort und Standort der ältesten Heiligtümer war

DIE AKROPOLIS

n. Chr. entstand östlich des Parthenon der **Roma-Augustus-Tempel** und besonders **Hadrian** investierte im 2. Jh. viel Geld in Renovierungen. Wie man sich damals die Akropolis vorzustellen hatte, schildert ausführlich der „Vater des Reisejournalismus", *Pausanias* (Anf. 2. Jh. n. Chr.), dessen Ausführungen im ersten Buch seiner „Beschreibung Griechenlands" viele wertvolle Hinweise zu Aussehen und Zustand der Akropolis enthalten.

Niedergang und Wiedergeburt

Den Übergang von der heidnischen Antike zur frühchristlichen Zeit überstanden die Tempel auf der Akropolis im 6. Jh. n. Chr. durch ihre **Umwandlung in Kirchen** – der Parthenon wurde z. B. eine Marienkirche. Die fremden Herrscher (fränkische Herzöge, Katalanen, Florentiner u. a.) wählten ab dem 12. Jh. die Akropolis erneut als **Burg und Wohnsitz.** Als im 15. Jh. die Türken das Kommando übernahmen, wurde lediglich aus der Marienkirche (Parthenon) eine **Moschee** und ein **Munitionslager.** Letzteres sollte sich als fatal erweisen: Als 1687 die Venezianer die Akropolis belagerten, traf ein Artillerie-Geschoss der Einheit eines Lüneburger Leutnants das Pulverlager im Parthenon und schlug eine bis heute gut erkennbare Bresche. Der bis dato wenig beschädigte Bau wurde in der Folge immer wieder Opfer von Plünderungen, zu den prominentesten „Dieben" zählte Lord *Elgin* (siehe Exkurs „Elgin Marbles").

Nachdem die Türken 1833 die Akropolis endgültig geräumt und der

ein rein **religiös-kultisches Zentrum** geworden.

Fortleben bis zur Spätantike

In den folgenden Jahrhunderten entstanden kaum mehr größere Bauten, meistens gaben sich begeisterte ausländische Herrscher mit Weihegaben zufrieden. So stifteten 334 v. Chr. **Alexander der Große** und seine Frau *Roxane* beträchtliche Summen, und auch der pergamenische Herrscher *Attalos II.* stellte im 2. Jh. v. Chr. seine Großzügigkeit unter Beweis. Die **Römer** waren zunächst weniger spendabel – im Gegenteil: *Sulla* bestrafte Athen 86 v. Chr. für seine romfeindliche Haltung mit einer **Plünderung.** Erst die Kaiser öffneten wieder ihre Kassen; im 1. Jh.

bayerische König *Ludwig I.* seinen als griechischen Regenten eingesetzten Sohn *Otto* davon überzeugt hatte, dass Athen die einzig würdige Hauptstadt des Reiches sei, ließ dieser **1834** die Akropolis zur **archäologischen Zone** erklären. Ausgrabungen begannen im gleichen Jahr und zogen sich über das ganze 19. Jh. hin. Zwischen 1898 und 1939 fand eine erste, dringend erforderliche **Restaurierung** durch die beiden griechischen Architekten *Balanos* und *Orlandos* statt, deren Maßnahmen noch lange nachwirkten: Die verwendeten Eisenklammern begannen im Lauf der Zeit zu korrodieren. Dazu kamen im 20. Jh. Zerstörungen durch die zunehmenden Abgase und stetig steigenden Besucherzahlen.

Die Rekonstruktion der Akropolis

Mit der Erklärung zum **Weltkulturerbe** durch die UNESCO in den 1970ern wurde ein umfassendes Hilfsprogramm initiiert. Verschiebungen, Risse im Gestein, saurer Regen und Smog hatten die antiken Bauten dermaßen beschädigt, dass man 1979 mit einer Sanierung des Erechtheion die andauernden Restaurierungen einleitete. Die Eisenklammern wurden durch Titan, die berühmten Karyatiden (Mädchenfiguren) durch Kopien ersetzt. Als nächstes war der Parthenon an der Reihe, dann wurde der Athena-Nike-Tempel erstmals zerlegt (derzeit zum dritten Mal) und schließlich erhielten die Propyläen eine Sonderbehandlung. Die Bauten wurden komplett auseinander genommen, durch neu geschaffene Bauglieder ergänzt und unter Einsatz neuester Materialien und Technologien wieder aufgebaut. Bald soll alles fertig sein – immerhin hat die EU dem „Acropolis Restoration Service" bis 2006 **31,5 Mio. €** zugesichert.

Statt sich als Besucher allzu sehr über die omnipräsenten Kräne und Absperrungen zu ärgern, sollte man sich vor Augen halten, dass die Akropolis von jeher eine **Baustelle** war. Schon in der Antike wurde ständig gebaut, repariert oder ausgebessert. Mittlerweile wurden zum Schutz vor weiteren Zerstörungen große Teile der originalen Bauplastik ins Museum gebracht und durch Kopien ersetzt – für das Auge des Laien kaum erkennbar. Auch die Zahl der Barrikaden wächst und die vier Hauptbauten dürfen längst nur noch von außen betrachtet werden. Konnte man vor zwanzig Jahren noch ungestört im Inneren des Parthenon wandeln, wird es in den nächsten Jahren wohl darauf hinauslaufen, dass man sich an eine vorgegebene Wegführung halten muss – eine angesichts des Besucheransturms verständliche Maßnahme.

Restaurierungen im Vorfeld der Olympischen Spiele

Die Elgin Marbles

Als Glückspilz kann man *Thomas Bruce, Seventh Earl of Elgin*, nicht gerade bezeichnen. Sprechen Kunstkenner heute mit Begeisterung von den „Elgin Marbles" (marble: Marmor), löst bei Griechen dieser Name eher einen Wutausbruch aus. Um diese ambivalente Einschätzung des englischen Adeligen zu klären, ist es nötig etwas auszuholen.

1798 schien der damals 29-jährige Lord Elgin wieder einmal vor dem Abgrund zu stehen: Die viel versprechende Militärkarriere war beendet, seine Gesundheit angegriffen und eine passende Ehegattin noch nicht gefunden. Doch überraschend schien sich das Blatt zu wenden: Er wurde zum Botschafter Großbritanniens an der Hohen Pforte in Istanbul berufen und heiratete *Mary Nisbet of Earlton*. Trotz erneuter Krankheit ließ sich der Lord nicht abhalten, im August 1800 nach Athen zu reisen. In einer Zeit, in der die antike griechische Kunst und Architektur als höchster Ausdruck der Zivilisation gerade entdeckt wurde, wollte Elgin in Begleitung einiger Künstler und seiner Frau die antiken Monumente und Bauten bestaunen, zeichnen und abformen. Der Lord hatte sich das Ziel gesetzt, die Briten am Vorbild der „alten Griechen" zu „belehren".

1801 erhielt Elgin die Erlaubnis vom osmanischen Hof, Abgüsse und Zeichnungen anzufertigen, doch während man bis 1803 die Skulpturen vom Parthenon abformte, hatte der Lord seine Absichten geändert und war dazu übergegangen, auch Originale einzupacken. Als sich Franzosen und Türken wieder verbündeten, sah sich Elgin gezwungen, die Kunstwerke so schnell wie möglich aus Athen wegzubringen – denn auch die Franzosen hatten Interesse bekundet. Elgin konnte kein großes Schiff auftreiben und musste mehrere kleine mit Kunstwerken beladen. Sein eigenes Schiff, die „HMS Mentor" sank im Hafen von Kythera mit Parthenon-Friesteilen und anderer Kunst an Bord. 1803 spitzte die Lage zu und Elgin wollte zurück nach England, wurde jedoch in Frankreich festgehalten. Als er drei Jahre später endlich in seinem Mutterland ankam, hatte ihn die Realität wieder einmal eingeholt: Seine Frau hatte ihn verlassen, viele Kisten voll mit Kunstwerken lagen mangels Transportmöglichkeit noch immer im Hafen von Piräus und die nach England gesandten Antiken wollte keiner haben.

Auch wenn einige Kunstkenner, wie *Richard Payne Knight*, die Kunstgegenstände als minderwertig und „römisch" denunzierten, fanden sich letztendlich dann doch Kunstinteressierte – wie der Bildhauer *Berthel Thorvaldsen* – bei Elgin ein. 1813 entschloss sich die britische Regierung die „Elgin Marbles", darunter der **Parthenonfries**, eine **Karyatide** und eine **Säule vom Erechtheion** – zu einem Spottpreis – zu kaufen. Lord Elgin starb am Ende verbittert und hoch verschuldet, dabei war er stets davon überzeugt gewesen, die Kunstwerke vor Vandalismus, Souvenirjägern anderer Nationen und vor dem weiteren Verfall „gerettet" zu haben.

So ganz unrecht hatte der Lord mit dieser Meinung nicht, war doch im Lauf der Zeit bereits viel geraubt, zerstört und verschleppt worden und zu Beginn des 19. Jh. ein reger Handel mit antiker griechischer Kunst entstanden. Gerade während des griechischen Freiheitskampfes verschwanden viele Kunstwerke ins Ausland, legal und illegal, denn damals hatten die Griechen Wichtigeres zu tun, als sich mit ihren antiken Denkmälern zu befassen. So konnten auch die beiden Giebel des Athena-Tempels von Aigina vom bayerischen König *Ludwig I.* erworben werden und bilden heute das Highlight der Münchner Glyptothek. Seit dem 19. Jh. fordert die griechische Regierung nun die „Elgin Marbels" zurück. Von 1982 bis zu ihrem Tod hat sich besonders *Melina Mercouri* für die Rückführung der Kunstschätze eingesetzt. Immer wieder hat sie darauf hingewiesen, dass Elgin die Stücke weder gekauft noch eine Erlaubnis zum Abtransport besessen hatte. Auch die derzeitige Regierung möchte die „Elgin Marbles" zurückhaben, doch London bzw. das British Museum stellen sich bisher quer.

●weitere Infos im Internet unter:
www.greece.org/parthenon/marbles

DIE AKROPOLIS

Hinweise zur Besichtigung

Es gibt zwei Gründe auf die Akropolis zu steigen: erstens wegen des sich bietenden **Ausblicks** und zweitens, um einen Baukomplex von höchster historisch-künstlerischer Bedeutung für Athen und den ganzen Okzident zu sehen. Noch befindet sich das **Akropolis-Museum** (siehe unten) auf dem Burgberg, doch ein Neubau ist bereits beim Zentrum für Akropolisstudien, direkt an der (sehenswerten) Metro-Station „Akropoli", am östlichen Ende des Südabhangs, im Gange. Vor 2005 werden die Bauarbeiten jedoch sicher nicht abgeschlossen sein.

Der Akropoliszugang erfolgt von Norden über die **Odos Theorias** (Pláka) und von Süden über die **O. Dionissiou Areopagitou**. Neben dem Kassenhäuschen befindet sich eine Filiale des offiziellen Museumshops (Nachbildungen, Bücher und Souvenirs), außerdem gibt es einen Kiosk und eine Poststelle.

●**Akropolis und Akropolis-Museum,** das **Kombi-Ticket** für 12 € (Rabatte für Studenten, Senioren etc.) gewährt Einlass in Akropolis und Museum (tgl. HS: 8-18.30 Uhr, NS: 8-17 Uhr; Museum außer Mo HS: 10-18 Uhr, NS: 11-17 Uhr). Es kann innerhalb von 4 Tagen auch für Agora (inkl. Museum), Dionysos-Theater/Südabhang, Kerameikós (mit Museum), Olympieion und Römische Agora (wobei diese Stätten auch einzeln besichtigt werden können!) verwendet werden. Für die Akropolis gibt es kein Einzelticket!

Aufstieg zur Akropolis

Zu den Höhepunkten eines Athen-Besuchs gehört der langsame Aufstieg

DIE AKROPOLIS

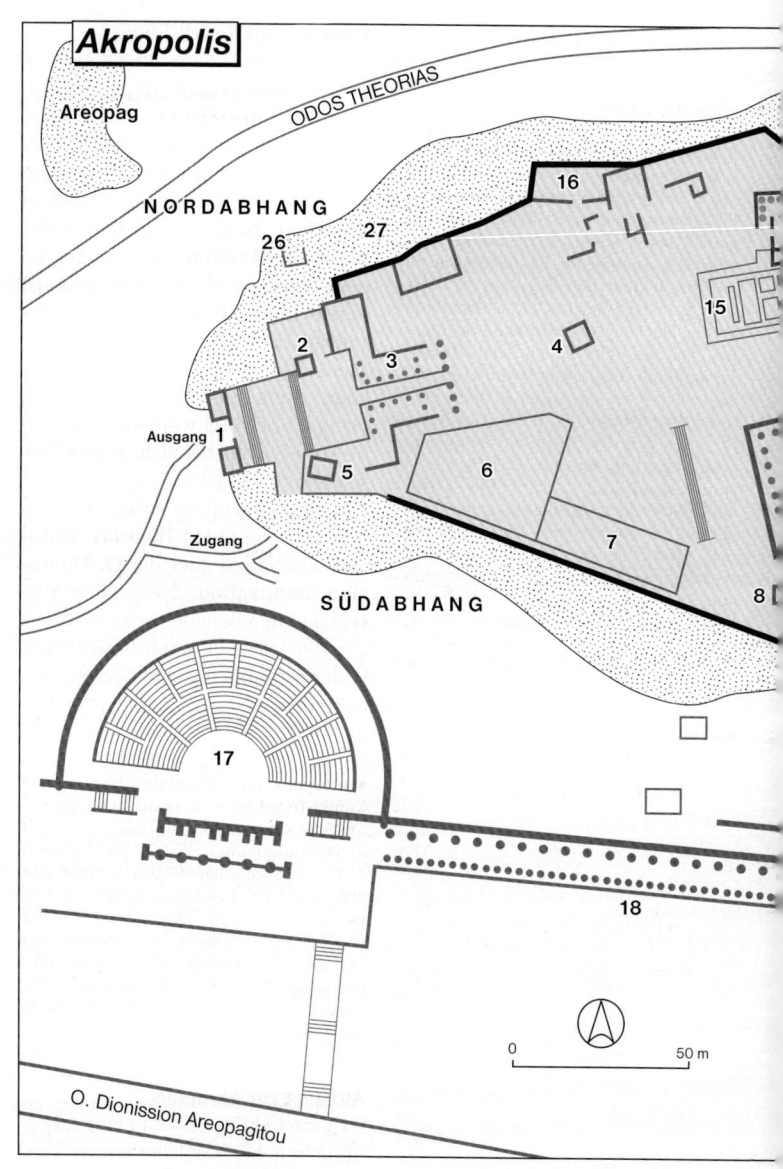

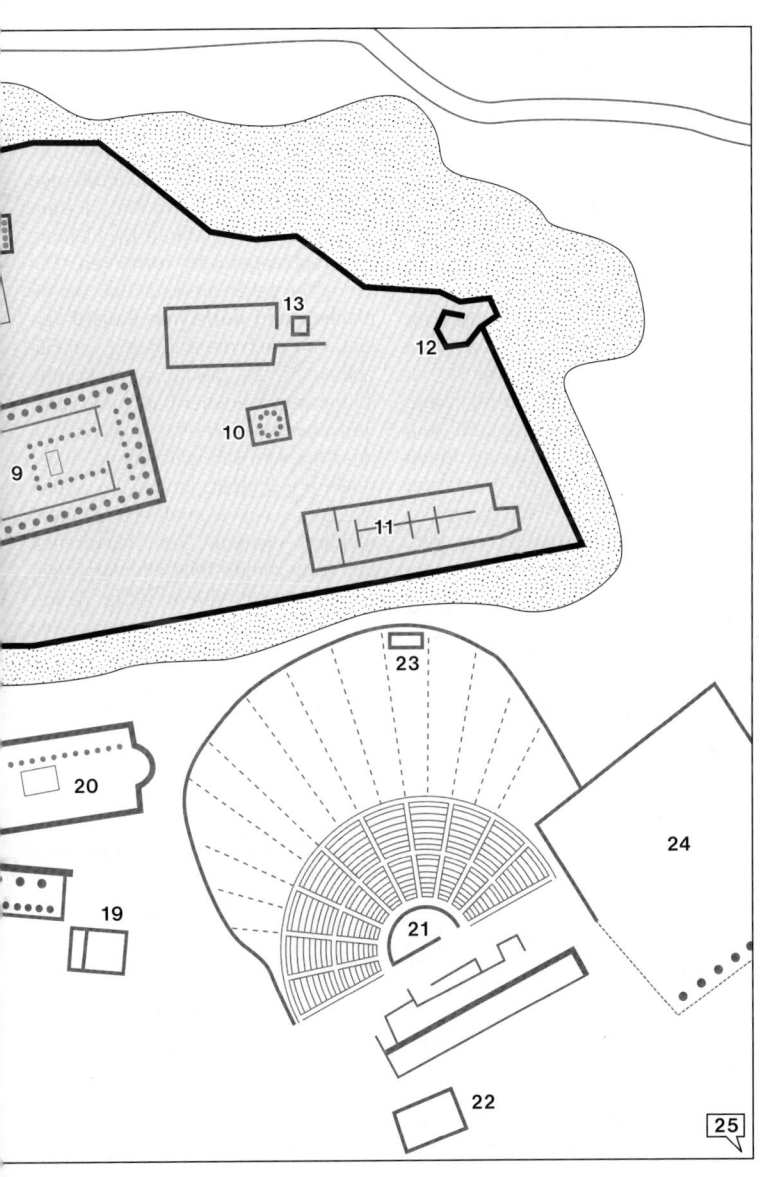

zur Akropolis. Den **Zugangsweg im Westen** erreicht man von der Odos Dionissiou Areopagitou am Südabhang (Metro „Akropoli") oder über einen Fußweg von der Pláka (O. Theorias). Einst führte der Pfad von Westen in mehreren Kehren hinauf zum Zugangstor, den **Propyläen**. Heute gibt es wegen der Million Besucher im Jahr einen getrennten Zu- und Abgangsweg. Dort, wo man den Treppenabsatz knapp unterhalb der Akropolismauer erreicht, steht ein Kiosk mit Souvenirs – und seitlich davon zweigt ein Weg zum Südabhang und zum **Dionysostheater** ab. Diesen Punkt sollte man sich merken, denn der Rundgang kann nach der Akropolis-Besichtigung hier fortgesetzt werden.

Die Propyläen

Das den Propyläen vorgelagerte **Beulé-Tor** (heute Ausgang) entstand erst nach 267 n.Chr., als die Akropolis in die Stadtfestung einbezogen wurde. Der Name erinnert an den Archäologen *Ernest Beulé*, der im 19. Jh. das Tor freigelegt hat. Linker Hand, hinter dem Tor, erhob sich einst ein **Pfeilermonument**, auf dem eine Quadriga mit *Eumenes II.*, Herrscher von Pergamon 197-159 v.Chr., stand. Es war 178 v.Chr. errichtet und später *Marcus Vipsanius Agrippa*, Schwiegersohn des *Augustus*, umgeweiht worden.

Über eine zweiteilige Treppe, die unter dem römischen Kaiser *Septimius Severus* Anfang des 3. Jh. n.Chr. neu angelegt worden war, gelangte man einst auf die Burg. Heute ist diese Treppe größtenteils von modernen Stufen überbaut. In einigen Kehren geht es zum antiken Torbau, den **Propyläen**. Das 437-32 v.Chr. vom sonst unbekannten Architekten *Mnesikles*, wohl einem Schüler des berühmten Baumeisters *Iktinos*, erbaute Meisterwerk beeinflusst bis heute die Planung von repräsentativen Torbauten. Die Propyläen gelten als erster Bau, der **ionischen und dorischen Baustil** vereint, und auch die Zufügung von Flügelbauten, d.h. die bewusste Kombination verschiedener Bautypen, ist eine Neuerung. Der ursprüngliche Plan des *Mnesikles* sah gleich tiefe Seitenflügel vor, musste jedoch im Süden wegen des Niketempels (siehe unten) revidiert werden. Dem klassischen Bau ging mindestens ein Vorgänger voraus, der um 488-80 v.Chr. datiert und von den Persern zerstört worden war.

Dominierend ist der Mitteltrakt in Gestalt einer **Säulenhalle** auf hoher vierstufiger Basis mit verbreitertem Mitteljoch, durch das ein terrassierter Felsweg in den Torbau hineinführte. Während die West-Front sechs dorische Säulen aufweist, flankieren den Mitteldurchgang im Inneren 2 x 3 schlanke ionische Säulen. Sie tragen die in antiken Quellen viel gerühmte **marmorne Kassettendecke**. Im nördlichen der beiden Seitenflügel befand sich eine **Pinakothek** (Gemäldeausstellung). Dass dort auch kultische Festessen stattfanden, belegen 17 an den Wänden aufgereihte steinerne Klinen (Liegen). Auf der Süd-Seite ist aus dem geplanten Seitenflügel aus Platzgründen nur eine kleine Vorhalle geworden, die zum Niketempel führte. Im Mittelgang erreicht man über fünf Stufen – nötig wegen des Geländeanstiegs – die Osthalle der Propyläen, die mit ihren sechs dorischen Säulen schon auf dem höheren Niveau des Akropolis-Plateaus steht.

Lange Zeit diente der Bau nur als Zugang und Pinakothek. Im 13. Jh. begann man mit einem Umbau der Propyläen zum **Fürsten- und Kommandantensitz**, was u. a. Balkenlöcher belegen, die auf den Einzug einer Zwischendecke hinweisen. 1909 begann man mit Restaurierungsarbeiten und 2003 wurde der Bau komplett auseinander genommen, ergänzt und wieder zusammengesetzt.

Zwischen Propyläen und Parthenon

Durchschreitet man heute die Propyläen, dem „Heiligen Weg" folgend, der zwischen Erechtheion und Parthenon hindurchführt, blickt man zunächst auf ein von Steinen bedecktes Plateau. Einst fiel der Blick auf Weihestatuen, kleine Heiligtümer und Altäre. In den Tagen der türkischen Besatzung befand sich hier sogar ein eng verwinkeltes Altstadtviertel. Heute sind es Bauteile aller Art, die hier, schön sortiert, zwischengelagert werden, ehe sie wieder an ihren ursprünglichen Bauten angebracht werden. Dieses **„Steinlager"** ist abgesperrt und die antiken, nachfolgend kurz beschriebenen Befunde sind nur sporadisch erkennbar.

Unter der Masse von **Weihgeschenken** stach wohl besonders, als monumentalstes und in der Mittelachse stehendes, das rund 9 m hohe **Bronzestandbild der Athena Promachos** hervor. Das Bild der Göttin als „Vorkämpferin" mit Helm und Lanze soll von *Phidias* gefertigt und 454 v. Chr. aufgestellt worden sein. Vom Original sind nur Teile der 5,5 x 5,5 m großen Marmorbasis erhalten; die Statue selbst ist von den Türken verschleppt und eingeschmolzen worden. Dass man heute überhaupt eine Vorstellung

---

1. Beulé-Tor
2. Pfeilermonument
3. Propyläen
4. Bronzestandbild der Athena Promachos (Basis)
5. Athena-Nike-Tempel
6. Tempelbezirk der Artemis Brauronia
7. Chalkothek
8. südliche Erweiterungsmauer/ Perserschutt
9. Parthenon
10. Roma-Augustus-Tempel
11. Akropolis-Museum
12. Belvedere
13. Heiligtum des Zeus Polieus
14. Erechtheion
15. Alter Athenatempel
16. Arrephorion
17. Odeion des Herodes Atticus
18. Eumenes-Stoa
19. Choregendenkmal des Nikias
20. Asklepios-Heiligtum
21. Dionysos-Theater
22. Dionysos-Heiligtum
23. Choregonmonument des Thrasyllos
24. Odeion des Perikles
25. neues Akropolis-Museum
26. Klepsydra-Quelle
27. Grotten für Zeus, Apollon und Pan

vom Aussehen der Figur hat, ist der Überlieferung durch verkleinerte antike Kopien zu verdanken. An der südlichen Ecke der Propyläen-Osthalle breitete sich einst das **Heiligtum der Athena Hygieia** aus, an das der Altargrundriss und die halbrunde Basis eines Götterbildes erinnert.

Der Athena-Nike-Tempel

„Rechts von den Propyläen befindet sich der Tempel der Nike Apteros. Von hier ist das Meer sichtbar, und hier stürzte sich, wie man sagt, Aigeus herab."

Mit diesen nüchternen Worten beginnt der antike Reiseschriftsteller *Pausanias* (I, 22.4f.) seine Beschreibung des kleinen, aber künstlerisch hoch interessanten und qualitätvollen Niketempels. Der weithin sichtbare Bau erhebt sich hoch auf einem befestigten Felsvorsprung, dem Nikepyrgos, an der Südwest-Ecke der Propyläen, und ist durch deren Südflügel zugänglich. Der zierliche Tempel ist der **Athena-Nike** geweiht, die, wie Funde belegen, hier bereits ab der Mitte des 6. Jh. v. Chr. verehrt wurde. Ihr Kult spielte bis zu den Perserkriegen jedoch kaum eine Rolle, erst 488 v. Chr. wurde die Verehrung der Athena als Sieg bringende **Stadtgöttin** zum Staatskult erhoben, und ab hellenistischer Zeit wurde Nike sogar als selbstständige Gottheit, als **Siegesgöttin,** verehrt.

Baugeschichte

Antike Quellen überliefern, dass nach dem **Kalliasfrieden,** dem Friedensschluss, der die kriegerischen Auseinandersetzungen zwischen Griechen und Persern endgültig beendete, im Jahr 448 v. Chr. *Kallikrates* Pläne für die Errichtung eines neuen Marmortempels und Altars für Athena-Nike vorlegte. Umstritten ist bis heute das genaue Datum der Erbauung und zwei Haupttheorien werden diskutiert: einmal, dass der Baubeginn gleich 448 v. Chr., die Fertigstellung jedoch erst, nach einer Unterbrechung, Mitte/Ende der 420er Jahre, erfolgte, zum anderen, dass der Bau überhaupt erst zwischen 430 und 420 v. Chr. realisiert wurde. Anhaltspunkte für die Datierung liefert das Verhältnis zwischen Tempel und Propyläen – und eben deshalb scheint es wahrscheinlicher, dass der Bau erst nach der Propyläen-Fertigstellung, also **nach 432 v. Chr.,** in Angriff genommen wurde. Eine Inschrift nennt *Kallikrates* als Architekt, für den Bildschmuck waren *Kallimachos, Agorakritos, Alkamenes* und *Paionios* zuständig.

Im 17. Jh. beschrieben Reisende wie der Franzose *Jacob Spon* oder die Engländer *George Wheeler, Francis Vernon* und Sir *Giles Eastcourt* den Niketempel und waren zugleich vom kuriosen **Baumix auf der Akropolis,** einem Nebeneinander antiker, fränkischer, venezianischer und türkischer Bauteile fasziniert. 1687 ließen die osmanischen Machthaber den Athena-Nike-Tempel abreißen, um die Bauteile für die Akropolisbastion zu verwenden. Der archäologische Berater und Denkmalschützer des Königs, *Ludwig Ross* (1806-1859), entdeckte 1835 die Bauglieder wieder und setzte sie mit den Architekten *Eduard Schaubert* und *Christian Hansen* neu zusammen. Zwischen 1936 und 1940 war ein neuerlicher Ab- und Wiederaufbau zur Korrektur vorheriger Fehler und wegen einer Fundamentabsenkung notwendig geworden. 2001 begannen griechische Archäologen dann die Eisendübel durch rostfreies Titan zu ersetzen und das Zementfundament zu erneuern. Im Vorfeld der olympischen Spiele 2004 wurde das Tempelchen schließlich Stein für Stein zerlegt und neu aufgebaut, wobei beschädigte und fehlende Teile ersetzt wurden.

Baubeschreibung

Beim Athena-Nike-Tempel handelt es sich um einen nach Osten orientierten, kleinen **ionischen Tempel** (Gesamtmaße des Stylobats: 5,40 x 8,17 m), ein Musterbeispiel attisch-ionischen Baustils mit reichem Bildschmuck. Die Fachleute sprechen von einem **Amphiprostylos,** einem Kernbau mit je vier vorgestellten ionischen Säulen im Osten und Westen, ohne Umgang (Peristasis). Der Cella geht ausnahmsweise kein Pronaos (Vorraum/Frontpteron) voraus, die Abgrenzung nach außen bilden lediglich zwei Pfeiler. Es gibt – ebenfalls aus Platzgründen – auch keinen Ophistodom (Rückraum).

Eine Besonderheit des Baus liegt im künstlerisch hochwertigen **Bildschmuck,** an dem die führenden Künstler der Zeit beteiligt waren. Der als oberer Wandabschluss außen umlaufende **Fries** zeigte die siegreiche Schlacht gegen die Perser und deren griechische Verbündete im Beisein einer Götterversammlung. Leider ist der Erhaltungszustand schlecht; die wenigen besser erhaltenen Platten stehen im British Museum (London) und sind nur in Abgüssen am Bau zu sehen. Von der Bronzegruppe im Giebelfeld sind lediglich Einlassspuren erhalten.

Der herausragendste Teil des Tempels ist die den Bezirk umlaufende **marmorne Balustrade.** Diese wurde 410 v. Chr., nach dem letzten Sieg der attischen Flotte bei Kyzikos, errichtet. Das rund ein Meter hohe Reliefband aus pentelischem Marmor, das ursprünglich wie alle antiken Plastiken, farbig gefasst war, ist ein Musterbeispiel für den „Reichen Stil", eine Periode der Klassik (ca. 420-380). Etwa ein Drittel der künstlerisch hochklassigen 41 m langen Balustrade ist erhalten (im Museum) und zeigt Nike und ihr Gefolge bei einem kultischen Fest. Die Göttin thront, während ihr ein Stier als Opfer dargebracht wird, umgeben von zahlreichen weiteren, mit kultischen Handlungen beschäftigten Nike-Figuren. Ein von hier stammendes und im Akropolismuseum aufbewahrtes Meisterwerk der Sonderklasse ist die **„Sandalenbinderin".** Dank des guten Erhaltungszustands und der hohen Qualität können einzelne Reliefplatten durch Vergleich stilistischer Merkmale sogar bestimmten Bildhauern, u. a. *Kallimachos, Agorakritos, Alkamenes* und *Paionios,* zugeordnet werden.

Vom Athena-Nike-Tempel zum Parthenon

Vor dem Niketempel stand ein Altar, von dem nur Fundamente erhalten

DIE AKROPOLIS

sind. Hier, im Ostbereich des kleinen Heiligtums, erkennt man zudem Reste der mächtigen mykenischen Burgmauer, ehe man den hufeisenförmigen **Tempelbezirk der Artemis Brauronia** betritt. Die Anlage wurde Mitte des 6. Jh. v. Chr. unter *Peisistratos* als Pendant zum Heiligtum im attischen Ort Brauron, seiner Heimatstadt, errichtet. Der offene Hof war im Süden, Westen und Osten von Säulenhallen gerahmt und umfasste Altar und Kultstatue. Im Osten schloss sich einst direkt die **Chalkothek** an, eine Halle zur Aufbewahrung von Waffen und Bronzegerätschaften. Mitte des 5. Jh. errichtet und nach 432 v. Chr. im Norden mit einer Säulenhalle versehen, sind heute von diesem Bau nur noch Fundamentreste auszumachen.

Bevor wir uns dem Parthenon selbst zuwenden, sei zunächst auf einen interessanten Befund an der SW-Ecke des mächtigen Tempels hingewiesen. Hier kann man durch eine Lücke auf die Reste der **südlichen Erweiterungsmauer,** die 466 v. Chr. unter *Kimon* errichtet wurde, einen Teil der mykenischen Mauer und die Stützmauern vom so genannten Vorparthenon blicken. Die Aufschüttungen, die in diesem Bereich bei der Fundamentierung des Parthenon nötig geworden waren, sind aus **„Perserschutt",** von dem oben schon die Rede war.

Der Parthenon

Es gibt wohl kaum ein Bauwerk, das Betrachter aller Epochen und Kulturen derart in seinen Bann gezogen hat wie der Parthenon. Der in der Sonne und vor dunkelblauem Himmel unglaublich imposante **Marmortempel** ist längst nicht nur Symbol der Stadt Athen, sondern der gesamten Menschheit. Kein Wunder, dass die UNESCO den Bau als Emblem wählte und dass man sogar in den fernen USA 1896, in Nashville/Tennessee, ein 1:1-Modell errichtete.

Baugeschichte

Auch wenn der Parthenon offiziell auf Beschluss der Volksversammlung – als **Symbol des zur Großmacht aufgestiegenen demokratischen Athens** – in Auftrag gegeben worden war, blieb die treibende Kraft im Hintergrund Athens bedeutendster Politiker, **Perikles.** Er scharte die führenden Köpfe seiner Zeit, Philosophen, Autoren und Künstler, um sich. Antike Schriftquellen überliefern für den Parthenon drei Namen: die Architekten *Iktinos* und *Kallikrates* sowie den **Bildhauer Phidias.** Ob letzterer auch die Gesamtleitung innehatte, wie der antike Autor *Plutarch* („Vita des Perikles", 158f.) behauptet, sei dahingestellt, allein die Bauplastik und das berühmte, nur in Gestalt von Statuetten-Kopien und Münzbildern erhaltene Gold-Elfenbein-Standbild machen aus *Phidias* ein künstlerisches Genie. Nicht nur *Plutarch* bewunderte übrigens die Schnelligkeit, mit der der Bau realisiert

Die Ostfront des Parthenon

Karte Seite 138 u. Umschlag hinten

DIE AKROPOLIS

Das antike Athen

wurde: **447 v. Chr.** erfolgte die **Grundsteinlegung** und bereits 438 wurde der Tempel gleich nach Aufstellung des Athena-Parthenos-Standbildes anlässlich der großen Panathenäen geweiht. Bauinschriften und andere Quellen berichten, dass **432** als letzte Teile des Bildschmucks die Giebelfiguren am Bau angebracht wurden und damit der **Bau vollendet** war.

Welche **Heerscharen von Arbeitskräften** hier tätig waren, vermag man sich kaum vorzustellen – erst recht nicht, wenn man bedenkt, dass ohne das heute eingesetzte moderne Gerät gearbeitet wurde. Das heißt zwar nicht, dass die Athener keine Maschinen verwendet hätten, doch Muskelkraft und handwerkliches Geschick spielten die Hauptrolle. Der Tempel war als reiner Hausteinbau ohne jeglichen Mörtel, dafür mit präziser Verfugung errichtet worden. Das ist jedoch nicht die einzige Besonderheit. Immer wieder wurde und wird die augenscheinliche **Leichtigkeit des Marmorbauwerks** gelobt. Wie es gelang, einen aus gleichförmigen klobigen Elementen zusammengesetzten Großbau dynamisch und leicht wirken zu lassen, erkennt man, wenn man sich den Unterbau oder die Säulen genauer ansieht: Es gibt nämlich weder horizontal noch vertikal mit dem Lineal schnurgerade gezogenen Linien. Überall schwingt der Bau, hat „Kurvatur", wenn auch nur wenige Zentimeter. Der Unterbau wölbt sich zur Mitte hin um 52 cm nach oben, die Säulen weisen einen „Bauch", eine „Entasis", auf. Kein Wunder, dass viele klassizistische Nachbauten – wie die Regensburger Walhalla – so steril und kalt wirken, denn diesen optischen Trick, wie auch andere Finessen, haben erst moderne Bauforscher wieder entdeckt.

Baubeschreibung

Von der Bauform her ist der Parthenon ein **Amphiprostylos** mit einer Peristasis (Säulenumgang) von 8 x 17 dorischen Säulen aus pentelischem Marmor – je 10,43 m hoch bei 1,90 m unterem und 1,48 m oberem Durchmesser, d.h. deutlicher Entasis, versehen mit 20 Kanneluren. Die vier Ecksäulen weichen durch ihren 4,3 cm größeren Durchmesser ab – wieder ein **optischer Trick.** Der Tempel steht auf einem 30,88 x 69,50 m großem, dreistufigen Unterbau (Stylobat).

Jeweils sechs, nur den Schmalseiten vorgestellte dorische Säulen leiten zur Cella über, die nach Osten ausgerichtet ist. Sie ist zweigeteilt: Im Westen befindet sich ein fast quadratischer Raum mit einer ursprünglich von vier ionischen Säulen (nur Standplatten erhalten) getragenen Kassettendecke. In diesem so genannten Ophistodom, dem hinteren Raum, der durch ein Holzgitter abgetrennt war, wurden der **Staatsschatz** und diverse Kultgegenstände aufbewahrt. Im Osten der Cella liegt der größere, eigentliche Kultraum, in dessen Achse das Kultbild stand. Der lang gestreckte Raum war auf drei Seiten von einem schmalen, zweigeschossigen Säulenumgang (Pteron) umschlossen – eine neue Idee der Raumkonzeption.

Vorgänger und Fortbestand

Der Parthenon ist kein Neubau im eigentlichen Sinn, an seiner Stelle befand sich stets das Haupttheiligtum der Stadt. Inzwischen hat man Spuren von (mindestens) zwei Vorgängerbauten entdeckt, als „Ur-" und „Vorparthenon" bezeichnet. Der **Urparthenon** wird allgemein in die Zeit um 510/500 v. Chr. datiert. Er bestand ganz aus Poros (Kalkstein) und sein Unterbau – unter dem jetzigen Parthenon gelegen – maß beachtliche 31,4 x 76,8 m.

Für heftige Diskussionen sorgt hingegen die Datierung des **Vorparthenon,** des direkten Vorgängerbaus. Die Kontroverse im Detail zu erläutern würde zu weit führen, nur soviel: Hauptstreitpunkt ist, ob der Vorparthenon vor dem Perstersturm auf Athen im Jahr 480 v. Chr. erbaut wurde oder erst danach. Sicher ist, dass dieser Bau auf einem 23,5 x 66,9 m großem Fundament errichtet wurde und eine Peristasis von 6 x 16 Säulen aufwies – damit schmaler, jedoch etwas länger als der Nachfolger war. Da dieser Tempel bereits aus pentelischem Marmor bestand, fanden einige Bauteile im „perikleischen Parthenon" Verwendung.

Auch bezüglich der Umbauten und Veränderungen in der Folgezeit, man spricht auch vom **„Nachparthenon",** herrscht Uneinigkeit. Sind beispielsweise die Veränderungen im Inneren – die Entfernung von Säulenstellung und Kultbasis – in der zweiten Hälfte des 4. Jh. v. Chr. nach einem Brand oder erst 267 n. Chr. nach dem Herulereinfall erfolgt? Wann genau wurde der Parthenon in eine christliche Kirche verwandelt: Schon in der Spätantike oder erst im 6. Jh. n. Chr.? Sicher ist, dass der Bau gerade wegen seiner **sakralen Funktion,** die er über sechs Jahrhunderte lang innehatte, vor Plünderung bewahrt wurde. Unter der Frankenherrschaft entstand an der Westseite ein Glockenturm, den die Türken 1456-58 bei der Umwandlung in eine Moschee zum Minarett machten. **1687** jagten venezianische Truppen durch einen Kanonenschuss das hier befindliche Pulvermagazin in die Luft und beschädigten den Bau schwer. Inmitten der Ruinen errichteten die Türken dann eine kleine **Moschee,** die bis ins 19. Jh. hinein, als man begann die Akropolis wieder als antikes Denkmal herzurichten, bestand.

Der Bildschmuck

Was vom reichhaltigen Bildschmuck im Lauf der Jahrhunderte nicht verloren gegangen ist oder zerstört wurde, fiel der Explosion von 1687, der Sammelleidenschaft des Lord *Elgin* und modernen Umwelteinflüssen zum Opfer. Das Wenige, das vom einst grandiosen Parthenon-Bauschmuck übrig geblieben ist, steht heute im Museum und ist **am Bau durch Kopien** ersetzt.

Heute fällt es schwer, sich ein Bild von der prächtigen farbigen Ausgestaltung des Baus zu machen. Es war eine ungewöhnliche Kombination **verschiedener Dekorteile,** die von dorischen Metopen an der Peristasis (um 447-440 v. Chr.) über einen die Cella außen umlaufenden ionischen Fries (445-438) bis hin zu Giebelfiguren reichte, die wohl als letzter Schmuck 432 angebracht wurden. Es bleibt zu hoffen, dass man bald, wie geplant, im neuen Akropolis-Museum in Augenhöhe den gesamten Bauschmuck bewundern kann. Leider nur in Abgüssen, denn die Originale befinden sich zu 90% im British Museum, einzelne Stücke auch im Louvre und in den Vatikanischen Museen.

Von den **beiden Giebeln** befinden sich nur wenige Figuren als Kopien in situ, die von Explosion und *Elgin* übrig gelassenen Originale sind im Museum zu sehen. Auf der Ostseite war die **Geburt der Athena aus dem Haupt des Zeus** dargestellt. Obwohl die Mittelgruppe verloren ist, kann man sie nach literarischen Beschreibungen und durch Vasenbilder rekonstruieren. Torsenfragmente der bei dieser Episode immer anwesenden Götter *Hephaistos* und *Hera* sind ebenso vorhanden wie Reste weiterer Olympier, darunter *Dionysos, Demeter* und *Kore, Eileithia, Iris* und eine Trias weiblicher Gottheiten. Seitlich der Mittelszene befanden sich die Gespanne des *Helios* und der *Selene*. Thema des Westgiebels war der **Streit zwischen Athena und Poseidon** um die Herrschaft über das attische Land. Aufgrund des hohen Zerstörungsgrades ist eine genaue Rekonstruktion der Szene noch schwieriger als im Osten. Wahrscheinlich war der Streit auf seinem Höhepunkt dargestellt – *Athena* im Begriff, den Ölbaum zu pflanzen und *Poseidon* dabei, seinen Dreizack in den Boden zu stoßen, um so eine Salzquelle sprudeln zu lassen. Erhalten sind die Kopien des attischen Urkönigs *Kekrops* mit einer seiner Töchter. Götter, die sich um Athen stritten und dann die Geburt der Stadtgöttin bestaunten – welche wichtige Rolle innerhalb der griechischen Welt sich Athen selbst zumaß!

Insgesamt zierten **92 Metopen**, je 14 pro Schmalseite und 32 je Längsseite, 1,35 m hoch, das Gebälk des Tempels. Obwohl allesamt in relativ schlechtem Erhaltungszustand, beeindrucken sie aufgrund der starken Plastizität und Lebendigkeit der Figuren. Am besten erhalten ist die Südseite, wo eine **Kentauromachie,** d.h. der Kampf von *Theseus* und *Lapithen* gegen die Kentauren, dargestellt ist. Im Osten: eine **Gigantomachie,** der Kampf der Götter gegen die Giganten, im Norden Kämpfe vor und nach dem **Trojanischen Krieg** und im Westen eine **Amazonomachie.** Dank der Zeichnungen des Engländers *Jacques Carrey* von 1674 ist in groben Zügen eine Rekonstruktion möglich. Wie bei den Giebelfiguren steckt hinter den mythologischen Kampfszenen eine politische Aussage: Athen kehrte damit seine Rolle beim Kampf der Griechen gegen die Perser zu Beginn des 5. Jh. v. Chr. und den damals beginnenden Aufstieg zur Großmacht heraus.

Den dritten Teil des Bildschmucks bildete der **Fries,** 1,05 m hoch und 160 m rings um die Cellawand umlaufend. Er war nur vom Tempelumgang aus richtig zu sehen, nicht von außen. Auf dem Friesband, hoch oben, sind rund **360 menschliche Figuren** abgebildet, die sich von der Westseite ausgehend um die nördliche und südliche Längsseite nach Osten bewegen. Es handelt sich dieses Mal nicht um Mythologie, sondern um ein aktuelles Ereignis: Dargestellt ist der **Panathenäenzug,** ein Fest zu Ehren der *Athena*, das alle vier Jahre stattfand. Der Festzug begann in der Stadt und ging vom Gymnasion am Dipylon über die Agora zur Akropolis hinauf. Es handelt sich hier also um ein zeitaktuelles Thema, in dessen Mittelpunkt die rituelle Übergabe des Peplos an *Athena* (Ostseite) stand. Dieses wichtigste Fest im antiken Athen soll 566 v. Chr. von *Peisistratos* ins Leben gerufen worden sein. Vier Tage im Juli/August wurde gefeiert und neben einem großen Festumzug mit Opfern und der Peplosübergabe fanden athletische, musische und Schönheits-Wettbewerbe statt.

Die genaue Rekonstruktion des Frieses war wiederum anhand von Zeichnungen aus dem 17. Jh. *(Carrey)* möglich, die vor der Explosion 1687 entstanden sind. Am besten erhalten ist der Fries im Westen, wo die Aufstellung zum Panathenäenzug, der Aufbruch der Reiterei, dargestellt ist. Im Norden sieht man den **Zug der Opfertiere** (Stiere für *Athena* und Schafe für die mit ihr verehrte Partnergöttin *Pandrosos)*, reitende Jünglinge – Apobaten, die beim Wagenrennen auf- und absprangen –, außerdem eine Biga (von zwei Pferden gezogener Rennwagen), Hydria-Trägerinnen, Auleten (Flötenspieler) und Leierspieler. Im Süden: ein eben beendeter oder noch nicht gestarteter **Wettlauf mit Pferden,** und im Osten treffen sämtliche Beteiligte zusammen. Hier warten die zehn Phylenheroen auf die Ankunft des Zuges, ebenso **die Götterversammlung,** die der Übergabe des Peplos entgegensieht. Dieser Teil ist sehr schlecht erhalten, lediglich *Aphrodite* und *Eros* sind eindeutig identizierbar.

Im Inneren der Cella stand das viel gerühmte **Athena-Kultbild.** Es soll sich um ein kolossales Gold-Elfenbein-Standbild der Athena Parthenos (Jungfrau) aus der Werkstatt des Bildhauers *Phidias* gehandelt haben, zwischen 447 und 438 v.Chr entstanden. Wie es aussah, beschreibt *Pausanias* genauer (I, 24.5f.): Die Figur war etwas über 12 m hoch, eine stehende Frau, bekleidet mit einem von Schlangen gegürtetem Peplos, mit griechischer Aegis (Umhang) und attischem Helm, rechts auf der Hand eine Nike, links hielt die Götting Lanze und Rundschild. Der hölzerne Statuenkern war mit Gold überzogen, Gesicht und Hände aus Elfenbein geschnitzt. Wie die schon erwähnte Athena Promachos des *Phidias*

Der berühmte Pferdekopf vom Ostgiebel des Parthenon

wurde auch dieses Kultbild in der osmanischen Zeit nach Istanbul verschleppt und ist verloren. Außer der Beschreibung *Pausanias'* sind etliche römische Kopien, meist verkleinert, daneben Münzen mit der Abbildung der Kultfigur erhalten; sie geben eine gewisse Vorstellung von dem grandiosen Kunstwerk. Außerdem sind Details, wie die Szenen auf dem Schild der *Athena* durch die „Piräusreliefs", überliefert. Auf der Basis des Kultbildes wurde die Geburt der *Pandora* im Beisein von *Helios, Selene* und anderen Göttern – insgesamt 21 Figuren – gezeigt, den Helm zierte eine Sphinx, gerahmt von Pegasoi (geflügelten Pferden), und die Wangenklappen waren mit Greifen versehen. Im Schild innen war eine Gigantomachie, außen ein Gorgoneion und eine Amazonomachie dargestellt, und schließlich befindet sich zwischen der Figur und dem Schild eine gigantische Schlange.

Der östliche Teil der Akropolis

Vor der Ostfront des Parthenon stand einst der **Roma-Augustus-Tempel,** kurz nach 27 v. Chr. als einziger Kultbau nachklassischer Zeit errichtet. Die Überreste dieses römischen Tempels, der sich genau in der Mittelachse des Parthenon auf einem quadratischen Sockel aus Tuff erhob, sind spärlich. Es handelte sich um einen **Rundtempel** mit neun ionischen Marmorsäulen und -kapitellen, die jenen des Erechtheion nachgebildet waren. Im Inneren sollen sich Statuen der römischen Schutzgöttin und des *Augustus* befunden haben.

Ein Stückchen weiter, an der Südostecke der Akropolis, ist (derzeit noch) in einem Flachbau das **Akropolis-Museum** untergebracht. Die äußerste Ostspitze des Plateaus beherrschen die Reste eines türkischen Turmes, über dem im 19. Jh. ein Aussichtspunkt oder **Belvedere,** markiert durch die griechische Flagge, für die Königsfamilie gebaut wurde. Auf dem Weg dorthin streift man rechter Hand die Fundamentreste des Heroon Pandionis.

In die Nordmauer wurden, wie man allerdings nur von unten aus der Pláka erkennt, zahlreiche Spolien – Bauteile früherer Gebäude – eingebaut. Nahe der Mauer, an der höchsten Stelle des Burgbergs, stand in der Antike das **Heiligtum des Zeus Polieus** – ein offener Kultbezirk mit Altar und Stall für Opfertiere. Außer Bearbeitungsspuren im Fels ist davon heute nichts mehr erkennbar.

Das Erechtheion

Neben Propyläen, Niketempel und Parthenon gehört „der den alten Athenatempel ersetzende Tempel" zu den Höhepunkten der Akropolis. Welcher Tempel? Das hat sich wohl bereits der antike Reiseschriftsteller *Pausanias* (I, 26.5ff.) gefragt und kurzerhand einen griffigeren Namen eingeführt: **Erechtheion – „Haus des Erechtheus".** *Pausanias* erwähnt zudem, dass dieses Heiligtum auch als „Tempel der Athena Polias" bezeichnet wurde. Einerseits verehrte man hier also *Athena* als die Stadtgöttin, andererseits wurden zahlreiche alte Kulte begangen.

Der Ostteil des Tempels ist der kultische Nachfolgerbau des alten Athenatempels, während sich im Westen das eigentliche „Erechtheion" befand, in dem uralte Mythen und Kulte verschmolzen. Nicht weniger als **13 Gottheiten und mythische Heroen** sollen hier verehrt worden sein, darunter *Erechtheus/Erechtheion, Kekrops, Pandrosos* und *Butes*. Daneben huldigte man **Poseidon,** der bekanntlich mit *Athena* um die Macht über Athen gestritten hatte. Sein **Dreizackmal** soll sich unter dem Fußboden der Nordhalle befinden, **Athenas Ölbaum** hingegen im angrenzenden Bezirk der Tauschwester *Pandrosos*. Ebenfalls verehrt wurden Götter wie *Zeus, Hermes* oder *Hephaistos*. Bei der Namensgebung hat es sich *Pausanias* also leicht gemacht, indem er aus dem Kuddelmuddel verschiedener Kulte einfach einen herausgriff. Interessant ist, dass gerade in diesem jüngsten Bau der Akropolis die ältesten Kulte vereint sind, dass hier die alten Heroen, quasi die Ahnherren der adeligen Oberschicht, unter einem Dach mit der Stadtgöttin verehrt wurden. Auch architektonisch setzt sich der Bau deutlich von Propyläen und Parthenon ab.

Repräsentative Ostfassade des Erechtheions

DIE AKROPOLIS

Baugeschichte

Beim Erechtheion handelt es sich um den letzten großen Neubau auf der Akropolis. Noch wesentlich stärker als bei den Propyläen wurden **unterschiedliche Bauformen** kombiniert und verschiedene Ebenen miteinander verbunden. Vorrangiges Ziel war der Neubau eines **Tempels für Athena Polias,** die Stadtgöttin. Dieser erfolgte im ionischen Stil aus pentelischem Marmor. Durch erhaltene Bauinschriften ist der chronologische Fortgang der Arbeiten gut dokumentiert, nicht nur Arbeitsabläufe und Löhne, sondern auch die Namen der Beteiligten.

Die **Bauzeit** zog sich **von 421 bis 406 v. Chr.** hin, d.h. der Bau entstand während des Peloponnesischen Krieges, begonnen nach dem Nikiasfrieden und vollendet nach Kriegsende. Leider fehlt in den Inschriften ein Name – der des Architekten. Dass er – vielleicht *Alkamenes?* – zum Kreis um *Perikles* gehörte, kann man vermuten, denn es lagen schon zu dessen Zeit Pläne vor. Für *Perikles* hatten allerdings Parthenon und Propyläen Priorität. Eine Bauabrechnung von 409 weist auf eine Bestandsaufnahme und die Wiederaufnahme der Bauarbeiten nach einer kriegsbedingten Pause hin. 377/6 v.Chr. wird eine erste Reparatur überliefert, eine weitere Maßnahme, wohl eine Veränderung an der Westseite, fällt ins Jahr 27 v.Chr. Im 7. Jh. n.Chr. schließlich wird das Erechtheion in die **christliche Kirche Panagia Theotokos** (Gottesgebärerin) umgewandelt. Während der türkischen Besetzung der Akropolis entstand hier der Harem des Burgkommandanten – die weiblichen Stützfiguren könnten diese Verwendung mit beeinflusst haben. Dabei ging zwar die ursprüngliche Aufteilung in Athena-Polias-Tempel im Osten und chthonischen Kultraum im Westen – dem Verehrungsort der alten Erdgottheiten – verloren, doch der Bau überstand so die Zeiten einigermaßen gut.

Baubeschreibung

Auf den ersten Blick wirkt der vielteilige Bau wie „Stückwerk" und man möchte nicht meinen, dass ein einheitlicher, durchdachter Entwurf dahinter steckt. Bei Parthenon, Propyläen und Erechtheion hatten die Architekten mit **abschüssigem und unebenem Gelände** zu kämpfen und die Lösungen fielen komplett unterschiedlich aus: Überwinden Parthenon und Propyläen die natürlichen Gegebenheiten unauffällig durch Treppen oder Aufschüttungen, fügt sich das Erechtheion als Gesamtkomplex harmonisch ins Gelände ein und versucht nicht, die mehr als drei Meter Gefälle von NW nach SW – zu verschleiern.

Die Notwendigkeit verschiedengestaltiger Bauteile nutzte der Architekt gleichzeitig dazu, **alte und neue Kulte** geschickt in einem Heiligtum unterzubringen. Drei unterschiedliche, eigentlich bezugslose Baukörper ohne Symmetrieachsen, die anderen Bauformen abgeschaut waren – z.B. Megaron, Grabbau oder Monopteros – sind hier zu einem Komplex vereint. Es gibt drei verschiedene Dächer, vier verschiedene Niveaus und vier ver-

schieden proportionierte Säulenordnungen und Grundrisse. Der Bau zeichnet sich darüber hinaus durch überaus innovative Bauelemente und reichen Bildschmuck aus.

Der Ostteil des ungewöhnlichen Tempels, das **„Haus der Athena",** erhebt sich über einem dreistufigen Unterbau. Die Vorhalle (Prostylos) wird durch sechs ionische Säulen von 6,6 m Höhe und 0,7 m Durchmesser – eine hat Lord *Elgin* mitgenommen – gegliedert, ein Pronaos (Vorraum) fehlt. Durch die Vorhalle gelangt man in die Cella, breiter als lang, den Kultraum für *Athena Polias,* in dem das hölzerne Kultbild (Xoanon) aus dem Alten Athenatempel stand. Es ist ebenso wie die Innengliederung verloren. Der Bau ist mit einem flachen Giebel ohne Bildschmuck versehen, vom Fries wird noch die Rede sein.

Das eigentliche **„Erechtheion" im Westen** wird durch eine Querwand komplett vom Athena-Kultraum abgetrennt. Betreten werden konnte dieser Bereich nur durch eine kunstvoll geschmückte Tür in der Nordhalle. Diese Halle liegt auf dem tiefsten Niveau und zeigt keine achsialen Bezüge zum

Ionische Säulenordnung am Erechtheion

DIE AKROPOLIS

Hauptbau. Sie ragt unvermittelt über die Westfront des Hauptbaus hinaus und weist ein tiefer liegendes Satteldach mit Giebel nach Norden auf. Die Halle zieren vorn vier, seitlich je zwei **ionische Säulen** von 7,64 m Höhe, die aufwändig mit Flechtbändern an der Basis und Lotos-Palmetten-Fries oben geschmückt sind. Auch den oberen Abschluss der Cellawand bildet ein **ornamentaler Fries.** Ein besonders kunstvoll verzierter Türrahmen mit Lotos-Palmetten-Fries, Voluten und Eierstab sowie mehreren Ornamentbändern vervollständigen den ungewöhnlich reichen Bauschmuck. In der NO-Ecke befand sich unter dem Fußboden, sichtbar durch einen brunnenartigen Altar, das **Dreizack-Mal des Poseidon,** darüber in der Kassettendecke eine Aussparung.

Durch die monumentale Türe betritt man einen quer gelagerten Raum, der als **Prostomiaion** bezeichnet wird. In diesem Raum waren eine ganze Reihe unterschiedlichster Kultstätten untergebracht: eine „Krypta" – die Felskluft der Erechthoniosschlange –, ein Altar und an der SW-Ecke der Zugang zum **Grab des mythischen Urkönigs Kekrops.** Abgetrennt durch halbhohe Wände schlossen sich zwei weitere Kulträume mit Altären für *Hephaistos* und *Butes,* einen der Urkönige Attikas, an. Im Süden, an der Schmalseite der Halle, führte ein Treppchen in die Korenhalle, zudem gibt es eine Pforte zum offenen **Kultbezirk.** Diese Türe befindet sich an der Westfront, in einem hohen wandartigen Sockel. Die Gestaltung der über 3 m tiefer als die Ostfassade gelegenen Westfront, ist ungewöhnlich: Über dem Sockel täuscht eine Säulenstellung ein wesentlich höheres Bodenniveau vor. Es handelt sich dabei um vier Stützen von 5,6 m Höhe und 0,6 m Durchmesser, die außen die Form von ionischen Halbsäulen aufweisen und nach innen als Halbpfeiler gestaltet sind.

Der offene Kultbezirk, das so genannte **Pandroseion** im Westen, kann auch durch eine seitliche Pforte in der Nordhalle betreten werden. Der Bereich war der Kekropstochter, zugleich erste Athena-Priesterin, geweiht. In dem ummauerten, unregelmäßig rechteckigen Hof befanden sich zudem ein Zeus-Altar und -Tempelchen und hier steht heute ein **Nachkomme des heiligen Ölbaums** der *Athena*. Kurz nach dem Persereinfall 480 v. Chr. ist nach *Herodot* (VIII, 55) der Baum durch Feuer zerstört worden, trieb aber überraschend wieder aus – für die Athener ein Zeichen der Beständigkeit ihrer Stadt.

Steht man vor der Westfront, erkennt man deutlich Teile des monumentalen Porosfundaments des Alten Athenatempels, das der Neubau – vor allem die **Korenhalle** – an der Südseite teilweise überschneidet. Dieses kleinere Pendant zur Nordhalle, wiederum ohne symmetrische Bezüge dazu, zeichnet sich durch die Stützfiguren aus. Hier sind die Säulen nämlich durch Koren ersetzt, Mädchenfiguren, auch „Karyatiden" („die Frauen von Karien") genannt und das Gegenstück zu den „Atlanten". Vier lang gewandete Damen an der Südfront und je eine

DIE AKROPOLIS

seitlich stehen auf hohem Sockel und tragen das Gebälk. Die zweite Kore von Westen befindet sich im British Museum in London, die anderen Originale im Akropolis-Museum.

Ein figürlicher **Fries** unbekannten Themas, von dem, abgesehen von den Dübellöchern, nur Reste in schlechtem Zustand (im Museum) erhalten sind, umlief mit Ausnahme der Korenhalle auf 60 m Länge den Bau und wurde nur vom Dach der Nordhalle unterbrochen. Die geringen Überreste des 62-68 cm hohen Bandes lassen auf ungewöhnlich aufwändige Bildhauerarbeit schließen. Anders als üblich handelte es sich nämlich nicht um Relieftechnik, sondern um ajour (separat) gearbeitete, vollplastische Figuren, die vor dunklem Hintergrund (eleusinischem Marmor) einen beeindruckenden Material- und Farbkontrast ergeben haben müssen.

Der „Heilige Olivenbaum" vor der Westseite des Erechtheion

Der Alte Athenatempel

Der schon mehrfach angesprochene **Vorgängerbau des Erechtheions** war der Alte Athenatempel, der Tempel der *Athena Polias*, der an der Stelle des mykenischen Königspalastes des 14. Jh. v. Chr. errichtet worden war. Entstanden während der Regierung der Peisistratiden, handelt es sich hier um den einzigen, wenn auch nur als Fundament erhaltenen **Bau aus vorperikleischer Zeit** – sieht man von den spärlichen Resten des Vorparthenon ab – und um den einzigen Großbau aus der Zeit vor dem „Persersturm".

Erhalten ist vom Athenatempel ein mächtiges Kalksteinfundament, nach seinem Entdecker **„Dörpfeld-Fundament"** genannt. Um 530-520 v. Chr. soll der Bau auf Geheiß der beiden Peisitratiden-Söhne *Hippias* und *Hipparchos* errichtet worden sein. Im frühen 5. Jh. erfolgte ein Umbau, bei dem der vergänglichere Poros durch Marmor ersetzt und eine Ringhalle (Peristasis) angefügt wurde. Nach dem Beschluss den Parthenon zu erbauen, stand der – noch dazu während des Perstursms in Mitleidenschaft gezogene – Alte Athenatempel diesem Neubauprojekt im Weg. Seine Bauteile wurden in der neuen Nordmauer verbaut bzw. für das Fundament des Parthenon verwendet. **406 v. Chr.**, nachdem das Kultbild im Erechtheion einen neuen Platz gefunden hatte, wurde das alte Tempelareal schließlich komplett eingeebnet. Der deutsche Archäologe *Wilhelm Dörpfeld* brachte bei Grabungen Ende des 19. Jh. das 21 x 43 m große Fundament zwischen Parthenon und Erechtheion wieder ans Tageslicht.

Was die möglichen **Vorgängerbauten** angeht, bestehen in der Forschung wiederum erhebliche Diskrepanzen. Insgesamt hat man in den Aufschüttungsbereichen der Akropolis Reste von sechs Porosgiebeln gefunden, deren Zuordnung allerdings nicht ganz eindeutig ist. Anhand von stilistischen Vergleichen schließt man auf einen unmittelbaren Vorgängerbau, der um 570 v. Chr. entstanden ist. Man nennt ihn wegen seiner Cellagröße von 50 x 100 Fuß (16,40 x 32,80 m) **Hekatompedon** und ordnet ihm den so genannten Einführungsgiebel im Osten sowie die Figuren des *Herakles, Triton* und des *Dreileibigen* im Westen zu (im Museum). Andere Forscher tendieren dazu, den Vorgängerbau nach diesen und anderen Skulpturenfragmenten um 620-610 v. Chr. zu datieren und vermuten einen weiteren Vorläufer – einen Amphiprostylos mit Holz-Persistasis und Walmdach – um 650 v. Chr. Ob es tatsächlich so kurz aufeinander zwei Tempel gegeben hat, ist umstritten. Sicher ist hingegen, dass schon in geometrischer Zeit (1000-800 v. Chr.) ein einfacher **Kultbau** existierte.

Die Göttin *Athena* wurde anfangs nicht als „Athena Polias", als Stadtgöttin, verehrt, sondern als „Pallas Athene", die **Hüterin der Paläste**. Erst im Lauf der Geschichte, als der Palast zur Burg erweitert wurde und eine langsame Entmachtung des Adels stattfand, wurde aus dem Palast- die **Stadtgöttin**. Ihr zu Ehren wurden alle vier Jahre im Sommer die so genannten Panathenäen mit musischen und gymnischen Wettbewerben (Agone) abgehalten. 566 v.Chr. begann jener feierliche Zug im Nordwesten des Kerameikós und führte über die Agora zum Nordfuß der Akropolis und auf dem so genannten Panathenäischen Weg hinauf zum Heiligtum. Wie ein Segel aufgespannt wurde ein Peplos als Geschenk für *Athena* mitgeführt und dem Kultbild dargebracht.

Arrephorion

Schräg gegenüber dem Tempelfundament, in die Nordmauer eingebaut, erkennt man Porosfundamente, die dem Arrephorion zugeordnet werden. Ursprünglich handelte es sich um einen Rechteck-Saal mit Vorhalle und Hof. Vier Mädchen zwischen 7 und 11 Jahren aus besten Familien lebten hier und unterstützten die **Athenapriesterinnen.** Sie waren vor allem für die Anfertigung des Peplos zuständig. Von ihrem Haus führte eine Treppe zum Hof und dort gab es eine Pforte durch die Umfassungsmauer. Ein Felsgang führte zum Eros-Heiligtum und zu einer Grotte, dem Aufbewahrungsort geheimer Kultgegenstände. Das Haus der Athenapriesterin wird etwas weiter westlich des Arrephorions vermutet; Spuren gibt es keine.

Die Fundamente des Alten Athena Tempels vor dem Erechtheion

Der Akropolis-Südabhang

Die beeindruckenden Reste der Akropolis überstrahlen bis heute die anderen antiken Ruinen der Stadt. Besonders die Bauten im direkten Umfeld des Hügels werden von vielen (erschöpften) Besuchern gern links liegen gelassen. Dabei lohnen auch sie, gerade weil sie viel über das politische und soziale Leben der antiken Stadt erzählen. Leider kann man den so genannten **Peripatos,** den antiken Weg, der die Akropolis einst komplett umrundete, nur noch in Teilen ablaufen: Im Süden und Westen, wo das Areal um die Akropolis zur Fußgängerzone umgestaltet wurde. Eine Inschrift aus dem 4. Jh. v. Chr. im Fels an der Nordseite berichtet, dass der Peripatos einmal fünf Stadien und 18 Fuß lang gewesen sein soll – umgerechnet etwa einen Kilometer.

Nach dem Verlassen der Akropolis durch das Beulé-Tor wenden wir uns also zunächst Richtung Süden. Der **Rundgang** beginnt am Zugang zur Akropolis. Neben dem Souvenir-Kiosk führt eine kleine Pforte zum Südabhang (gleiches Ticket). Der Pfad endet am Südzugang an der Odos Makrigianni, gegenüber dem Zentrum für Akropolisstudien, dem künftigen Akropolis-Museum und dem Metro-Stopp.

Am Südabhang der Burg befanden sich **mehrere bedeutende Bauten:** das Odeion des Perikles, das Heiligtum und Theater des Dionysos, das Asklepieion, die Eumenes-Stoa und das Odeion des Herodes Atticus. In byzantinischer Zeit (um 1060) wurde der Südabhang sogar in die Befestigungsmauer mit einbezogen, obwohl sich doch das Wohnareal auf der Nordseite befand. Ab 1838 kamen bei Ausgrabungen im Bereich des Dionysos-Heiligtums Reste des Theaters und Teile des Heiligtums mit zwei Tempeln zum Vorschein. Ende des 19. Jh. begannen Ausgrabungen am Odeion des Perikles, die zwischen 1914 und 1927 sowie 1928 und 1931 fortgesetzt wurden. Das Asklepieion wurde schon 1875/6 erforscht, wobei neben dem Heiligtum eine frühchristliche Kirche entdeckt wurde. Vor kurzem fand hier eine neuerliche Bestandsaufnahme statt, die in der Wiederaufrichtung von Teilen des Heiligtums gipfeln soll.

● **Akropolis-Südabhang,** O. Dionissiou Areopagitou, Öffnungszeiten wie Akropolis, Zugang gegenüber dem Zentrum für Akropolis-Studien (Metro „Akropoli"), Eintritt 2 €, sowie unterhalb der Akropolis-Mauer mit Akropolis-Eintrittskarte

Odeion des Herodes Atticus

Das **Herodes-Atticus-Theater** ist der auffälligste Bau am Südabhang der Akropolis, der aufgrund seines hervorragenden Erhaltungszustands noch heute im Sommer für Veranstaltungen im Rahmen des „Hellenic Festival" genutzt wird und nur dann innen besichtigt werden kann. Am besten kann man die Bühne vom Pfad einsehen, der von der Akropolis herabführt.

Kurz nach 160 n. Chr. wurde der Bau als Nachfolger des „Odeion des Agrip-

DER AKROPOLIS-SÜDABHANG

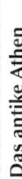

pa" geweiht, das in der Mitte des 2. Jh. n. Chr. abgebrannt war. Finanziert hatte ihn *Herodes Atticus* aus Marathon (101-177), einer der großen Mäzene der Antike, in Gedenken an seine 160 verstorbene **Frau Regilla.** Zwar wurde das Odeion, wie die meisten Bauten am Südabhang, beim Herulerangriff 267 beschädigt, doch blieben große Teile stehen. Es handelt sich um ein **Musiktheater** mit steiler halbkreisförmiger Cavea (Zuschauerränge) aus Marmor von 76 m Durchmesser, dessen Mittelpunkt die halbrunde Orchestra von 18 m Durchmesser bildet. Das 28 m hohe, einst Marmor verkleidete Bühnengebäude (Scenae frons) als vorderer Abschluss war mehrgeschossig mit Säulen und Statuen ausgestattet und reichte bis zu den obersten Sitzen bzw. der Umfassungsmauer. Es trug – was ungewöhnlich war – ein Ziegel gedecktes Dach aus Zedernholz. Auf den zwei vorhandenen Rängen, die durch einen Umgang (Diazoma) voneinander getrennt und durch Keile (Cunei) gegliedert waren, hatten ungefähr **5000 Zuschauer** in 32 Sitzreihen Platz.

Das Odeion des Herodes Atticus wird noch heute für Aufführungen genutzt

Der Akropolis-Südabhang

Folgt man dem Weg entlang dem Südabhang weiter, stößt man auf die Fundamentreste einer **Metall verarbeitenden Werkstatt** und blickt rechter Hand auf die Reste des lang gestreckten Baus der **Eumenes-Stoa**. Nurmehr Teile der Rückwand und Fundamentreste sind von dieser Wandelhalle erhalten. Benannt wurde sie nach **Eumenes II.** (197-159 v. Chr.), Herrscher über das kleinasiatische Reich von Pergamon, der als Auftraggeber des berühmten Pergamonaltars (1. Hf. 2. Jh. v. Chr.; heute Pergamon-Museum, Berlin) gilt. Er ließ diese 164 m lange Halle aus Poros, hymettischem und pergamenischem Marmor für die Besucher des Dionysos-Theaters direkt am Peripatos erbauen. Sein Bruder und Nachfolger, *Attalos II.* (160-139 v. Chr.), gab fast gleichzeitig die so genannte Attalos-Stoa auf der Agora in Auftrag. Während diese jedoch Handelszwecken diente und daher auch Rückräume aufwies, handelte es sich hier um eine zweistöckige Wandelhalle, die sich direkt an den Berghang anlehnt.

Oberhalb der Halle, linker Hand des Pfades, weiter hangaufwärts, sind die spärlichen Fundamentreste mehrerer **kleinerer Heiligtümer und Tempel** sowie staatlicher Gebäude auszumachen, deren genaue Funktion und Zuschreibung nicht immer eindeutig ist. Am Ostende der Stoa erkennt man im Südabhang noch Spuren des tempelartigen **Choregendenkmals des Nikias**, 320/19 v. Chr. errichtet. Teile davon wurden später ins Beulé-Tor am Akropoliszugang eingebaut.

Asklepieion

Linker Hand, oberhalb der Stoa, befinden sich auf einer schmalen Terrasse die Reste des **Asklepiosheiligtums**. Der Komplex lehnte sich einst mit seiner Rückwand direkt an den dafür abgearbeiteten Akropolisfelsen an. Das Heiligtum wurde um **419/8 v. Chr.** von einem Athener Bürger namens *Telemachos* in Anlehnung an das große Heiligtum in Epidauros dem Gott der Heilkunst gestiftet. Es handelte sich um eine Art **kultisches Sanatorium** und so wundert es nicht, dass sich hier auch eine Quelle befand. Um von einer Krankheit zu genesen, mussten die Patienten nicht nur *Asklepios,* dem Gott der Heilkunde und Sohn von *Apollon* und *Koronis,* ehren und Opfer darbringen, sondern auch eine oder mehrere Nächte hier im **Heilschlaf** (Enkoimesis) verbringen. Während dieser Inkubation erschien der Gott im Traum, heilte oder gab Anweisungen für die Behandlung.

In der im Osten um 350 v. Chr. errichteten, zweistöckigen dorischen, etwa 50 m langen Säulenhalle, deren Rückwand in den Fels eingearbeitet war, hielten sich die Patienten auf. Der Bau wurde in römischer Zeit umgebaut: Es entstand als Pendant am Südrand eine zweite, kleinere Halle, von der Reste erhalten sind. Im Zentrum des Komplexes stand einst der Tempel, zu dem hin sich beide Hallen öffneten – die Fundamente sind noch erkennbar (Prostylos mit vier Säulen im O). Im Westen lag eine zweite Quelle, den Nymphen und *Pan* geweiht, die als Hüter des Wassers und

DER AKROPOLIS-SÜDABHANG

der Vegetation verehrt wurden. Unter einem neuen, futuristisch anmutenden Dach sind heute die **Inschriftenfunde aus dem Heiligtum** ausgestellt. Das ganze Heiligtum wurde 267 beim Herulereinfall zerstört. Da die Bevölkerung jedoch weiter an die Heiligkeit des Ortes glaubte, entstand im 6. Jh. n. Chr. eine **christliche Kirche** (Agii Anargiri).

Prototyp des griechischen Theaters: das Dionysos-Theater

Dionysos-Theater und -Heiligtum

Der zweite Monumentalbau am Südabhang, neben dem Odeion, ist das Dionysos-Theater, Teil des Dionysos-Heiligtums. Obwohl nicht ganz so gut erhalten wie dieses, lassen die Reste dennoch seine einstige Bedeutung erahnen. Insgesamt haben Forscher **neun (!) Bauphasen** festgestellt. Begonnen wurde der Prototyp eines griechischen Theaters unter *Perikles* in der zweiten Hälfte des 5 Jh. v. Chr.; endgültig fertig gestellt war es dann unter *Lykurg*, um 330 v. Chr. Es handelt sich um das **älteste griechische Theater in Athen** und um das bekannteste nach jenem von Epidauros (340 v. Chr.).

Das griechische Theater

Dass man relativ gut über das griechische Theater Bescheid weiß, liegt nicht nur an den überlieferten Stücken, sondern auch an den zahlreichen Quellen zu Bauweise und Aufführungspraxis. Die wichtigsten Autoren sind *Aristoteles* (Poetik), *Horaz* (Ars Petikon), *Pollux* (Onomastikon), *Livius* (Ludi scaenici) und *Vitruv*.

Die Ursprünge des Theaters liegen im **Dionysoskult**, und Aufführungen fanden während der dem Gott geweihten Feste wie Lenäen, Dionysien oder Anthesterien auf dem kreisrunden Tanzplatz (Orchestra) mit dem Dionysos-Altar in der Mitte statt. Die Orchestra war so angelegt, dass die Zuschauer anfangs rings um den Hang auf dem Boden saßen. Die Skene, das Bühnenhaus, war in frühen Zeiten ein provisorischer Holz-Schuppen. Im Lauf der Zeit wurden die einzelnen Teile aufwändiger und prächtiger ausgestaltet, wobei man mit dem Dionysos-Theater in Athen zur kanonischen Form des griechischen Theaters fand.

Zunächst, in der zweiten Hälfte des 6.Jh. v.Chr., traten beim Dithyrambos oder Zweigesang ein Chor und ein Schauspieler auf - eine Vorform der **Tragödie**. Für eine Revolution sorgte dann **Aischylos** (525-456), der einen zweiter Schauspieler und damit den **Dialog** einführte und den Chor in den Hintergrund rückte. Zu dieser Zeit, um 530, wurden die ersten Tragödien - wie die „Perser", „Prometheus" oder die „Orestie"- im Dionysos-Theater aufgeführt, meist im Rahmen von Tetralogien - drei Tragödien und einem Satyrspiel - (um 500 mit *Pratinas* aufgekommen) - „im Paket". Hinzu kamen bühnentechnische Neuerungen. **Sophokles** (497-406) war es, der einen dritten Schauspieler einführte, den Chor auf 15 Choreuten erweiterte und erstmals ein **Bühnenbild** einsetzte. Zu den Publikumsschlagern damaliger Zeit zählten „Aias", „Antigone", „Oidipus" und „Elektra". Der dritte große Tragiker schließlich, **Euripides** (485-407), beeindruckte mit Stücken wie „Medea", „Die Troerinnen", „Die Bacchen" oder „Iphigenie".

In der zweiten Hälfte des 5. Jh. kam die **Komödie** - wurzelnd in Dickbauchtanz und Posse - als neue Gattung dazu und es wurden überlicherweise drei Tetralogien und fünf Komödien im Wechsel aufgeführt. Die so genannte **Alte Komödie** haben wir **Aristophanes** zu verdanken, der in der 2. Hälfte des 5. Jh. politische Inhalte satirisch zur Schau stellte. Die Entwicklung über die Mittlere Komödie (ca. 400-320, *Antiphanes*) führt zur **Neuen Komödie** des **Menander**, Ende des 4. Jh., einer Art bürgerlichen Lustspiels.

Die Aufführungen wurden in Form von **Wettbewerben** veranstaltet, finanziert von finanzkräftigen Bürgern oder „Choregen", und eine Jury wählte den besten Beitrag aus und kürte den Gewinner. Als Preis erhielt dieser im Normalfall einen **Dreifuß**, den er öffentlich aufstellte. Die Bronzekessel standen zahlreich an den Straßen, vor allem an der Tripoden- („Dreifuß"-) Straße, die sich von der Altstadt zum Theater hinzog, und auf öffentlichen Plätzen; manchmal handelte es sich auch um aufwändigere Monumente wie das **Lysikrates-Monument**. Auch am Südabhang gab es derartige Siegesdenkmäler, so jenes des **Thrasyllos** von 320/19 bzw. 270 v.Chr., unübersehbar in einem Felseinschnitt über dem Dionysostheater. Spuren im Fels deuten an, dass hier ursprünglich mehrere solche Monumente standen, die jedoch verloren gegangen sind. In der Felswand befand sich zudem eine dem Dionysos geweihte Höhle - heute eine kleine Marienkapelle -, oberhalb davon Säulen für Choregen-Monumente römischer Zeit.

Schmuckreliefs am Dionysos-Theater

Zahlreiche antike Autoren – *Aristoteles, Horaz, Livius* oder *Vitruv* – schwärmten davon. Das Theater war zur Zeit seiner Erbauung nur mit Holzreihen ausgestattet gewesen und hatte erst 338-331 v. Chr. unter *Lykurg* ein festes Skenengebäude und steinerne Sitzreihen erhalten. 86 v. Chr. zerstörten *Sullas* römische Truppen den Bau, der anschließend wiederaufgebaut wurde.

Vom Asklepieion kann man leicht zum Theater hinabsteigen. An den seitlichen Orchestra-Zugängen (Paradoi) befinden sich Basen von Weihungen für Sieger der Aufführungen und zugleich der Anfang der Tripodenstraße (siehe unten). Erhalten sind Reste der **Säulenhalle des hellenistischen Bühnengebäudes** (Scene) – mehrfach, u. a. unter *Hadrian,* umgebaut – und der **Orchestra** (19,6 m Durchmesser) mit einer Steinbarriere aus römischer Zeit zum Publikumsraum hin. Teile der Bema, des Altars in der Orchestramitte, die wohl unter *Phaidros* 425/4 v. Chr. entstanden ist, Stützfiguren (Silene) und Reliefs (Dionysos-Mythos) sind noch erhalten.

Das Theater bot einmal rund **17.000 Besuchern** Platz, die sich auf 67 Reihen in drei Rängen verteilten. Der Zuschauerraum, dessen Sitzbettungen noch gut erkennbar sind, schmiegte sich an den Hang und war in 13 Keile unterteilt. Ganz unten befanden sich die Ehrensitze für die Choregen – von der Volksversammlung gewählte finanzkräftige Bürger, die für die Organisation des Chores verantwortlich waren –, die nach Einlassspuren einen Baldachin trugen. Des Weiteren gab es steinerne Prohedrie-Sessel – Ehrenplätze für hohe Amtsträger – mit Priesterinschriften. In der Mitte stand der **Thron des Dionysos-Priesters,** der um 100 v.Chr. im neuattischen Stil aufwändig mit Löwen, Greifen und Satyrn gestaltet wurde. Dahinter erkennt man den erhöhten **Ehrenplatz für Kaiser Hadrian.** Ringsum befanden sich, wie Quellen berichten, Statuenbasen für die bedeutenden Dichter *Aischylos*, *Sophokles* und *Euripides,* deren Stücke im Rahmen der **Dionysosfeste** zur Aufführung kamen.

Dem Theater im Süden vorgelagert und durch eine Säulenhalle (um 420 v.Chr.) von diesem getrennt, ist das **Dionysos-Heiligtum.** Angeblich wurde der Dionysos-Kult im 6. Jh. v.Chr. von *Peisistratos* aus Eleutherai nach Athen gebracht, indem er ein altes Kultbild von dort in dem neu gebauten Tempel aufstellen ließ. Aus diesem Grund spricht man auch von „Dionysos Eleuthereus", der in dem Bau, von dem nur Fundamentreste erhalten sind, verehrt wurde. Der Nachfolger stammt aus der Mitte des 4. Jh. v.Chr und wurde in den 1960ern ausgegraben. Im Inneren befand sich ein Gold-Elfenbein-Standbild des bekannten Künstlers *Alkamenes.*

Östlich des Theaters entdeckten Archäologen die Mauerreste einer weiteren Bühne, des **Odeion des Perikles** (um 443/42 v.Chr.), des ersten überdachten Konzertgebäudes Athens. 86 v.Chr. wurde es von den Athenern selbst niedergebrannt, um *Sulla* bei der römischen Belagerung kein Holz zu überlassen. Zwischen 62 und 52 v.Chr. baute man das Odeion wieder auf, doch beim Herulereinfall 267 n.Chr. wurde es endgültig zerstört.

Bevor man das Areal am Südabhang verlässt, lohnt noch ein Blick auf die Reste hier gefundener Großplastiken, die unter einem neuen (umstrittenen) Dach zu bewundern sind.

Zentrum für Akropolisstudien und neues Akropolis-Museum

Das Zentrum für Akropolisstudien (O. Makrigianni 2-4, Metro „Akropoli", zurzeit geschlossen) befindet sich im ehemaligen Militärkrankenhaus Makrigianni. Zwischen 1834 und 1836 wurde es nach Plänen des bayerischen Architekten *von Weiler* erbaut und ist seit 1987 Sitz des **Forschungsinstituts der Akropolis.** Derzeit entsteht direkt daneben das neue Akropolis-Museum, und einstweilen übernimmt die neue **Metro-Station „Akropoli" Museumsfunktion:** Abgüsse vom Parthenongiebel und -fries, Vitrinen mit Originalfunden, die während der Bauarbeiten zu Tage traten, sowie ein konservierter Grabungsschnitt durch eine antike Straße stimmen auf die Attraktionen ein.

Zankapfel und Schmuckkästchen: Das Akropolis-Museum

1865 war die Entscheidung gefallen. Ein Museum auf der Akropolis musste her, um die zahlreichen Funde der Ausgrabungen aufzunehmen. 1874 fertig gestellt, platzte es schon bald aus allen Nähten, doch erst 1946-64 wurde der noch existierende Neubau auf der Akropolis errichtet und, um das Akropolis-Ensemble optisch nicht allzu sehr zu stören, tiefer gelegt. 1975 kamen erneut Pläne für einen größeren Bau ins Gespräch, und als einziger realisierbarer Standort kristallisierte sich der Platz neben dem Zentrum für Akropolisstudien heraus. Entwürfe von Architekten aus aller Welt gingen ein und wurden letztlich allesamt verworfen. 2000 wurde wieder ein Architektur-Wettbewerb ausgeschrieben, und im Frühjahr 2002 waren die Pläne des Schweizer Architekten *Bernhard Tschumi* abgesegnet worden. Die Baugrube wurde ausgehoben, doch dann stagnierten die Arbeiten wieder, wegen des Widerstands der Anwohner, der Aufschreie von Journalisten und Architekten über den modernen, „unpassenden" Bau und Diskussionen um die Aufstellungskonzeption. Derzeit schreitet der Bau mit Unterbrechungen zögerlich voran und man hofft, bis 2005 das neue Museum eröffnen zu können.

Das **alte Museum auf der Akropolis**, dessen Eingang das **Wahrzeichen der Stadt, eine Eule** aus dem 5 Jh. v. Chr. schmückt, ist von seinen Kapazitäten her restlos ausgeschöpft und von ausstellungstechnischen Aspekten völlig veraltet. Das Innere wirkt angestaubt, eng und unattraktiv, und dabei handelt es sich um das zweitwichtigste Athener Museum nach dem Nationalmuseum. Es birgt von jeher die Steinfunde von der Akropolis, die größtenteils aus dem „Perserschutt" stammen. Alle übrigen Funde – Keramik, Bronzen, Inschriften etc. – werden im National- bzw. Epigraphischen Museum aufbewahrt. Der Schwerpunkt der Sammlung liegt auf der **archaischen Zeit**, im linken Trakt sind überwiegend männliche und weibliche Statuen, Kouroi und Koren, ausgestellt – Funde aus dem Perserschutt, die 1885/86 bei den Ausgrabungen von *Kavvadias* zu Tage traten und Weihegaben an *Athena* waren. Sie erlauben ein detailliertes Studium der stilistischen Entwicklung der archaischen Plastik. Im Bauteil rechts sind Giebelreste sowie klassischer Bildschmuck, vor allem von Parthenon (Fries, Giebelfiguren, Metopen), Erechtheion (Karyatiden) und Niketempel (Fries, Balustrade) ausgestellt.

Nachfolgend sollen, im Hinblick auf den bevorstehenden Umzug der Bestände, nur die wichtigsten Stücke, nach Genres sortiert, erwähnt werden.

Bauplastik

- **Giebelfragmente,** die den verschiedenen Bauphasen des Alten Athenatempels (um 550 v. Chr., Raum 2, 3 und 5) zugeschrieben werden, darunter ein Porosgiebel mit Tierkampfgruppe (Saal 2), ein Löwenpaar, das einen Stier reißt (Saal 3), *Herakles* im Kampf mit Dreileibigem (Saal 3), der „Einführungsgiebel" (*Zeus* und *Hera* empfangen *Herakles* und *Hermes*, Saal 3), der „Ölbaumgiebel" (Saal 2) oder der eindrucksvolle Gigantenkampf (Saal 5).
- **Friesreste vom Niketempel** (Raum 5).
- Reste des **Parthenon-Giebels** (Raum 7) mit originalen Giebelsculpturen und verkleinerten Rekonstruktion des Ost- und Westgiebels.
- Reliefplatten und Fragmente vom Festzug auf dem **Parthenonfries** (Raum 8).
- **Parthenon-Metope** der Südseite (Saal 7, Kentauromachie).
- Platten der **Nikebalustrade** (Raum 9), darunter die berühmte **„Sandalenbinderin"**.
- Vier der sechs **Erechtheion-Koren** (Raum 9).

DER AKROPOLIS-SÜDABHANG

Archaische Plastik (vor allem Raum 4)

Es handelt sich um die wohl beeindruckendste Sammlung weiblicher Figuren (Koren), die einen guten Überblick über die stilistische Entwicklung geben, daneben einige Jünglinge bzw. Gruppen.

- **Kalbträger** oder **„Moschophoros"** (Raum 2), um 570/60 v.Chr. – die wohl früheste großplastische Figur aus dem „Perserschutt". Die Basis-Inschrift besagt, dass die Figur dem „(Rh)ombos" geweiht war; das „Guter-Hirte-Motiv" – ein bärtiger Mann mit Kalb über seinen Schultern – wird später in die christliche Ikonografie übernommen.
- **Reiter Rampin** (Raum 4, um 560-550, zugehöriger Kopf im Louvre), ev. Teile einer Gruppe mit *Hippias* und *Hipparchos* (*Peisistratos*-Söhne); gleicher Meister wie bei der Peploskore unten.
- **Lyoner Kore** Inventarnummer (Inv.) 269 (Raum 4, nur Unterkörper, Oberteil in Lyon, um 540), erste attische Kore in „ionischer Tracht" (Chiton und schräges Mäntelchen statt dem vorher üblichen schweren Wollpeplos); Spuren von farbiger Mäanderverzierung erkennbar.
- **Peploskore** Inv. 679 (Raum 4, um 540), altertümliche Tracht mit Peplos über Chiton, dafür fortschrittliche Frisur aus losen Wellen statt starrem „Perlschnurhaar". Farbspuren an Augen, Lippen und Haar, zudem Einlasslöcher für ein Metall-Diadem.
- **Akropoliskore** Inv. 677 (Raum 3, um 560-550), Büste, schräges Mäntelchen und fein plissierter Chiton; hält einen Granatapfel (Fruchtbarkeitssymbol).
- **Akropoliskore** Inv. 678 (Raum 3, um 540-530), ionische Tracht mit altertümlich über

beide Schultern gelegtem Mäntelchen, dreiteilige Frisur und Einlasslöcher für Ohrschmuck.
- **Akropoliskore** Inv. 683 (Raum 5, um 530), unterlebensgroß und eher plumper „Landmädchentyp"(Schuhe!); durch vorgestreckten rechten Arm größere Beweglichkeit, einzelne Farbspuren und breites Band um das Zickzackhaar.
- **Antenorkore** Inv. 681 (Raum 5, ca. 525-520), von dem Töpfer *Nearchos* geweiht (Inschrift), Bildhauer war *Antenor*. Das Verhältnis zwischen Körper und Gewand gibt einen Datierungsanhalt und legt eine Entstehung nach der Lyoner Kore nahe; Diadem-Einlassspuren.
- **Aristodikoskore** Inv. 682 (Raum 4, um 520), mit Spuren für die Anbringung eines Meniskos auf dem Kopf, eines Schirmchens zum Schutz gegen Vögel, außerdem Bemalungsreste.
- **Seelenkore** oder **„Kore mit den Sphinxaugen"** Inv. 674 (Raum 4, um 500), nach den mandelförmigen Augen benannt; dünner Chiton und schräges Mäntelchen, lebendig aufgelöste Haare, Diadem auf dem Kopf mit Mäandermuster. Das charakteristische „archaische Lächeln" ist hier verschwunden – ein Datierungsanhalt.
- **Akropoliskore** Inv. 685 (Raum 4, um 500), gut erhaltene Farbspuren an den Haaren.
- **Akropoliskore** Inv. 675 (Raum 4, um 515-510), aus Chios, mit Künstlerinschrift „Archermos" und Bemalungsspuren.

Klassische Plastik (Raum 6)
- **Euthydikoskore** Inv. 686 (um 500/490), Gesichtsausdruck als Anhaltspunkt für die Datierung in den „Strengen Stil" (um 490), den Übergang zwischen Archaik und Klassik.
- **Trauernde Athena** (um 460), Grabstele aus der Zeit des Strengen Stils mit Darstellung einer *Athena* in gegürtetem Peplos.
- **Blonder Ephebe** (um 480), stilistisch verwandt mit der Euthydikoskore.
- **Kritiosknabe,** wie der Blonde Ephebe jüngster Fund aus dem Perserschutt und Beispiel für den Übergang von der Archaik zur Klassik; dem Künstler *Kritios* zugeschrieben und um 480 datiert; erstmals „Ponderation", d.h. Gewichtsverschiebung und Bewegung der Hüftachse durch leicht angewinkeltes, unbelastetes rechtes Bein (Spielbein).
- **Prokne und Itys** (Vorhalle), um 430 von *Alkamenes* geschaffen.

Urkundenreliefs
- **Vertrag mit Samos** (Vorhalle), *Athena* gibt anderer, nicht näher identifizierbarer weiblicher Gottheit die Hand, darunter Inschrift, die die Datierung in das Jahr 405 v. Chr. rechtfertigt.
- **„Lenormant-Relief"** (Raum 9) mit der Darstellung eines Kriegschiffs, um 410/400.

Das Zentrum für Akropolisstudien

ABSTECHER ZUM OLYMPIEION

Beim Verlassen des Areals am Akropolis-Südabhang erkennt man am Ostende der Odos Areopagitou (Fußgängerzone) bereits ein weiteres antikes Monument: das **Hadrianstor**. Zusammen mit dem dahinter befindlichen **Olympieion** symbolisiert es die neuerliche Blüte Athens unter dem **römischen Kaiser Hadrian** (117-138 n. Chr.). Durch das Hadrianstor verlief eine antike Verbindungsstraße vom Zentrum Richtung Osten. Das Tor markierte die **Grenze** zwischen dem „alten", griechischen Athen und dem neu entstandenen römischen Villenviertel am Ilissos-Fluss, der im Hymettos-Gebirge entspringt und heute größtenteils unterirdisch verläuft.

Das 18 m hohe und 6 m breite Tor aus pentelischem Marmor kann man derzeit nur von außen, vom Leoforos Amalias aus betrachten. 131/2 n. Chr. hatte es der Stadtrat Athens als Ehrung für Kaiser *Hadrian* in Auftrag gegeben. Der Bogen wird durch korinthische Pilaster gegliedert und trägt auf dem Architrav **zwei Inschriften:** Jene in Richtung Akropolis weisende besagt „Dies ist Athen, die alte Stadt des *Theseus*" und war ursprünglich möglicherweise mit einer Theseusstatue geschmückt. Auf der gegenüberliegenden Seite steht hingegen „Dies ist die Stadt *Hadrians* und nicht die des *Theseus*" und hier stand wohl eine Hadrians-Statue.

Der **Zugang zum Olympieion** liegt einige Schritte weiter Richtung Osten am Leoforos Vass. Olgas. Die Reste des gigantischen Tempels bilden das Herzstück eines größeren Ausgrabungsareals mit antiken Hinterlassenschaften verschiedener Epochen. Der **„Tempel des Olympischen Zeus"** gilt als größter griechischer Tempel überhaupt. Ehe man vom Eintrittshäuschen kommend durch das Zugangstor den Tempelbezirk betritt, passiert man nördlich die Reste eines Wohnareals aus dem 4. Jh. v. Chr. Das daneben lie-

Das Hadrianstor trennte einst das alte griechische vom neuen römischen Athen

gende **römische Bad** war zur Regierungszeit *Hadrians,* 124-132 n.Chr., erbaut und bis ins 7. Jh. benutzt worden. Zu erkennen sind davon noch die Fundamente eines achteckigen Frigidariums (Kaltbad) mit Nischen, eines kleinen Tepidariums (Warmbad) und des Caldariums (Heißbad) sowie im Osten ein Nymphäum.

Den Tempelbezirk des Olympieions betritt man, wie einst, durch ein schmales **Propylon.** Darunter liegen die Reste eines Tores der Stadtmauer, die 479/78 v.Chr. unter *Themistokles* entstanden war. Bei der Anlage der Tempelterrasse und dem Ausbau der Stadt in römischer Zeit war die Stadtmauer hier abgerissen worden. Das **Tempelareal** umfasst einen gepflasterten Hof (260x130 m), auf dem Kaiserstatuen standen und den eine Umfassungsmauer umgab. Der Riesentempel im ionischen Stil, von dem noch **15 der ursprünglich 104 Säulen** aufrecht stehen, erhebt sich über einem Podium (206x127 m) und misst rund 110x40 m. Es handelt sich um einen so genannten **Dipteros,** d.h. der Kernbau war von einer doppelten Säulenhalle umgeben, mit Säulen im korinthischen Stil. An den Fronten sind es sogar drei Reihen von je acht Säulen, längs standen je 20 Säulen von 17,25 m Höhe. Eindrucksvoll zeigt eine 1852 eingestürzte Säule des Tempels (die westlichste der 15 erhaltenen), die Mächtigkeit der einzelnen Trommeln. Im Inneren der nicht mehr existenten Cella befanden sich ein monumentales Zeuskultbild und eine Hadriansstatue.

An eben dieser Stelle, auf einem Hügel über dem Ilissos, hatte sich, zunächst unter freiem Himmel, seit Menschengedenken ein **Zeusheiligtum** befunden. Mitte des 6. Jh. v.Chr. entschloss sich *Peisistratos* zum Bau eines 30x60 m großen Peripteros, der jedoch nicht weit gedieh. Seine Söhne waren weniger bescheiden: Ein **ionischer Riesentempel** nach dem Vorbild des Heratempels auf Samos, mit dessen Bau der Tyrann *Polykrates* gerade begonnen hatte, musste her. Man lehnte sich in Grundriss und Größe, aber auch was die Details anging, an diesen an. Als der letzte Peisistratide 510 vertrieben worden war und gemäß *Vitruv* vier Baumeister arbeitslos wurden, war erst ein Bruchteil der großen Pläne realisiert.

Nach dem **Sturz des Tyrannengeschlechts** verfiel der angefangene Bau und *Themistokles* verwandte 479 v.Chr. Säulentrommeln für den Stadttorbau. Erst *Antiochos IV. Epiphanes* (176-164 v.Chr.) ließ 175 v.Chr. von dem römischen Architekten *Cossutius* auf dem alten Fundament einen Tempel in **korinthischer Ordnung** ganz aus Marmor beginnen. Waren die eher verspielten, rundansichtigen korinthischen Kapitelle bisher im Innenraum oder an kleinen Rundbauten verwendet worden – z.B. am Lysikratesmonument –, machte sich *Antiochos* mit seinem Hang zu Prunk und der hellenistischen Vorliebe für Kontraste und Fernwirkung den Widerspruch zwischen den monumentalen Ausmaßen der Säulen und den eher zierlichen Kapitellen als Stilmittel zu Nutze.

Doch auch dieser Bau blieb nach dem überraschenden Tod des Herrschers 164 v. Chr. halbfertig liegen. 85 v. Chr. „entführte" *Sulla* einige Säulen nach Rom, wo sie am kapitolinischen Jupitertempel verwendet wurden. In augusteischer Zeit versuchten einige Fürsten, wie *Sueton* berichtet, erfolglos den Tempel zu Ende zu führen. Erst **Hadrian** wollte sich mit dem Monumentalbau selbst ein Denkmal setzen und forcierte bis **132 n. Chr.** die Fertigstellung nach den originalen Plänen des *Cossutius*. Daher ist auch umstritten, welche Säulen aus hellenistischer und welche aus römischer Zeit stammen. Der römische Architekt wiederum hatte den Grundriss vom Peisistratidenbau übernommen, allerdings statt Poros Marmor vorgesehen und die klassisch attisch-ionischen Säulen mit korinthischen Kapitellen versehen.

Bis zum Ende der Antike galt der Tempel als viel bewundertes Vorbild, heute steht er hingegen kaum mehr beachtet im Schatten der Akropolis. Obwohl im **Mittelalter als Steinbruch** benutzt, vermitteln die Reste noch immer ein eindrucksvolles Bild von den Dimensionen. In den 1960ern hat man das Tempelareal erforscht und sich zur teilweisen Wiederaufrichtung entschlossen.

Das **Ausgrabungsareal am Flüsschen Ilissos** ist derzeit nicht zugänglich und nur teilweise vom Tempelpodium aus einsehbar. Sowohl *Platon* als auch *Pausanias* erwähnen zahlreiche **Heiligtümer südlich des Olympieions**, deren Gründung in die Frühzeit der Stadt zurückreichen soll. Die meisten konnten aufgrund fehlender eindeutiger Funde nicht sicher identifiziert werden. In erster Linie waren neben einigen Heiligtümern Reste antiker Häuser zu Tage gefördert worden – ein Beleg dafür, dass sich hier das Zentrum der unter *Hadrian* aufgeblühten römischen Stadt befand.

●**Olympieion,** Eingang am Leoforos Vass. Olgas, Di-So 8-18.30 Uhr, Eintritt 2 €

AREOPAG UND AKROPOLIS-NORDABHANG

Nach Besichtung des Olympieions kann man sich entweder an der Haltestelle „Akropoli" in die U-Bahn setzen oder aber über die neue breite **archäologische Fußgängerzone,** die O. Dionissiou Areopagitou zurück Richtung Akropoliszugang laufen. Dabei geht es linker Hand vorbei an einigen sehenswerten historischen Gebäuden wie dem Wohnhaus Nr. 17, 1930 von *B. Kouremenos* im Art-déco-Stil erbaut. Vom Reißbrett des gleichen Architekten stammt das Haus Nr. 37, das heute im Besitz der Kunstakademie ist.

Einen Abstecher lohnt das ungewöhnliche **Ilias-Lalaounis-Schmuckmuseum** – ein exklusives Museum mit Shop und hübschem kleinen Café im Innenhof. Hier wird künstlerisch hochkarätiger zeitgenössischer und nach historischen Vorbildern gefertigter Schmuck von verschiedenen Designern, vor allem von *Ilias Lalaounis,* der

AREOPAG, AKROPOLIS-NORDABHANG

in Athen und anderen Städten Schmuckgeschäfte betreibt, ausgestellt. Man kann Juweliere bei der Arbeit beobachten und es gibt Wechselausstellungen.

● **Ilias-Lalaounis-Schmuckmuseum**, O. Karyatidon 4A/Kalisperi, Tel. 210 922 1044, Mo, Do, Fr, Sa 9-16, Mi 9-21, So 11-16 Uhr, Eintritt 3 €; Mi 15-21 Uhr und Sa 9-11 Uhr Eintritt frei

Die **O. Dionissiou Areopagitou** erweitert sich am Fuß der Akropolis zu einem kleinen Platz. Von hier führt die O. Apostolou Pavlou Richtung Thissio/Agora, ein anderer Weg Richtung Musenhügel und Pnyx und ein Pfad zur Akropolis. Letzterem folgen wir zunächst, um noch rasch den **Ausblick** vom im Westen der Akropolis gelegenen Areopag, einer kahlen Felskuppe, zu genießen. Der **„Ares-Hügel"** („areios pagos" – der Hügel des Kriegsgottes *Ares*) war einst Sitz des Archon *Basileus*, der über Mord, Brandstiftung und ähnliche Vergehen zu Gericht saß. Vom einstigen **antiken Gericht**, das seit *Drakon* im späten 7. Jh. v. Chr. zunächst als Adelsrat hier tagte, ist nur wenig erhalten. Dafür hat

Die archäologische Fußgängerzone, von der schon König Otto träumte, ist heute Wirklichkeit

AREOPAG UND AKROPOLIS-NORDABHANG

der Ort **mythische Bedeutung,** soll doch hier schon *Orest* wegen der Ermordung seiner Mutter *Klytämnestra* vor Gericht gestanden haben. Vor dem Areopag bekannte sich *Paulus* um 50 n. Chr. im Angesicht der Athener zum Christentum und bekehrte **Dionysios Areopagites,** der nach seinem Märtyrertod unter *Domitian* vom ersten Bischof Athens zum Schutzheiligen der Stadt avancierte.

Der derzeit einzige Zugang führt über eine steile und rutschige in den Fels geschlagene Treppe auf die Plattform, von der man einen guten **Blick auf Agora** und die umgebende Stadt hat. An der Nordseite des Hügels sind Fundamentreste einer byzantinischen Basilika auszumachen. Es handelt sich um die **Kirche des** besagten **Areopagiten Dionysios** (6. Jh.). Im Nordosten, etwas hügelabwärts, erkennt man die Erinnyen-Grotte, in der Antike ein Asyl für Mörder und entlaufene Sklaven. Im Nordwesten des Areopags, vor dem Eingang zur Agora, führte einst eine Felstreppe zu einem Wohnareal klassischer und hellenistischer Zeit. Die Region zwischen Areopag und Agora war bis zum 6. Jh. v. Chr., als die Siedlung wuchs, als Friedhof genutzt worden. Erhalten sind Reste eines Hauses aus dem 5. Jh. n. Chr. mit Badeanlage, bezeichnet als **„Philosophenschule".**

Vom Areopag fällt der Blick zugleich auf den steilen **Nordabhang der Akropolis,** wo verschiedene Baureste und Grotten erkennbar sind. Gleich um die Ecke, etwa auf Höhe des Agrippamonuments, befand sich die **Klepsydra-Quelle,** seit dem Neolithikum durch einen Brunnen markiert. Die erkennbaren Reste stammen von einem Quellhaus, das um 470 v. Chr. erbaut wurde. Ursprünglich war die Quelle über eine (heute zugemauerte) Felstreppe zugänglich, die unmittelbar vor dem Seitenflügel der Propyläen begann. Unterhalb des Torbaus liegt eine mehrteilige Höhle mit großen **Grotten für Zeus, Apollon und Pan.** Von hier führte schon in mykenischer Zeit eine Treppe zur Akropolis hinauf.

Praktische Tipps

Essen & Trinken

Mehrere Cafés und Snackbars befinden sich um den Metrostopp „Akropoli"
- **aglio, olio & peperoncino,** O. Makrigianni 13, kleines Lokal mit ungewöhnlichen Pasta-Gerichten mediterranen Einschlags (ab 7,50 €)
- **De Luxe,** O. Falirou 15, Tel. 210 924 3184, nur abends; unten hip und schick mit Bar und Musik, oben Restaurant mit kreativen Gerichten zu gehobenen Preisen
- **Edodi,** O. Veikou 80, Tel. 210 921 3013, nur abends geöffnetes Lieblingsrestaurant der Athener, ehemals „Bajazzo" des Österreichers *Klaus Feuerbach;* die Gerichte werden roh vorgeführt und erst dann zubereitet
- **Socrates' Prison Taverna,** O. Mitseon 20, Tel. 210 922 3434, nur abends geöffnet; gute Fleischgerichte (v. a. Lamm), nicht ganz billig
- **Strofi,** O. Rovertou Galli 25, Tel. 210 921 4130; beliebt bei Künstlern, typisch griechische Küche
- **Symposio,** O. Erechthiou 46, Tel. 210 922 5321, nur abends, „farmfrische" Produkte, teils aus organischem Anbau, serviert auch im Freien mit Akropolisblick

Einkaufen

- Museumsshop und Kiosk (Getränke, Snacks) sowie Poststelle am Akropoliszugang

Pnyx, Musen- und Nymphenhügel

Vom kleinen Platz, den die Straßen Dionissiou Areopagitou und Apostolou Pavlou bilden, führt südwestwärts ein Weg auf einen in der Antike wichtigen **Höhenzug** mit Pnyx sowie Musen- und Nymphenhügel. Sie begrenzten einst das antike Stadtgebiet und bilden heute ein beliebtes **Parkareal**. Seit 479 v. Chr. und dem Bau der Stadtmauer liegt die Hügelkette innerhalb des Stadtgebiets. Die südliche Erhebung ist der **147 m hohe Musen- oder Philopappos-Hügel,** beliebt wegen seines Ausblicks auf Athen und den Saronischen Golf. Vom Platz führt ein ausgeschilderter Weg hinauf.

Dabei fällt der Blick zunächst auf die kleine **Kirche Agios Dimitris Lombardaris** mit ungewöhnlichem Holzumgang und Holzschindeldach. Dass es hier besonders an Sonntagen vor Leuten wimmelt, liegt nicht nur an der Kirche, sondern auch am dahinter liegenden **Ausflugscafé**. Die alte Kirche ist einerseits beliebt, da sie dem *Dimitrios,* einem der „Lieblingsheiligen" der Griechen, geweiht ist, andererseits wegen einer historischen Episode: Den osmanischen Machthabern war die christliche Kirche stets ein Dorn im Auge, besonders wegen der Festivitäten zu Ehren des heiligen *Dimitrios.* Deshalb fasste der türkische Befehlshaber *Yusuf Aga* den Entschluss, die Kirche von der Akropolis aus mitsamt den Pilgern in Schutt und Asche zu legen. Das Massaker war für den Festtag des Heiligen, den 26.10.1645, vorgesehen, doch als das Feuer eröffnet werden sollte, setzte ein Unwetter ein. Ein Blitz schlug in die Propyläen ein und das Pulver explodierte – der Schuss ging nach hinten los.

Gegenüber der Kirche beginnt der gut ausgebaute Pfad zum Philopappos-Monument (teilweise Treppen). Er führt vorbei an den Resten von **Stadtmauer** und **Langen Mauern,** die den Weg zwischen Athen und Piräus schützen sollten, sowie an Zisternen und Felskammern, eine davon fälschlich als „Gefängnis des Sokrates" bezeichnet. Der Mauerbau war nach den Perserkriegen, nach 479 v. Chr., von *Themistokles* in Auftrag gegeben worden. Die Befestigung war mehrfach erneuert und in der Spätantike mit Wehrtürmen versehen worden.

Philopappos-Monument

Das Philopappos-Monument hat dem ganzen Hügel den Namen gegeben. In der Antike war er als „Museion", als Musen-Hügel, bekannt, da sich hier ein Musen-Heiligtum befunden haben soll. Allein der **Ausblick** entschädigt für den Aufstieg, doch auch das Bauwerk ist eine nähere Betrachtung wert. 114 bis 116 n. Chr. hatte es die Stadt für **Julius Antiochos Philopappos** – römischer Ex-Konsul, Beamter und Enkel des letzten Seleukiden-Königs *Antiochos IV.* – erbauen lassen. *Philopappos* hatte in Athen eine neue Heimat gefunden und galt als angesehener und spendabler Bürger. Ausgrabungen

Pnyx: In der Antike Treffpunkt der Volksversammlung, heute lauschiges Plätzchen

fanden bereits Ende des 19. Jh. statt und bei einer Nachgrabung 1940 stellte man fest, dass Fundamentteile für die Konstruktion des Minaretts auf dem Parthenon verwendet worden waren.

Innerhalb eines **eingezäunten Areals** steht ein Bau von 9.80 x 9.30 m Größe mit pyramidalem Dach aus weißem pentelischem Marmor und einer Grabkammer im gut 3 m hohen Poros-Sockel, der mit hymettischen Marmorplatten verkleidet ist. Die Fassade an der Nordseite, von der Akropolis her sichtbar, war reich geschmückt, eine Art Ahnengalerie hellenistischer Herrscher. Als im 15. Jh. *Kyriakos* von Ancona hierher kam, um fünf Inschriften zu kopieren, war die Fassade noch komplett erhalten; heute nur noch teilweise. Auf dem Sockelrelief erkennt man *Philopappos,* als römischer Konsul auf einer Quadriga dargestellt und von Liktoren begleitet. Darüber öffnet sich eine Nische mit

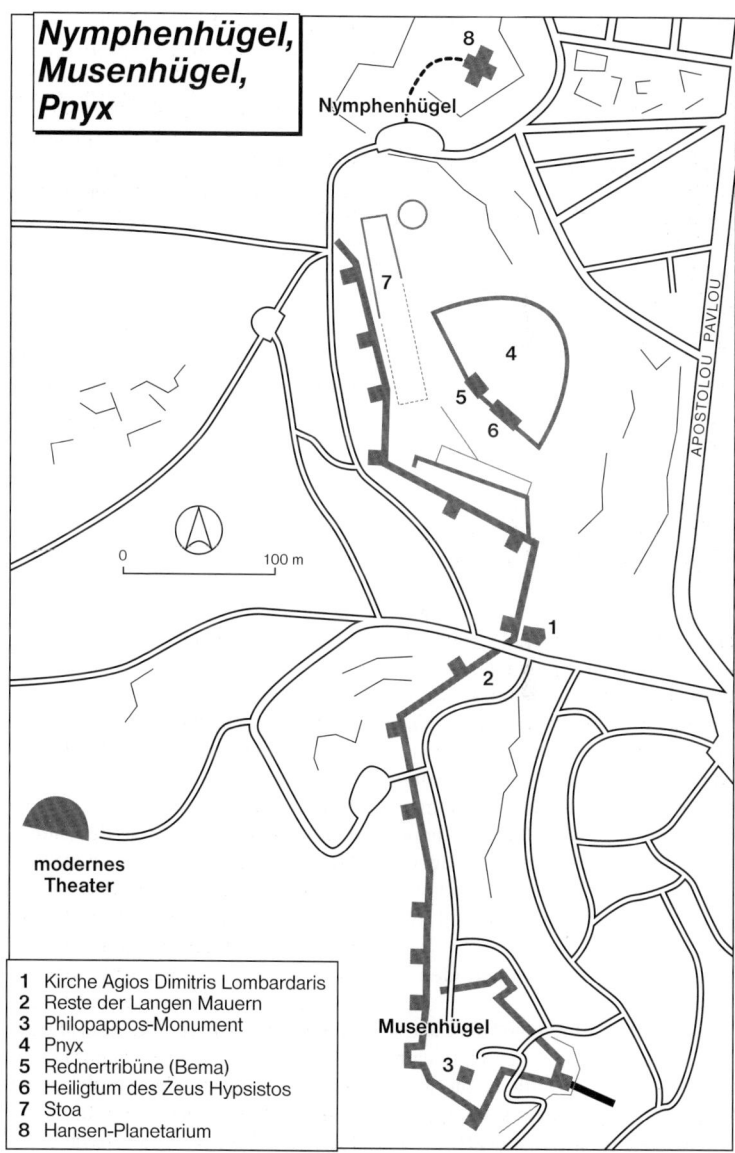

Pnyx, Musen- und Nymphenhügel

seinem Sitzbild, gerahmt von einer Statue des *Antiochos IV.,* seinem Großvater, der bis 72 v. Chr. König war, und von *Seleukos I. Nikator* (304-281 v. Chr.), dem Dynastiebegründer (nach Inschriften).

Pnyx

Zwischen Musen- und Nymphenhügel, den beiden Haupterhebungen des Höhenzuges, befindet sich an der Nordostseite in etwa 110 m Höhe eine Mulde. Das Areal ist über den Weg, der bei der Kirche Agios Dimitrios nach rechts führt, erreichbar. Da sich hierher nur wenige Touristen verirren, ist dies ein idealer Ort für ein Päuschen oder Picknick, wiederum inklusive Ausblick. In der Antike ging es hier nicht so beschaulich zu, denn seit *Kleisthenes* 507 v. Chr. das Mitspracherecht für Athener Bürger eingeführt hatte, tagte hier die **Volksversammlung** (Ekklesia). Der heutige Zustand geht auf einen Umbau der Anlage 404/3 v. Chr. zurück. Es handelt sich um eine **theaterähnliche halbrunde Anlage** ohne feste Sitze. Im Südwesten stand ein Podest für die Redner. Hinter dieser in den Fels geschlagenen Rednertribüne (Bema) befanden sich ein Zeusaltar, eine Stoa und eine Stützmauer.

Es lassen sich **drei Bauperioden** unterscheiden:

- **Ende 6. Jh. v. Chr.** erhielt die Ekklesia neue Bedeutung und benötigte einen Tagungsort. Der Hang fungierte als Tribüne. Hier saßen oder standen die Teilnehmer mit Blick zur Stadt.

- **Um 404/3 v. Chr.** fand eine Umorientierung statt. Im Norden wurde eine halbkreisförmige Stützmauer errichtet und die Bema nach Süden verlegt. Nun saßen die Bürger mit dem Rücken zur Stadt.

- Unter *Lykurg* (**330-26 v. Chr.**) wurde die Anlage unter Beibehaltung des Grundrisses allseitig erweitert, dazu wurde eine neue halbkreisförmige Stützmauer aus Kalksteinblöcken (erhalten) und eine neue Bema errichtet.

Oberhalb der Bema befand sich das **Heiligtum des Zeus Hypsistos** – hier als Heilgott verehrt – mit Felsnischen für Weihungen. Darüber erkennt man Reste der Steinsitzreihen für Besucher, die von hier das Geschehen auf der breiten Terrasse des Heiligtums verfolgen konnten.

Nymphenhügel

Den nordwestlichen Ausläufer des Höhenzuges bildet der Nymphen-Hügel. Die **Nymphen – göttliche Geburtshelfer** – wurden vor allem von Frauen verehrt. Heute markiert die Kuppel einer **Sternwarte** den Hügel. Sie stammt von *Theodor von Hansen,* wurde 1843-46 nach Plänen von *Schaubert* erbaut und 1905 erweitert (derzeit geschlossen). Spuren des alten Nymphenheiligtums mit Inschrift sind beim Pförtnerhäuschen erhalten. Vorbei am Hansen-Planetarium erreicht man wieder die O. Apostolou Pavlou (Fußgängerzone) und von hier führt der Rundgang weiter durch das Stadtviertel Thissio zum Kerameikós.

Von Thissio zum Kerameikós

Folgt man der neuen archäologischen Fußgängerzone zur Metro-Station „Thissio", ist es nur ein Katzensprung zum **antiken Friedhofsareal**. Es empfiehlt sich jedoch ein kleiner Umweg durch die Viertel **Thissio und Gazi**. Sie sind – zusammen mit dem sich an Gazi anschließenden **Rouf** – dabei, sich als neue „In-Viertel" in Sachen Essen und Nachtleben zu etablieren und wie das nahe Psirrí „schick" zu werden. Thissio erstreckt sich zwischen Agora und Kerameikós und war einst der Sitz zahlreicher Möbel- und Metallwerkstätten. Heute sind besonders die Hauptachsen O. Apostolou Pavlou und vor allem O. Iraklidon mit netten Hotels, Tavernen und Cafés beliebte Treffs der jungen Athener.

Wir folgen der O. Iraklidon zu einer der Attraktionen des Viertels, der **alten Poulopoulos-Hutfabrik**, mit interessanter Fassade und trapezoidem Grundriss. 1985 unter Denkmalschutz gestellt, fungiert die alte Hutfabrik heute als **Kunst- und Kulturzentrum.**

● **Poulopoulos-Hutfabrik**, O. Iraklidou/Pireos, Di-Sa 9-13, 17-21, So 9-13 Uhr

In nächster Nähe ein weiteres „zweckentfremdetes" frühes Industriedenkmal: die **Gazi Factory Workshops.** Zwischen 1862 und 1984 war das Gaswerk in Betrieb, heute sind in die Hallen Werkstätten und Galerien, eine Klinik, das Kulturzentrum „Technopolis" und der erste private Radiosender Griechenlands „98,4 FM" eingezogen.

Der Kerameikós

Die wohl am wenigsten besuchte der antiken Sehenswürdigkeiten Athens dürfte wohl der Kerameikós sein. Dabei handelt es sich um den bedeutendsten der zahlreichen **antiken Friedhöfe** der Stadt. Reste von gleich **zwei antiken Stadttoren** sind zu sehen, und nicht zuletzt ist das Areal eine grüne Oase mitten in der Stadt mit üppiger Flora und Fauna und bewohnt von einer großen Schildkrötenpopulation. Durch das Gelände fließt der **Eridanos,** heute nurmehr ein Rinnsal. Er entspringt an den Hängen des Lykabettos und durchfließt unterirdisch in einem antiken Kanal das Stadtzentrum, ehe er durch das Heilige Tor, parallel zur **Heiligen Straße,** oberirdisch das Stadtgebiet verlässt.

Der Name „Kerameikós" leitet sich von den **antiken Töpfern (kerameis)** ab, die wegen der Brandgefahr über viele Jahrhunderte außerhalb der Stadtmauern ihre Werkstätten betrieben. In römischer Zeit entstand hier sogar ein regelrechtes Künstlerviertel. In der Antike wurden aber auch die Toten aufgrund der Seuchengefahr stets vor den Mauern der Stadt, an den Ausfallstraßen, bestattet. Dort entstanden ganze **Gräberstädte** (Nekropolen), wie eben der Kerameikós, der aus mehreren Grabbezirken bestand, die sich nach Alter und Ausstattung unterscheiden. Sie entwickelten sich um die beiden Straßen, die hier durch

Von Thissio zum Kerameikós

die Stadttore Athen verließen: das so genannte **Heilige Tor** und das **Dipylon** (Doppeltor) – einst der Hauptzugang zur Stadt. Jüngeren Datums ist die Kirche **Agia Triada** im Hintergrund.

In den letzten Jahren kamen auch für das Kerameikós-Areal Pläne zur Neugestaltung ins Gespräch. Zunächst sollte eine Trasse der Athener Metro unter dem Gelände durchgeführt werden. Proteste der Archäologen, der griechischen und internationalen Medien und einzelner europäischer Politiker konnte den Plan jedoch vereiteln. Als man dann bei den schon begonnenen Bauarbeiten – bereits 5,8 Mio. Euro waren investiert worden – **antike Massengräber von Pestopfern** fand, erging ein endgültiger Baustopp. Jetzt wird die Metro am Kerameikós vorbeigeführt. Die Anlage des antiken Friedhofs wird dafür in jenen Plan einbezogen, nach dem die verschiedenen Ausgrabungszonen der Stadt (Olympieion, Akropolis, Agora, Kerameikós, Akademie) durch die bereits mehrfach

Blick auf den größten antiken Friedhof der Stadt, den Kerameikós

angesprochenen Promenade verbunden werden. Dieses so genannte **Enopiisi-Projekt,** das dank finanzieller Unterstützung durch die EU 2003 größtenteils Formen angenommen hat, stellt eine wesentliche Verbesserung dar. Seit Frühsommer 2003 sind Ausgrabung und Museum geschlossen und eine Neueröffnung (möglicherweise mit geänderten Zeiten und Eintrittsgeldern) ist für 2004 geplant. Welche Umgestaltungen genau stattfinden, ist derzeit noch unklar.

Forschungsgeschichte

Die ersten wissenschaftlichen Ausgrabungen wurden **1863** von der Griechischen Archäologischen Gesellschaft in Angriff genommen. 1913 wurde das Gebiet zur weiteren Erforschung dem DAI, der Abteilung Athen des **Deutschen Archäologischen Instituts,** übergeben und seither forschen auf dem 38.500 qm großen Gelände deutsche Archäologen. 1998 begann eine neue Ausgrabungskampagne, deren Ziel die Erforschung der Akademiestraße im Bereich des Grabungsgeländes ist. Dabei wurde vor dem Dipylon ein Abschnitt der römischen Straße frei gelegt.

Am südwestlichen Rand dieser Straße stellte man **zwei Bebauungsphasen** fest: einmal eine ausgedehnte Anlage aus großen, wasserdicht verputzten Becken, die wegen der Funde von Purpurschnecken als Teile einer **Färberei** interpretiert wurden. Nach der Verfüllung dieser Becken wurde das Gelände Ende des 1. Jh. n. Chr. eingeebnet. Nun entstand eine Serie von **Grabbauten** am Straßenrand, die etwa 150 Jahre Bestand hatten. Die Steinblöcke sind wahrscheinlich im Zuge der drohenden Barbareneinfälle in der 2. Hälfte des 3. Jh. n. Chr. für die Verstärkung der Stadtmauer verwendet worden. Über den Ruinen luden die Kerameikóstöpfer des ausgehenden 3. und 4. Jh. n. Chr. ihren Töpferschutt ab. Im Mai 2002 sorgte ein spektakulärer Neufund für Aufsehen: Man fand die **Reste eines Kouros,** dessen „Zwilling" schon 1916 im Nordtor verbaut entdeckt worden war und sich heute im Nationalmuseum befindet. Man schreibt auch diese Jünglingsfigur von ca. 600 v. Chr. dem so genannten Diphylonmeister zu. In nächster Nähe wurden außerdem Fragmente einer Sphinx (um 560 v. Chr.) und von Löwen sowie Bauteile gefunden, die im Fundament der Themistokleischen Mauer verbaut waren.

Geschichte

Ab dem **Ende des 3. Jtsd. v. Chr.** sind einzelne Gräber am Eridanos-Südufer nachweisbar, im 12. Jh. v. Chr. entstand dann auch am flachen Nordufer eine Nekropole. Ab dem 10. Jh. v. Chr. sind mehr Bestattungen am Südufer, zwischen Heiliger und so genannter Gräber-Straße, festzustellen. In der archaischen Zeit (7./6. Jh. v. Chr.) wurden 6-10 m breite Erdhügel üblich, daneben gab es auch gemauerte Rechteckanlagen mit Flachdach. Auf die Gräber wurden nun statt der vorher üblichen Grabvasen **Stelen oder Statuen** gestellt.

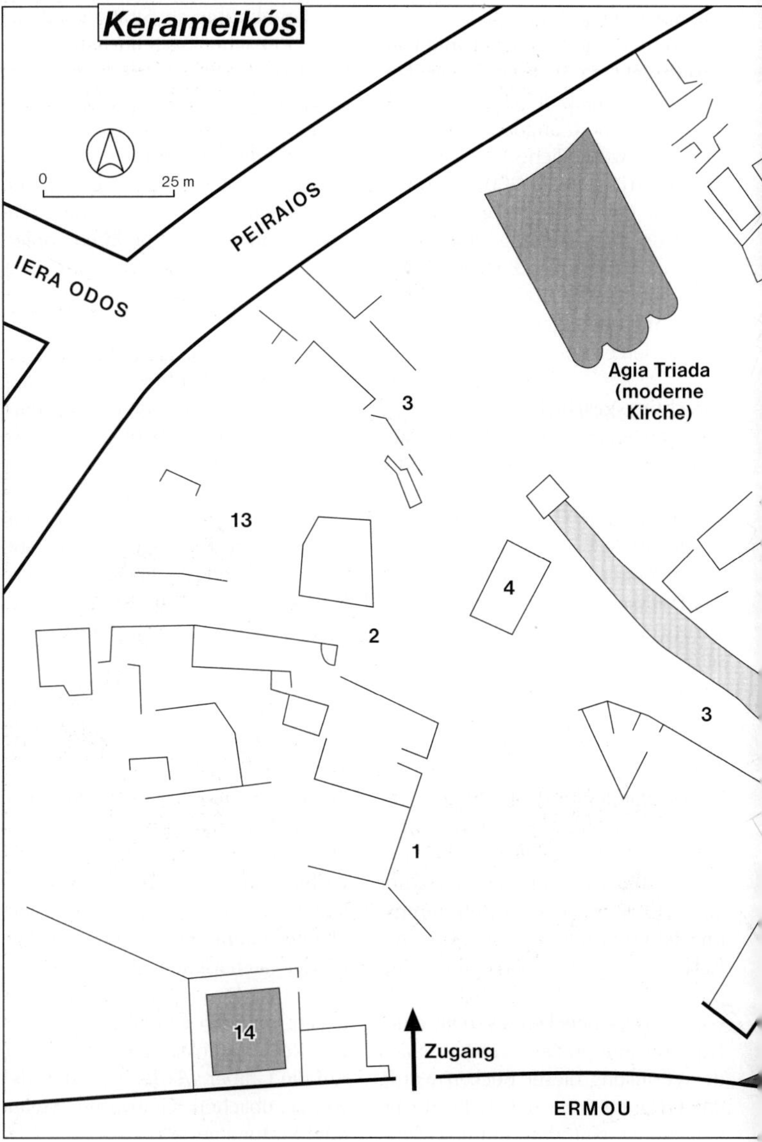
Kerameikós
0
25 m
PEIRAIOS
IERA ODOS
3
Agia Triada
(moderne
Kirche)
13
4
2
3
1
14
Zugang
ERMOU

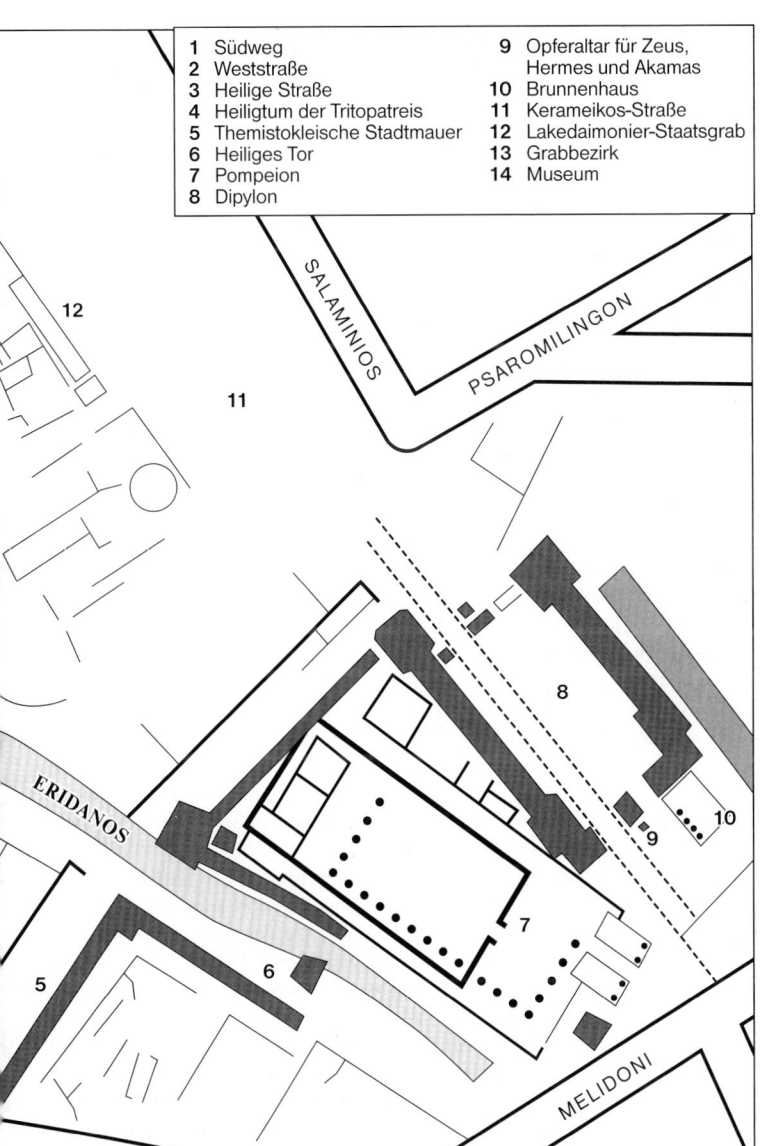

Von Thissio zum Kerameikós

Große Einschnitte brachte das **5. Jh. v. Chr.:** 479 wurden die Stadtmauer neu gebaut und die beiden Stadttore angelegt, zudem erließ die Volksversammlung auf Initiative des *Kleisthenes* ein **Gräberluxusgesetz** um die Prunksucht zu unterbinden. Dieses Gesetz wirkte nur vorübergehend, denn bereits in der Spätklassik (Ende 5./4. Jh. v. Chr.) war wieder **prächtiger Grabschmuck** – Statuen, Stelen, Steingefäße oder Löwenfiguren – verbreitet *(Cicero, De legibus 2.26)*. Um 317/16 v. Chr. folgte das **zweite Gräberluxusgesetz** des *Demetrios von Phaleron*, in dessen Folge meist nur noch einfache Steinsäulen aufgestellt wurden. Große Schäden richteten **86 v. Chr.** der Einfall und die Zerstörungen durch römische Truppen unter *Sulla* an. Nach dem Wiederaufbau blieb es bis zum Herulereinfall im 3. Jh. n. Chr. ruhig. Im Lauf der Spätantike geriet der Friedhof und das Handwerkerviertel mehr und mehr in Vergessenheit und schon im 6. Jh. war das Areal verwildert und teilweise zugeschüttet.

Rundgang

Man beginnt den Rundgang mitten im Grabbezirk südlich der so genannten Weststraße. Dem **Südweg** folgend, geht es vorbei an Familiengräbern, darunter dem „Grabmal von Demetria und Pamphile", hinunter ins Tal des Eridanos zur **Weststraße.** Wo sie von der Heiligen Straße abzweigt, lag einst ein kleiner Platz, und das **Heiligtum der Tritopatreis** – der Windgötter und Urahnen – markierte die Stelle. Die **Heilige Straße** führt nun Richtung Stadtmauer. Im Kerameikós ist ein Abschnitt der antiken Stadtmauern aus dem frühen 5. Jh. v. Chr., die so genannte **themistokleische Mauer** mit zwei Toren und Resten des Stadtgrabens erhalten. Die Mauer trennte einst das Areal in zwei Teile, den inneren und den äußerer Kerameikós. Innen lag das Wohnviertel, außen Friedhof und Werkstätten. Mehrfach wurde die themistokleische Stadtmauer erneuert. Nach dem Persereinfall war die Angst vor Überfällen gewachsen und die Stadt wurde daher von einer Festungsanlage mit 13 Toren geschützt. Interessant sind die Mauern, Tore und Türme auch wegen des Baumaterials, denn vielfach wurden ältere Grabmonumente mit verwendet.

Durch das schmale **Heilige Tor** führte die Heilige Straße von der Stadt zum etwa 20 km entfernten Demeterheiligtum nach Eleusis. Das Tor wurde aus Kalksteinblöcken errichtet und was heute erhalten ist, stammt aus dem 4. Jh. v. Chr., als die themistokleischen Anlage erneuert wurde. Der Zugang war durch Türme gesichert und eine Gasse führte zum eigentlichen Tor.

Zwischen diesem und dem benachbarten Dipylon, innerhalb der Stadtmauer, lag das **Pompeion,** ein säulenumstandener Hof mit Speiseräumen und anderen Zimmern, entstanden um 400 v. Chr. Zerstört wurde es 86 v. Chr., später aufgebaut und im 2. Jh. n. Chr. durch eine geschlossene dreischiffige Halle ersetzt. Im Pompeion fanden die Vorbereitungen und die Aufstellung des Festzuges der festlichen Prozessionen (pompe) anlässlich der Feier der **Panathenäen** zur Akropolis statt. Im Inneren wurden auch sakrale Objekte für den Panathenäenzug aufbewahrt.

Direkt nördlich schließt sich das breite **Dipylon** („Doppeltor") an. Der jetzige Zustand geht wie beim Heiligen Tor auf eine Erneuerung im 4. Jh. v. Chr zurück. Das Dipylon war einst eines der wichtigsten Tore der Stadt und wegen des starken Verkehrs mit einem doppelten Durchgang versehen. Wieder passiert man zwei Ecktürme um in einen breiten Innenhof zu gelangen, an dessen Ende das Doppeltor, von weiteren zwei Türmen gesichert, Zugang in die Stadt gewährte. Mit 1800 qm handelte es sich hier um die **größte Toranlage der griechischen Antike.** Kaum befand man sich in Sicherheit, konnte man den Göttern danken und sich reinigen: Zwischen den beiden Toren stand ein **Opferaltar** für *Zeus, Hermes* und *Akamas* und linker Hand des Zugangs ein **Brunnenhaus,** 307-304 v. Chr. erbaut.

In der Antike führte eine breite Straße von der Agora hierher zum Dipylon. Vor dem Tor gabelte sich diese noch innerhalb der Stadt in die Heilige Straße, die durch das Heilige Tor nach Eleusis weiterführte, und die **Kerameikós-Straße,** die durch das Dipylon hinausführte zur Akademie, die antike Schule des Philosophen *Platon*. An dieser Straße entstand außerhalb der Stadt ab dem 5. Jh. v. Chr. eine Art Staatsfriedhof, die „Demosion Sema". Auf Kosten des attischen Staates wurden hier Gräber für gefallene Bürger und prominente Politiker errichtet, darunter das **Lakedaimonier-Staatsgrab.** Es wurde 403 v. Chr. für die gefallenen Hilfstruppen errichtet, die mitgeholfen hatten, die Stadt vom Schreckensregime der 30 Tyrannen zu befreien.

Heute können Besucher die Straße Richtung Akademie nicht weiter verfolgen. Deshalb führt ein schmaler Pfad vor der Kirche Agia Triada zurück zur Heiligen Straße und überquert dabei den Eridanos. Zwischen Heiliger Straße und der sich gabelnden Weststraße stehen **antike Familiengrabstätten.** Obwohl es sich vielfach um

Das Pompeion war Ausgangspunkt des Panathenäen-Umzugs

Zementkopien (Originale im Kerameikós- oder Nationalmuseum) handelt und vieles nur fragmentarisch erhalten ist, erhält man noch heute eine gute Vorstellung. Die Grabmonumente auf ihren hohen Unterbauten trugen reichlich Skulpturenschmuck, teils Reliefs, teils vollplastische Figuren. Im Jahr 2000 wurde als eines der letzten Denkmäler das bekannte Wahrzeichen des Kerameikós, der kolossale **Stier über dem Grab des Dionysios von Kollytos** (345-338 v.Chr.) ins Museum gebracht und durch eine Kopie ersetzt.

Kerameikós-Museum

Am Zugang zum Grabungsgelände befindet sich das Museum. Während die Funde aus älteren Grabungen in das Nationalmuseum gebracht wurden, sind hier jene **seit Beginn der deutschen Ausgrabungen** ausgestellt. Der Bau ist eine Stiftung des deutsch-amerikanischen Industriellen *Gustav Oberländer* (1867-1936) und wurde nach Plänen des Architekten *Heinz Johannes* errichtet und 2003/4 renoviert. Anhand ausgewählter Beispiele wird hier die Ausprägung der **Grabsitten,** die stilistische Entwicklung der **Grabbeigaben** (alltägliche Dinge wie Astragale, Lampen, Parfümfläschchen, Schmuck etc.) und des **Grabschmucks** (Tongefäße, Stelen) über mehr als ein Jahrtausend, von submykenischer Zeit (11. Jh. v.Chr.) bis zum Ausgang der Antike veranschaulicht. Wegen der beschränkten Ausstellungsfläche befindet sich das Gros der Funde derzeit in Magazinen, die nur mit Sondergenehmigung besichtigt werden dürfen.

Sehenswerte **Reste von Grabmonumenten** sind zwei Reliefbasen mit Reitern bzw. Ballspielern (Mitte 6. Jh. v.Chr.), das Bruchstück der Stele eines Boxers (560-550 v.Chr.) und eine Marmorsphinx (550-540 v.Chr.). Die Grabstele mit der Darstellung eines Mannes mit Stock und Schwert (um 560 v.Chr.), die Grabstele der *Amphárete* mit ihrem Enkelkind (430-420 v.Chr.), jene des *Eupheros* (um 420 v.Chr.), des *Dexileos* (394/3 v.Chr.) oder der *Eukoline* (380-370 v.Chr.) sind weitere Beispiele. Im letzten Viertel des 5. Jh. kamen großformatige Marmor-Grabgefäße, ebenfalls mit Reliefbildern, auf, wobei sich die Formen je nach Geschlecht und Status der Verstorbenen unterschieden.

In den anderen Räumen ist abgesehen von Kleinfunden die **Vasensammlung** beachtlich, die einen guten stilistischen Überblick von protogeometrischer Zeit bis zur „Westabhang-Keramik" gibt. Besonders sehenswert sind die **Amphoren aus der geometrischen Zeit,** eine Amphora (Vorratsgefäß) des Piräusmaler (ca. 820 v.Chr.), eine rotfigurige Hydria (Schöpf- und Gießgefäß) des *Meidias* (um 430 v.Chr.) oder eine schwarzfigurige Lekythe (Salbgefäß) des Amasis-Maler mit der Darstellung des *Dionysos* und zweier Satyrn (um 550 v.Chr.).

●**Kerameikós und Kerameikós-Museum,** Eingang an der O. Ermou 148, tgl. HS 8.30-19 Uhr, NS 8.30-15 Uhr; Eintritt 2 € inkl. Museum

Praktische Tipps

Essen & Trinken

- **Aristera-Dexia,** O. Andronikou 3 (Rouf), Tel. 210 342 2380, Trend-Lokal mit kreativer Nouvelle Greek Cuisine in ultramodernem Ambiente; im Sommer auch Freiplätze; nicht billig
- **Café Filistron,** O. Apostolou Pavlou, nette Atmosphäre und tolle Aussicht auf Agora und Akropolis; Eis, Kaffee, Ouzo, Mezedes und kleine Gerichte sowie eine gute Weinauswahl
- **Herodion,** O. Apostolou Pavlou, 29, mittags oder abends gute Mezedes, dazu Akropolisblick
- **Kitrino Podilatou,** O. Keramikou 116-118 (Gazi), Tel. 210 346 5830, nur abends geöffnet, eines der kreativsten und exklusivsten Lokale der Stadt mit großer Weinkarte
- **Mamacas,** O. Persefonis 14, Tel. 210 346 4984, tgl. ab 14 Uhr, edel gestylte Taverne mit Freiplätzen und kreativen Gerichten aus besten lokalen Produkten, angeschlossene Weinbar
- **Mr. Pil Poul,** O. Apostolou Pavlou 51/O. Poulopoulou, Tel. 210 342 3665, nur abends wird hier Weltklasseküche zu gehobenen Preisen serviert
- **Thalatta,** O. Vitonos (Gazi), Tel. 210 346 4204, Mo-Sa abends, So mittags; eines der besten Fischlokale Athens

DIE AGORA – DAS ANTIKE ZENTRUM

„Feigen, Gerichtsvollzieher, Trauben, Äpfel, Zeugenaussagen, Rosen, Honig, Prozesse, Myrte, Verlosungsgeräte, Ringe, Wasseruhren, Gesetze und Beschuldigungen" – all das konnte man nach Ansicht des Komödiendichters *Eubulos* (4. Jh. v. Chr.) auf der Agora bekommen. Die Agora fungierte einst als wichtiger **Handelsplatz** und zugleich Sitz von **Verwaltungseinrichtungen,** hier fanden große Bürgerversammlungen, Wahlen für öffentliche Ämter und in mehreren Gebäuden Gerichtsverhandlungen statt. Berühmtestes Beispiel war 399 v. Chr. in der Stoa Basileios der **Prozess gegen Sokrates.** Auch der athenische Redner und Politiker *Demosthenes* (384-322 v. Chr.) wurde hier verurteilt. Sein Neffe *Demochares* gab um 280 bei *Polyeuktos* eine Porträtstatue seines Onkels in Auftrag, von der zahlreiche Kopien weltweit erhalten sind.

Doch auf der Agora war noch mehr geboten: Götter und Helden wurden in Heiligtümern verehrt, man fand **sechs Tempel** und zahlreiche Altäre. Zudem entdeckte man auf dem Areal **mehr als 200 Gräber** (15.-6. Jh. v. Chr.). Ehe das Dionysos-Theater fertig war, wurden hier Schauspiele aufgeführt und vor Erbauung des Stadions fanden Sportwettbewerbe und Pferderennen statt, ebenso große Feste wie die „Theseia" zu Ehren des mythischen Heros *Theseus* – ein mehrtägiges Fest mit Opfern, Umzug, musikalischen und sportlichen Darbietungen sowie einem Gratis-Festmahl für alle Bürger. Auch der Panathenäen-Umzug passierte auf seinem Weg vom Kerameikós zur Akropolis die Agora.

Die Agora als wirtschaftlicher, administrativer, politischer und gesellschaftlicher **Mittelpunkt der Stadt** war berühmt geworden durch **Sokrates,** der hier seine legendären Reden hielt und Gespräche führte. In ihrer Multifunktionalität war die griechische Agora Vorgängerin der römischen Kaiser-

DIE AGORA – DAS ANTIKE ZENTRUM

foren und somit der Platzanlagen in den späteren europäischen Städten. Es existieren zahlreiche antike Quellen, die Aufschluss über Funktion, Bedeutung und Einzelbauten der Agora geben (z. B. *Pausanias* I, 3ff.).

Die einstige Bedeutung der Agora kann man sich heute angesichts des wild überwachsenen, idyllischen Ruinenfelds kaum mehr vorstellen. Mit Ausnahme des **Hephaistostempels** – dem besterhaltenen griechischen Tempel aus dem 5. Jh. v. Chr. – und der wiedererrichteten **Attalos-Stoa** sind die meisten Bauten nur noch in Form von Fundamenten erhalten und man hat Mühe, sich die antike Pracht vorzustellen. Auch pulsiert hier kein Leben mehr, sieht man von trillerpfeifenden Wärtern und orientierungslos durch die Wildnis stapfenden Besuchern ab.

Im Umfeld der **Odos Adrianou,** die von der Metro-Station „Thissio" (und somit vom Kerameikós) an der Agora vorbei hinein in die Pláka führt, ist hingegen auch heute noch etwas los: Das liegt nicht nur daran, dass das Areal (besonders sonntags) zum riesigen Flohmarkt mutiert, sondern auch daran, dass die Region wegen ihrer schicken Cafés, Bars und Tavernen ein beliebten Treff geworden ist. Der **Hauptzugang zum Ausgrabungsareal** erfolgt von Norden (Hauptzugang Pl. Thissio/O. Adrianou 24) über die Trasse der Metro-Linie nach Piräus. Hier befindet sich auch ein **Übersichtsplan.** Ein weiterer Zugang befindet sich nahe Akropolis/Areopag im Süden.

Baugeschichte

Dass das Gelände heute recht chaotisch wirkt, liegt auch an seiner problematischen Baugeschichte. Hier wurde quasi ständig gebaut und renoviert, das Aussehen des Areals änderte sich von Generation zu Generation und es kam immer wieder zu **Zerstörungen** – wie beim Persersturm 480/79 v. Chr., nach dem Einfall der Römer unter *Sulla* 86 v. Chr., dem der Heruler 267 n. Chr. oder der slavischen Invasion 582 n. Chr. Gegen Ende des 6. Jh. n. Chr. wurde die Gegend allmählich verlassen und der Staub und Schutt der Jahrhunderte legte sich über das einstige Zentrum, bis in türkischer Zeit ein Wohngebiet entstand.

Funde von Brunnen und Gräbern aus dem **11.-7. Jh. v. Chr.** legen nahe, dass der Bezirk nördlich der Akropolis seit dieser Zeit auch bewohnt war. Ursprünglich lag die Agora wohl weiter im Westen und erst im 6. Jh. v. Chr. kam es zu einer Verlagerung nach Norden an den jetzigen Platz. Es soll *Solon* gewesen sein, der den Anstoß dazu gegeben hat und die Umgestaltung vom Wohn- und Begräbnisplatz zum öffentlichen Platz einleitete.

Als im 2. Viertel des 6. Jh. v. Chr. **Peisistratos** an die Macht kam, begann der planmäßige Ausbau und etliche neue Bauten entstanden (12-Götter-Altar, Südost-Brunnenhaus, Gebäude F, Panathenäen-Straße). Nachdem 508/7 v. Chr. die **Kleisthenischen Verfassungsreformen** den Weg zur Demokratie geebnet hatten, baute man verstärkt Gebäude für die neuen Regierungsinstanzen, z. B. das so genannte alte Bouleuterion, die Stoa Basileios, die Heliaia, aber auch einige kleinere Heiligtümer an der Westseite. Zudem wurden um 500 v.Chr. **Grenzsteine** zur Abgrenzung des Areals an den Zugängen – mit der Inschrift „Ich bin die Grenze der Agora" – aufgestellt. Einen weiteren Ausbau konnten auch die persischen Zerstörungen 480/79 v.Chr. nicht stoppen, erst in der Mitte des 5. Jh. v.Chr. verlagerten sich die Bauaktivitäten auf die Akropolis, und während des Peloponnesischen Kriegs kamen die Baumaßnahmen auf der Agora fast ganz zum Stillstand; nurmehr kleinere Ausbesserungen fanden statt. Erst im letzten Drittel des 5. Jh. v.Chr. rückten die Baumaschinen wieder an um das Hephaisteion zu errichten. Im 4. Jh. v.Chr. waren die wichtigsten Gebäude vorhanden und nur noch wenige Neubauten, wie das so genannte **Neue Bouleuterion** (415-406 v.Chr.) oder die Süd-Stoa I (430-420 v.Chr.), entstanden.

In der Epoche des Hellenismus kam es zur Einfassung des Areals durch Hallenbauten wie die Attalos-Stoa, so dass im 2. Jh. v.Chr. die endgültige rechtwinklige Form erreicht war und man endlich von einer **Platzkonzeption** sprechen konnte. Ab Mitte des 1. Jh. v.Chr. wurden römische Mäzene als Bauherren bedeutsam. Es entstand ein neuer Marktplatz östlich der Agora, die so genannte **römische Agora**, dafür konnte jetzt der zentrale Platz der „alten" Agora bebaut werden: zunächst mit dem Odeion des Agrippa und einem Ares-Tempel, dann mit Bibliothek, Basilika und Nymphaion. Damit wurde das wohl durchdachte hellenistische Baukonzept mit offenem Platz in römischer Zeit grundlegend verändert.

Ausgrabungen

1859 fanden die ersten Ausgrabungen statt, 1896/7 übernahm das DAI Athen die Regie und in den 1930ern war es die American School of Classical Studies, die mit systematischen Ausgrabungen begann und sie bis heute fortführt. Nur das „Thission" oder Hephaisteion (siehe unten), war als antiker Bau stets sichtbar gewesen. Zwar waren Reste der Attalos-Stoa schon 1859-62 freigelegt worden, die **Identifizierung des Geländes** als Agora war jedoch erst 1934 möglich, als außer dem Odeion und dem Apollon-Patroos-Tempel auch noch die Tholos und der 12-Götter-Altar zum Vorschein kamen. Nach dem Zweiten Weltkrieg wurden die Grabungen fortgesetzt, dabei musste ein ganzes Stadtviertel mit rund 400 Bauten auf 12 ha Fläche weichen. 1953-56 erfolgte die Rekonstruktion der Attalos-Stoa und seine Umgestaltung zum Museum, finanziert u.a. durch *John D. Rockefeller Jr.*, und 1972-75 die erste Restaurierung des Hephaisteion.

Stoa Poikile

Heute durchschneidet die Trasse der Metrolinie 1 nach Piräus das Grabungsareal an der Nordseite. Nördlich der modernen Odos Adrianou stößt man auf antike Reste, die zum Umfeld der Agora gehören. In einem abgezäunten Areal verbergen sich ein

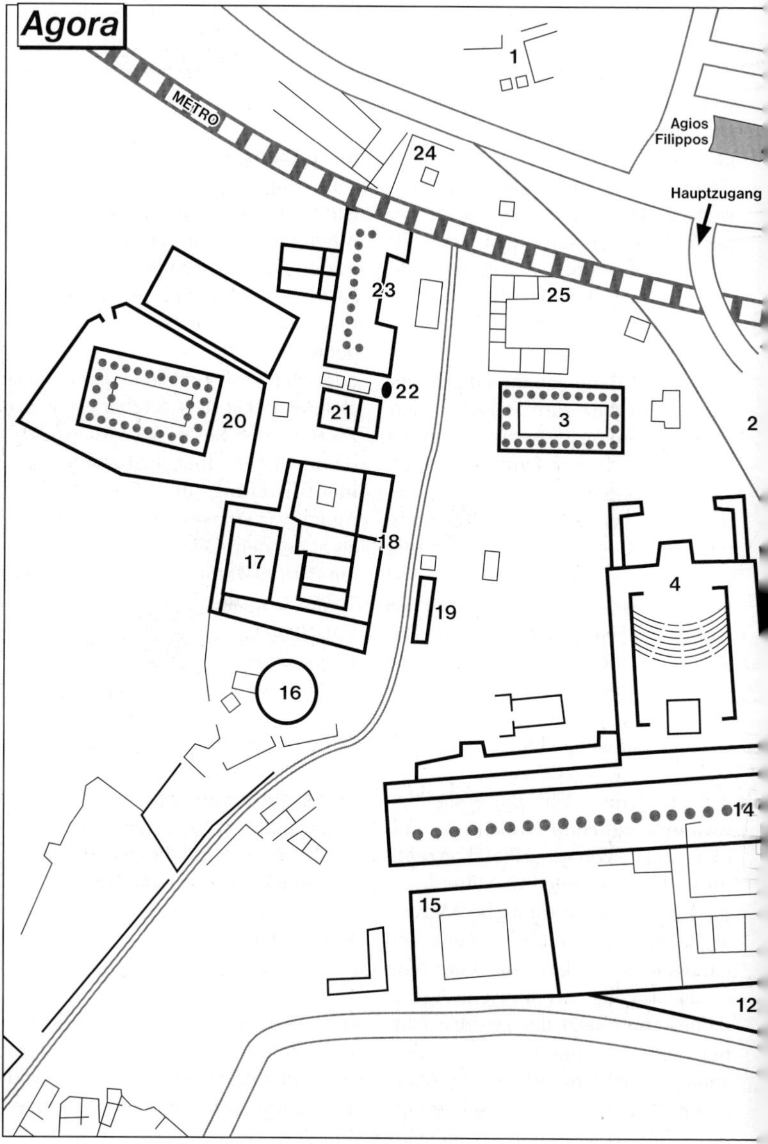

Die Agora – das antike Zentrum

Die Agora – das antike Zentrum

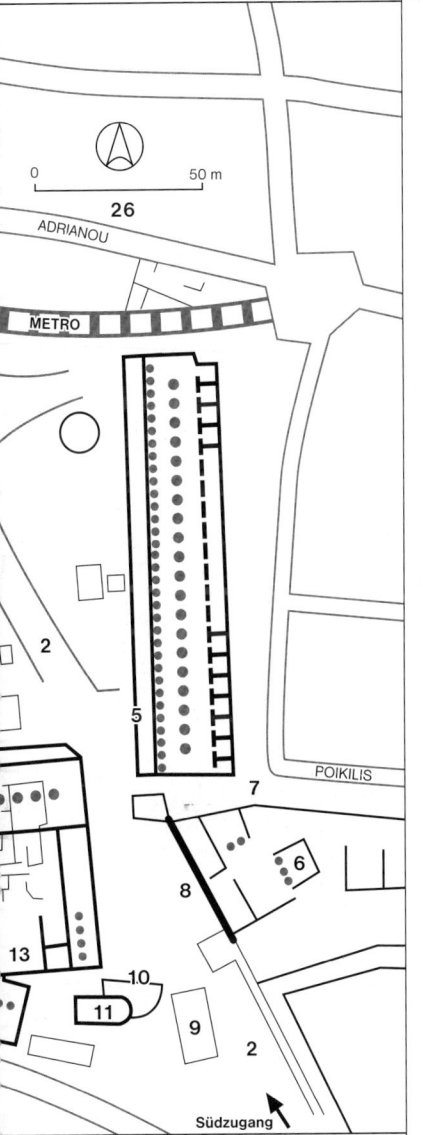

1 Stoa Poikile
2 Panathenäen-Straße
3 Ares-Tempel
4 Odeion des Agrippa/ Gymnasium
5 Attalos-Stoa (Agora-Museum)
6 Bibliothek des Pantainos
7 Verbindungsstraße zur Römischen Agora
8 spätantike Befestigungsmauer
9 Südost-Tempels
10 Nymphäum
11 Kirche Ágii Apóstoloi
12 Südstoa I
13 Südstoa II
14 Mittelstoa
15 Heliaia
16 Tholos
17 Bouleuterion
18 Metroon
19 Denkmal der Eponymen Heroen
20 Hephaisteion (Theseion)
21 Tempel des Apollon Patroos
22 Schrein des Zeus Phratrios & der Athena Phratria
23 Stoa des Zeus Eleutherios
24 Stoa Basileios
25 Zwölf-Götter-Altar
26 Mehrere Lokale und Cafés an der Odos Adrianou wie z.B. Café Dioskuri, To Uvli und Dia Tanta

DIE AGORA – DAS ANTIKE ZENTRUM

MÖRDER ODER FREIHEITSHELDEN?

Die noch junge athenische Demokratie schuf sich um **510 v.Chr.** ihr erstes Denkmal. Der Künstler *Antenor* wurde beauftragt, eine Bronzestatuengruppe der beiden **„Tyrannenmörder" Harmodios und Aristogeiton** zu schaffen, die als Freiheitshelden und Märtyrer für die demokratische Ordnung gefeiert werden sollten. Dabei wussten nicht nur *Thukydides* und *Aristoteles*, dass die der Weihung zugrunde liegende Tat alles andere als heldenhaft war. Am Tag des Panathenäen-Umzugs im Jahr 514 v.Chr. hatten die beiden Männer auf der Agora, am Leokorion (einem nicht lokalisierten Heiligtum für die Töchter des *Leos*, die bei Hungersnot oder Seuche angerufen wurden), einen **Anschlag** auf die herrschenden Peisistratos-Söhne **Hippias und Hipparchos** geplant. Der Versuch missglückte und beim anschließenden Handgemenge wurden *Hipparchos* und *Harmodios* getötet. *Hippias* selbst blieb unverletzt und *Aristogeiton* wurde gefangen und hingerichtet.

Den Zeitgenossen war klar, dass es sich eigentlich um keine politische Tat, sondern vielmehr um ein **Eifersuchts- und Liebesdrama** unter männlichen Adeligen gehandelt hatte. Dennoch war der Anschlag Auslöser einer **Schreckensherrschaft des Hippias**, die in Athen vehementen Widerstand hervorrief und vier Jahre nach der Tat zu dessen Vertreibung führte. Die neu entstandene Demokratie stilisierte daraufhin den Anschlag von 514 zur politischen Heldentat hoch und ließ das **erste politische Kunstwerk der Geschichte** errichten, das jedoch 480/79 v.Chr. von den Persern geraubt wurde. Sofort wurde eine Ersatzgruppe in Auftrag gegeben, diesmal aus der Werkstatt von *Kritios* und *Nesiotes*. Von diesem Kunstwerk sind römische Kopien (u. a. in Neapel und New York) erhalten. Als Anfang des 3. Jh. v.Chr. *Alexander* die ursprüngliche Gruppe zurückbrachte, wurden beide Kunstwerke nebeneinander auf der Agora aufgestellt – ohne dass damals noch viele den wahren Hintergrund gekannt hätten.

Aphrodite-Urania-Altar (um 500 v.Chr., mit zugehörigem Tempel) und die Stoa Poikile, deren Westende freigelegt wurde. Berühmt war der Hallenbau, der nach dem Erbauer *Peisianax* – möglicherweise ein Schwager des *Kimon* – „Peisianaktios" hieß und im Inneren eine **Gemäldesammlung** barg. Als die großformatigen auf Holztafeln gemalten Bilder von bedeutenden Künstlern der Zeit, wie *Polygnot, Mikon* und *Panainos,* aufgehängt wurden, setzte sich der Name **Stoa Poikile („bunte Halle")** durch. Es ist unter anderem *Pausanias* (I 15,1-4) zu verdanken, dass wir heute wissen, was dargestellt war: einerseits historische Ereignisse, andererseits mythische Szenen.

Außerdem waren nach *Pausanias* auch **Bronzeschilde und Waffen** ausgestellt, die man in siegreichen Schlachten den Feinden abgenommen hatte. Die Halle war nicht, wie sonst üblich, zweckgebunden: Sie wurde zu offiziellen Anlässen benutzt, das Gericht tagte hier und nach antiken Quellen trieben sich Bettler und Gaukler sowie Philosophen herum. Beispielsweise soll sich *Zenon von Kition,* der Begründer der hellenistischen **Philosophenschule „Stoa"** hier um etwa 300 v. Chr. regelmäßig mit seinen Anhängern getroffen haben, um sittliche Werte, Naturphilosophie und Gelassenheit zu diskutieren.

Obwohl bisher nur ein kleiner Teil aufgedeckt wurde, lässt sich der Aufbau rekonstruieren: Eine **dorische Fassade** öffnete sich nach Süden, innen befanden sich ionische Säulen. Die Stoa war einstöckig und kann nach Keramikfunden **zwischen 475 und 450 v. Chr.** datiert werden. Von allen Stoai hatte diese die beste Lage, an der Nordseite der Agora, südwärts ausgerichtet und mit Blick auf den Panathenäen-Weg. Hinter der Stoa wurde ein Aquädukt mit Tonrohren entdeckt, außerdem die Fundamente eines Pfeilers, wohl Teil eines monumentalen Tores, das die enge Straße überspannte.

Panathenäen-Straße

Die Stoa Poikile lag nicht direkt am Panathenäen-Weg, sondern an einer Gasse, die von dieser Prachtstraße an der SW-Ecke der Halle Richtung Altstadt abzweigte. Der Name „Panathenäen-Weg" leitet sich von dem **großen Festumzug** – auf dem Parthenonfries dargestellt – ab, der sich vom Dipylon zur Akropolis zog und dabei die Agora durchquerte. Ursprünglich wurden entlang des Weges Holztribünen errichtet, damit möglichst viele Zuschauer zusehen konnten. Lediglich der Abschnitt zwischen der Südost-Ecke der Agora und dem Eleusinion war im 2. Jh. n. Chr. mit Steinpflaster versehen worden, ansonsten handelte es sich um eine einfach Schotterpiste, die schlicht „dromos" (Rennbahn) genannt wurde. In der Tat deuten Reste von Steinbasen für Holzstangen an, dass hier in der 2. Hälfte des 5. Jh. v. Chr. **Pferde- und andere Wettrennen** stattfanden.

Nach dem Betreten des Areals an der Odos Adrianou folgt man südwärts dem Verlauf der alten Prachtstraße. Gleich linker Hand fällt der Blick auf die rekonstruierte und dadurch in perfektem Zustand befindliche Attalos-Stoa, vor der die spärlichen Überreste einer **römische Basilika** (1. Hf. 2. Jh. n. Chr.) fast verschwinden. Ehe wir uns der Halle nähern, lohnt der Blick auf die Fundamentreste rechter Hand der Panathenäen-Straße. Die zugehörigen Bauten, der Ares-Tempel und das Odeion, stammen allerdings erst aus späterer Zeit und man muss sich vor Augen halten, dass zur Zeit, als die Attalos-Stoa erbaut wurde, bis ins späte 1. Jh. v. Chr. hinein die Agora in ihrem zentralen Bereich nicht von Bauten verstellt war, sondern sich hier lediglich offizielle Ehrendenkmäler befanden. Eines der berühmtesten war die **Statuengruppe der so genannten Tyrannenmörder.**

Tempel des Ares

Vom Ares-Tempel existieren nur wenige Fundamentreste, und das große rechteckige Areal kann die Ausdehnung des Baus nur vage andeuten. Er wird ins **dritte Viertel des 5. Jh. v. Chr.** datiert, wurde jedoch erst in augusteischer Zeit (etwa um 15 v.Chr.) von *Acharnai* auf die Agora versetzt. Formal ähnelt er dem Hephaisteion, möglicherweise wurde er sogar von den gleichen Architekten errichtet. Am Westteil des Baus befinden sich Marmorreste von Stufen und Wänden, Säulen und Triglyphen, versehen mit Steinmetzzeichen. Im Nationalmuseum wird u. a. das Mittelakroterion von der Ostfront (Frauengestalt) aufbewahrt, im Agoramuseum stehen Teile der gefundenen Bauplastik. Das Kultbild soll, wie *Pausanias* beschreibt, von *Alkamenes* stammen. Vor der Ostfront befand sich ein Altar.

Odeion des Agrippa und Gymnasium

Südlich des Ares-Tempel fallen die Reste eines in römischer Zeit entstandenen prächtigen Baus ins Auge: das Odeion des Agrippa. Um 15 v.Chr. wurde diese **Konzerthalle** für etwa 1000 Besucher von *M. Vipsanius Agrippa*, Freund und Vertrauter des Kaisers *Augustus*, gestiftet. Der Haupteingang befand sich im Süden, wo man von der Terrasse der Mittelstoa aus die Halle betrat. An der Nordfassade war nur eine kleine Pforte, die in das Bühnengebäude führte. Im Inneren war die Orchestra (25 m Durchmesser) mit verschiedenfarbigem Marmor gepflastert, im Osten sind noch **Reste der Marmorsitze** der untersten Reihe erhalten. Auf drei Seiten (O, W, S) war der Hauptbau von einer zweigeschossigen Portikus eingefasst.

Die Konstruktion der Halle war kühn, es gab keine Innenstützen – vielleicht einer der Gründe, warum der Bau Mitte des 2. Jh. n.Chr. einstürzte. Der Wiederaufbau erfolgte mit eingezogener Quermauer und damit um die Hälfte verringerter Kapazität. Zugleich wurde die Nordfassade verändert und die Portikus zur „Stoa der Giganten", mit beeindruckenden **Giganten- und Tritonenfiguren als Stützen** – quasi dem männlichen Pendant zu den weiblichen Karyatiden des Erechtheions – umgestaltet. **267** wurde das Odeion beim Herulereinfall zerstört, Bauteile wanderten in die Stadtmauer und nach 400 erfolgte an der Stelle des Odeions, und darüber hinaus, der Neubau eines Gymnasiums – hier wohl zugleich Sportstätte und Lehranstalt. Dabei wurden die Kolossalfiguren des Vorgängers an der Monumentalfassade weiter verwendet; drei von den ursprünglich sechs haben sich komplett, eine vierte fragmentarisch erhalten. Hinter der Fassade reihten sich drei säulenumstandene Höfe auf und im Süden befand sich eine Badeanlage.

Blick auf das Agora-Areal mit wieder aufgebauter Attalos-Stoa

Attalos-Stoa

Heute dominiert die wieder aufgebaute Attalos-Stoa klar die Ruinenlandschaft der Agora, doch bereits in der Antike dürfte der Bau auffällig gewesen sein. Bauforscher weisen ihm eine wegweisende Rolle in der **Entwicklung der hellenistischen Architektur** zu. Finanziert wurde er von *Attalos II.*, der von 158-138 v. Chr. Herrscher des kleinasiatischen Königreichs von Pergamon war. Er hatte in Athen studiert und dabei den geistigen Mittelpunkt der griechischen Welt schätzen gelernt. Mit der Stiftung wollte er sich und der Stadt ein Denkmal setzen – was ihm gelungen ist.

Der Bau schloss die Agora nach Osten hin ab und fungierte zugleich als „Shopping Mall" mit jeweils 21 Läden auf zwei Etagen. Diesen **Geschäften** war in beiden Geschossen eine Wandelhalle vorgebaut, die nicht nur der Bevölkerung als Treff diente, sondern zugleich Aufstellungsort zahlreicher Monumente war und bei Veranstaltungen als Zuschauertribüne fungierte. 267 n. Chr. wurde der Bau beschädigt, erneuert und später mit seiner Rückwand in die spätantike Stadtmauer einbezogen. Zur Agora hin schloss die Portikus mit **dorischen Säulen unten und ionischen oben** ab, im Inneren schufen eine ionische (unten) bzw. äolische Säulenstellung (oben) zwei Schiffe. Verwendet wurden beim Bau verschiedene Stein- und Marmorsorten, die zusammen mit der

Die Agora – das antike Zentrum

ursprünglich bunten Bemalung ein eindrucksvolles Bild abgegeben haben werden.

Zwischen 1953 und 1956 wurde die während der Herulereinfälle im 3. Jh. zerstörte Stoa wieder aufgebaut. Der Bau ist 116,50 m lang, 20 m breit und, wie in der Antike, zweigeschossig. Den hinteren Teil mit den 21 einstigen Läden nehmen **heute Museum und Archiv** (OG) ein. Unter der Nordhälfte der Stoa hat man bei Grabungen Fundamente öffentlicher Bauten entdeckt, die nach Beifunden als Gerichtshöfe identifiziert werden konnten. Außerdem fand man zahlreiche mykenische und protogeometrische Gräber vor und unter der Stoa – eines davon ist im Museum ausgestellt. Im späten 4. Jh. v. Chr. war ein großes Gebäude an der Stelle der späteren Stoa, ein Peristylhof mit ringsum laufenden Säulenhallen begonnen, aber nie vollendet worden. Teile davon sind wohl für den Bau der Attalos-Stoa verwendet worden.

Agora-Museum

Der Wiederaufbau der Stoa sollte nicht nur einen Eindruck von einem derartigen antiken Bauwerk vermitteln, sondern war von Anfang an als Museum geplant. Hier werden die Funde von der Agora **vom 4. Jtsd. v. Chr. bis zum 11. Jh. n. Chr.** aufbewahrt. Sie stammen aus Gruben und Gräbern, Heiligtümern und öffentlichen Bauten, Läden und Werkstätten und das Spektrum reicht von Tonfiguren und -lampen sowie Keramik über Bronze-, Bein- und Glasobjekte, Skulpturen, Münzen und Inschriften bis hin zu byzantinischer und türkischer Keramik. Leider wartet das Museum noch immer auf eine moderne Umgestaltung und zeichnet sich daher momentan durch eher monotone Anordnung und spärliche Beschriftung aus.

Auf der vorgelagerten Terrasse lagern Bauteile aus der Umgebung, in der **unteren Säulenhalle** sind vor allem **Skulpturen** aufgestellt – darunter ein Apollo Patroos des Euphranor, römische Panzerstatuen mit homerischen Szenen (2. Jh. n.Chr), Tritonen und Giganten vom Odeion (2. Jh. n.Chr), Inschriften, Stelen, eine Gewandstatue vom Hephaisteion (5. Jh. v. Chr.) sowie weitere Skulpturenfragmente, die dem Phidias-Umkreis (um 420 v. Chr.) zugerechnet werden. Dazu kommt Bauplastik vom Ares-Tempel und Akrotere der Zeusstoa (5. Jh. v. Chr.). In den Läden des **Erdgeschosses** geben die Funde einen Überblick über die **Geschichte der Agora von der Prähistorie bis zur Türkenzeit:** Dazu gehören archaische Statuenfragmente (z. B. Gussmantel-Reste eines Kouros), Keramik, Alltagsgegenstände wie eine Wasseruhr, Bronzen, Terrakotten und römische Kopien. Im seit langem unzugänglichen Obergeschoss lagern Architekturmodelle und römische Skulpturen.

Zu den **wichtigsten Ausstellungsstücken** gehören:

- Aryballos (Salbgefäß) in Form eines Jünglings, der gerade die Siegerbinde umgelegt bekommt (um 530 v. Chr.)

- Ostraka – zur Abstimmung in der Volksversammlung benutzte Tonscherben, auf die der Namen jenes Politikers geschrieben wurde, der verbannt werden sollte (5. Jh. v. Chr.)
- Spartanischer Bronzeschild mit Inschrift, nach dem Sieg von Sphakteria (425 v. Chr.) von den Athenern erbeutet
- Bronzekopf einer Nike, überzogen mit Gold und Silber und mit separat eingesetzten Augen (um 425 v. Chr.)
- Oberer Teil einer Marmorstele mit Relief eines sitzenden älteren Herrn – Verkörperung des Demos' Athen –, der von der „Demokratie", als Frau dargestellt, gekrönt wird. Dazu ein Gesetzestext, der die Datierung in die Jahre 337/6 v. Chr. erlaubt
- „Kleroterion" aus Marmor, Auslosungsmaschine, die der Zufallswahl von Geschworenen und Beamten der Boule diente (3/2. Jh. v. Chr.)
- Elfenbeinstatuette des Apollon Lykeios, römische Kopie aus dem 2. Jh. n. Chr. nach einem Original des berühmten Bildhauers *Praxiteles*, der im 4. Jh. v. Chr. tätig war
- Geflügelte Nike (Halle), Akroterion von der Stoa des Zeus Eleutherios (415 v. Chr.)
- Nereiden-Statue (Halle), möglicherweise Akroterion von einem Tempel, ev. von *Timotheos* (um 400 v. Chr.) geschaffen
- Apollo Patroos (Halle), Kolossalstatue vom gleichnamigen Tempel von *Euphranor* (um 330 v. Chr.)

Bibliothek des Pantainos

Am Südende der Attalos-Stoa und somit an der Südost-Ecke der Agora stiftete um 100 n. Chr. ein gebildeter Herr namens **Pantainos** eine Bibliothek und weihte sie dem *Trajan* als „Germanicus" – ein Ehrentitel für die in Germanien errungenen Siege. Sie ist anhand dieser Inschrift relativ genau datierbar. Eine Reihe kleiner Räume gruppiert sich um einen säulenumstandenen Innenhof; im Osten befanden sich Bibliotheksräume, im Westen, zur Straße hin, Läden. Gefunden hat man plastischen Schmuck mit Darstellungen aus *Homers* Ilias und Odyssee (im Museum). Zusammen mit dem Bibliotheksbau fand eine Verbreitung der von der griechischen zur römischen Agora führenden **Verbindungsstraße** statt. Zwischen Bibliothek und Attalos-Stoa verließ man die Agora ostwärts durch einen Torbogen und gelangte über eine marmorgepflasterte Straße zum Athena-Tor, das in die römische Agora führte.

Südlich der Bibliothek befand sich eine kleine Stoa, hinter der eine weitere Ladenreihe lag. Gegenüber, auf der anderen Seite der Panathenäen-Straße, erkennt man einige Reste des so genannten **Südost-Tempels,** dessen Bauteile in die **spätantike Befestigungsmauer** verbaut worden sind. Zwischen Tempel und Stoa ist ein Stück der Pflasterung der **Heiligen oder Panathenäen-Straße** noch gut erkennbar, ebenso Reste der spätantiken Befestigung. Die Straße führte von hier weiter zur Akropolis und passiert dabei den modernen zweiten Zugang zum Ausgrabungsareal.

Nymphäum

Direkt westlich des Südost-Tempels befand sich ein großer Nymphäum, im 2. Jh. n. Chr. von *Herodes Atticus* gestiftet. Heute sind die Fundamente zum Teil von der kleinen Kirche **Agii Apóstoloi** überbaut. Sie entstand im 11. Jh. und obwohl sie mehrere Reparaturen hinter sich hat, lohnte ein Blick auf die Fresken im Narthex der Kirche. Südlich davon die Fundamente zweier weiterer antiker Bauten: Einmal handelt es sich um ein **Brunnenhaus** (letztes Drittel 6. Jh. v. Chr.), zum anderen um das **Argyrokopeion** (5. Jh. v. Chr.), mit Zimmern unterschiedlicher Grundrisse entlang einem lang gestreckten Hof. Die Bestimmung des Baus ist unsicher, doch Funde von Gussformen, eine Inschrift und Münzen deuten an, dass es sich um die **Münzprägestätte** der Stadt gehandelt haben könnte. Über die Stufen vor der Kirche gelangt man wieder hinunter auf das antike Agora-Areal.

Südstoa I

Wir befinden uns nun im südlichen Teil der Agora, wo im späten 5. Jh. v. Chr. eine aufwändige, zweischiffige Halle mit 15 kleinen Räumen im Süden und einer vorgelagerten Terrasse, die das Geländegefälle im N und W ausglich, entstanden war. Die Westhälfte der Stoa wurde beim Errichten des Nachfolgerbaus, der Südstoa II, zerstört. In allen Räumen wurden Einlass-Spuren für Klinen entdeckt; es handelte sich um jeweils sieben solcher Liegen pro Raum und in der Mitte befand sich eine Feuerstelle. Diese Beobachtung legt den Schluss nahe, dass die Räume nicht als Läden, sondern als **Speiseräume** für Amtsinhaber gedient haben. Außerdem deutet ein Raum, in dem offizielle Gewichte und Maße (Metronomoi) gefunden wurden, darauf hin, dass sich hier wohl auch **Verwaltungsräume** befunden haben werden.

Südstoa II und Mittelstoa

Die Südstoa I war bei ihrer Entstehung in klassischer Zeit ein schlichter, einflügeliger Bau mit 30 dorischen Säulen sowie einer Rückwand aus Kalksteinblöcken. Für ihn war Material älterer Bauten wieder verwendet worden, wie die Stufen mit ihren Inschriften (Buchstaben und Zahlen) und Bearbeitungsspuren andeuten. **Ende des 2. Jh. v. Chr.** wurde er durch einen hellenistischen Neubau ersetzt. Diese bildete den Südabschluss der neu entstandenen Platzanlage mit Ostbau und Mittelstoa (siehe unten). 86 v. Chr. wurde die Halle von den römischen Truppen *Sullas* beschädigt und im 1./2. Jh. n. Chr. zu **Werkstätten** (Eisen/Marmorverarbeitung) umfunktioniert. Unter dem römischen Kaiser *Hadrian* entstand eine neue Rückwand, möglicherweise als Basis für ein Aquädukt.

Der so genannte **„Ostbau"**, der den vor der Stoa entstandenen Platz zur Panathenäen-Straße hin abgrenzte, war in der Mitte des 2. Jh. v. Chr., also kurz vor der Südstoa II, entstanden. Ostbau und Südstoa waren Bestandteil eines durchdachten Plans, dessen Realisierung mit dem Bau der so genannten **Mittelstoa,** dem größten Bau, initiiert worden war. Die im zweiten Viertel des 2. Jh. v. Chr. errichtete Halle steht im rechten Winkel zur Attalos-Stoa und war mit 147 x 17,5 m sogar länger als jene. Sie hatte keine Rückwand, sondern war ringsum von **160 dorischen Säulen** umgeben. Das Innere gliederte eine Reihe von **23 ionischen Säulen,** zwischen denen dreiviertel hohe Zwischenwände eingezogen waren.

Mit diesen prächtigen Hallen, Teil der Baukonzepts des 2. Jh. v. Chr., war der einst freie **Zentralbereich der Agora im Süden und Osten begrenzt** worden. Die Mittelstoa ist am Ostende am besten erhalten – mit aufrecht stehenden Säulen –, weitere Bauteile sind reichlich über das ganze Areal verstreut. Nach Norden bildete eine vorgelagerte Terrasse den Übergang zur tiefer liegenden Agora und bot zudem einen guten Blick über den Platz. Am Westende der Terrasse fanden sich die Fundamente eines großen Monuments, möglicherweise eines Herrschers. Auch die Südfront war mit Statuen geschmückt, u. a. mit Darstellungen aus *Homers* Ilias und Odyssee. Der Neubau des Odeions im Norden, über ein Jahrhundert später, stellte einen schwerwiegenden Eingriff in die Platzkonzeption dar, denn nun wurde die Mittelstoa zu einer Art Wandelhalle der Konzerthalle. Nach der Zerstörung 267 n.Chr. verschwand die Halle und wurde in der Spätantike mit dem oben erwähnten Gymnasium überbaut.

Heliaia

An der Südwestecke des von Hallen umschlossenen Hofes stand die Heliaia, **der Gerichtshof,** Sitz des ältesten und wichtigsten Zivilgerichts von Athen, das mit 201 bis 501 per Los ausgewählten Bürgern besetzt war. Die ältesten Reste weisen auf eine Erbauung des großen rechteckigen Komplexes (26,5 x 31 m) mit Zugang im Norden zu **Beginn des 5. Jh. v.Chr.** hin. Ursprünglich hatte der Bau weder Innengliederung noch Dach und der heute erkennbare Zustand – mit vier kleinen, kaum mehr identifizierbaren Räumen an der Westseite eines Säulenhofs – ist Ergebnis mehrerer Umbauten. Möglicherweise wurden später Wände eingezogen um **Büroräume** zu schaffen. Anfang des 4. Jh. v.Chr. kam eine Wasseruhr an der Nordseite hinzu, Mitte des 2. Jh. v.Chr. ein Peristyl und das Dach. 86 v.Chr. wurde der Bau schwer beschädigt und **267 n.Chr.** endgültig zerstört. Direkt an die westliche Rückwand war im 5. Jh. v.Chr. ein Brunnenhaus angebaut worden. Noch weiter im Südwesten, dort wo die Agora heute eigentlich schon zu Ende ist, befand sich das **Staatsgefängnis.**

Tholos

Gegenüber der Nordwestecke der Mittelstoa fällt ein Rundbau ins Auge. Diese „Tholos" ist Teil eines Komplexes, zu dem auch das Bouleuterion und das Metroon gehören. Hier schlug das politische Herz der Stadt (siehe unten) und befand sich der **Sitz des Rats der 500** – bestehend aus je 50 Vertretern des in zehn Phylen aufgeteilten attischen Staates – sozusagen das Parlament Athens. Für jeweils 35 oder 36 Tage im Jahr übernahm jede Phyle mit ihren 50 Vertretern den Vorsitz in der Boule, wobei mindestens 17 Ratsmitglieder – quasi der „Notdienst" – ständig im Gebäude präsent sein mussten. In der Tholos wurden die **Eichmaße und -gewichte** aufbewahrt, hier speisten und übernachteten die **Prytanen.** *Aristoteles* („Staat der Athener", 43,3) berichtet, dass die Prytanen erst in der Tholos

Die Agora – das antike Zentrum

miteinander speisten, dann von der Stadt bezahlt wurden und schließlich ihre Sitzungen abhielten.

Der Vorgängerbau aus dem 6. Jh. v. Chr. war von den Persern 480/79 v. Chr. zerstört worden, ein Neubau entstand rund 15 Jahre später. Unter dem römische Kaiser *Augustus* wurde eine kleine Vorhalle im Osten angebaut, von der einige Porosblöcke erhalten sind, außerdem erhielt der ursprünglich gestampfte Lehmboden innen ein Marmorpflaster. Einen weiteren Umbau erlebte die Tholos im 2. Jh. n. Chr., als die sechs Innensäulen aus Poros entfernt wurden, die einst das Ziegeldach trugen. Der Raum wurde überkuppelt und die Wände mit Marmorplatten verkleidet. Wie Vieles, wurde die Tholos **267 n. Chr. beim Heruler-Einfall beschädigt** und um 400 n. Chr. aufgegeben. Ein kleiner Raum an der Nordseite fungierte möglicherweise noch eine Zeit lang als Küche, während man im Südosten massive Fundamente eines Brunnens fand. Südwestlich der Tholos: Fundamentreste eines Rechteckbaus, in dem man das **Strategeion** – Sitz des Generalstabs – erkennen möchte.

Bouleuterion und Metroon

War die Tholos quasi das Hauptquartier des Rats, fanden die **Versammlungen der 500 Abgesandten** im so genannten Bouleuterion statt. Man unterscheidet dabei zwei Bauten: Das **Alte Bouleuterion** war um 500 v. Chr. erbaut worden, nachdem *Kleisthenes* den Rat der 500 eingeführt hatte. Davon ist ein massives Fundament (20 x 20 m) aus Kalkstein erhalten, über dem später das Metroon hochgezogen wurde (siehe unten). Als mehr Platz benötigt wurde, entstand Ende des 5. Jh. v. Chr. das **Neue Bouleuterion** gleich anschließend im Westen; es wurde um 300 v. Chr. erneuert und mit steinernen Sitzreihen versehen. Eine Vorhalle im Süden führte zum eigentlichen Sitzungssaal mit Sitzreihen rings um eine Orchestra – der **architektonische Prototyp eines „Rathauses"**.

Gleichzeitig mit dem alten Bau war ein archaischer **Heratempel** (Fundamentreste im Nordraum des Metroons) entstanden, der beim Persersturm zerstört und nie wieder aufgebaut worden war. Nach dem Bau des Neuen Bouleuterions wurde der Vorgänger zum **Staatsarchiv** umfunktioniert und in der zweiten Hälfte des 2. Jh. v. Chr. durch das **Metroon** ersetzt. Es bestand aus vier unterschiedlich gestalteten Räumen, die durch eine Stoa im Osten, zum Platz hin, verbunden waren. Stufen aus hymettischem und eine ionische Säulenbasis aus pentelischem Marmor sind im Süden erhalten, ansonsten erinnern nur Fundamentreste an den Baukomplex, in dem die Sitzungsprotokolle und offizielle Dokumente (Papyri, Pergamente oder Marmorplatten) aufbewahrt wurden. 267 n. Chr. zerstört, wurden anschließend einzelne Räume zweckentfremdet, in einen soll sogar eine **Synagoge** eingezogen sein. Unter dem Nordteil der Stoa fand man Spuren von älteren Verwaltungsbauten aus dem 6./5. Jh. v. Chr, zusammen mit der Tholos die frühesten öffentlichen Bauten, die in Athen gefunden wurden.

Denkmal der Eponymen Heroen

Östlich vom Metroon befinden sich geringe Überreste einer lang gestreckten Basis (16.64 x 1.87 m), genauer einer **Marmorplattform** mit einem überlebensgroßen Fußabdruck und der Standspur eines Bronzedreifußes. Hier standen die **Bronzestatuen der zehn attischen Phylenheroen** – *Hippothoon, Antiochos, Ajax, Leos, Erechtehus, Aigeus, Oineus, Akamas, Kekrops, Pandion* – an beiden Enden eingefasst von Bronzedreifüßen. Die zehn Phylenheroen gehen auf die Reform von *Kleisthenes* 508 v. Chr. zurück: Er soll dem **Delphischen Orakel** hundert Namen vorgelegt hatte, aus denen zehn als Schutzherren der attischen Phylen ausgewählt wurden (Pausanias I, 5). 307/6 v. Chr. wurden *Antigonos* und *Demetrios*, Könige von Makedonien, hinzugefügt, später wieder eliminiert und durch *Ptolemaios III. Euergetes* von Ägypten (224/3 v. Chr.), *Attalos I.* von Pergamon (200 v. Chr.) und den römischen Kaiser *Hadrian* (125 n. Chr.) ersetzt. Bei der Aufstellung der Statue des Letztgenannten war eine Erweiterung von Plattform und Zaun nötig. Am Sockel des Denkmals, das durch einen Zaun aus Steinpfosten und Holzquerstreben gesichert war, wurden auf geweißten Holztafeln öffentliche Bekanntmachungen, Gesetze und Anklageschriften, Militärlisten und Hinweise auf laufende Prozesse angebracht. Ursprünglich befand sich das Denkmal möglicherweise vor der Mittelstoa und wurde erst nach 350 v. Chr. hier neu errichtet.

Hephaisteion

Eine breite Treppe führt im Südwesten der Tholos hinauf auf den Hügel Kolonos Agoraios zum **Hephaistos-Tempel**, von dem aus man einen guter **Blick über die Agora und auf die Akropolis** genießt. Es handelt sich um den Tempel des *Hephaistos* und der *Athena*, heute entweder „Theseion" bzw. neugriechisch „Thissio(n)" – nach dem Bildschmuck mit Taten des *Theseus* – oder aber „Hephaisteion" genannt. Letzteres scheint nach Bauinschriften die wahrscheinlichere Benennung.

Der Tempel gilt als **besterhaltener Griechenlands.** Als Baumeister vermuten Wissenschaftler den selben (namentlich nicht überlieferten) Architekten wie beim Ares-Tempel und beim Tempel von Sounion. Der „Theseion-Baumeister" wird seine Arbeit gleichzeitig mit dem Bau des Parthenon, um 449 v. Chr., begonnen haben, fertig gestellt wurde der Tempel jedoch erst 430/20 mit der Aufstellung der **Kultstatuen des Hephaistos und der Athena** aus der Werkstatt des Bildhauers *Alkamenes*. Der Tempelbezirk erhielt im 3. Jh. v. Chr. eine Ummauerung und blieb bis ins 7. Jh. n. Chr. so gut wie unbeschädigt, ehe er in eine **Kirche** umgewandelt wurde. Auf dem Areal befand sich bis ins 19. Jh. zudem ein **Friedhof** für nicht-orthodoxe Ausländer. 1834 feierte **König Otto**

Die Agora – das antike Zentrum

hier seine Ankunft in Athen mit einem Gottesdienst, und bis zur Eröffnung des Nationalmuseums befand sich hier ein Magazin für Ausgrabungsfunde.

Der Bautypus entspricht dem eines **dorischen Peripteros** mit 6 x 13 Säulen ringsum und an beiden Schmalseiten zwei Säulen „in antis". Abgesehen von dem Kalksteinfundament besteht der Tempel größtenteils aus pentelischem Marmor, nur Bauplastik und Kassettendecke des Pteron (Säulenumgang) sind aus parischem Import-Marmor. Die Anlehnung an den Parthenon ist auch im Cella-Inneren an der dreiseitig die Kultbilder rahmenden doppelstöckigen Säulenreihe zu erkennen, es gibt aber auch deutliche Unterschiede: Insgesamt ist das Hephaisteion kleiner, der Umgang breiter und zusätzlich an den Schmalseiten vergrößert. Im Osten und Westen wurde der Fries über die Cellaseiten hinaus erweitert. Die Cella ist schmaler als jene des Parthenon, ihre Wände waren einst mit Stuck überzogen und mit Gemälden geschmückt.

Hephaisteion oder Theseion? Auf alle Fälle der besterhaltene Tempel Griechenlands

An der Ostseite sind **zehn Metopen** mit der Darstellung von Herakles-Taten erhalten, an den beiden Längsseiten sind es je vier Bildtafeln mit Theseus-Taten. Auf dem **Fries,** der im Osten auf einem verlängerten Architrav über den Pronaos hinausragt, sind Göttergruppen dargestellt, die mythischen Kämpfen beiwohnen. Ein zweiter Fries befindet sich über dem Opisthodom, diesmal mit Lapithen-Kentauren-Kämpfen. Vom Ostgiebel sind einige Reste erhalten (Apotheose des *Herakles* oder Lapithen-Kentauren-Kämpfe wie am Westfries), der Westgiebel zeigte möglicherweise ebenfalls mythische Kämpfe, wohl die Eroberung Trojas. Erhalten sind zudem Fragmente von Nike-Figuren, die als Giebel-Akrotere fungierten. Sie stellen ein schönes Beispiel für den „Reichen Stil" (ca. 420-380) dar und werden dem *Phidias*-Schüler *Alkamenes* zugeschrieben.

Tempel des Apollon Patroos

Der kleine ionische Tempel am Fuße des Hephaistos-Tempels war Apollon Patroos in seiner Funktion als **Stammvater der Ionier** geweiht. Zwischen 340 und 320 v.Chr. entstanden, wies er eine rechteckige Cella mit Vorhalle (Tetrastylos, d.h. im Osten vier Säulen „in antis") auf. Nach *Pausanias* (I, 3.3), dem es zu verdanken ist, dass der Bau überhaupt als „Apollo-Patroos-Tempel" identifiziert werden konnte, waren **zwei Apollon-Statuen** des *Leochares* und *Kalamis* in der Säulenhalle, vor dem Eingang, aufgestellt. Das **Kultbild** soll hingegen *Euphranor* geschaffen haben. Man identifizierte einen in der Nähe gefundenen Torso eines bekleideten, Kithara spielenden Apollons (im Museum) als solches. Unter dem Cellaboden fanden sich Reste eines früheren Baus, möglicherweise eines Tempels aus der Mitte des 6. Jh. v.Chr. Direkt neben dem Apollon-Tempel, an der Nordseite, wird ein kleines Tempelchen, von dem nur Fundamentteile zu sehen sind, als **Schrein des Zeus Phratrios und der Athena Phratria** bezeichnet. *Zeus* und *Athena* wurden hier als Schutzgötter der Bruderschaften oder Phratrien verehrt.

Stoa des Zeus Eleutherios

Im Norden schließt sich eine **zweiflügelige Stoa** an, die 430 v.Chr. oder wenig später von *Mnesikles* (dem Architekten der Propyläen) erbaut wurde. Das Gebäude war für all jene entstanden, die für **Frieden und Sicherheit** in der Stadt gesorgt hatten, und dem *Zeus Eleutherios* (Gott der Freiheit) geweiht. Unter der Stoa wurde ein archaischer Bau entdeckt, möglicherweise ein einfacher Zeustempel, der 480 v.Chr. zerstört worden war. Die Stoa war ein beliebter **Treff des Sokrates** und seiner Schüler und Freunde, wie *Xenophon* und *Platon* berichten. Der Anbau von zwei Räumen in der Mitte der Hallenrückwand erfolgte erst im 1. Jh. n.Chr. für den römischen Kaiserkult. Gleichzeitig entstand vor der Stoa ein neuer großer Altar. Ab diesem Zeitpunkt diente die Halle wohl für den **Kaiserkult,** wie die Tatsache belegt, dass sich *Augustus* und *Hadrian* mit dem Beinamen „Eleutherios" schmückten.

Die ursprüngliche Stoa, die vor allem im Norden beim U-Bahn-Bau teilweise zerstört wurde, war 44 x 11 m groß, wies **außen dorische, innen ionische Säulenordnung** auf und öffnete sich hufeisenförmig nach Osten. Die beidseitige Gestaltung der Flügelfronten im Stil einer Tempelfassade war ungewöhnlich. Erhalten sind einige Poros-Fundamente und Treppenblöcke aus hymettischem Marmor sowie Säulentrommeln und Gebälkteile. Die hier gefundene Nikestatue (im Museum) diente wohl als Akroterion, was für einen zivilen Bau ein eher ungewöhnlicher Bauschmuck war. Wahrscheinlich wurde die Halle gleichzeitig als **heiliger Ort des Zeus** verstanden. Nach *Pausanias* (I, 3,3-4) hingen hier Schilde und Wandgemälde des *Euphranor* mit einer Götterversammlung, der Schlacht von Mantineia, mit Taten des *Theseus* und anderer Szenen, von denen nichts erhalten ist. *Pausanias* berichtet auch, dass vor der Stoa ein Zeus-Standbild (Spuren einer runden Basis) und eine Hadrian-Statue standen.

Stoa Basileios

An der Nordwestecke der Agora, jenseits der U-Bahn-Trasse und unzugänglich, wurde die Stoa Basileios ausgegraben. *Pausanias* nannte sie so, weil sie **Sitz des Archon Basileios**, eines der wichtigsten Amtsträger in Athen, war. Der erste Bau entstand um 525/500 v.Chr., wurde jedoch beim Persersturm zerstört und um 460 v.Chr. durch einen Neubau ersetzt. Hier befand sich aber nicht nur der Sitz des Archon *Basileus,* hier waren auch die **Gesetze des Solon ausgehängt** und hielt der **Areopag seine Sitzungen** ab. Es handelt sich um einen relativ kleinen und schlichten Bau (7,5 x 17,7 m), der auf drei Seiten (W, N, S) durch feste Mauern begrenzt war. Lediglich die Ostfront zierten dorische Säulen und im Inneren gliederten vier dorische Porossäulen den Raum. Rings um den Bau verlief eine Plattform, möglicherweise für eine Absperrung, da an den Wänden und auf Stelen die alten attischen Gesetze von *Drakon* und *Solon* ausgestellt waren. Vor dem Bau schworen die Archonten jedes Jahr ihren **Amtseid;** erhalten ist die rechteckige Basis (2,95 x 0,95 m), auf der sie bei diesem Akt standen. Man hat Überreste einer Terrakotta-Gruppe gefunden, die identisch scheint mit *Pausanias'* Beschreibung von den Skulpturen, die das Dach schmückten. Neben Steinstelen mit Gesetzesinschriften wurden auch Basis und Torso einer überlebensgroßen Marmorstatue der Themis (Personifikation des Gesetzes, 2. Hälfte 4. Jh. v.Chr.) gefunden.

Zwölf-Götter-Altar

Thukydides (VI, 55.1) berichtet, dass *Peisistratos* als Archon 522/1 v.Chr. auf der Agora einen Altar für die zwölf Olympischen Götter aufstellen ließ. Das Heiligtum bestand aus einem umzäunten Bezirk mit Altar. In der Tat fand man eine Inschrift, auf der steht: „*Leagros,* Sohn des *Glaukon,* weihte dies den 12 Göttern" (um 490-70 v.Chr.). Heute ist nur der südwestliche

DIE AGORA

Teil des Bezirks erkennbar, der Rest liegt unter der U-Bahn. In der Antike diente das Heiligtum auch als Asylstätte. Zudem befand sich hier das „Herz" von Athen, markiert durch den zentralen Meilenstein, der das geografische Zentrum, den **Mess-Nullpunkt für Entfernungen innerhalb Attikas,** angab. Der Bezirk wurde beim Persersturm 480 v. Chr. zerstört und um 425 v. Chr. wieder aufgebaut.

- **Agora,** Hauptzugang zum Ausgrabungsareal erfolgt von Norden (Hauptzugang Pl. Thissio/O. Adrianou 24; ein weiterer Zugang befindet sich nahe Akropolis/Areopag im Süden. Di-So HS: 8-18.30 Uhr, NS: 8-17 Uhr, Eintritt: 4 €
- **Agora-Museum** Di-So HS: 10-18.30 Uhr, NS: 11-17 Uhr, im Eintritt zur Agora inklusive

Praktische Tipps

Essen & Trinken

An der Odos Adrianou, nahe der Agora, reihen sich schicke Cafés wie **Café Dioskuri, To Uvli** (Nr. 21, winziges Lokal, das lohnt) oder **Dia Tanta** (Nr. 37, Freiplätze mit Blick auf die Attalos-Stoa) aneinander

Die Heilige Straße verband die Agora mit der Akropolis

DIE ALTSTADT

Zugegeben, Athens Altstadt hat nicht den Reiz der historischen Zentren anderer europäischer Metropolen. Zu dominant ist hier das griechische „Nationalbaumaterial" Beton. Dennoch gibt es im Schatten der Akropolis Plätze und Gassen, die einen eher an ein Kykladen-Dorf erinnern, lassen sich historische Bauten zwischen Verfall und liebevoller Renovierung aufspüren und wechselt die Atmosphäre zwischen himmlischer Ruhe und pulsierender Geschäftigkeit. Kurzum, Athens Altstadt ist voller **Abwechslung und Leben,** ein Mittelding zwischen europäischer Hauptstadt und orientalischem Bazar.

Die Athener Altstadt besteht aus **drei Teilen:** dem Viertel um die **Platía Monastiráki,** einst der Kern der osmanisch-türkischen Stadt, der **Pláka,** die sich südlich davon bis zur Akropolis hin ausbreitet, und **Psirrí,** dem Handwerkerviertel zwischen Monastiráki und Platía Omonia. Es ist dem bayerischen König *Ludwig I.* und seinem Architekten *Leo von Klenze* zu verdanken, dass die Altstadt heute überhaupt noch existiert, wollte man doch nach der Unabhängigkeit und der Ernennung Athens zur griechischen Hauptstadt 1834 die Altstadt dem Erdboden gleichmachen. Teile sollten dem archäologischen Park um die Akropolis angegliedert, Teile nach neuen Plänen wieder bebaut werden. Glücklicherweise wurden nur einige Straßen wie die Odos Ermou und die Athinas neu angelegt.

Paradies für Antiquitätensammler: das Viertel um die Platía Monastiráki

Monastiráki – das türkische Athen

Idealer Ausgangspunkt für einen Rundgang durch die Altstadt ist die Platía Monastiráki (Metro-Station). Am Anfang des nachfolgend vorgeschlagenen Rundgangs steht das Viertel Monastiráki, dann folgt ein Spaziergang durch die Pláka, den man auch auf mehrere Tage verteilen kann, und am Ende geht es von der Platía Monastiráki durch Psirrí zu einem der beiden Neustadt-Zentren, der Platía Omonia.

An der **Platía Monastiráki,** der geschäftigen Kreuzung zweier Hauptachsen der Altstadt – Odos Athinas und Ermou – pulsiert seit Jahrhunderten das Leben: Der Platz ist Tor zur Pláka, hier trifft man sich, eilt zur Metro, gönnt sich einen Imbiss, geht auf Schnäppchen-Jagd oder kauft Souvenirs ein. Im Vorfeld der Olympischen Spiele 2004 erhielt auch der Platz im Zuge des Neubaus der Metro-Linie 3 endlich ein Facelifting.

Das Viertel um den Platz war in türkischer Zeit das wirtschaftliche und politische **Zentrum Athens.** Südlich der Hadriansbibliothek (siehe unten) lag der so genannte Untere Bazar auf dem Areal der ehemaligen römischen Agora und nördlich, an der Odos Pandrossou, der Obere Bazar, der beim großen Brand von 1885 zerstört wurde. Einst konnte man hier verschiedenste Waren aus aller Welt und Lebensmittel kaufen – fast wie heute. Den Namen erhielten Viertel und Platz erst nach 1885: **Monastiráki, das „Klösterchen"**, nach dem einstigen Kloster am Platz. Schon 1890 war der **Bahnhof** (neu renoviert) als Endstation der Elektrikí entstanden, die von hier nach Piräus führte. In den 1920ern machten Flüchtlinge aus Kleinasien das Viertel zu ihrem Gebrauchtwarenmarkt und bewahrten so den seit türkischer Zeit bestehenden **Bazar-Charakter.** Der alte Trödelmarkt lebt heute als viel besuchter **Flohmarkt** fort.

An der Südostecke des Platzes, neben dem Bahnhof, liegt die neu renovierte **Tzisdaraki-Moschee** – eine von zwei noch erhaltenen Moscheen in Athen. 1759 hatte sie *Mustafa Aga* erbauen lassen. Er war vor seinem Amt als Stadtverwalter „Dizdar Aga", Kommandant auf der Akropolis gewesen und wurde von den Athenern „Tzisdarakis" genannt. Ein Minarett sucht man vergeblich, es wurde 1821 abgerissen. Nach der Vertreibung der türkischen Machthaber diente die Moschee verschiedensten Zwecken: als Gefängnis, Lager und Proberaum der Militärkapelle. 1918 zog das Museum für Volkskunst ein, aber 1981 wurde der Bau bei einem Erdbeben stark beschädigt. Seit der Restaurierung 1991 residiert hier die **Keramikabteilung (V. Kyriazopoulos Collection) des Museums für griechische Volkskunst**.

●Keramikabteilung des Museums für griechische Volkskunst, Pl. Monastiráki, tgl. 9-14.30 Uhr, Eintritt 2 €

Gegenüber der Moschee, am Nordende des Platzes, steht die **Kirche Panagia Pantánassa**. Die Kirche der „alleinherrschenden Muttergottes" war einst Teil eines bedeutenden Frauenklosters, das im 10. Jh. entstanden sein soll, jedoch erst 1678 inschriftlich erwähnt wird. Die heutige Kirche, eine dreischiffige Säulenbasilika, stammt aus dem 17. Jh. Umbauten und Modernisierungen in den Jahren 1901 und 1911 führten zur Zerstörung der Reste des Klosters und zur Hinzufügung eines Glockenturms.

Eine feste Rundgangroute vorzugeben, erübrigt sich in dem überschaubaren Viertel Monastiráki. Am lohnendsten ist ein **Bummel an einem Sonntag,** denn dann verwandeln unzählige Händler und Privatleute die Gassen in einen fast orientalischen Bazar. Die Gassen, die vom Hauptplatz Richtung Westen und Süden abzweigen, führen mitten hinein in das Flohmarktviertel. Seit 1910 findet jeden Sonntag zwischen der Platía Monastiráki und dem Kerameikós dieser **weltberühmte Trödlermarkt** statt. Massenhaft kleine Geschäfte, besonders an den Straßen Pandrossou und Ifestou, Normanou und Nissou, verkaufen Antiquitäten und Ramsch, Haushaltswaren und Elektroartikel, Souvenirs und Kitsch. Im Zentrum des als Antiquitäten-Paradies bekannten Viertels liegt die **Platía Avissínias.**

Am Monastiráki-Platz zweigen jedoch auch wichtige Geschäftsstraßen bzw. -gassen ab: die **Odos Ermou** führt ostwärts zum Syntagma; südlich, parallel dazu, verläuft die **Odos Pand-**

Blick von der Akropolis auf die Pláka

rossou (mit zahlreichen kleinen Läden), und die **Odos Athinas** verbindet das Altstadtviertel mit der Neustadt (Pl. Omonia).

PLÁKA – DAS ALTE ATHEN

Die Pláka – nach der Akropolis die **zweite Hauptattraktion** – schmiegt sich an den Nordabhang des Burgbergs und gilt seit der Antike als Hauptsiedlungszentrum. Sie wird im Süden durch den Akropolisfels, im Norden durch die Odos Ermou, im Osten durch den Leofóros Amalías und im Westen durch die griechische Agora begrenzt. Die beiden Hauptachsen heißen **Odos Kidathineon** (ab O. Nikis) und **Odos Adrianou.**

Woher der Name „Pláka" kommt, ist umstritten: entweder vom albanischen Wort für „Alt" (pliaka) oder aber vom

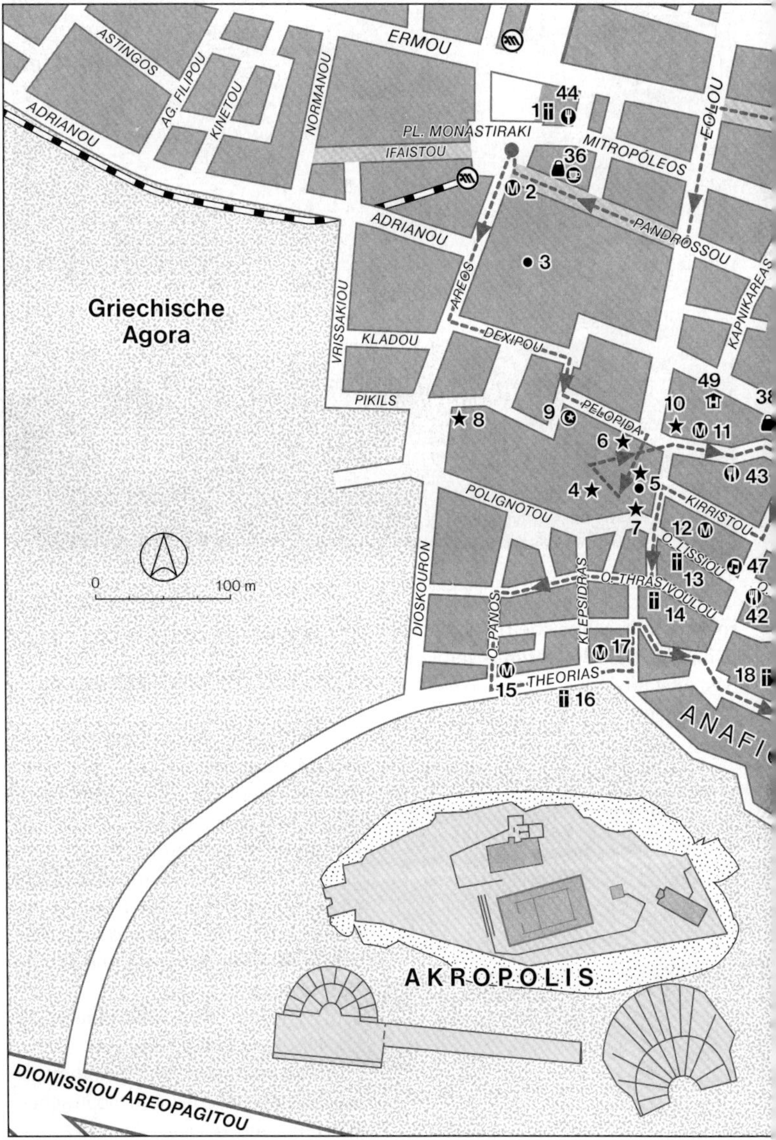
ERMOU
ASTINGOS
AG. FILIPOU
KINETOU
NORMANOU
ADRIANOU
PL. MONASTIRAKI
IFAISTOU
MITROPÓLEOS
EOLOU
PANDROSSOU
ADRIANOU
AREOS
KAPNIKAREAS
Griechische Agora
VRISSAKIOU
KLADOU
DEXIPOU
PIKILS
PELOPIDA
POLIGNOTOU
KIRRISTOU
O. LISSIOU
O. THRASIVOULOU
DIOSKOURON
KLEPSIDRAS
O. PANOS
THEORIAS
ANAFI
0
100 m
AKROPOLIS
DIONISSIOU AREOPAGITOU
44
1
36
2
3
49
10
11
9
8
6
5
4
7
43
12
13
47
14
42
17
15
16
18

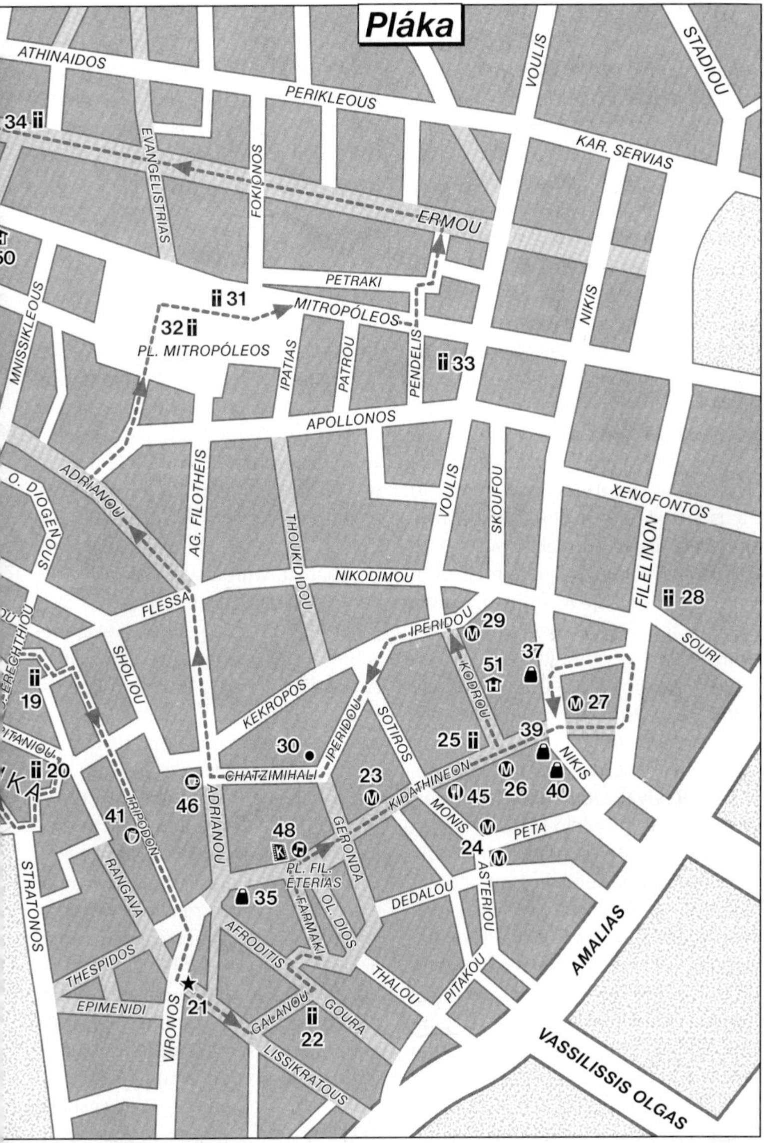

PLÁKA – DAS ALTE ATHEN

Die Altstadt

Pláka – das alte Athen

griechischen Wort „πλακα" für „Platte". Während der osmanischen Herrschaft und im 19. Jh. wurde die Pláka von der Oberschicht entdeckt, und aus dieser Zeit stammen zahlreiche **herrschaftliche Wohnhäuser.** Nachdem Athen 1834 Hauptstadt geworden war, hätte, wenn es nach *Schaubert* und *Kleanthis* gegangen wäre, die ganze Altstadt abgerissen werden sollen. Das Viertel sollte einer archäologischen Zone weichen. Damals wie heute bewiesen die Bewohner jedoch ihren Starrsinn und verhinderten dies; am Ende bezogen die beiden Architekten selbst hier ein Haus. Der einzige Teil, der planmäßig durchgeführt wurde, war der **Abriss** von rund 350 Häusern im alten Viertel Vlassarou, dort, wo die Grabungen im Bereich der Agora stattfanden. In den 1970ern waren es erneut die Anwohner, die die Verwandlung des Stadtteils in ein rein touristisches Vergnügungsviertel verhinderten und mit Hilfe von Kulturminister *A. Tritsis* 1975 die Pláka als Wohnviertel retteten.

Derzeit erlebt das Viertel wieder einmal ein **Revival:** Überall wird renoviert und gebaut und viele Häuser stehen mittlerweile unter Denkmalschutz. Die Kanalisation wurde verbessert und der unansehnliche TV-Antennenwald wich dem Kabelfernsehen. Die Pláka hat sich in den letzten Jahren enorm verändert, zum Positiven, auch wenn es natürlich immer noch heruntergekommene Ecken gibt. Trotzdem findet man hier auch sehr beschauliche, kaum von Touristen frequentierte Stellen. Die Pláka ist eine Mischung aus beschaulichem Dorf und lebendiger Metropolen-Altstadt. So kann der Besucher tagsüber idyllische Wohngassen und Fußgängerzonen mit Souvenirläden und Tavernen ablaufen, um dann bei Nacht auf Entdeckungstour durch Bars und Clubs zu gehen.

Hadriansbibliothek

Beginnen wir den Spaziergang gleich südlich der Platía Monastiráki und der Tzisdaraki-Moschee mit der Antike, mit römischer Agora und Hadriansbibliothek. Die antike Bibliothek (zur Zeit wegen Renovierung geschlossen) wurde **zwischen 125 und 132 n. Chr.,** wie vieles in Athen, auf Initiative des römischen **Kaisers Hadrian** erbaut. 267 n. Chr. beim Herulereinfall stark beschädigt, wurde sie in die spätantike Befestigung einbezogen. Wie prachtvoll der Bau einmal war, beschreibt der antike Reiseschriftsteller *Pausanias* (I 18,9). Der vierflügelige Bau breitete sich auf einem 122 x 82 m großen Areal aus und umschloss ringsum einen großen Hof.

Erhalten ist heute an der Odos Areos **ein Teil der Außenwand** und **eine korinthische Säule** des Propylon. Durch diese Eingangshalle gelangte man einst in einen rechteckigen Säulenhof. Auf der gegenüberliegenden Seite befand sich der Bibliothekstrakt mit Nischen für die Buchrollen in der Rückwand. Zum Komplex gehörten außerdem Lesesäle, Auditorien, Aufenthaltsräume und Wandelhallen. Im 5. Jh. war die zentrale Vortragshalle mit ihren vier Apsiden in eine **früh-**

PLÁKA – DAS ALTE ATHEN

ii	1	Panagia Pantánassa
Ⓜ	2	Tzisdaraki-Moschee
•	3	Hadriansbibliothek
★	4	Römische Agora
★•	5	Turm der Winde, Ost-Propylon
★	6	Latrine ("Vespasianae")
★	7	Agoranomion
★	8	Tor der Athena Archegetes
☾	9	Fethiye-Moschee
★	10	Medrese
Ⓜ	11	Museum für griechische Volksinstrumente
Ⓜ	12	Hamam/Museum für griechische Volkskunst
ii	13	Kapelle Agios Spiridon
ii	14	Panagia Chrisokastriotissa
Ⓜ	15	Kannellopoulos-Museum
ii	16	Metamorfosis tou Sotiros
Ⓜ	17	Museum der Athener Universität
ii	18	Agii Anargiri
ii	19	Agios Ioannis Theologos
ii	20	Agios Nikolaos Rangavis
★	21	Lysikrates-Denkmal
ii	22	Agia Ekaterini
Ⓜ	23	Kindermuseum
Ⓜ	24	Frissiras Museum
ii	25	Sotira Kottaki
Ⓜ	26	Museum für griechische Volkskunst
Ⓜ	27	Jüdisches Museum
ii	28	Sotira Likodimou
Ⓜ	29	Museum für griechische Kinderkunst
•	30	Zentrum für Volkskunde und traditionelles Leben
ii	31	Große Mitrópolis
ii	32	Kleine Mitrópolis
ii	33	Agía Dinámis
ii	34	Kapnikaréa
🛍	35	Brettos, Weinladen
🛍☕	36	Center of Hellenic Tradition mit Café Orea Hellas
🛍	37	Buchladen Compendium
🛍	38	Greek Traditional Goods
🛍	39	Mesogaia - Cretan Traditional Food Shop
🛍	40	Wardrobe – I Dolápa (Komboloi)
☾	41	Schattenspieltheater Figoures kai Koukles
🍴	42	Eden Restaurant
🍴	43	O Platanos
🍴	44	Sabbas
🍴	45	Skordalia und Taverne Saita
☕	46	Zacharoplastion K. Kotsolis
☕	47	Mnisikleous
☕🎬	48	Zygos und Cine Paris
🏨	49	Hotel Adrian
🏨	50	Hotel Plaka
🏨	51	Adonis Hotel

Die Altstadt

PLÁKA – DAS ALTE ATHEN

Hadriansbibliothek

Erste Ausgrabungen im Zentrum und Ostteil fanden, geleitet von *W. Dörpfeld* und *St. Koumanoudis*, nach dem **großen Brand von 1885** statt, der die römische Agora, den angrenzenden Bazar und die Kirche Megali Panagia zerstört hatte. Seit 1987 kümmert sich die staatliche Ephorie um die Erforschung und Erhaltung der Ruinen; derzeit sind die **Rekonstruktion des Propylons und des Südflügels** im Gange.

Römische Agora – Forum

Die römische Agora wurde in **augusteischer Zeit** (2. Hälfte 1. Jh. v. Chr.) östlich der klassisch-griechischen Agora erbaut. Die antike Verbindungsstraße zwischen beiden Anlagen wurde vor kurzem teilweise erforscht und ist heute von der Odos Pikilis aus einsehbar. Korrekterweise spricht man von einem „Forum", denn der von Säuenhallen umgebene Hof ist die römische Weiterentwicklung einer griechischen Agora: nicht allmählich gewachsen, sondern in einem Guss entstanden. In Athen verlagerte sich das **wirtschaftliche Zentrum** ab dem späten 1. Jh. v. Chr. auf dieses Forum, während die alte Agora politisches und kultisches Zentrum blieb.

Der heutige **Zugang** entspricht nicht mehr dem antiken durch eines der beiden Tore (siehe unten), sondern erfolgt unspektakulär von der Odos Pelopida her. Bevor man sich dem heute eindrucksvollsten Bau, dem Turm der Winde, zuwendet, lohnt ein Stopp gleich rechts neben

christliche Kirche verwandelt und im 7. Jh. durch eine dreischiffige Basilika ersetzt worden, aus der um 1100 die **Kirche Megali Panagia** wurde. Während der türkischen Besatzung befand sich in der Bibliothek der Sitz des Voivoden, des osmanischen Stadthalters. Nach dem Abzug der Türken entstand hier 1835 eine **Kaserne für die bayerischen Truppen** König Ottos.

dem Eingang: Hier erkennt man die Reste einer **große Latrine** („Vespasianae") aus dem 1. Jh. n.Chr. mit 65 Plätzen. Latrinen waren ein beliebter Treff zum Tratsch oder um Geschäfte zu tätigen – daher rührt auch der lateinische Spruch „pecunia non olet" (Geld stinkt nicht).

Der **Turm der Winde** liegt außerhalb des eigentlichen Forums. Der achteckige, etwa 13 m hohe Turm war vom Astronomen *Andronicos* aus Kyrrhos (Makedonien) im 1. Jh. v.Chr. gestiftet und geplant worden. An den Außenseiten befanden sich Sonnenuhren, im Inneren eine Wasseruhr (Klepshydra) – **die „offizielle" Uhr der Stadt.** Der Bau hieß deshalb in der Antike „Horologion des Andronicos" (Uhr des A.), wohingegen der heutige Name sich auf den als oberen Abschluss angebrachten Fries mit der Darstellung der **Windgötter** bezieht. An jeder der acht jeweils 3,20 m langen Seiten befindet sich das Relief eines Windgottes: *Boreas* im N, *Skiron* im NW, *Zephyros* im W, *Lips* im SW, *Notos* im S, *Euros* im SO, *Apeliotes* im O und *Kaikias* im NO. Der römische Architekt des 1. Jh. v.Chr., *Vitruv*, beschreibt den Bau ausführlich (Liber primus, VI. 25,2 ff.) und erwähnt, dass eine **Wetterfahne** in Form eines Triton auf dem Dach auf den jeweiligen Windgott zeigte und man so wusste, aus welcher Richtung der Wind wehte. Der Bau aus pentelischem Marmor erhebt sich über dreistufiger Basis, war mit einem konischen Dach gedeckt und hatte einen zylindrischen Annex im Süden sowie zwei Zugänge im NO

und NW. Er ist deshalb relativ gut erhalten, weil er in eine frühchristliche Kirche umgewandelt worden war. Nach 1750 diente er osmanischen Derwischen zu **Kultzwecken.** Dennoch versank der Turm im Lauf der Zeit fast zur Hälfte in Schutt und Erde und musste zwischen 1837 und 1845 neu freigelegt werden.

Der Turm der Winde: antike Wasseruhr und Windanzeiger in einem

Gleich südlich daneben stand einst ein mächtiges Gebäude, das als **Agoranomion,** Bau der Marktaufsicht, gedeutet wird. Der rechteckige Bau östlich davon wird wegen einer Inschrift (geweiht *Divi Augusti* und *Athena Archegetis*) als **Sevasteion** (Bau der Kaiser-Verehrung) bezeichnet und ins 1. Jh. n. Chr. datiert.

Doch jetzt zum ursprünglichen Zugang zur Römischen Agora, dem **Ost-Propylon** (19-11 v. Chr.). Der Durchgang war durch vier ionische Säulen aus grauem hymettischen Marmor gegliedert und führte in einen Peristyl-Hof von 111 x 98 m Größe, umgeben von Säulenhallen, Läden und Vorratsräumen. Teile der Portiken sind heute wieder aufgerichtet und geben eine recht anschauliche Vorstellung von dem Komplex. Nach dem Herulersturm 267 n. Chr. wurde die römische Agora auch zum administrativen Zentrum, da die griechische Agora nun außerhalb der neuen Festungsmauern lag. Das im Westen befindliche, teilweise wieder aufgerichtete **Tor der Athena Archegetes** (Athena als die „Führerin") war der Hauptzugang von der griechischen Agora her. Eine Inschrift von 10 v. Chr. erwähnt, dass das Tor auf Kosten der Stadt errichtet wurde. Erhalten ist die dorische Front aus pentelischem Marmor.

Ab byzantischer Zeit entstanden mehr und mehr Wohnhäuser auf dem Areal, und nach der türkischen Eroberung 1456-58 wurde die **Fethiye-Moschee** über einer christlichen Kirche errichtet. Der Name geht auf Sultan *Mehmet II.* zurück, der ihr anlässlich eines Besuchs 1458 den Namen „Eroberungsmoschee" gab. Nach der Eroberung Athens durch *Morosini* 1687 wurde sie zur katholischen **Kathedrale Agios Dionysios Areopagites** umfunktioniert und nach dem Unabhängigkeitskrieg, ab 1827, diente sie als Militärgefängnis, Lagerhaus und Militärbäckerei. Bis ins 19. Jh. fungierte das Forumsgelände als Markt; im 20. Jh. fanden mehrere Grabungskampagnen statt, und 1942 richtete man einige Säulen des östlichen Peristyls und 1963 am Süd-Peristyl auf.

●**Römische Agora,** Pl. Aerides, O. Pelopida/Eolou, tgl. HS: 8.30-17 Uhr, NS: 8.30-15 Uhr; Eintritt 2 €

Das Umfeld der römischen Agora

An die türkische Besetzung erinnert auch die gegenüber dem Zugang zur Ausgrabung gelegene **Medrese** (O. Pelopida). Von dieser türkischen Koranschule ist heute nurmehr die Außenmauer und die Inschrift über dem Tor erhalten. 1720/21 war sie von *Mehmet Fari,* Würdenträger unter Sultan *Ahmet III.,* gegründet worden. Einst handelte es sich um einen von Säulen gerahmten Hof mit Küche, Latrine und elf kleinen Räumen. Die überkuppelte Dershane (Lesehalle) diente gleichzeitig als Moschee. Während des Unabhängigkeitskriegs zu Beginn des 19. Jh. wurde der Bau von den Türken – und auch später von den Griechen – als Gefängnis benutzt und der Baum im Hof diente als Galgen. 1919 fiel der Baum durch Blitzschlag, was die Athener als „Wink von oben" verstanden.

Neben der einstigen Medrese befindet sich das **Museum für griechische Volksinstrumente**. Es ist im ehemaligen Wohnhaus von *Georgios Lassanis* (Finanzminister 1833-60) untergebracht und beherbergt die Privatsammlung des Musikwissenschaftlers *Fivos Anogianakis*. Es handelt sich um eine Präsentation der für die griechische Volksmusik wichtigen **Musikinstrumente vom 18. bis 20. Jh.**, ergänzt um Dokumente, Photos und Hörbeispiele. Im Bau finden (meist samstags) **Konzerte traditioneller Musik** statt und im zugehörigen kleinen Laden gibt es Instrumente, CDs und Bücher.

●**Museum für griechische Volksinstrumente**, O. Diogenous 1-3, Tel. 210 325 0198, www.greecetravel.com/musicmuseum; Di, Do-So 10-14, Mi 12-18 Uhr, Eintritt frei

Nebenan befindet sich die altehrwürdige **Taverne „O Platanos"**, ein beliebter Treff von Athenern und Touristen, schön zum Sitzen und mit guter Küche. Nur ein paar Schritte entfernt liegt in einer Seitenstraße (O. Kirristou) das einzige noch erhaltene **Hamam**, ein türkisches Bad, in der späten ottomanischen Phase (16. Jh.) von *Abid Effendi* errichtet. Es wurde bis 1965 benutzt, vor einigen Jahren restauriert und ist heute ein Ableger des **Museums für griechische Volkskunst**. Zu sehen gibt es Teile des alten türkischen Bades sowie eine interessante Ausstellung zur Wasserversorgung in Athen.

●**Museums für griechische Volkskunst (Nebenstelle)**, O. Kirristou, Mi und So 10-14 Uhr, Eintritt frei

In einer Parallelgasse (O. Lissiou), Richtung Akropolis, steht die kleine **Kapelle Agios Spiridon**, die Immigranten aus Korfu im 17. Jh. erbauten. Gleich um die Ecke eine weitere alte Kirche: die im 19. Jh. über einem alten Vorgänger erbaute **Panagia Chrisokastriotissa** („Maria von der goldenen Burg"). Berühmt ist sie wegen ihrer **Ikone** (rechts vom Eingang), die angeblich in frühchristlicher Zeit von der Akropolis gefallen sein soll. Sie wurde zweimal zurückgebracht und stürzte jedes Mal wieder ab, so dass man sie letztlich hier beließ. Angeblich soll die Ikone auch jene Frauen und Kinder gerettet haben, die sich bei der ersten Türkeneroberung von der Akropolis herabstürzten.

Die obere Pláka

Das Areal um die beiden kleinen Kirchen bildet den Übergang zur oberen Pláka, die man über die Odos Thrasivoulou und die Treppen der Odos Panos erreicht. Gemeint ist jener Teil der Pláka, der sich direkt an den Nordabhang der Akropolis anlehnt. Hier befindet sich eine ganze Reihe schöner alter Häuser aus den frühen Tagen des modernen Griechenlands.

In zwei klassizistischen Wohnbauten von 1864 mit sehenswerten Deckenmalereien in pompejanischem Stil befindet sich heute das **Paul und Alexandra Kannellopoulos-Museum**. Gegründet wurde es 1976 basierend auf der dem Staat gestifteten Privatsammlung des Ehepaars *Kanellopoulos*. Das etwas enge, aber hochkarätig bestück-

Gasse in der oberen Pláka

te Museum setzt folgende Schwerpunkte: **Keramik und Kleinplastik, Schmuck und Waffen** der minoischen und mykenischen (3000-1200 v. Chr.), geometrischen (1000-700 v. Chr.) und archaischen Zeit (7./6. Jh. v. Chr.), darunter:

- **schwarz- und rotfigurige Vasen** und **weiße Lekythen** aus Attika und Böotien (6/5. Jh. v. Chr.). **Besonders sehenswert ist Saal 16** mit qualitätvollen Stücken wie eine sf. Bandhenkelamphora des *Nikosthenes* (6. Jh. v. Chr.), auf der ein Tanz von Satyrn und Mänaden und an den Griffen Hopliten dargestellt sind. Zu bewundern gibt es außerdem mehrere so genannte Bandschalen (u. a. mit Darstellung des *Odysseus,* der aus der Höhle des Riesen flieht), und Augenschalen, eine sf. Amphora (*Herakles* und Löwe), eine Hydria des Dinos-Malers, die sf. so genannte Brunnenhaus-Hydria (Wagenrennen auf der Schulter, Hauptbild mit fünf Frauen am Brunnenhaus, ca. 530-520 v. Chr.) sowie eine Kylix (Trinkgefäß) mit Satyrn und Mänaden
- **Goldschmuck, Gemmen und Münzen** (6.-4. Jh. v. Chr.)
- **Tonstatuetten** der neuen Kömodie (5. Jh. v. Chr.) und „Tanagräerinnen" (4./3. Jh. v. Chr.)
- **Lampen, Bronzestatuetten und Keramik** aus frühhellenistischer Zeit (4./3. Jh. v. Chr.)
- **Plastik und Inschriften** klassischer, hellenistischer und römischer Zeit (5. Jh. v. Chr.-3. Jh. n. Chr.), darunter ein Marmorporträt *Alexanders* d. Gr. (2. Jh. v. Chr.)
- **Totenmasken** aus dem Fayum (2.-4. Jh. n. Chr.)
- **Goldschmuck, Kreuze, Münzen und Kleinplastik** aus byzantinischer Zeit (6.-12. Jh.)

- ligurische **Keramik und Holzschnitzereien** der byzantinischen und post-byzantinischen Zeit (9./10. Jh.)
- eine sehenswerte **Ikonensammlung** mit Beispielen der kretischen Schule, aus Konstantinopel und Makedonien (14.-19. Jh.), darunter besonders qualitätvoll eine Ikone der Schule von Konstantinopel („Schlafende Jungfrau Maria", 14. Jh.), eine von *Michael Damaskenos* signierte, auf der die „Enthauptung der Aghia Paraskevi" dargestellt ist (16. Jh.), eine Ikone der kretischen Schule („Johannes der Täufer", 17. Jh.) und eine gleicher Herkunft von *Emmanuel Tzanes Bounialis* („Grablegung Christi", 17. Jh.)
- aufwändig verzierte **Waffen** aus dem 17. und 18. Jh. sowie **Volkskunst** (Schmuck, Handarbeiten etc.) aus dem 18. und 19. Jh.

- **Paul und Alexandra Kannellopoulos-Museum**, O. Theorias/Panos, Di-So 8.30-15 Uhr, Eintritt 2 €

Schräg gegenüber dem Museum liegt direkt am Akropolis-Nordabhang die **Kapelle Metamorfosis tou Sotiros**, auch „Sotiraki" genannt. Sie wurde zwischen 1050 und 1150 erbaut, Umbauten und Renovierungen (Kuppel, Westjochvergrößerung und Apsiden) fanden im 14. Jh. statt. Im Inneren sieht man Freskenfragmente und eine Ikone der Panagia Tricherousa aus dem 14. Jh.

Nur ein paar Schritte weiter, auf der Odos Theorias, erreicht man das ehemalige Wohnhaus der beiden Architekten *Schaubert* und *Kleanthis* (Hauptzugang O. Klepsidras), das heute das **Museum der Athener Universität** beherbergt. Das Haus stammt **aus osmanischer Zeit** und zählt zu den ältesten der Stadt, wie ein Gemälde von 1674 belegt. 1831 hatte es *Kleanthis* gekauft, wenig später wurde es umgebaut und um einen dritten Stock erweitert. Nach zeitgenössischen Beschreibungen war das Haus mit Gipsabgüssen antiker Kunstwerke und Architekturfragmenten aus der Umgebung geschmückt. 1837-49 befand sich hier der **Sitz der neu gegründeten Uni** mit den ersten 52 Studenten. Bis 1967 wechselten die Besitzer dann ständig, bis die Uni den Bau endgültig erwarb. Heute fungiert er als etwas kurioses Museum (auch Wechselausstellungen!) mit Dokumenten zur **Geschichte der Hochschule** und zu den ersten Fakultäten Jura, Medizin und Archäologie, mit Gemälden aus dem 19. Jh. und alten Möbeln, mit historischen medizinischen und astronomischen Geräten und Büchern. Man kann es rasch durchlaufen, um dann den **Blick von der Dachterrasse** zu genießen oder im schönen Innenhof zu verschnaufen.

- **Museum der Athener Universität**, O. Klepsidras, Mo, Mi HS: 14.30-21 Uhr, NS: 17-19 Uhr, im Winter auch Di, Do, Fr 9.30-14.30 Uhr, Eintritt frei

Anafiotiká

Läuft man am Fuß der Akropolis weiter ostwärts, stößt man in der O. Pritaniou auf die **Kirche Agii Anargiri**, die von Kaiserin *Irene* (797-802) gestiftet und den Heiligen *Kosmas* und *Damian* geweiht war. Die heutige Kirche wurde 1760 als **einziges barockes Bauwerk** Athens errichtet und gehört zum nebenan liegenden Kloster Metochi tou Panagiou Taphou (Gemeinschaft des heiligen Grabes von Jerusalem).

Pláka – das alte Athen

Von der Kirche führt eine kleine Gasse zu einer Enklave inmitten der Pláka, in das **Viertel Anafiotiká.**

Hier kann man kurzzeitig in eine **ganz andere Welt,** ein Inseldorf mitten in der Großstadt eintauchen und immer wieder die Ausblicke genießen. Das Viertel entstand um die Mitte des 19. Jh. planlos – typisch für so Vieles in Griechenland – und völlig illegal im archäologischen Sperrgebiet. Der Name geht auf die ersten Bewohner zurück, Bauhandwerker von der Insel Anáfi. Bekannt als gute Arbeiter, hatte man sie für die immensen Bauvorhaben in der neuen Hauptstadt angeworben. Da ihre Löhne niedrig waren und sich niemand um ihre Unterbringung kümmerte, siedelten sie sich kurzerhand in dem verbotenen Areal an und schufen quasi über Nacht vollendete Tatsachen. Die schlitzohrigen Handwerker machten sich dabei ein Gesetz zu Nutze, das besagte, dass ein ohne Genehmigung gebautes Haus nicht abgerissen werden dürfe, wenn es am ersten Tag ein Dach bekäme.

Lange Zeit abseits gelegen und kaum beachtet, ist Anafiotiká heute einer der **romantischsten Flecken** Athens. Die engen gewundenen Gassen und Treppen und die kleinen, ineinander verschachtelten Häuser, die sich an den Fels schmiegen, sorgen für eine besondere Atmosphäre. Zwei Kirchen befinden sich im Viertel: einmal am Westende die einschiffige **Basilika Agios Simeon,** zum anderen am Ostende **Agios Georgios tou Vrachou.** Beide sind älter als das Viertel und stammen aus dem 17. Jh.

Entlang der Odos Adrianou

Hat man aus den schmalen Gassen von Anafiotiká wieder herausgefunden, erreicht man über die Odos Erechthiou die **Kirche Agios Ioannis Theologos,** eine kleine dreischiffige Kreuzkuppelkirche aus dem 12. Jh., die an einem beschaulichen Platz in unmittelbarer Nachbarschaft zu ein paar beliebten Tavernen liegt. Nur wenige Schritte weiter im Osten stößt man auf **Agios Nikolaos Rangavis.** Nach der Überlieferung soll diese Kirche 811-13 von *Theophylact,* Sohn des Kaisers *Michael I.,* gestiftet worden sein. Die heutige Kreuzkuppelkirche stammt aus dem 11/12. Jh. und wurde 1977/78 restauriert.

Weiter geht es auf der **Odos Tripodon,** einer Gasse, die seit der Antike unter diesem Namen von der Agora zur Platía Lissikratous führt. Unter der modernen Straße fanden Archäologen vor dem Lysikrates-Monument (siehe unten) Reste einer sechs Meter breiten antiken Straße, an deren Rand Fundamente für Choregen-Monumente, teilweise noch größer als jenes des *Lysikrates,* sowie frühchristliche Gräber lagen. Platía Lissikratous und Odos Tripodon muss man sich in der Antike voll gepflastert mit den bescheideneren Dreifußkesseln (Tripoden) vorstellen.

Von den in der Antike üblichen Preisen für siegreiche Choregen ist heute nur noch das **Lysikrates-Denkmal** von 334 v. Chr. (Areal frei zugänglich) erhalten. Der gute Erhaltungszustand des Monuments erklärt sich aus dem einst benachbarten Kapuzinerkloster,

DER KARAGHIOZIS-KASPERL UND DAS GRIECHISCHE SCHATTENTHEATER

„*Ap' exo mavrofora apelpisia, pikris sklavias cheiropiasto skotadi ...* – ... draußen, dunkelumkleidete Finsternis, die offensichtliche Dunkelheit der bitteren Sklaverei ..." Kaum waren die Zeilen aus *Ioannis Polemis* Gedicht „Die Geheimschule" verklungen, brauste der Jubel unter den Zuschauern auf. „Das war immer so, wenn mein Vater patriotische Stücke spielte", erzählte *Areti*, Tochter des berühmten **Karaghiozopaiktis** *Antonis Mollas*, genannt *Kedros*.

Karaghiozopaiktis? Das ist nichts anderes als der Spieler und Sprecher des Karaghiozis, des berühmten griechischen Schattentheaters. Dieses hat nur wenig gemeinsam mit dem hierzulande üblichen Kasperl-Theater – denn einst saßen nur Erwachsene vor der kleinen Bühne und freuten sich an den versteckten Anspielungen der „Helden" auf politische Geschehnisse. Das Schattentheater – eine gute Einführung bietet das Volkskundemuseum (siehe unten) – hat seine Wurzeln im **16. Jh.** während der osmanischen Zeit; die erste dokumentierte Aufführung fand am 18. August 1841 in Nauplia statt. „Karaghiozis brachte damals *Barba-Yiannis Brahalis* aus der Region um Kalamata hierher", erläutert *Fani Karahaliou*, Direktorin der Pyrgos Public Library. Populär gemacht, so Fani, hat das Spiel jedoch *Dimitris „Mimaros" Meimaroglou* aus Patras. Er erfand neue Stücke und schuf neue Figuren, erstmals aus Pappe – Leder kam erst in den 1920ern in Gebrauch. Es waren jedoch nicht die Figuren, sondern die Karaghiozopaiktis, die die Aufführungen zum unvergesslichen Erlebnis machten. Neben Kedros waren es Akteure wie *Orestis* (Anestis Vakaloglou), *Sotiris Spatharis* oder *Kareklas* (*Constantine Damadakis*), die Leute zum Lachen – oder Weinen – brachten.

Die Themen bestanden aus einer Mischung von **Mythos und Geschichte**, Legende und Alltag, gespickt mit sozialer und politischer Kritik. Hauptfigur war der namengebende Karaghiozis, den man mit unserem Kasperl vergleichen könnte: Keine Schönheit, aber ein Schlitzohr, das vorgibt ein Bösewicht zu sein, in Wahrheit aber herzensgut ist. Zu den weiteren Figuren gehören Karaghiozis' etwas plumper Freund Hadjiavatis, Karaghiozis' Sohn Kollitiri, das wahre Ebenbild seines Vaters, Aglaia, Karaghiozis' kluge Frau, der türkische Pascha, der arme, aber intelektuelle Nionios, der aufrechte Hellene Barbaghiorgos und der heldenhafte Megalexandros.

● **Infos im Internet:** www.karaghiozis.net

Das Theater Skion in der Odos Tripodon

PLÁKA – DAS ALTE ATHEN

das 1669 den Bau erwarb und als Bibliothek und Lesesaal nutzte. Hier hat übrigens **1810 Lord Byron** gearbeitet – im Inneren hat er sich selbst mit einem Graffito verewigt – und Teile von „Childe Harold" geschrieben. Das Kloster brannte während der Unruhen 1821 ab, doch 1845 wurde das Monument wiederhergestellt. 1876-87 unternahmen die Franzosen *Fr. Boulanger* und *E. Loviot* eine Restaurierung, und Grabungen in den Jahren 1982-85 beschäftigten sich nicht nur mit dem Platz, sondern auch mit dem Denkmal.

Das Lysikrates-Denkmal ist der erste Bau in der Architekturgeschichte, bei dem **außen korinthische Säulen** verwendet wurden. Der Porossockel ist quadratisch (2,93 m Seitenlänge), und über einem dreistufigen Unterbau erhebt sich ein Rundbau aus pentelischem Marmor (2,20 m Durchmesser) mit sechs korinthischen Säulen. Die Interkolumnien waren durch gewölbte Platten aus hymettischen Marmor geschlossen, die als oberer Abschluss Dreifüße in Relieftechnik zeigen. Darüber läuft ein Fries mit Szenen aus dem Leben des *Dionysos*, und als Dachbekrönung gab es einen Dreifuß auf einer Säule mit kapitellartigem Abschluss. Eine Inschrift auf dem Architrav nennt „*Lysikrates* von Kikynna, Sohn des *Lysitheides*" als Choregen und weiterhin heißt es: „Die Phyle *Akamantis* errang den Sieg mit einem Knabenchor. *Theon* spielte die Flöte. *Lysiades* aus Athen studierte den Chor ein. *Euainetos* war Archon."

Am Platz befand sich bis vor einigen Jahren auch das berühmte **Schattenspieltheater Karaghiozis**. Nach dem Tod des Inhabers wurde es geschlossen – für Ersatz sorgt das **Theater Skion** (Figoures kai Koukles) in der Nähe (O. Tripodon 30).

Vom Lysikrates-Denkmal sind es nur wenige Schritte zu **Agia Ekaterini**, einer Kirche, die schon in einem Dokument von 1219 erwähnt. Zu Beginn der Türkenherrschaft wurde sie zerstört, wieder aufgebaut und 1769 restauriert. Nach einem Umbau 1927 sind nur noch die achteckige Kuppel und die mittlere Apsis original. Auf dem Vorplatz wurden Reste einer Kirche aus dem 6. Jh. und einer römischen Portikus gefunden; zwei Säulen mit Architrav wurden wiederaufgerichtet.

Der Platz vor der Kirche bildet zugleich den Endpunkt der **Odos Adrianou**, die als Hauptachse die Pláka von der griechischen Agora her durchzieht. Läden, Restaurants und Cafés machen die Straße zur pulsierenden Altstadt-Ader. Größtenteils als Fußgängerzone verkehrsberuhigt, folgen wir ihr nun wieder Richtung Nordwesten durch das Zentrum der Pláka. Unterwegs lohnt es sich immer wieder einmal, einen Blick nach oben auf eine Reihe sehenswerter **klassizistischer Gebäude** zu werfen – wie das Wohnhaus des Admirals *Kountouriotis* (Nr. 61-63), die Grundschule von 1875 (Ecke O. Flessa) oder das Wohnhaus Nr. 117 – und **Bauten aus türkischer Zeit**, wie das Wohnhaus der Familie *Venizelos* und der *Hl. Filothei* (17. Jh., Ecke O. Apollonos).

Wegen einiger Sehenswürdigkeiten lohnt ein kurzer Umweg in die zweite

PLÁKA – DAS ALTE ATHEN

wichtige Fußgänger- und Bummelzone der Pláka, die **Odos Kidathineon**. Vorbei an der Platía Fil. Eterias, an deren Ecke ein klassizistisches Wohnhaus von 1895, heute ein beliebtes Café, steht, passiert man das **Kindermuseum**. Es handelt sich um ein interaktives Museum, in dem Kinder in verschiedenen Abteilungen zum Ausprobieren und Experimentieren eingeladen sind: Sie lernen etwas über das Sonnensystem, über Computer, *Pythagoras* und Seifenblasen. Ein alter Dachboden und eine Fabrik sind nachgebaut und für Vorschulkinder gibt einen extra Spielplatz.

●**Kindermuseum**, O. Kidathineon 14, Di-Sa 10-14, So 10-18 Uhr, Eintritt frei

Gegenüber, hinter einem kleinen Park, auf Nr. 27 liegt das derzeit ruinöse Wohnhaus Paparrigopoulos von 1835, in dem der bayerische König *Ludwig* während seiner Athen-Aufenthalte logierte. Kunstfreunde dürfen das **Frissiras Museum** nicht auslassen. Es handelt sich um ein (auch vom Eintrittspreis her) exklusives Kunstmuseum, in dem nur jeweils Teile der großen Sammlung, schwerpunktmäßig **zeitgenössische europäische Kunst**, ausgestellt sind. Es ist in zwei sehenswerten renovierten klassizistischen Häusern untergebracht: in Nr. 3 die permanente Sammlung, in Nr. 7 die Wechselausstellungen.

●**Frissiras Museum**, O. Monis Asteriou 3 und 7/Kidathineon, Mi-Fr 11-19, Sa und So 10-15 Uhr, Eintritt 6 €, www.frissirasmuseum.com

Zurück an der O. Kidathineon fällt die **Kirche Sotira Kottaki** auf. Sie wurde im 11./12. Jh. über einem Vorgänger aus dem 6. Jh. erbaut und im 13. Jh. in eine dreischiffige Basilika umgewandelt. Seit Umbauten im Jahr 1908, erinnert nur noch der Ostteil an die alte Kirche; auch die Innenausstattung ist modern, jedoch sehenswert, da von *Fotis Kontoglou* (1897-1965) im neobyzantinischen Stil ausgemalt.

Gegenüber der Kirche: das **Museum für griechische Volkskunst**, auf den ersten Blick etwas „angestaubt", aber bei näherer Betrachtung sehr informativ. 1918 als Museum für griechisches Kunstgewerbe gegründet, beherbergt es eine vielseitige Sammlung von Volkskunst aus dem 18. und 19. Jahrhundert. Dazu gehören Schmuck, Stickereien, Weberei, sakrale und profane Silberschmiedearbeiten, Karnevalsmasken und -kostüme, Trachten, Keramik und volkstümliche Malerei (u. a. *Theophilos Chatzimichali*). Besonders sehenswert sind die **Figuren des berühmten Schattentheaters** (siehe Exkurs „Der Karaghiozis-Kasperl und das griechische Schattentheater"). Die zugehörige Keramikabteilung befindet sich am Monastiráki-Platz. Seit jeher spielt das Museum eine wichtige Rolle für die Erhaltung der regionalen Volkskunst, veranstaltet Ausstellungen auch außerhalb Athens und verfügt über eine renommierte wissenschaftliche Abteilung, die mit anderen Forschungseinrichtungen kooperiert.

●**Museum für griechische Volkskunst**, O. Kidathineon 17, tgl. außer Mo 10-14 Uhr, Eintritt 2 €, mit Shop

Pláka – das alte Athen

Nicht weit entfernt, in der Odos Nikis 39, ein weiteres, kleines, aber feines Museum: das **Jüdische Museum**. Hier findet sich auf sieben Etagen in einem klassizistischen Haus eine **Sammlung religiöser und volkskundlicher Kunst** der jüdischen Gemeinden in Griechenland sowie eine **Dokumentation des Holocausts**. Seit dem 3. Jh. v. Chr. sind jüdische Gemeinden in Griechenland belegt, besonders zahlreich waren sie jedoch im 15. Jh., als die aus Spanien vertriebenen Juden im Osmanischen Reich in Hellas, vor allem in Thessaloniki, eine neue Heimat fanden.

●**Jüdisches Museum,** O. Nikis 39, Mo-Fr 9-14.30, So 10-14 Uhr, 3 €

Sehenswert, nur einige Schritte weiter, in der Seitengasse Nikodimou Sirou, befindet sich eine der ältesten erhaltenen Kirchen Athens (O. Filelinon/Souri), **Sotira Likodimou** (Agios Nikodemos), von *Stefanos Likodimou* 1045 gestiftet. Das zugehörige Kloster wurde 1701 bei einem Erdbeben zerstört. 1827 während des Freiheitskriegs beschädigt, gelangte die Kirche 1849 in russischen Besitz und wurde wenig später unter Hinzufügung eines Turms wieder aufgebaut. Die Fresken im Inneren stammen von *Ludwig Thiersch* (1825-1909), einem „Nazarener" und Lehrer am Athener Polytechnikum. Unter der Krypta wurden Reste eines antiken Bades gefunden, die ebenfalls dem Lykeion-Heiligtum zugeschrieben werden.

Doch zurück in die Pláka: Einen Steinwurf vom Museum für Volkskunst, lohnt für Familien ein zweites Kindermuseum, das **Museum für griechische Kinderkunst**. Dieses Museum ist nur vom Namen her ein solches – „Kinderzentrum" trifft es eigentlich besser. Hier werden Malkurse u. a. Veranstaltungen für die Kleinen angeboten.

●**Museum für griechische Kinderkunst,** O. Kodrou 9, Di-Fr 9-13, 17-21, Sa/So 9-13 Uhr, Eintritt frei

Auf dem Weg zurück zur Odos Adrianou bietet sich ein Stopp am **Zentrum für Volkskunde und Tradition** (traditionelles Leben) an. 1924-27 vom Jugendstil beeinflusst erbaut, gehörte das Haus einst der Volkskundlerin *Angelikis Chatzimichali* (1895-1965) und ist daher ein passender Ort für das Zentrum mit wissenschaftlicher Bibliothek, das eine Sammlung von Stoffen, Handarbeiten, Trachten, Schmuck, Puppentheater und naiver Malerei, u. a. von Ehemann *Theophilos Chatzimichalis,* Schnitzereien und Steinskulpturen birgt und dazu das Arbeitszimmer der Stifterin zeigt.

●**Zentrum für Volkskunde und Tradition,** O. Chatzimichali 6, Di-Fr 9-13, 17-21, Sa/So 9-13 Uhr, Eintritt frei

Die kleine Mitrópolis, eine der ältesten Kirchen Athens

Rund um die Platía Mitropóleos

Um zur Platía Mitropóleos, dem nächsten Highlight in der Altstadt zu gelangen, folgt man der Odos Adrianou, biegt rechts in die Apollonos ein und erreicht auf der Odos Venizelou Paleologou nach wenigen Schritten Platz und Kirche. Ihren Namen hat die Platía Mitropóleos von der die Altstadt überragenden so genannten **Großen Mitrópolis, der Hauptkirche der Stadt.** Erbaut wurde sie anstelle eines alten Klosters 1842-62 im Auftrag König *Ottos I.* als Wiedergutmachung für die „in Unkenntnis" vorgenommenen Beschneidungen der Macht der griechisch-orthodoxen Kirche. Geweiht ist die Kirche der Verkündigung Mariens (Evangelismós).

Dem Bau liegen Pläne des Architekten *Schaubert* zugrunde, der griechisch-orthodoxe Elemente mit einer katholischen Kathedralen-Fassade kombinierte. Nach der Grundsteinlegung lösten ihn allerdings die griechischen Architekten *P. Kalkos* (1800-80) und *D. Zezos* (gest. 1853) ab und modifizierten die Pläne zugunsten neobyzantinischer Stilelemente. Diese Züge behielt auch der Franzose *F. Boulanger* (1807-75) bei, der als vierter Architekt den Bau 1862 fertig stellte. Trotz ihrer Bedeutung als **Staatskirche,** in der Staatsmänner ihren Amtseid ablegen, und **Bischofskirche,** gilt der Monumentalbau hinter vorgehaltener Hand als hässlichste Kirche Athens. Schaut man genauer hin, wird man **alte Bauteile** entdecken: Material von etwa 70 abgerissenen oder zerstörten Kirchen fand Verwendung. Im Inneren lohnt ein Blick in eine der **Seitenkapellen,** die der *Agia Filothei,* einer beliebten Heiligen (1522-89), geweiht ist, die von Türken enthauptet wurde (Fest mit Prozession am 19. Februar), des Weiteren auf die **Statue des Bischofs** *Christostomos von Smyrna,* der 1823 hingerichtet wurde.

Sehenswerter ist im Schatten des Großbaus die bescheidene **Kleine Mitrópolis** mit ihren nur 7 x 11 m Größe. Sie gilt nicht nur als eine der ältesten noch erhaltenen Kirchen Athens, sondern auch als eine der schönsten und heißt im Volksmund „Panagía Gorgoepikoós" (Kirche der rasch erhörenden Maria). In der Spätantike über einem antiken Heiligtum erbaut und im 7. Jh. in das bischöfliche Kloster Agios Nikoláos intergriert, stammt der heutige Bau aus dem späten 12. bzw. frühen 13. Jh. und diente bis zum Neubau nebenan als Bischofskirche. Danach fungierte sie kurzzeitig als Bibliothek und Inschriftensammlung. Die Kirche wurde auf rechteckigem Grundriss mit eingeschriebenem Kreuz geplant. Die zentrale Kuppel ruht auf einem oktogonalen Tambour über vier Säulen, die im 19. Jh. durch Pfeiler ersetzt wurden. Von den Fresken des 13./14. Jh. sind nur eine Marienfigur (Apsis) und ein übermalter Pankrator (Christus) in der Kuppel erhalten. Berühmt ist die Kirche vor allem wegen der hier verbauten **antiken und byzantinischen Spolien,** allein an der Fassade lassen sich fast hundert solche Bauteile entdecken.

Ein Kuriosum stellt ein Stück weiter auf der Odos Mitropóleos Richtung Syntagma die einschiffige **Basilika Agía Dinámis** aus dem 17. Jh. dar. Sie steht eingequetscht unter der Arkade eines modernen Hochhauses – Beispiel für die typisch griechische, pragmatische Art mit der Vergangenheit umzugehen. Die Kirche diente während des Freiheitskampfes tagsüber offiziell als türkische Munitionsfabrik und nachts als **Geheimtreff der Rebellen,** und das ist einer der Gründe, warum sie nie abgerissen wurde.

Der Rundgang durch die Pláka nähert sich dem Ende: Nun folgt der unterhaltsame Teil, ein Einkaufsbummel über die zur Fußgängerzone umgebaute **Odos Ermóu,** die westwärts zum Ausgangspunkt, der Platía Monastiráki, zurückführt. Eine letzte Attraktion am Wege kann man nicht übersehen, da sie mitten in der Straßenachse liegt: die **byzantinische Kirche Kapnikaréa** aus dem 11. Jh. an der gleichnamigen Platía. Ihre prominente Lage hat sie dem bayerischen König Ludwig I. zu verdanken, der zur Freude der Bewohner den Abriss anlässlich der Neuanlage der Odos Ermou verhinderte. Geweiht ist die Kirche, die als eine der ältesten erhaltenen byzantinischen Kirchen der Stadt gilt, der Panagía Theotókou. Der Kern des Baus stammt aus dem 11. Jh., Erweiterungen fanden im 12. (einschiffige Barbarakapelle) und 13. Jh. statt. Die Fresken stammen aus der zweiten Hälfte des 20. Jh. und wurden von F. Kontoglou (1897-1965) geschaffen. Die Kirche war auf den Ruinen eines antiken Tempels einer weibliche Gottheit, Athena oder Demeter, als Kreuzkuppelkirche mit drei Apsiden an der Ostseite und einem Narthex im Westen errichtet worden. Die Kuppelkapelle im Norden (Agía Varvára) ist wie der Exonarthex vor der Kirche, der einer Portikus gleicht, eine spätere Zufügung.

Praktische Tipps

Einkaufen

- **Alexopoulos Bros.,** O. Venizelou Paleologou 4, alteingesessener „Perlenladen", mit großer Auswahl an Modeschmuck aller Art, Komboloi und Kurzwaren
- **Brettos,** O. Kidathineon/Ecke Adrianou, einst älteste Destillerie in Athen, heute Spiri-

tuosenladen mit großer Auswahl und Ausschank
- **Center of Hellenic Tradition**, O. Pandrossou 36 (OG), Ansammlung kleiner Shops lokaler Kunsthandwerker rund um das schöne Café Orea Hellas
- **Compendium**, O. Nikis 28, Mo/Mi 9-17, Di, Do, Fr 9-20, Sa 9-15 Uhr, englische Bücher, Zeitschriften, Reiseführer und Karten
- **George Dolkas T-Shirt and Swatch Shop**, O. Adrianou 107, Olympia-Souvenirs und große Auswahl an T-Shirts, daneben:
- **Iliachtida**, ein ungewöhnlicher Souvenirladen mit Spielzeug, hübschem Wohnaccessoires und allerlei Schnickschnack
- **Greek Traditional Goods**, O. Adrianou 82, kleiner Laden mit guter Auswahl an griechischen Produkten (Kräuter, Olivenöl etc.)
- **EOMMEX**, O Mitropóleos 9, Laden der landeseigenen Handwerkskunst-Organisation, vor allem Teppiche und Wandbehänge
- **Melissinos**, O. Pandrossou 89, Laden des „Poet-Sandalmaker of Athens" Stavros Melissinos, der nicht nur wegen seiner Schuhe, die auch Prominente kaufen sollen, sondern auch wegen seiner Gedichtbände und Klassiker-Übersetzungen berühmt wurde
- **Mesogaia – Cretan Traditional Food Shop**, O. Kidathineon/Nikis, Feinkostladen mit großer Auswahl an Käse, Wein, Olivenöl, Süßigkeiten, Kräuter, meist aus Kreta
- **Wardrobe (I Dolápa)**, O. Nikis 52, winziges und ungewöhnliches Lädchen, in dem es ausschließlich Komboloi aus verschiedensten Materialien, auch Sammlerstücke und Antiquitäten, zu kaufen gibt (kleine Filiale im Athener Flughafen/Duty Free Shop)
- **To Olympiako Katastimo**, O. Kithadineon 37, offizieller Laden von „Athens 2004" mit zahlreichen Olympia-Souvenirs

Märkte

Bazarbetrieb in Monastiráki, zwischen Platía Monastiráki und Kerameikós, vor allem an O. Pandrossou und Ifestou, Normanou und Nissou und Platía Avissínias täglich, am Sonntag jedoch großer Flohmarkt mit Privatanbietern (auch O. Adrianou). Großes Angebot an Antiquitäten, Büchern, Werkzeug, Elektronikartikeln, Kleidung, Haushaltwaren etc.

Unterhaltung

- **Paris**, O. Kidathineon 22, Freilicht-Kino, in dem meist englische Filme auf dem Dach eines Gebäudes mit Akropolisblick gezeigt werden
- **Schattenspieltheater Figoures kai Koukles**, O. Tripodon 30, Tel. 210 322 7507, Eintritt 3 €

Essen&Trinken

Die Zahl der Lokale in der Pláka ist überwältigend, doch meist ist das Angebot gleichförmig, die Qualität in Ordnung und die Preise den Touristen angepasst. Wer groß Ausgehen möchte oder etwas Besonderes sucht, geht – wie die Athener – nicht unbedingt hierher.

Tavernen/Restaurants

- **Daphne's Restaurant**, O. Lisikratous 4, Tel. 210 322 7971, vom Ambiente her ungewöhnliches bis kitschiges Lokal mit (beheizbarem) Innenhof; bekannt für griechische Delikatessen wie Lamm-Souvlaki, Kaninchen-Stifado etc., gehobene Preise.
- **Eden**, O. Lissiou 12, Tel. 210 324 8858, außer Di tgl.12-0 Uhr, inzwischen eine Institution: das erste vegetarische Restaurant in Athen mit großer Salatauswahl und vielerlei Gemüsegerichten zu anständigen Preisen (Hauptgerichte ab 6,50, Menü ab 12 €)
- **Estiatorion I Paliá Athína**, O. Nikis 46, ordentliches Standardangebot mit Mezedes ab 2,50, Hauptgerichten ab 7,50 €.
- **Kouti**, O. Adrianou 23, Tel. 210 321 3229, beliebtes Restaurant in Agora-Nähe mit Blick auf die Akropolis; griechisch-internationalisierte Küche, aber auch leichte und vegetarische Gerichte, Salate etc.
- **O Platanos**, O. Diogenous 4, eine der ältesten Pláka-Tavernen (*1932), bekannt für solide und relativ preiswerte Fleischgerichte, dazu Hauswein. Schön zum Sitzen im Freien.
- **Psarras**, O. Erotokritou 12, gute Vorspeisen und frische Fischgerichte, serviert vor einer Kirche; gegenüber liegt die Taverne Kritikon, mit kretischen Spezialitäten und eben solchen Musikabenden.

PLÁKA – DAS ALTE ATHEN

●**Stou Xynos,** O. Angelou Geronda, 4, Tel. 210 322 1065, typische griechische Taverne in einem Pláka-Hinterhof mit traditionellen griechischen Gerichten und Fasswein, nur Mo-Fr am Abend, preiswert.

Imbiss

●**Ariston,** 10 O. Voulis (nahe Syntagma), bekannt für Pies und Pasteten aller Art, von tiropita (Käse) über spanakopita (Spinat) bis aginaropita (Artischocken), preiswert und sättigend; seit 1910, auch süßes Gebäck.

Typisch für Athen sind die Bakaliarakia (Fischfritterien), wie hier „Damigos"

●**Sabbas,** O. Mitropóleos/Kirikiou, die wohl besten Giros der Stadt (Schwein oder – besser – Huhn), am Imbissstand zum Mitnehmen oder zum dort essen (auch andere Grillgerichte).
●**Sigalas,** O. Ermou/Pl. Monistiraki 2, Souvlaki-Imbiss/Restaurant mit Freiplätzen, seit 1879 in Familienbesitz, große, preiswerte Auswahl an der Schautheke, dazu Wein vom Fass, auch zum Mitnehmen; daneben: Souvlaki-Imbiss Thanasis, Pl. Mitropóleos 69, bekannt für Shish Kebab, immer voll, billig und mit Plätzen innen und außen.
●**Souvlakia sta Karvouna,** O. Ermou 67, eher unscheinbarer Imbiss mit nur einem Tisch innen und einem auf der Straße. Hier gibt es die besten Souvlaki (und nur die), dazu Brot und preiswerte Getränke.

Bakaliarakia (Fischfritterien)

●**Damigos,** O. Kidathineon 41, seit 1865 bestehende Taverne mit Hauswein und herzhafter Kost, darunter viel Frittiertes und Fisch zu günstigen Preisen.
●**Skordalia,** O. Kidathineon 21, im UG der Taverne Saita, preiswerte und leckere Fischgerichte (Kabeljau u. a.) ab 6 €.

Ouzerien und Cafés

●**Abyssinia Cafe,** O. Kinetou 7/Pl. Avissínia, kleines Bistro, schön zu Frühstück oder Lunch, vor allem aber prima Mezedes wie Gavros (marinierte Anchovis) oder gefüllte Datteln.
●**Café Orea Hellas,** im Center of Hellenic Tradition, O. Pandrossou 36 (OG), große Auswahl an Ouzo und Mezedes, junges Publikum.
●**Galaktopoleion I Amaltheia,** O. Tripodon 16, leckere Variationen von Pfannkuchen bis Jogurt (ab 5 €).
●**Glikis,** O. Geronda/Iperidou, gemischte Platte (pikilia) u. a. Mezedes empfehlenswert, kleine vielbesuchte Taverne.
●**Kapni Kareas,** zw. O. Metropolis und Ermou, prima Mezedes und Ouzo, bekannt auch für die Live-Musik (Bouzouki und Rembetiko), nur bis 20 Uhr geöffnet.
●**Paradosiako,** O. Voulis/Nikodimou, kleine Familienkneipe mit Ouzo aus Lesbos, be-

kannt für gute Fisch-Meeresfrüchte-Platte und Soutsouki (Wurst).
- **Zacharoplastion K. Kotsolis,** O. Adrianou 112, seit 1906 bestehende Konditorei, die 1906 als Milchladen begann, traditionelles Gebäck in großer Auswahl (Galaktoboureko, Loukoumas), Reispudding (Ryzogalo) u. a. Süßigkeiten und kleine Gerichte; Kaffeehausartig und schön zum Sitzen – ein Ruhepol mitten in der Pláka!

Psirrí – das andere Athen

Von Touristen kaum wahrgenommen wird häufig der dritte Teil der Altstadt, Psirrí, obwohl jeder mehr oder weniger oft dieses Viertel passiert. Vielleicht liegt es daran, dass Psirrí in seiner Gesamtheit nicht viel mit einer „gewöhnlichen" verwinkelten Altstadt zu tun hat.

Psirrí hat seit jeher den Ruf als **„Widerstandsnest"** und „Heimat der Unterwelt". Nach der Staatswerdung im frühen 19. Jh. wurde das Viertel von **Zuwanderern** der Kykladen-Insel Naxos besiedelt. Nicht nur Emigranten und Kleinkriminelle fanden hier ein Zuhause, auch Lord Byron (Ecke O. Agios Theklas/Papanikolis) wohnte hier. Politische Widerstandskämpfer tauchten besonders während des Unabhängigkeitskrieges hier ab, und etwas später suchten „zwangsumgesiedelte" Rembetes (siehe auch „Griechische Musik") nach Auftrittsmöglichkeiten. Eine Gruppe, die 50 Jahre lang Psirrí beherrschte, waren die **Koutsavakides.** Es handelte sich um regierungskritische gesellschaftliche Außenseiter, die zur Athener Unterwelt gehörten. Bekannt wegen ihrer langen Bärte, der spitzigen Stiefel mit hohen Absätzen, der engen Hosen, Jacken mit nur einem Ärmel und der breiten Schärpe, unter der sie ihre Waffen trugen, waren sie sogar der Polizei suspekt. Erst 1893 gelang ihre Entmachtung.

Genau genommen ist **Psirrí zweigeteilt:** einerseits verwinkelte Gassen und Straßen des alten Handwerkerviertels mit kleinen Werkstätten und stark spezialisierten Läden zwischen der Odos Ermou und der Odos Evripídou. Von der Anlage her erinnert dieser Teil noch an die türkische Altstadt, die Häuser stammen jedoch überwiegend aus den 1840ern oder sind nach dem großen Brand von 1855 entstanden. Viele Straßen werden noch heute von einer bestimmten „Zunft" beherrscht, so ist die Evripidou die **Straße der Gewürzhändler** oder die Evangelistrias die der **Stoffhändler.** Das Zentrum des alten Handwerkerviertels liegt um die **Platía Iroon.** Weiter nördlich, im Zentrum von Psirrí liegt der Markt und jenseits, östlich des Odos Athínas, erstreckt sich der zweite Teil des Viertels mit der modernen **Fußgängerzone Odos Eolou** als Hauptachse.

Schon seit einigen Jahren siedeln sich in Psirrí mehr und mehr Tavernen und Rembetiko-Kneipen an, und das Viertel entwickelte sich vom ehemaligen Arbeiter- und Handwerkerviertel verstärkt zu einem **Zentrum des Athener Nachtlebens** mit Schwerpunkt um

Rembetiko – der „Blues" der Griechen

Rembetiko ist wie Flamenco, Blues oder Tango Ausdruck einer Stimmung oder Gemütsverfassung, Ventil der Verfolgten und Benachteiligten und zugleich Vermächtnis einer wenig erfreulichen Zeit. Diese Musik war bis in die 1950er Jahre **Sprachrohr der Unterdrückten,** aber diese Sprache wurde von den damals Herrschenden nicht gerne gehört, die Musiker waren nicht gerne gesehen. Um nicht unnötig auf den Straßen als Rembetes aufzufallen, hatten viele die Miniversion der Bouzouki bei sich, die **„Baglamas",** die leicht unter dem Gewandärmel versteckt werden konnte.

Ein „Rembetes" (türkisch „Rebell") war ursprünglich ein einfacher Musiker, der seiner Wut und Trauer in einfachen, kurzen Liedern im seltenen **9/8-Takt** und mit selbst geschriebenen Texten, die wahre Begebenheiten, Erlebnisse und Geschichten schilderten, Ausdruck verlieh. Der mehrfach ausgezeichnete griechische **Film „Rembetiko",** bei dem *Costas Ferris* 1983 Regie führte (Drehbuch: *Sotiria Leonardou/ Costas Ferris),* setzte der Musik des griechischen Subproletariats ein Denkmal. Er schildert die Geschichte eines großen Rembetiko-Sängers von seiner Geburt in Smyrna 1917 bis zu seinem Tod in Athen 1955 und basiert auf einer wahren Biografie.

Griechen aus Kleinasien hatten bei der großen Umsiedelungsaktion 1922/23 nicht nur ihre alten Gebräuche und Sitten, sondern auch ihre Instrumente mitgebracht, darunter das Bouzouki, das sich zum klassischen Begleitinstrument zu Rembetiko-Liedern entwickelte. Sie waren in den Küstenstädten Kleinasiens und der Ägäis, an den Sultanshöfen, in den Kaffeehäusern oder speziellen Musikhäuser („Café Aman") tätig gewesen und hatten zusammen mit türkischen, armenischen und jüdischen Nachbarn eine bemerkenswerte musikalische Tradition – das Rembetiko – kreiert. Ihre Musik wurzelte im Orient und unterschied sich deutlich von der ländlichen griechischen Volksmusik, der Dimotiki. Wesentlichen Einfluss auf die Entwicklung des Rembetiko hatten die byzantinische Kirchenmusik, die türkische Volksmusik, Melodien aus verschiedenen Balkanländern, Musik des vorderen Orients und griechische Volkssagen.

In vergangenen Jahrzehnten verpönt als „Proletariermusik" ohne musikalischen Anspruch, ist heute Rembetiko wieder **„in"** und in Psirrí und anderen Vierteln Athens gibt es genügend Gelegenheit, die „Musik der Unterdrückten" zu hören.

die Platía Iroon. Auch Galerien und Theater sollen in Zukunft hier eröffnen. Allerdings haben sich viele der kleinen Werkstätten, Druckereien und Stoffläden nicht vertreiben lassen. Tagsüber herrscht rege Betriebsamkeit auf den Straßen und in den Läden, bei Dunkelheit erwacht dann das Leben in Bars, Diskos und Kneipen.

Das **naxische Erbe** von Psirrí ist noch spürbar. Es gibt den Naxos Social Club (O. Christokopidou), Läden und Kneipen mit naxischen Spezialitäten (siehe Praktische Tipps) und den berühmten **Naxos Easter Lamb and Cheese Market** (Mi-So vor Ostern, im Bereich der Pl. Iroon). Dort verkaufen Leute aus Naxos frisch geschlachtete Lämmer, Schafe und Ziegen, Käse und Wurstwaren, Wein und Ouzo sowie andere Spezialitäten von der Kykladen-Insel.

Rundgang durch Psirrí

Der Rundgang beginnt an der Platía Monastiráki und führt zunächst entlang der Ermou westlich zur Platía Asomáton, inzwischen in die archäologische Fußgängerzone zwischen Agora und Kerameikós integriert. Die kleine **Kirche Agios Asomáton** aus der zweiten Hälfte des 11. bzw. vom Beginn des 12. Jh. übersieht man fast, trotz der sechseckigen Kuppel, die sich auf vier Säulen über dem üblichen ins Quadrat eingeschriebenen Kreuz erhebt. Die Fresken stammen aus dem 17. Jh.

Besuchenswert ist das **Centre for the Study of Traditional Pottery,** das 2000 in einem neoklassizistischen Gebäudekomplex neben dem Kerameikós und gegenüber der Synagoge und dem jüdischen Gemeindezentrum eröffnet wurde. Es handelt sich nicht nur um ein Museum, sondern auch um ein Forschungs- und Lehrinstitut, das sich dem Studium, der Erhaltung und der Verbreitung der traditionellen Keramik vom frühen 19. bis ins 20. Jh. widmet. Die Grundlage der Sammlung geht auf *Betty Psaropoulou* zurück, deren Sammlung den Kern des 1987 entstandenen Zentrums bildet. Das Museum ist klein, englische Beschriftungen fehlen bislang größtenteils, doch Videos, Vorführungen, Modelle und Schaubilder geben dennoch einen guten Überblick über regionale Unterschiede bzw. Gemeinsamkeiten griechischer Keramik.

●**Centre for the Study of Traditional Pottery,** O. Melidoni 4-6, Mo-Fr 9-15, So 10-14 Uhr, Eintritt 3 €, mit kleinem Laden und preiswerter Caféteria

Bevor man tiefer in das Viertel eintaucht, lohnt ein kleiner Umweg. An der **Odos Agion Asomáton** steht eine Reihe teils etwas vernachlässigter klassizistischer Wohnhäuser. Dazu gehört das **Haus Karakatsanis** (Nr. 45), berühmt geworden ist es durch ein Gemälde von *Giannis Tsachouris* aus den 1930ern. Es gehört inzwischen dem Kulturministerium, das es renovieren ließ. Sehenswert ist die Fassade mit den beiden Karyatiden im Obergeschoss. Nicht weit entfernt liegt an der Odos Pireos, der Hauptachse vom Omonia-Platz in die Hafenstadt, die

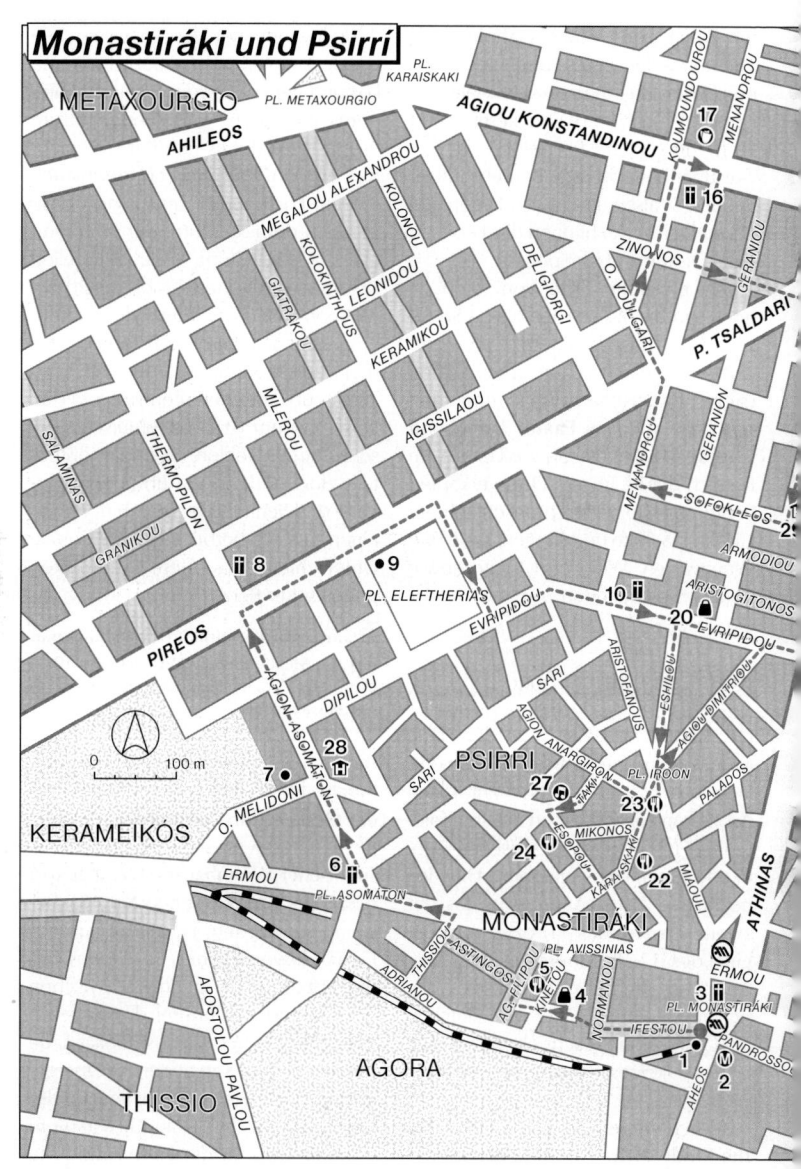

Monastiráki und Psirrí

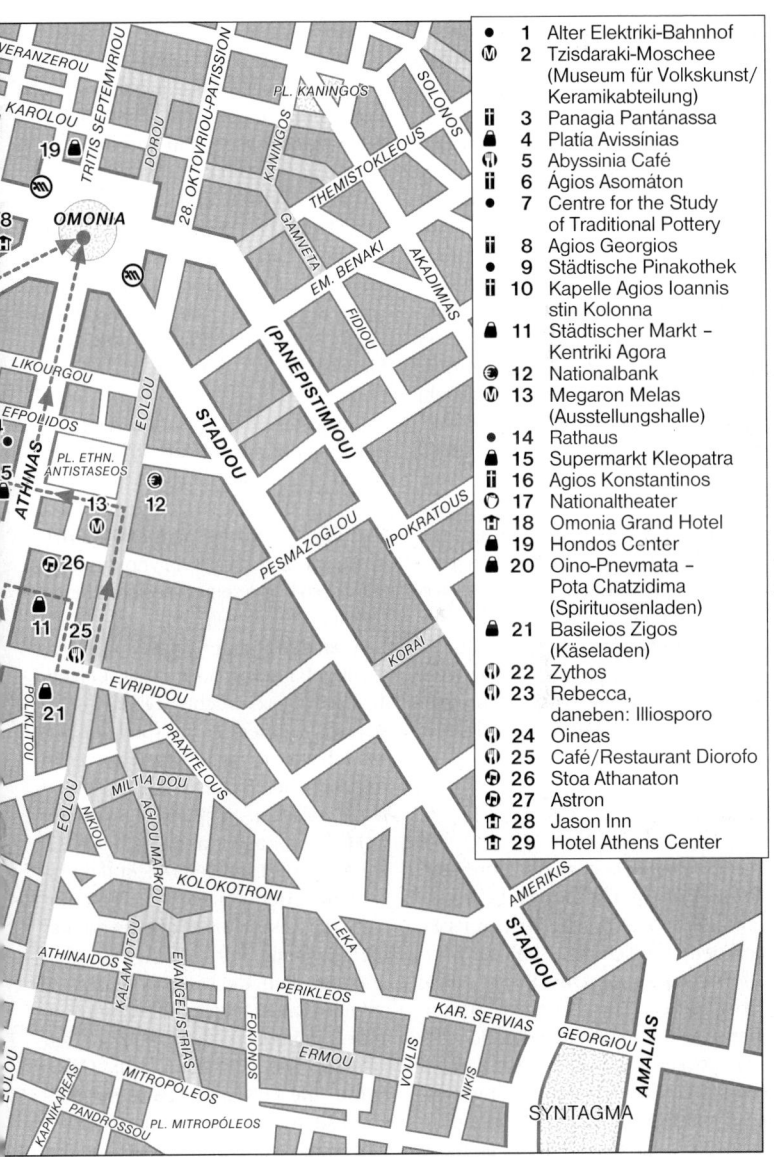

- 1 Alter Elektriki-Bahnhof
- 2 Tzisdaraki-Moschee (Museum für Volkskunst/Keramikabteilung)
- 3 Panagia Pantánassa
- 4 Platia Avissinias
- 5 Abyssinia Café
- 6 Ágios Asomáton
- 7 Centre for the Study of Traditional Pottery
- 8 Agios Georgios
- 9 Städtische Pinakothek
- 10 Kapelle Agios Ioannis stin Kolonna
- 11 Städtischer Markt – Kentriki Agora
- 12 Nationalbank
- 13 Megaron Melas (Ausstellungshalle)
- 14 Rathaus
- 15 Supermarkt Kleopatra
- 16 Agios Konstantinos
- 17 Nationaltheater
- 18 Omonia Grand Hotel
- 19 Hondos Center
- 20 Oino-Pnevmata – Pota Chatzidima (Spirituosenladen)
- 21 Basileios Zigos (Käseladen)
- 22 Zythos
- 23 Rebecca, daneben: Illiosporo
- 24 Oineas
- 25 Café/Restaurant Diorofo
- 26 Stoa Athanaton
- 27 Astron
- 28 Jason Inn
- 29 Hotel Athens Center

Die Altstadt

Kirche Agios Georgios (O. Thermopilon). Sie wurde 1899-1901 nach Plänen von *Ernst Ziller* als neoromanischer Bau errichtet. *Ziller* griff dabei auf Entwürfe von *Theodor Hansen* für die Große Mitropolis zurück, die 1842 nicht berücksichtigt worden waren.

Nur etwas für wahre „Fans" griechischer Malerei ist die **Städtische Pinakothek** in einem klassizistischen Bau, den *Panagis Kalkos* 1874 als Säuglingsheim geplant hatte. Die Eröffnung der Sammlung erfolgte im September 1982, die Wurzeln gehen auf das Jahr 1923 zurück, als die Stadt eine Skulptur von *D. Philippotis* („Der Fischer") erwarb und damit den Grundstock für derzeit 2355 Kunstwerke legte. Heute sind fast alle bedeutenden griechischen Künstler des 20. Jh. mit wichtigen Werken vertreten. Zu den interessanten Abteilungen gehören die grafische Sammlung mit Arbeiten des Architekten *Ernst Ziller*, die Gemälde antiker Ruinen sowie Porträts von Bürgermeistern und Stadtratspräsidenten.

● **Städtische Pinakothek**, O. Pireos 54, tgl. außer Sa 9-13 Uhr und 17-20.30 Uhr, So 9-13 Uhr, Eintritt frei

Die Pinakothek liegt an der Nordwest-Ecke der **Platía Eleftherías,** heute beliebter Treff der Bewohner von Psirrí, und dem nördlich benachbarten Viertel Metaxourgio. Der Platz wurde 1834 von *Leo von Klenze* im Zusammenhang mit der Anlage der Odos Pireos als „Ludwigsplatz" geplant. Abgesehen von der Platzgestaltung erinnern nurmehr die drei im Süden im Halbrund angelegten Häuser an diese Baumaßnahme. Weiter auf der **Odos Evripidou,** an der Südost-Ecke des Platzes, geht es vorbei an zahlreichen Lebensmittelläden zur winzigen **Kapelle Agios Ioannis stin Kolonna.** Die römische Säule im Zentrum der Kirche gilt als Fieber heilend und wird entsprechend mit Votivgaben behängt. Von hier aus lohnt es besonders abends durch die schmalen Seitengassen (Aristofanous, Taki, Esopou, Karaiskaki) zur zentralen **Platía Iroon,** dem Hauptplatz des Viertels, zu schlendern.

Ansonsten setzt man den Weg von der Kirche Agios Ioannis auf der Evripidou fort, bis sie auf die Hauptachse und Geschäftsstraße Athinas stößt. Hier liegt der Städtische **Markt Kentriki Agora** (zwischen O. Evripidou und Sofokleos). Mit seinen verschiedenen Sparten und Abteilungen unter Dach bzw. an den Ständen ringsum (Fleisch, Geflügel, Fisch, Wurst, Käse, Oliven, Trocken/Hülsenfrüchte, Obst, Gemüse etc.) erinnert er an südländische Markthallen, mehr aber noch an einen orientalischen Bazar. In der Tat ersetzte die zwischen 1879 und 1880 erbaute Halle den zuvor abgebrannten Bazar aus türkischer Zeit. Allein die Präsentation der Waren (z. B. getrennt nach Fleischsorten) ist sehenswert und die Stimmung, mit kritischen Kunden und Händlern, die lautstark ihre Ware anbieten, muss man erlebt haben.

Der Rundgang führt nun in den zweiten Teil von Psirrí, zur **Odos Eolou, die Fußgängerzone** mit kleinen Läden und Cafés. Südwärts führt die Straße zurück in die Pláka und

Psirrí – das andere Athen

stößt dort auf die zweite moderne Fußgängerzone, die Odos Ermou. Wir wenden uns jedoch Richtung Norden und stehen vor den Gebäuden der **Nationalbank.** Eine neue Ausstellungshalle ist eben an der O. Eolou 83, im **Megaron Melas,** Wohn- und Geschäftshaus des Bankiers *Melas,* 1884 nach *Ziller*-Plan errichtet, entstanden. Seit der Gründung der Bank 1841 sammelte man Kunst und inzwischen sind etwa 1300 Kunstwerke bedeutender Künstler (Malerei, Plastik und Zeichnungen) aus dem 19. und 20. Jh. zusammengekommen. Der Neubau der Bank (O. Eolou 82/84) steht teilweise über einem der antiken Stadttore, dessen Fundamente vor dem Gebäude konserviert wurden.

Nach der Bank fällt der Blick auf die **Platía Ethnikis Antistaseos.** 1985 traten hier beim Bau einer Tiefgarage die Fundamente des Stadttheaters, das 1873-88 nach Plänen von *Ernst Ziller* erbaut und 1935 abgerissen worden war, zu Tage. Man entdeckte zudem eine antike Straße und einen Friedhof (belegt ab dem 7. Jh. v. Chr.). Teile des antiken Bestandes sind an der Nordostecke des Platzes eingezäunt zu se-

Die Markthalle Kentriki Agora ersetzte 1880 den alten türkischen Basar

PSIRRÍ – DAS ANDERE ATHEN

hen. An der Westseite des Platzes steht das **Rathaus,** nach Plänen von *P. Kalkos* 1872 erbaut und 1938 von *F. Kontoglou* mit mythologischen Szenen ausgemalt. Auf dem Platz treffen sich nicht nur die Einheimischen, auch verschiedenste Gruppen kommen hier zu Demonstrationen, Kundgebungen und sonstigen Geschäften zusammen. **„Platía Dimarcheo",** Rathausplatz, genannt, galt dieser Ort noch vor nicht allzu langer Zeit als Schandfleck der Stadt, heute präsentiert er sich hingegen sauber und attraktiv – zumindest tagsüber. Eine Reihe neoklassizistischer Bauten von der Jahrhundertwende rahmen die Freifläche, die mit ihren Bänken und Schatten spendenden Bäumen zu einer Pause einlädt. Beidseitig sind **Statuen** antiker Schriftsteller (im Süden) – *Plutarch, Thukydides* und *Pindar* – und Philosophen (im Norden) – *Aristoteles, Platon* und *Sokrates* – aufgestellt. Vom Platz sind es auf der Odos Athinas nur wenige Schritte zur Platía Omónia.

Das multiethnische Athen

Hinter dem Rathaus entwickelte sich in den letzten Jahren mit der verstärkten Ansiedelung von indischen, pakistanischen, afrikanischen und asiatischen Zuwanderern ein multi-ethnisches Viertel mit entsprechenden Läden – wie der **Supermarkt Kleopatra** links neben dem Rathaus – und Kneipen. Ein Spaziergang entlang der Odos Sofokleous lässt einen in eine andere, vor allem **asiatisch** geprägte Welt eintauchen. Die Odos Geranion dagegen „gehört" ganz den **Afrikanern,** die Odos Menandrou den **Indern.** Wo diese auf die Odos Pireos, die alte Hauptverkehrsachse zwischen dem Zentrum und der Hafenstadt stößt, beginnt die Odos Voulgari und ein Stückchen weiter, in der Koumoundourou, befindet man sich unvermittelt im **„russischen"** Viertel der Stadt.

Offiziell befinden wir uns im **Stadtteil Metaxourgio** mit der Odos Agiou Konstantinou als Hauptachse, die am zentralen Platz des Viertels, der Platía Karaiskaki, endet. Im Norden liegt das Wohnviertel **Vathi,** nach 1880, wie viele spätklassizistische und historisierende Wohnhäuser belegen, entstanden. Für den Boom des Viertels haben jedoch die beiden Bahnhöfe gesorgt. Der **Larissa-Bahnhof** (Metro-Station), im Norden am gleichnamigen Platz, hat die Größe eines deutschen Dorfbahnhofs und sagt somit viel über den Stellenwert des Bahnreisens in Griechenland aus. Über eine Fußgängerbrücke gelangt man über die Gleise zum zweiten Bahnhof, der ein architektonisches Juwel darstellt. Der so genannte **Peloponnes-Bahnhof** (O. Konstandinopoulos) liefert, wie viele Haltepunkte an der Piräus-Athen-Peloponnes-(Schmalspur-)Bahnlinie, ein schönes Beispiele früher griechischer Industriearchitektur – und ist eine gelungene Mischung aus Funktionalität und sehenswerter Architektur. Seit 1985 unter Denkmalschutz, war der Bahnhof 1885/6 im historisierenden Stil entstanden. Auch wenn man es heute angesichts der zwei Gleise und der seltenen Züge kaum glauben mag, hatte die Bahnlinie einst große Bedeutung für die wirtschaftliche Entwicklung Griechenlands. Das spiegelt immerhin noch die prachtvollen Ausgestaltung im Inneren wider – holzverkleidete Fahrkartenschalter, Kronleuchter, Stuckverzierungen, Emaille-Schilder etc.

Wer sich für die Eisenbahngeschichte Griechenlands interessiert, dem sollte der Weg zum **Eisenbahnmuseum,** das sich etwa 2,5 km nördlich des Larissa-Bahnhofes befindet, nicht zu weit sein. Rings um ein altes Bahngebäude, umgeben von einem schönen Garten, hat 1979 die griechische Eisenbahn O.S.E. ein Museum eingerichtet, das anhand von Dokumenten, Fotos und Originalen über die Geschichte und Entwicklung der Eisenbahn in Griechenland informiert.

● **Eisenbahnmuseum,** O. Siokou 4, Sepolia, etwa 2,5 km nördlich vom Larissa-Bahnhof, Bus Nr. 1, Mi 17-20, Fr-So 9-13 Uhr, Eintritt frei

Doch zurück zur Odos Konstantinou: Hier liegt die **Kirche Agios Konstantinos,** 1869-93 als letzter Bau von *L. Kaftanzoglou* errichtet. Er versuchte damals neue Formen im Kirchenbau einzuführen, nicht mehr byzantinisch, sondern von den Anfängen christlicher Architektur in Rom inspiriert. Gegenüber befindet sich das sehenswerte, heute denkmalgeschützte **Nationaltheater.** Es wurde als „königliches Theater" zwischen 1895-1901 nach Plänen *Ernst Zillers* erbaut und von einem Londoner Griechen namens *Stephanos Rallis* finanziert. Innenausstattung und Bühnentechnik zählten damals zu den fortschrittlichsten in Europa, waren von Wiener Technikern entwickelt und in Fabriken in Piräus hergestellt worden. Die Fassade scheint der Hadriansbibliothek nachempfunden, allerdings dürfte auch die italienische Renaissance die Planung mit beeinflusst haben.

Die Platía Omónia

Über die kleine Fußgängerzone in der Odos Zinonos (beginnt südlich der Kirche) erreicht man die Platía Omónia. Der Name „Platz der Eintracht" erinnert an den Friedensschluss zwischen den verschiedenen Volksgruppen nach dem Freiheitskrieg. Obwohl er nach der Ernennung Athens 1834 zur Hauptstadt ursprünglich als Hauptplatz in der Neustadt geplant war, geschah hier nicht viel. Weder der Königspalast noch andere bedeutende Bauten entstanden und nur ein paar Ideen der Neukonzeption von *Schaubert* und *Kleanthis* wurden realisiert. Dazu gehören die beiden Hauptstraßen (O. Pireos und O. Stadíou) als Seiten eines gleichschenkligen Dreiecks, dessen Südabschluss die Odos Ermou bildet.

Erst nach dem Bau des Bahnhofs 1886 wurde der Platz mit Bürgerhäusern und Hotels zum gesellschaftlichen und repräsentativen Zentrum der Stadt umgestaltet. *Ziller* baute hier das Hotel Bankeion und das Megas Alexandros, dessen Café Bretania zum beliebten Treff der High Society wurde. Im Lauf der Jahre wurden die meis-

Psirrí – das andere Athen

ten der historischen Bauten durch **moderne Hochhäuser** ersetzt. Dass diese nicht grundsätzlich hässlich sein müssen, belegt das moderne **Omonia Grand Hotel** (Grecotel), eines der ersten und besten „Boutique-Hotels" der Stadt, das auch im Inneren sehenswert ist.

Viele Jahre galt der Platz als heruntergekommen und wenig einladend. Die Umgestaltung mit **moderner Kunst und Wasserspielen** – wenn auch fehlendem Grün – sorgte unlängst für mehr Attraktivität des Verkehrsknotenpunktes. Neue Geschäfte wie das **Hondos Center** – eines der wenigen Kaufhäuser der Stadt (hübsches Café im OG!) –, Cafés (z. B. das alteingesessene Café Neon), Imbissketten und moderne Hotels eröffneten am Platz und dessen Umkreis. Sehenswert ist auch die Metro-Station selbst mit einer Foto-Ausstellung zum Aussehen des Platzes in der Vergangenheit.

Seit jeher gesellschaftliches und repräsentatives Zentrum der Stadt: der Omónia-Platz

Praktische Tipps

Infos

- www.psirri.gr – der Internetführer im Trendviertel Psirrí

Einkaufen

- Fußgängerbereich ab Markt bzw. Rathaus entlang der **O. Eolou** (Kleidung, Stoffe, Spitzen), außerdem **O. Miltiadou, Agiou Markou, Evangelistrias** bis hin zur feineren **O. Ermou** lohnend; im weiteren Bereich hinter dem Omonia, um die **O. Zinonos**, besonders billige Kleidung und Imbiss-Möglichkeiten
- **Aristokratikon,** O. Karageorgi Servias 9, seit 1928 existierendes Schokoladengeschäft der Sonderklasse
- **Basileios Zigos,** O. Evripidou 25, nahe der Markthalle, große Käseauswahl aus allen Regionen
- **Geniko Emborio Eklekton Proionton Naxos,** O. Kariaskaki 22, Lebensmittelladen in alter Garage, spezialisiert auf Kefalotiri und andere Spezialitäten aus Naxos und Kreta
- **Ihogram-Superstore,** O. Evripidou 25 (nahe Stadtmarkt), billige griechische Musik-CDs, außerdem große Auswahl an Rembetiko, Bouzouki und Laika
- **Mokka,** O. Athinas 44, neben dem Markt gelegene Kaffeerösterei, auch Süßwaren
- **Oino-Pnevmata – Pota Chatzidima,** O. Evripidou 76, Wein/Ouzo-Laden, auch zum Probieren, Getränke vom Fass sowie große Ouzo-, Schnaps- und Weinauswahl
- **Zoronis,** O. Ag. Theklas 13, kleiner Laden eines Ikonenmalers, weitere Antiquitätenläden im Umkreis, besonders in der O. Karaiskaki

Essen & Trinken

- **Archeon Gefsis,** O. Kodratou 22/Pl. Karaiskaki (Metaxourgio/Vathi), Tel. 210 523 9661, moderne griechische Küche im antiken Stil ohne Besteck und im Sommer auf Klinen (Liegen) im Freien serviert, tgl. außer So Lunch
- **Café/Restaurant Diorofo,** O. Evripidou/Ecke Eolou (nahe Markthalle), etwas feiner und daher teurer, trotzdem stets gut besucht; gute griechische Küche
- **Oineas,** O. Esopou 9, allein wegen der tollen Ausstattung (besonders die beleuchtete Bar) einen Besuch wert, aber auch kreative Gerichte
- **Oraia Penteli,** Pl. Iroon, seit 1830, der Treff zum Drink oder Abendessen
- **Ouzerie Naxos,** O. Christokopidou, einfache empfehlenswerte Ouzerie mit naxischer Küche
- **Paei Kairos,** O. Taki 16, eines der beliebtesten Restaurants des Viertels, besonders wegen der Mezedes (Live-Musik am Wochenende)
- **Rebecca,** Pl. Iroon/O. Maoulis, gute Mezedes (auch als bunte Platte/Pikilia), unprätentiös, klein mit wenigen Freiplätzen; daneben liegt das etwas gediegenere **Illiosporo** mit Live-Jazz und Swing, eine Winterspezialität hier ist *rakimilo,* warmer Ouzo mit Honig
- **Stou Korre,** O. Ag. Anargiron 20-22, gehört dem Musiker *Nikos Korres,* gute leichte Küche und leckerer Fasswein aus Theben (Live-Musik am Wochenende)
- **Taverna To Psiri,** O. Aischylou 12, klein und gemütlich, mit alten Fotos an der Wand
- **To Steki tou Agoras,** O. Athinas/gegenüber der Markthalle, alteingesessene alte Taverne mit einfacher griechischer Kost
- **To Varoulko,** O. Deligeorgi 14 (Metaxourgio, nahe Omonia), Tel. 210 411 2043, nur am Abend (außer So) geöffnetes Fischrestaurant mit Michelin-Stern; Küchenchef *Lefteris Lazarou* kocht, was das Meer gerade bietet
- **Zeidorou,** O. Taki 10/Ag. Anargiron, hier gibt es die besten Mezedes in Psirrí, stets voll
- **Zythos,** O. Kariaskakis 28, eine von drei Filialen der beliebten „Bier-Kneipe", etwa 130 verschiedene Biersorten, dazu gute Küche (besonders Muscheln und Fisch zu empfehlen!)

Nachtleben/Musiklokale

siehe: Praktische Tipps „Nachtleben"

Die Neustadt

Der Privatgelehrte *Ludwig Ross* (1806-1859) aus Schleswig-Holstein, der zum Konservator in Athen berufen wurde und als bester Kenner Griechenlands zur Zeit Königs *Otto* galt, beschrieb Athen 1832 als „gestaltlose, einförmig graubraune Masse von Schutt und Staub." Während des griechischen Befreiungskampfes war die Stadt 1826/7 fast vollständig zerstört worden und nach der Ernennung zur Hauptstadt kursierten zahlreiche Konzepte zur Neugestaltung. Die Planung erwies sich als kompliziert, da man nicht nur den Aufgaben einer modernen Hauptstadt, sondern auch dem antiken Erbe gerecht werden wollte. Dass die beiden einzigen alten Viertel, Pláka und Psirrí, überlebten, ist letztendlich dem bayerischen Hofarchitekten *Leo von Klenze* zu verdanken. Neben dem antiken Bestand um die Akropolis blieb die Altstadt erhalten, im Norden umschlossen von einer großzügig angelegten Neustadt mit breiten Sichtachsen. An diesen breiten Straßen reihen sich sehenswerte Bauten und mehrere **herausragende Museen** auf, die es sinnvoll machen, für die Besichtigung dieses Stadtteils mindestens zwei Tage einzuplanen.

Moussio und Exarchía

Läuft man vom Omonia-Platz auf der Odos 28. Oktovriou nordwärts, erreicht man in wenigen Minuten das Stadtviertel Moussio („Museum"), das sich, wie der Name bereits sagt, in erster Linie wegen einer einzigen Sehenswürdigkeit rentiert: Hier befindet sich das wichtigste Museum für griechische Antiken, das **Archäologische Nationalmuseum**. Auf dem Weg dorthin passiert man jedoch zunächst Universität und Kunsthochschule und südöstlich erstreckt sich zudem das Studentenviertel Exarchía, ein lebhaftes, buntes Kneipen- und Einkaufsviertel.

Die **Polytechnische Universität** (O. 28 Oktovriou) war jener Ort, an dem am 17. November 1973 die Demonstrationen gegen die herrschende Obristen-Diktatur begannen. Studenten verbarrikadierten sich und verbreiteten per Radio Aufrufe die Regierung zu stürzen. Bei einem Panzereinsatz des Militärs kam eine unbekannte Zahl von Studenten ums Leben, und seither bleibt das Haupttor des Gebäudes als **Symbol für den Widerstand** geschlossen und der 17. November wird als „Tag der Helden des Polytechnikon" gefeiert. Der imposante Hauptbau neben dem Nationalmuseum wurde 1862-76 als Hauptwerk von *L. Kaftanzoglou* (1811-85) erbaut. Die Vorhalle ist die um ein Joch verkürzte Kopie der Erechtheion-Nordhalle und die Löwenkopfspeier sind dem Parthenon nachempfunden. Doch nicht genug der Antikenzitate: In den seitlichen Säulenhallen stehen Abgüsse antiker Statuen. Gegenüber dem Polytechnikum liegt das **Artist's Building** (O. Polytechniou/ O. Tritis Septemvriou), das einmal zum neuen Kulturzentrum der Uni umgestaltet werden soll.

Das Archäologische Nationalmuseum

Es ist ein imposanter Bau, der sich da im Hintergrund eines derzeit etwas vernachlässigten kleinen Pärkchens mit Café auf einer Seite erhebt. Er birgt die **weltgrößte und -bekannteste Sammlung antiker griechischer Kunst.** Sie umfasst alle Genres, Kulturräume und Zeiten, reicht von Skulptur über Relief und Kleinkunst zur Vasenmalerei und Metallkunst. Prähistorische Fundstücke sind ebenso zu finden wie ägyptische, doch der Schwerpunkt liegt auf der griechischen Kunst von mykenischer bis römischer Zeit. Im selben Gebäude (Eingang 1, O. Tossitsa) befindet sich außerdem eine große **numismatisch-epigrafische Sammlung** (Di-So 8-14.30, frei). Aus ganz Griechenland stammen die hier ausgestellten über 300.000 Münzen, die den Zeitraum vom 7. Jh. v.Chr. bis heute abdecken, die große Inschriftensammlung birgt Dokumente vom 6.-4. Jh. v.Chr.

Die archäologische Sammlung existiert bereits seit 1829, damals auf Ägina, und wurde 1837 nach Athen überführt und im Theseion und an einigen anderen Orten gelagert. 1866 fiel der Startschuss für ein neues Museum, das allerdings erst 23 Jahre später vollendet wurde. Möglich geworden war das Projekt durch großzügige Spenden reicher Griechen, der Archaeological Society und des griechischen Staats. Die Baupläne stammten ursprünglich vom Maler, Baumeister und Schriftsteller *Ludwig Lange* (1808-68), wurden jedoch mehrfach modifiziert, unter an-

Hinweis

Nach der jüngsten Umbau- und Renovierungsphase soll das Museum **am 1. Mai 2004 neu eröffnen.** In den Grundzügen wird alles beim Alten geblieben sein. Ein neuer Anstrich, einige Um- und Neuaufstellungen (vor allem in der prähistorischen und Bronze-Abteilung), dazu neue Schautafeln und Beschriftungen werden das riesige Museum attraktiver gemacht haben. Es wird erwogen, den Bau nach den Olympischen Spielen erneut zu schließen um dann eine „wirkliche", groß angelegte Umgestaltung inklusive einer Erweiterung der Ausstellungsräume im Untergrund auszuführen. Doch ob dies tatsächlich realisiert wird, steht noch in den Sternen. Da zum Zeitpunkt der Drucklegung dieses Buches das Museum noch geschlossen war, können über Besonderheiten und Anordnung der Stücke noch keine Angaben gemacht werden. Es soll nachfolgend jedoch auf die Highlights hingewiesen werden, ohne eine feste Besichtigungsroute vorzugeben.

derem von *Ernst Ziller*. Bereits in den 1930ern wurde der 1889 fertig gestellte Bau um den Ostflügel im klassizistischen Stil erweitert, nach 1945 erfolgte eine Unterkellerung um Lagerraum zu schaffen. Zum Schutz der hochkarätigen Antiken vor feindlichen Truppen vergrub man 1940 fast den gesamten Bestand im Museumshof und machte sich nach Kriegsende an eine Neuaufstellung. Ein **Erdbeben** im September 1999 sorgte für neue Schäden und gab Gelegenheit, das Museum zu schließen und komplett zu renovieren.

Angesichts des Umfangs und der Qualität der Sammlung könnte man im Nationalmuseum (NM) Tage verbringen – dem „normalen" Besucher reichen jedoch einige Stunden. Der Rundgang beginnt in den **Räumen 3-6** im zentralen Flügel des Museums. Hier befindet sich die **prähistorische Sammlung** (7. Jtsd.-1100 v. Chr.), darunter mykenische Funde wie Grabbeigaben, Goldobjekte, Totenmasken und die *Schliemann*-Funde aus Schachtgrab A (*Agamemnon*-Porträt) in Troja sowie eine umfangreiche Abteilung kykladischer Kunst.

Man sollte sich von all dem Gold nicht blenden lassen, berühmt ist das NM in erster Linie wegen seiner **Skulpturensammlung.** Sie umfasst in etwa 30 Sälen im EG Kunstwerke von der archaischen Zeit bis zur Spätantike. Beim Durchwandern der Säle erhält man einen umfassenden chronologischen Überblick über die Entwicklung griechischer Plastik. Von den eher statisch wirkenden Koren und Kouroi über die plastischer und realis-

tischer wirkenden, aber idealisierten Athletenfiguren der Klassik bis hin zu den emotionsgeladenen und heftig bewegten Figuren und Gruppen des Hellenismus und den eindrucksvollen römischen Porträts kann hier alles betrachtet werden.

Die **wichtigsten Ausstellungsstücke** in ihrer früheren bzw. vermutlichen Aufstellung (die Umstellung einzelner Stücke in andere Säle ist nicht ausgeschlossen):

- **Saal 7:** Beispiele des so genannten dädalischen Stils (7. Jh. v. Chr.) wie die

Das wichtigste Museum für griechische Antiken: das Nationalmuseum

Nikandre aus Delos (um 650), ein Markstein in der Entwicklung der archaischen Plastik.

- **Säle 8-13:** Gut zu verfolgen ist hier die Entwicklung der archaischen Plastik vom additiv-blockhaften Körperaufbau zu organischen, rundplastischen Körpern mit Rhythmisierung durch Stand-Spielbein-Unterscheidung. Zudem können mit etwas geübtem Blick verschiedene griechische Landschaften wie Naxos/Paros, Samos, Milet und das Festland stilistisch unterschieden werden. Beispiele sind der Kouros von Sounion (um 600), Dipylon-Kopf (um 620/10) mit auffälligem „Perlschnurhaar", die *Phrasiklea* (um 550) und ihr „Bruder" sowie zahlreiche Kouroi aus Attika (Jüngling von Moschato, um 580/70; Kouros von Ptoion/Theben, um 570 oder der Kouros von Volomandra, um 550). Außerdem lohnend: Fragmente vom Aphaia-Tempel Ägina (Giebelskulpturen in München), Waffenläuferrelief (um 500), Jüngling von *Anavyssos I* (um 530/20), *Apollon* von Piräus (um 520/10) oder der berühmte *Aristodikos* (*Anavyssos II*, um 500/490).

- **Säle 14/15:** Beispiele frühklassischer Plastik des so genannten Strengen Stils wie ein Grabrelief mit sich selbst bekränzendem Knaben aus Sounion (um 460), der berühmte *Gott aus dem Meer* (Bronze, um 460, als Blitze schleudernder *Zeus* oder *Poseidon* interpretiert), ein Weihrelief mit *Demeter* und *Kore* (um 430) und einige römische Kopien klassischer Meisterwerke wie der *Omphalos Apollon* (Original um 460).

- **Säle 16/18:** Grabreliefs aus der Zeit des peloponnesischen Krieges (430-410) sowie des frühen 4. Jh. v. Chr. zeigen den Wandel von starrer Reliefhaftigkeit über die Verselbstständigung der Figuren bis hin zur fast freiplastischen Ausformung. Beim Dexileos-Relief vom Kerameikos (Anf. 4. Jh. v. Chr.) steht die Figur dreidimensional in einem Naiskos (Tempel).

- **Saal 17:** Votiv- und Bauplastik des 5. Jh. v. Chr. wie die Musenbasis von Mantineia (um 360), der Mittelakroter vom Nemesis-Tempel in Rhamnus (Szene: *Boreas* entführt *Oreithyia*), der Fries vom Ilissos-Tempel (2. Hälfte 5. Jh.) und die Bauplastik vom Hera-Tempel in Argos (um 420).

- **Säle 19/20:** Weitere Beispiele klassischer Plastik (2. Hälfte 5./Anf. 4. Jh. v. Chr.), die jedoch nicht als Bronzeoriginale, sondern als römische Marmorkopien überliefert sind, z. B. Varvakion-Statuette (kleinformatige Kopie des *Athena-Parthenos*-Kultbilds) oder *Aphrodite Louvre Neapel* (Kopie nach einem Original von 420 v. Chr.), außerdem qualitätvolle Grabstelen wie jene der *Hegeso* (Ende 5. Jh.).

- **Saal 21:** Noch mehr klassische Skulpturen: der berühmte *Diadumenos* (Athlet, der sich eine Binde umlegt, Kopie eines Polyklet-Originals, 3. Viertel 5. Jh. v. Chr.), *Hermes* von Andros (Original 1. Jh. v. Chr.?) oder Bronzeoriginal eines reitenden Knaben, der wie der „Gott aus dem Meer" einem Schiffswrack vor Kap Artemision entstammt.

- **Saal 34:** Funde aus griechischen Heiligtümern. Dieser Saal dient zudem

als Zugang zur Vasen- und Bronzesammlung.
- **Saal 22:** Skulpturen vom Asklepios-Tempel in Epidauros (Anfang 4. Jh. v.Chr.), geschaffen von *Timotheos*; Westgiebel: Kampf der Amazonen gegen die Griechen; Ostgiebel: Einnahme Trojas.
- **Säle 23/24:** Grabreliefs des 4. Jh. v.Chr., wobei hier eine stärkere Heroisierung und größere Plastizität feststellbar ist, z.B. bei der Ilissos-Stele (um 340, *Skopas*) oder einem Grabmonument mit Pferd.
- **Säle 25-27:** Weih- und Urkundenreliefs aus dem 4. Jh. v.Chr., z.B. Vertrag Athen-Kerkyra, 375/74.
- **Saal 28:** Grabreliefs vom Ende des 4. Jh. v.Chr., wie jenes des *Aristonautes* (um 330/20, fast freiplastische Darstellung im Naiskos) sowie eine Reihe spätklassische Skulpturen, darunter zwei herausragende Bronzefiguren: der *Jüngling von Marathon* (um 340) und der *Jüngling von Antikythera* (um 340, *Paris* oder *Perseus*).
- **Säle 29/30:** Spätklassische und hellenistische Plastik, darunter *Themis* von Rhamnus (3. Jh. v.Chr.), *Sterbender Gallier* (aus Delos, Ende 2. Jh. v.Chr.), Gruppe mit *Aphrodite*, *Pan* und *Eros* (aus Delos, um 100 v.Chr.), *Poseidon* (aus Melos) sowie eindrucksvolle Bronzeköpfe wie jener des Faustkämpfers aus Olympia oder eines Philosophen aus dem Meer von Antikythera.
- **Säle 31-33:** Römische Plastik, vor allem Porträts, darunter eine Bronzestatue des *Augustus* (Oberteil, um 10 v.Chr.) und zahlreiche Porträts römischer Kaiser.

Der „Gott aus dem Meer"

Nach Besichtigung von Saal 33 steht man wieder in der Eingangshalle und erreicht durch die prähistorische Sammlung und Saal 34 die neu konzipierte Bronzesammlung in den **Sälen 36-39**. In Saal 36 wird die Sammlung *Karapanos* aufbewahrt, mit Bronzen aus dem Zeusheiligtum in Dodona (N-Griechenland), darunter ein bei Besuchern sehr beliebter Satyr. In den weiteren Räumen befindet sich die chronologisch angeordnete Kleinbronzesammlung des Museums. Die beiden anschließenden **Säle 40 und 41** sind der ägyptischen Kunst gewidmet, **Saal 42** der Stathatos-Sammlung mit sehenswertem antikem Goldschmuck, während die restlichen Säle des EG **Wechselausstellungen** dienen.

Lange Zeit war die **Vasensammlung** im OG (**Säle 49-56**) unzugänglich. Ob die Fresken und Funde aus Santorin, bisher in **Saal 48**, ausquartiert und neu der prähistorischen Sammlung im EG zugeordnet werden, war vor Drucklegung nicht herauszufinden. Die Vasensammlung zählt nicht nur wegen der Zahl der ausgestellten Stücke, sondern besonders aufgrund der hohen Qualität zu den weltweit beeindruckendsten Sammlungen griechisch-antiker Töpferkunst. Man erhält nicht nur einen chronologischen Überblick, sondern zugleich Einblick in die unterschiedlichen Formen, Bemalungstechniken und Landschaftsstile:

- **Säle 49/50**: Geometrische Keramik (1100-700 v.Chr), darunter beeindruckende große Grabvasen aus dem Kerameikos, aber auch aus Böotien und Korinth.
- **Saal 51**: Beispiele des so genannten orientalisierenden Stils (Beginn 7. Jh. v. Chr.) und erste sf. Vasen.
- **Saal 52**: Neben Keramik aus dem frühen 6. Jh. v. Chr. auch Votivfunde aus Heiligtümern wie dem Heraion von Argos oder aus Perachora (Hausmodelle) sowie eine bemalte Holztafel (korinthisch, um 540/30).
- **Saal 53**: Beispiele sf. Keramik.
- **Saal 54**: Neben sf. Vasen finden sich hier die frühesten Beispiele rf. Keramik. Während die sf. Gefäße um 530 ihre Blüte erlebten, wurde in den Werkstätten im Kerameikos erstmals mit der rf.-Technik experimentiert, die sich dann um 480 v.Chr. durchsetzte.
- **Saal 55**: Im Mittelpunkt stehen hier weißgrundige Gefäße, besonders Grab-Lekythen.
- **Saal 56**: Keramik des späten 5. Jh. und 4. Jh. v.Chr.

- **Archäologisches Nationalmuseum**, O. Patission 44, Tel. 210 821 7717, E-Mail protocol@eam.culture.gr, Öffnungszeiten (bisher: Mo 12.30-19 und Di-Sa 8-19 Uhr) sowie Preise sind noch nicht bekannt; Trolley-Busse 2, 3, 4, 5, 7, 9, 11 und 13 via Leof. El. Venizelou/Panepistimíou; neues Café und Shop (Gipsabgüsse!), außerdem Veranstaltungsprogramm und Wechselausstellungen

Exarchía

Das Viertel zwischen Leoforos El. Venizelou/Panepistimíou, dem Strefi-Hügel und dem Archäologischen Museum heißt offiziell „Exarchía", benannt nach einem Lebensmittelhändler namens „Exarchos". Da die meisten Bewohner **Studenten** waren und sind und hier von jeher Demonstrationen, Protestaktionen und Widerstand ihren Ausgang nahmen, hat sich der Spitzname **„Anarchía"** eingebürgert. Bekannt wurde der Stadtteil im November 1973, als hier die Studentenunruhen begannen, wie ein Lauffeuer um sich griffen und letztendlich zum Sturz der Obristenherrschaft führten. Unrühmlicher Höhepunkt war der 17. November, als eine unbekannte Zahl von Studenten bei einem Panzereinsatz des Militärs getötet wurde. Am Jahrestag – dem **„Tag der Helden des Polytechnikon"** – findet jedes Jahr ein Protestmarsch von der Hochschule zur US-Botschaft statt, der daran erinnern soll, dass die Amerikaner die Obristen unterstützt hatten.

Vom Nationalmuseum aus erreicht man in wenigen Minuten über Odos Tossitsa, Zossimadon und Kalidromiou – wo jeden Samstag ein bunter **Wochenmarkt** stattfindet – den **Lofos Strefi**, den „kleinen Bruder" des Lykabettos. Bis 1911 fungierte der Hügel als privater Marmorbruch der Familie *Strefi*, 1938 wurde er zum öffentlichen **Stadtpark** und damit beliebtes Ausflugsziel. Er bietet üppige Vegetation und zahlreiche verschlungene Wege und Terrassen mit Ausblick auf Akropolis, Stadt und Lykabettos (nachts weniger zu empfehlen!).

Über die Odos Em. Benaki, mit kleinen Cafés, Tavernen und Läden, und die Odos Valtetsiou erreicht man das Herz des Studentenviertels, die **Platía Exarchion**, einst Treff der Demonstranten. Um ihn herum gruppieren

Buntes Treiben am Samstag auf dem Wochenmarkt in Exarchía

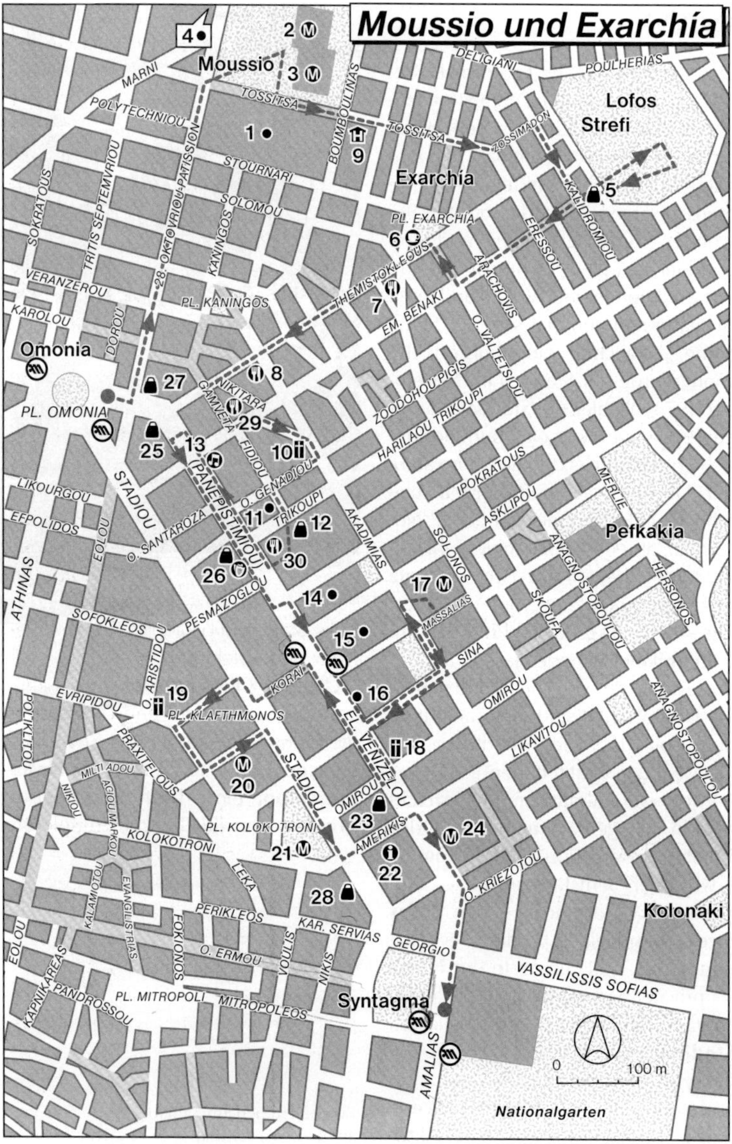
Moussio und Exarchía
Moussio
Exarchía
Lofos Strefi
Omonia
Pefkakia
Kolonaki
Syntagma
Nationalgarten
0
100 m
MARNI
POLYTECHNIOU
TOSSITSA
BOUMBOULINAS
DELIGIANI
POULHERIAS
ZOSSIMADON
STOURNARI
SOLOMOU
KALIDROMIOU
ERESSOU
ARACHOVIS
PL. EXARCHÍA
THEMISTOKLEOUS
EM. BENAKI
O. VALTETSIOU
SOKRATOUS
TRITIS SEPTEMVRIOU
28. OKTOVRIOU-PATISSION
KANINGOS
VERANZEROU
KAROLOU
PL. KANINGOS
DOROU
PL. OMONIA
NIKITARA
GAMVETA
FIDIOU
ZOODOHOU PIGIS
HARILAOU TRIKOUPI
IPOKRATOUS
ASKLIPIOU
MERLIE
O. GENADIOU
TRIKOUPI
(PANEPISTIMIOU)
STADIOU
LIKOURGOU
EFPOLIDOS
O. SANTAROZA
EOLOU
ATHINAS
AKADIMIAS
SOLONOS
ANAGNOSTOPOULOU
HERSONOS
SKOUFA
MASSALIAS
SINA
PESMAZOGLOU
SOFOKLEOS
O. ARISTIDOU
EVRIPIDOU
KORAI
PL. KLAFTHMONOS
EL. VENIZELOU
OMIROU
LIKAVITOU
POLIKLITOU
PRAXITELOUS
MILTI ADOU
NIKIOU
AGIOU MARKOU
KOLOKOTRONI
PL. KOLOKOTRONI
AMERIKIS
O. KRIEZOTOU
LEKA
KALAMIOTOU
EVANGILISTRIAS
FOKIONOS
PERIKLEOS
KAR. SERVIAS
GEORGIO
VASSILISSIS SOFIAS
O. ERMOU
VOULIS
NIKIS
KAPNIKAREAS
PANDROSSOU
PL. MITROPOLI
MITROPOLEOS
AMALIAS
1
2
3
4
5
6
7
8
9
10
11
12
13
14
15
16
17
18
19
20
21
22
23
24
25
26
27
28
29
30

Moussio und Exarchía

- 1 Polytechnische Universität
- Ⓜ 2 Archäologisches Nationalmuseum
- Ⓜ 3 Numismatisch-epigrafische Sammlung
- 4 Pedion Areos (Park)
- 5 Wochenmarkt in der O. Kalidromiou
- 6 Platia Exarchía mit mehreren Cafés/Tavernen (To Kentron, Flocafé, Taverna Plateia)
- 7 Kou-Kou und daneben: Kavouras
- 8 Mezedepoleion Pétrino
- 9 Best Western Museum
- 10 Soodochos Pigi
- 11 Deutsches Archäologisches Institut
- 12 Atrium Einkaufszentrum
- 13 Kino-Theater Rex
- 14 Nationalbibliothek
- 15 Universität von Athen
- 16 Akademie der Wissenschaften
- 17 Theatermuseum und Kulturzentrum
- 18 Katholische Basilika Dionissiou Areopagitou
- 19 Agii Theodori
- 20 Athener Stadtmuseum
- 21 Altes Parlament/ Historisches Nationalmuseum
- 22 Informationsbüro E.O.T
- 23 Buchladen Eleftheroudakis
- 24 Schliemann-Haus/ Numismatisches Museum
- 25 TAP-Laden des Kulturministeriums
- 26 Stoa tou Bibliou und Theatro Technis
- 27 Metropol-Musikladen
- 28 Virgin Records-Musikladen
- 29 Estiatorion Diethnes
- 30 Restaurant Ideal

sich Cafés, die ihre Tische mitten auf den Platz stellen, Straßenmusiker geben ihr Bestes, allerhand kuriose Gestalten sind unterwegs – ein schöner Platz zum Leute-Beobachten. An einer Ecke (O. Themistokleous/Arachovis) steht eines der ältesten noch betriebenen Freiluftkinos (mit Café), das „Vox" von 1920.

Die Hauptachse des Viertels, die **Odos Themistokleous,** passiert vom Strefi kommend den Platz und führt weiter Richtung Omonia bzw. Akadimias und Panepistimíou. An ihr (und anderen Seitenstraßen) reihen sich Schreibwaren-, Copyshops und Buchläden, preiswerte Imbiss-Stände und Bäckereien sowie Kneipen auf. In den letzten Jahrzehnten hat sich das Viertel dank einiger neu eröffneter Rembetiko-Lokale zudem einen Namen als Musikspot gemacht.

Im Norden von Exarchía liegt der **Pedion Areos,** ein ausgedehnter Park, noch größer als der Nationalgarten, aber gegenwärtig etwas vernachlässigt und nachts (wie auch Teile Exarchías) nicht zu empfehlen. Pläne für eine Neugestaltung der Zugänge und andere Verschönerungsmaßnahmen liegen in der Schublade. Der Park war 1934 angelegt worden, nachdem im Zuge der Umsiedelungsaktion in den 20ern sich im Umkreis mehr und mehr Flüchtlinge angesiedelt hatten. Der Name „Marsfeld" leitet sich davon ab, dass sich hier einst das Übungsgelände der Kavallerie König *Ottos* befand.

Türkisches Erbe: Teeverkäufer

Praktische Tipps

Busbahnhof

Am Rand des Areos-Park, an der Ecke O. Mavromateon/Alexandras fahren die K.T.E.L.-Überlandbusse zu verschiedenen Zielen in Attika ab

Einkaufen

- **Museumsshop im Nationalmuseum,** (O. Patission 44), Verkauf von zertifizierten Gipsabgüssen von Originalen, Karten, Büchern, Dias, Videos, Schmuck und andere Accessoires und Souvenirs
- **Oinopoleion,** O. Kalidromiou 59, gute Auswahl an Weinen, auch vom Fass
- Jeden Samstagvormittag in der **Odos Kalidromiou** (zwischen O. Zossimadon und O. Charilaou Trikoupi) **Wochenmarkt** mit frischem Obst und Gemüse sowie Spezialitäten aus Attika und von den Inseln

Essen & Trinken

- An der Platía Exarchía befinden sich zahlreiche Cafés/Tavernen wie **To Kentron, Flocafé** oder **Taverna Plateia**
- **Beer Academy,** O. Stournari 29, eine von neun Filialen in der Stadt, große Bierauswahl und deftige Gerichte; empfehlenswert sind besonders die Würste und Fleischgerichte
- **Café Pothilato,** O. Themistokleous 48, klein und ungewöhnlich, beliebt bei Studenten
- **Kou-Kou,** O. Themistokleous 65, leckere und nicht alltägliche Gerichte zu erschwinglichen Preisen; daneben: Souvlaki/Giros-Imbiss **Kavouras**
- **Mezedepoleion Pétrino,** O. Themistokleous/Akadimias, eine der Topkneipen im Studentenviertel in historischem Gebäude. Wie der berühmte Vorgänger, das Aigaion, noch heute Treff von Künstlern und Intellektuellen; hervorragende Mezedes (ab 2,50 €), Hauptgerichte (ab 8,50 €), Salate und kleinere Gerichte (ab 4,50 €); in der Seitengasse daneben: **Ouzeri O Andreas,** seit 40 Jahren existierende kleine Kneipe, gut und preiswert
- **Psitopoleio I Arachora,** O. Themistokleous 12, urige Kneipe mit günstigen Preisen, Sandwiches ab 2 €, Bier 1,90 €, Giros 1,30 €

Entlang dem Leoforos Panepistimíou

Das eigentliche Geschäftszentrum der Stadt erstreckt sich zwischen den beiden Hauptplätzen der Stadt, der **Platía Omonia** im Norden und der **Platía Syntagma** im Süden. Während der Omonia – „Platz der Eintracht" –, auch aufgrund seiner Nähe zum Marktareal Psirrí lange Jahre so etwas wie der „Volksplatz" war und erst in letzter Zeit aufpoliert wurde, ist der Syntagma seit jeher das repräsentative Aushängeschild. Aufgrund seiner Nähe zum Parlament ist er Aufmarschplatz bei Paraden und Demonstrationen, zudem Verkehrsknoten- und Treffpunkt.

Beide Plätze wurden 1835 nach dem Stadtplan von *Kleanthis* und *Schaubert* durch eine Verbindungsachse verbunden. Kurz danach begannen die Bauarbeiten an der Athener Universität und das mag ein Grund sein, dass heute die Kurzbezeichnung „Panepistimíou" (Universität) gebräuchlicher ist als der offizielle Straßenname „Leoforos Eleftherios Venizelou". Parallel zu dieser Hauptachse verlaufen westlich **Odos Stadiou** und östlich **Odos Akadimias**. Stadiou und Panepistimíou sind durch mehrere **Passagen mit Shops** (z.B. Panepistimíou 47 oder 57) miteinander verbunden.

Abstecher zum Deutschen Archäologischen Institut

Vom „Platz der Eintracht" (Omonia) spaziert man die geschäftige Panepistimíou in Richtung Syntagma und kommt zunächst am **Palladion** (Panepistimíou/O. Em. Benaki) vorbei, erbaut von *Panayiotis Zizilas*. Im Inneren wurden kürzlich beachtliche Deckenfresken freigelegt und es soll nun ein Shoppingcenter entstehen. Von hier ist es ein Katzensprung zur Akadimias und zur **Kirche Soodochos Pigi**, „Leben spendende Quelle" (via O. Benaki und Mavro Kordatou), 1853 als Hauptwerk von *D. Zezos* im neobyzantinischen Stil erbaut. Im Inneren befinden sich einige sehenswerte Jugendstilfresken. Durch den zugehörigen kleinen Garten gelangt man zur Odos Genadiou und in die Fidiou. Hier steht das **Palais Prokesch-von Osten**, 1836 von *Kleanthis* und *Christian Hansen* für den österreichischen Gesandten erbaut und von *H.C. Andersen* als „Zierde Athens" gerühmt – heute nurmehr eine baufällige Ruine. Der Bau war ursprünglich nur ein Stockwerk hoch und 1919-66 befand sich hier das „Griechische Odeion von Athen", ein Theater, in dem *Maria Callas* ihre Karriere begann.

Gleich daneben liegt das **Deutsche Archäologische Institut Abteilung Athen**, kurz „DAI". Der klassizistische Bau entstand in den Jahren 1887/88 als Eisenträgerkonstruktion mit Ziegelmauerwerk nach Plänen *Zillers* und des ersten Direktors *Wilhelm Dörpfeld*. 1900 wurde eine Bibliothek angebaut,

1909 die Seitenflügel. Im Inneren sehenswert sind einzelne Räume, die vor 1900 mit Wandmalerei im „pompejanischen Stil" und Zitaten antiker Schriftsteller versehen wurden. Die Athener Abteilung des 1874 gegründeten DAI wird derzeit von Professor *Klaus Fittschen* geleitet und betreut Ausgrabungen in Olympia, im Heraion of Samos, in Chalkidiki (Toumba Agios Mamas) und Megalopolis (Arkadien).

Einen Steinwurf vom DAI entfernt, an der O. Trikoupi: ein kleines Einkaufszentrum, das **„Atrium"**, durch das man zurück auf die Panepistimíou gelangt. Hier fällt der Blick zunächst auf das ehemalige **Arsakeion** (Ecke O. Pesmazoglou), 1838 als erste Mädchenschule Athens gegründet und nach dem Stifter *A. Arsakis* benannt. Der 1846-65 vom Architekten *Kaftanzoglou* geplante Bau fungiert heute als Gericht. In der Nähe liegt Richtung Omonia das ehemalige **Majestic Hotel** (Panepistimíou 53/O. Santaroza), jetzt im Besitz der Universität, und gegenüber das altehrwürdige **Kino-Theater Rex** (heute Ethniki Theatro und Bouzouki-Bühne) im Art-déco-Stil.

Die „Athener Trilogie"

Die drei dominanten Bauten an der Panepistimíou gehören zum städtebaulich sehenswertesten Ensemble des 19. Jh. Schon der dänische Architekt *Theophil Hansen* (1813-91) sprach von der „Athener Trilogie" – bestehend aus **Akademie, Universität und Nationalbibliothek** –, als er zusammen mit seinem älteren Bruder *Christian* (1803-83) die drei Bauten entwarf.

Eine monumentale zweiläufige (Renaissance-)Treppe führt zum imposanten, tempelartigen nordwestlichen Teil des Komplexes, zur **Nationalbibliothek** (Nr. 32). Der Bau orientiert sich architektonisch am Hephaisteion auf der Agora. Die beiden Seitentrakte beherbergen Magazine, während der große Lesesaal sich im Mitteltrakt befindet. Er ist im Inneren mit ionischen Säulen nach dem Vorbild des Ereichtheion und mit einer sterngeschmückten Kassettendecke versehen, wie sie ebenfalls vom Hephaisteion überliefert wird. Besonders die Stahlkonstruktion der Bücherregale (von *E. Ziller*) galt damals als höchst innovativ.

Es handelt sich nicht nur um die größte Bibliothek Griechenlands, sondern auch um die erste öffentliche, deren **Handschriften aus dem 11. und 12. Jh.** als besonders wertvoll gelten. Sie war 1829 auf Aegina gegründet und 1834, nachdem König *Otto* die Nationalbibliothek ins Leben gerufen hatte, nach Athen umgesiedelt worden. Zeitweilig an verschiedenen Orten untergebracht, entstand im königlichen Auftrag zwischen 1887 und 1902

Teil der „Athener Trias":
die Akademie der Wissenschaften

der heutige Bau. 1903 wurden die Bestände von National- und Unibibliothek vereint.

Der mittlere Bau der Trias ist der alte Kernbau der **Universität** von Athen (Nr. 30), heute Sitz der Verwaltung, des Rektorats, der juristischen Fakultät, von Archiven und der „Ceremonial Hall". Mehrere Bauteile bilden ein doppeltes „T" mit zwei symmetrischen Höfen. Die Schaufassade ziert eine Vorhalle mit ionischen Säulen, die denen der Propyläen auf der Akropolis abgeschaut sind; die Löwenkopfwasserspeier gleichen denen am Parthenon. In den Säulenhallen befinden sich Fresken zur kulturellen Entwicklung Hellas' nach Entwürfen des Wiener Historienmalers *Carl Rahl* (1812-65), ausgeführt 1889 von dem Polen *E. Lebiedsky*. Über dem inneren Portal ist König *Otto I.*, umgeben von Musen, dargestellt. Vor dem Bau stehen Statuen von Freiheitskämpfern und wichtigen Politikern des modernen Staates. König *Otto* und Spenden hatten zwischen 1839 und 1841 den Bau ermöglicht, die Pläne dafür stammten von *Christian Hansen*, der zu Anfang auch die Bauaufsicht führte, ehe *A. Theophilas* und *L. Kaftatzoglou* ihn ablösten. Die Festhalle wurde 1864 von dem Venezianer *V. Lanza* (1822-1902) ausgemalt.

Der Nationalbibliothek nicht unähnlich ist der angrenzende klassizistische Bau der **Akademie der Wissenschaften** (Nr. 28). Der massive tempelartige

Mitteltrakt ist diesmal der Ostfassade des Erechtheion nachempfunden. Zu beiden Seiten verbindet ein Korridor den Zentralbau mit den beiden längs ausgerichteten Seitenflügeln. Der Architrav über den ionischen Säulen trägt die Inschrift „Baron Sina widmet Griechenland die Akademie", das Giebelfeld zeigt wie beim Parthenon eine Götterversammlung, und die „Geburt der Athena" und die Statuen links und rechts der einteiligen Freitreppe stellen die beiden Philosophen *Platon* und *Sokrates* dar. Wiederum war es *Theophil Hansen,* der im Auftrag des griechischen Gesandten in Wien und München, des Barons *Simon Sinas* Pläne vorlegte und ab 1859 sein Meisterwerk errichtete. Qualitätvolle Kopien antiker Originale kamen zum Einsatz, Polychromie wurde ebenso wie antike Kurvatur angewendet. Ab 1861 übernahm *Ziller* die Bauaufsicht, doch verzögerten die Vertreibung *Ottos*, der Tod des Auftraggebers 1876 und die damit versiegenden Geldquellen die Fertigstellung bis 1885.

An der Rückseite der Universität, an der O. Akadimias, steht leicht zurückgesetzt in einem Pärkchen ein doppel T-förmiger Bau, der 1836 bzw. 1860-76 (Seitenflügel) erbaut wurde und zunächst als Krankenhaus fungierte. Heute befindet sich im Untergeschoss das **Theatermuseum,** oben ein **Kulturzentrum.** Im Foyer, das direkt in eine Bibliothek führt, liegt Informationsmaterial zu aktuellen Veranstaltungen aus. Das Museum wurde 1938 von *Giannis Sideris,* einem Historiker und Fachmann für griechisches Theater gegründet. Die Ausstellung widmet sich dem Theaterleben, zeigt Kostüme, Fotos, Dokumente, Bühnenmodelle, Memorabilien berühmter Schauspieler in deren nachgebauten Garderoben und verfügt über ein Archiv mit alten Manuskripten, Programmen und Postern aus dem 18. und 19. Jh. Ein nettes Café lädt mit Freiplätzen auf der Rückseite des Baus zum Verschnaufen ein.

●**Theatermuseum,** O. Akadimias 50, Tel. 210 362 9430, Mo-Fr 9-14, Eintritt frei

Wieder zurück an der Panepistimíou, gleich an der Ecke zur Odos Sina, steht ein sehenswertes Beispiel neobyzantinischer Architektur. Der Bau aus der Mitte des 19. Jh., wiederum von *Theophil Hansen* geplant und 1869 und Anfang des 20. Jh. erweitert, beherbergt eine Augenklinik. Daneben erhebt sich unübersehbar **St. Dionysios** oder **Dionissiou Areopagitou,** eine katholische Kathedrale im Stil einer Renaissance-Basilika. Es handelt sich um den einzigen realisierten Entwurf von *Leo von Klenze* für Athen, wobei 1853 *L. Kaftanzoglou* (1812-85) mit der Realisierung des Baus begann, der 1887 nach stark veränderten Plänen beendet wurde. Die Innenausstattung, an der italienische Künstler beteiligt waren, stammt hingegen aus dem frühen 20. Jh. Der Name geht auf *Dionysios Areopagites* zurück, den ersten Bischof Athens, der im 1. Jh. den Märtyrertod starb.

Die Agii Theodori zählt zu den ältesten Kirchen der Stadt

Platía Klafthmonos

Überquert man die Panepistimíou und die gegenüber der Universität liegende **Platía Korai** – ein kleiner lang gestreckter, belebter Platz – erreicht man jenseits der O. Stadiou die Platía Klafthmonos. Der **"Seufzerplatz"**, der im Südwesten an Psirrí angrenzt, erhielt seinen Namen, weil sich hier 1879 zahllose Arbeitslose versammelt und gegen die herrschende Misere demonstriert hatten. An der Nordwestecke des Platzes (Ecke O. Aristidou/Evripídou) steht eine der ältesten Kirchen der Stadt: **Agii Theodori**. Sie fußt auf einem älteren Vorgängerbau und Inschriften berichten von einer Renovierung im Jahre 1065. Glockenturm wie Fresken stammen aus späterer Zeit. Während des Unabhängigkeitskriegs 1821 in Mitleidenschaft gezogen, wurde die dreischiffige Kreuzkuppel-Kirche mit Narthex, Kuppel und drei Apsiden an der Ostseite 1840 restauriert.

An der Ostseite der Platzes lohnt ein Besuch des **Athener Stadtmuseum.** Der Eintritt ist mit 5 € verhältnismäßig hoch, andererseits ist die Ausstellung für jeden historisch Interessierten ihr Geld wert. Das Museum befindet sich im ehemaligen Stadtpalais des aus Chios stammenden Kaufmanns *Stamatios Vouros*. Er hatte zwei deutsche Architekten, *G. Lüders* und *J. Hoffer*, 1833/34 beauftragt, sein Grundstück, auf dem sich ehemals die türkische Stadtmauer befand, zu bebauen. Es dürfte sich um eines der frühesten Beispiele klassizistischen Bauens in Athen handeln. Bis zur Fertigstellung des Palasts im Jahre 1842 diente das Haus König *Otto* und Familie als Übergangswohnsitz. 1980 wurden Haus und Sammlung von der Familie der Stadt vermacht und zum Museum umgestaltet.

Zu sehen sind im OG die Räumlichkeiten des Königspaares mit entsprechender Möblierung und Ausstattung, außerdem Erinnerungsstücke von *Otto*, Bilder zur Geschichte der griechischen Hauptstadt vom frühen 18. bis zum 20. Jh. und verschiedene Antiken. Besonders sehenswert ist das **Stadtmodell** im Maßstab 1:1000 nach einem Plan von *E. Schaubert, St. Kleanthis* und *L. Klenze*. Es zeigt die Ausmaße der Stadt im Jahr 1842 und be-

Panepistimíou

findet sich im Raum gleich neben der Kasse im EG. In dem für *Vouros'* Sohn 1859 errichteten Nachbargebäude ist eine qualitätvolle Antikensammlung zu sehen.

● **Athener Stadtmuseum,** O. Paparigopoulou 71, Tel. 210 323 0168, Mo/Mi/Fr/Sa 9-13.30, So 10-14, Do 17-20 Uhr, Eintritt 5 €

Altes Parlament und Historisches Nationalmuseum

Wenige Schritte auf der O. Stadiou südöstlich: die **Platía Kolokotróni.** Hier sticht das Alte Parlament ins Auge, in dem sich heute das Historische Nationalmuseum befindet. Den Platz ziert ein Reiterstandbild des *Theodoros Kolokotronis,* Oberkommandierender der Freiheitstruppen, das *L. Sochos* (1862-1911) um 1900 schuf. Eine mächtige Freitreppe führt hinauf zum Bau mit seinen 16 Sälen, in denen die **„moderne" Geschichte Griechenlands** vom Fall Konstantinopels 1453 über die Türkenherrschaft bis in heutige Zeit präsentiert wird, im alten Stil, mit Vitrinen und teils etwas angestaubt wirkend. Es handelt sich vor allem um Waffen und Uniformen, um historische Darstellungen aus der Zeit der Befreiungskriege, um Trachten und Kunsthandwerk. Für Besucher ist besonders die Ausstellung zu berühmten Griechen und Griechenfreunden, wie Lord *Byron,* sehenswert. Ebenfalls beeindruckend ist der restaurierte Sitzungssaal des alten Parlaments, den man leider nur durch Glas betrachten kann.

Der Parlamentsbau wurde zwischen 1848 und 1875 nach Plänen von *Francois Boulanger* (1807-75), später von *Panayotis Kalkos* modifiziert, erbaut. Das Parlament tagte hier von 1875 bis 1932 und aus dieser Zeit stammt der **Sitzungssaal,** in dem sich viele bedeutende Ereignisse der griechischen Geschichte zugetragen haben. Als man dann in den Königspalast am Syntagma umzog, bestimmte Premierminister *Eleftherios Venizelos,* dass hier, am Tagungsort des ersten freien griechischen Parlaments, passenderweise das nationale Geschichtsmuseum einziehen sollte. Die Sammlung war bereits ab 1882 auf Privatinitiative der *Historical and Ethnological Society of Greece* entstanden und fungiert heute zugleich als Forschungsinstitut. Zum Museum gehört ein hübscher Museumsladen, in dem es außer interessanten Büchern Poster, Karten und authentische Nachbildungen von Kunstwerken sowie Souvenirs zu kaufen gibt.

● **Historisches Nationalmuseum,** O. Stadiou 13, Tel. 210 323 7617, tgl. außer Mo 9-14 Uhr, Eintritt 3 €, So und zu Wechselausstellungen frei

Quasi direkt gegenüber dem Museum, in der Odos Amerikis 2, befindet sich das derzeit völlig unzulängliche und zudem einzige **Informationsbüro E.O.T.** in der Innenstadt. Über die Amerikis gelangt man zurück zur Panepistimíou, wo man im **größten Buchladen** Athens, *Eleftheroudakis,* auf insgesamt acht Stockwerken nicht nur griechische, sondern auch englischsprachige Bücher in großer Auswahl findet.

Iliou Melathron und Numismatisches Museum

Zu lange sollte man sich allerdings nicht aufhalten, liegt doch schräg gegenüber gleich ein weiteres lohnendes Museum. In das an sich schon sehenswerte ehemalige Wohnhaus von *Heinrich Schliemann*, genannt **„Iliou Melathron"** (Palast von Troja), ist vor einigen Jahren das **Numismatische Museum** eingezogen, das eine überraschend moderne Ausstellungskonzeption bietet.

Heinrich Schliemann, erst viel gerühmter, dann verschmähter Ausgräber von Troja, hatte nach seiner Hochzeit mit der Athenerin *Sophia Engatromenos* 1869 den Bau bei seinem Freund *Ziller* in Auftrag gegeben. 1879-81 entstand ein italienischen Renaissancevillen nachempfundener, fast quadratischer Bau (23 x 25 m), auf drei Seiten von Grün gerahmt und an der Fassade mit einer zweigeschossigen ionischen Loggia versehen. Das Gebäude gilt als Meisterwerk *Ernst Zillers* und als Idealbeispiel für reifen „griechischen Klassizismus". Zudem handelte es sich zur Erbauungszeit um das luxuriöseste Privathaus in Athen.

Zwei monumentale Zwillingstreppen an der Nordseite führen ins Innere, das nach Schliemanns Wünschen überaus großzügig proportioniert war. Originell und sehenswert ist bis heute die Innengestaltung – vor allem die Fresken im „pompejanischen Stil" von *J. Subic* (1855-1900), der einen Bildband über Pompeji von 1852 von *W. Zahn* als Vorlage benutzte. Viele der verwendeten Motive, ob gemalt oder stuckiert, beziehen sich auf *Schliemanns* Leben; so tragen Putti Gesichtszüge seiner Kinder und beziehen sich Bodenmosaiken auf seine Ausgrabungen.

Das Haus war 1926 vom griechischen Staat erworben worden, fungierte zeitweilig als Gerichtsbau und beherbergte Wechselausstellungen, ehe 1993 das Numismatische Museum einzog. Pläne, hier passenderweise ein Schliemann-Museum einzurichten, konnten nicht realisiert werden, und bei der Umgestaltung zur Münzsammlung kam es leider zu tief greifenden Veränderungen der ursprünglichen Ausstattungsmerkmale. Immerhin gibt es in Saal II Informationen zu *Schliemann* und dem Haus. Das Museum, dessen Schwerpunkt auf antiken Münzen liegt, ist ungewöhnlich von Konzeption und Aufmachung, beschäftigt sich abwechslungsreich mit der Geschichte des Geldes, mit Herstellungstechniken, Namen und Arten von Münzen, Prägestätten und Verbreitung. Auch die Bedeutung von Münzen zur Rekonstruktion von Denkmälern und Bauten, Ikonografie und Propaganda, sind Themen. Ein kleiner Laden mit Münz-Nachbildungen und Literatur befindet sich am Ende des Rundgangs.

● **Numismatisches Museum,** Panepistimíou 12, Tel. 210 364 3774, Di-So 8.30-15 Uhr, Eintritt 2 €

HEINRICH SCHLIEMANN – EIN TRAUM WIRD WIRKLICHKEIT

„*Schliemann* bleibt für alle Zeiten der Mann, der Troja fand und der uns ein Jahrtausend griechischer Geschichte oder besser gesagt Menschheitsgeschichte schenkte. Und diesem Menschen schulden wir Ehrfurcht und Dankbarkeit, von der seine Irrtümer, seine Schrullen, seine menschlichen Fehler und Schwächen nichts abzubrechen vermögen."

Nicht alle Forscher teilen die euphorische Meinung des Schliemann-Biographen *Heinrich Alexander Stoll* („Der Traum von Troja", Leipzig, 1990). Für viele war der „Hobby-Archäologe" ein Dilettant, der wegen seiner unbeirrbaren Meinung und mangelndem technischen Können mehr zerstörte als aufdeckte. Wie so oft liegt die Wahrheit irgendwo dazwischen. Eines ist sicher: Schliemann war besessen von der Idee, die Epen seines Idols **Homer** durch Ausgrabungen historisch belegen zu können. „Als ich mit der Illiade in der Hand auf dem Dache eines Hauses stand ... war mir, als sähe ich unter mit die Flotte, das Lager ... Troja und die Feste Pergamus ...", schrieb er beispielsweise 1869 bei seinem ersten Besuch in **Troja,** dem heutigen Hissarlik (Türkei).

Schliemanns Vorliebe für *Homer* und sein Traum Troja zu finden, wurzelte in seiner Kindheit. Am 6. Januar 1822 als Sohn eines protestantischen Pastors in Neubukow geboren, konnte er mangels Geld das Gymnasium nicht beenden und begann deshalb eine Lehre als Handelsgehilfe. Als ihn ein Lungenleiden zum Abbruch zwang, wollte er sein Glück in Amerika versuchen, blieb jedoch in einem Amsterdamer Handelshaus hängen. Er übernahm dessen Handelsniederlassung in St. Petersburg und nutzte es zum Aufbau eines eigenen Kontors. 1850 – während des Goldrauschs in Kalifornien – und später als Zulieferer der zaristischen Armee im Krim-Krieg gelang es Schliemann, sein Kapital zu vermehren. Mit genügend Geld in der Tasche entschloss er sich 1856 aus dem Handelsgeschäft auszusteigen, um sich fortan der Wissenschaft widmen zu können.

1864 fing Schliemann an in Paris Sprachen zu studieren und Bildungsreisen zu unternehmen. Dabei lernte er 1869 in Athen die 17-jährige Griechin *Sophia Engastromenos* (1852-1932) kennen und heiratete sie. Athen wurde zu seiner Wahlheimat. Schliemanns Karriere als Archäologe begann 1871 mit der ersten selbst finanzierten Grabungskampagne in Troja. In der Folgezeit war er nicht nur in Troja (bis 1882 und erneut 1890) tätig, sondern auch in Mykene (1867), Orchomenos (1880-86) und Tiryns (1884/5). Seine Hauptfunde, der **"Schatz des Priamos"** (Troja) und der legendäre Goldschmuck aus den Gräbern von Mykene, kaufte er den eigentlichen Besitzer, den Türken, ab und vermachte sie später dem Museum für Vor- und Frühgeschichte in Berlin und dem Athener Nationalmuseum.

Am 26. Dezember 1890 starb Schliemann in Neapel auf der Rückreise von Halle nach Athen und wurde auf dem Athener Zentralfriedhof im sehenswerten neoklassizistischen Grabmal von *Ernst Ziller* beigesetzt.

Gegenüber *Schliemanns* Haus steht auf dem vormaligen Gelände der königlichen Stallungen König *Ottos* der Bau der **Militärischen Versicherungskasse**, von V. Kassandras (1904-73) und L. Bonis (1896-1963) 1934 als architektonisches Beispiel für modernen Klassizismus gebaut. Auch hier plant man ein modernes Einkaufszentrum einzurichten. Ein paar Schritte entfernt, befindet sich in einem normalen Wohnhaus die **Ghikas-Galerie** (O. Kriezotou 3, derzeit geschlossen). Der gleichnamige Künstler hatte hier über 40 Jahre lang gelebt, ehe er seine Wohnung und ausgewählte Werke dem Benaki-Museum stiftete. Zum Großteil handelt es sich um Ölbilder aus der Zeit von 1930 bis 1990, aber auch Aquarelle, Zeichnungen, Bühnenbilder und Kostüme, Manuskripte, Möbel und Malereigerät des Künstlers sind zu sehen. Außerdem gibt es ein großes Fotoarchiv.

Praktische Tipps

Auskünfte

- **Informationsbüro E.O.T.,** Odos Amerikis 2 (nahe Pl. Omonia), Tel. 210 327 1300 oder 210 327 1301, Mo-Fr 9-16.30 Uhr.

Einkaufen

- An der Panepistimíou befinden sich das **Einkaufszentrum Atrium** (zweiter Zugang: O. Fidiou/Trikoupi), außerdem mehrere Ladenpassagen, wie Panepistimíou Nr. 47 mit der **Stoa tou Bibliou** (kleine Buchläden) und dem Theatro Technis, oder Nr. 57 mit **TAP**, dem zweigeteilten Laden des Kulturministeriums, in dem man Abgüsse von Kunstwerken aus archäologischen Museen und Museums- und archäologische Literatur erwerben kann.
- **Buchläden** sind im Umkreis der Panepistimíou und an der O. Ippokratous zahlreich, der größte und lohnendste ist **Eleftheroudakis** (Panepistimíou 17) mit fremdsprachige Büchern, hübschen Schreibwaren und Mitbringseln im obersten Geschoss, außerdem einem Café und einer großen Kinderabteilung.
- Kleine deutsche Buchhandlungen sind der **Athener Buchladen** (O. Fidiou 7) und **Notos-Buchhandlung** (O. Omirou 15, gegenüber dem Goethe-Institut). Auf englischsprachige Literatur spezialisiert ist **The Bookstall** (O. Fidiou/Trikoupi, im Atrium).
- Exquisiten **Schmuck** gibt es bei *Ilias Lalaounis*, Panepistimíou 6, oder daneben bei *Kessaris*.
- Empfehlenswerte Musikshops: **Metropol** (Panepistimíou/O. 28 Octovriou), **Music Corner** (Panepistimíou 56 /O. Benaki) oder **Virgin Records** (O. Stadiou/Kolokotroni).
- **Kafekopteia Loumidi** (Panepistimíou/Eolou) ist eine der wenigen erhaltenen Kaffeeröstereien in der Stadt und führt auch Süßwaren.

Essen & Trinken

- **Athinaïkó Kafeneio,** O. Solonos, auf der Rückseite des Kulturzentrums der Stadt (O. Akadimias 50), mit Freiplätzen auf einem bisschen Grün.
- **Café Diana,** O. Asklipiou 7, nettes, kleines Studenten-Café.
- **Estiatorion „Diethnes",** O. Nikitara 1, alteingesessenes, typisch griechisches Speiselokal der aussterbenden Spezies mit spartanischem Dekor und Gerichten von der Warmhaltetheke zum Selbstauswählen. Preiswerte große Portionen und dazu Retsína vom Fass. Nur mittags geöffnet.
- **Restaurant Ideal,** Panepistimíou/O. Trikoupi, sieht von außen teurer aus als es in Wirklichkeit ist, von Politikern und Uniprofessoren frequentiert, gute griechische (vor allem Fleisch-)Gerichte in großen Portionen, wechselndes Tagesmenü.
- **Kafenion Kapitan Michalis,** O. Fidiou, direkt neben dem DAI gelegene winzige Kneipe zum schnellen, preiswerten Snack oder auf einen Kaffee.

Um die Platía Syntagma

Die Platía Syntagma (zahlreiche Umschriften gebräuchlich) ist der wichtigste Platz der Stadt. Hier befindet sich das **politische Zentrum Griechenlands,** hier stehen aber auch die größten und luxuriösesten Hotels der Stadt, Banken und Reisebüros. Der in den letzten Jahren wieder stärker begrünte und optisch verbesserte Platz ist seit je Schauplatz politischer Aktionen, aber auch beliebter Treff dank zahlreicher Cafés und Kiosks rings um die Metrostation. In der Antike soll sich hier das Diochares-Tor der Stadtmauer und das Lykeion befunden haben, die Schule, in der unter anderem *Aristoteles* und sein Schüler *Theophrast* lehrten.

1837 war im Zuge der Baumaßnahmen für das königliche Schloss der „Musenplatz" angelegt worden. Als König *Otto* sechs Jahre später vom Balkon seiner Residenz die konstitutionelle Monarchie verkündete, wurde der Platz umbenannt in **„Platz der Verfassung".** Stets fanden hier politische Kundgebungen und Demonstrationen statt und bis heute gehören Wahlkundgebungen und politische Siegesfeiern – zuletzt die der neuen Athener Bürgermeisterin – zum Alltag. Neuerdings wird der Platz – entgegen griechisch-orthodoxer Sitte – zu Weihnachten prachtvoll geschmückt.

Sehenswertes am Platz

Anfang des 20. Jh. toste hier noch kein Verkehr und hohe Bäume sowie prächtige Paläste und Grand Hotels bestimmten das Bild. Heute versucht man durch Verkehrsberuhigung und Renovierung einzelner Bauten den Glanz alter Tage wieder aufleben zu lassen. Neueste Attraktion am Syntagma ist am Ostrand der Grünanlage die neue **Metro-Station,** die recht eindrucksvoll an einer Wand in der Haupthalle eine 50 x 6 m große konservierte Grabungsschicht mit Marmorsarkophag und Skelett zeigt. Jenseits des vorgelagerten Parks, gegenüber der Metro-Station, beginnt die **Odos Ermou,** Fußgängerzone und Top-Shoppingmeile der Stadt. Hier sind Designershops und Boutiquen zu Hause, Wohndesign und hochwertige Souvenirs werden verkauft und daneben gibt es Cafés und Imbiss-Buden.

An der Nordostecke des Platzes erhebt sich ein monumentaler klassizistischer Bau, das so genannte **Megaron Dimitrou,** einer der ersten Bauaufträge, den *Theophil Hansen* 1842/3 für den Kaufmann *Antonis Dimitriou* ausgeführt hat. 1856-74 fungierte der Bau als Sitz der Ecole Francaise d'Athènes. Dann erwarben *Stathis Lampsas,* in Russland geborener Grieche und königlicher Koch, und *Savas Kendros,* Besitzer des Hotels Grande Bretagne (damals an der Ecke Karageorgi Servias/Stadiou) gemeinsam auf Kredit die Dimitriou Mansion und nannten sie **„Hotel Grande Bretagne".** Anfangs standen 80 Betten und zwei Ba-

Um die Platía Syntagma

dezimmer zur Verfügung, 1888 wurde der Bau voll elektrifiziert und verfügte über den ersten Generator in Athen. Im großen Ballsaal fanden Zeremonien, Festivals und Kongresse statt. Anfang des 20. Jh. konnte es bereits mit fließendem Wasser, Zentralheizung und Aufzügen werben. Mit der Republikwerdung 1924 wurde das Hotel zum Treff all jener, die fortan die Geschicke der Stadt bestimmten. 1930 wurde zur Panepistimíou hin ein neuer Flügel angebaut und 1956, bei Bürgerkriegsende, wurde der Bau bis auf das Eisengerüst abgerissen und, dem ursprünglichen Gebäude entsprechend, um vier Stockwerke erhöht. Nach einer grundlegenden Modernisierung im Vorfeld der Olympischen Spiele zählt das Grand Bretagne heute wieder zu den absoluten Spitzenhotels in Europa (www.hotelsofgreece.com/athens/grandbretagne) und verweist stolz auf die Gästeliste, auf der sich mehr als 40 Könige, Königinnen und Staatsoberhäupter verewigt haben.

Das daneben liegende, einstige **King George Hotel** wird momentan renoviert. Den Abschluss der Trias der Tophotels bildet das benachbarte **Grecotel NJV Athens Plaza,** zwar weniger alt und legendär, aber beinahe ebenso luxuriös – und preiswerter.

Der Syntagma nach dem Facelift

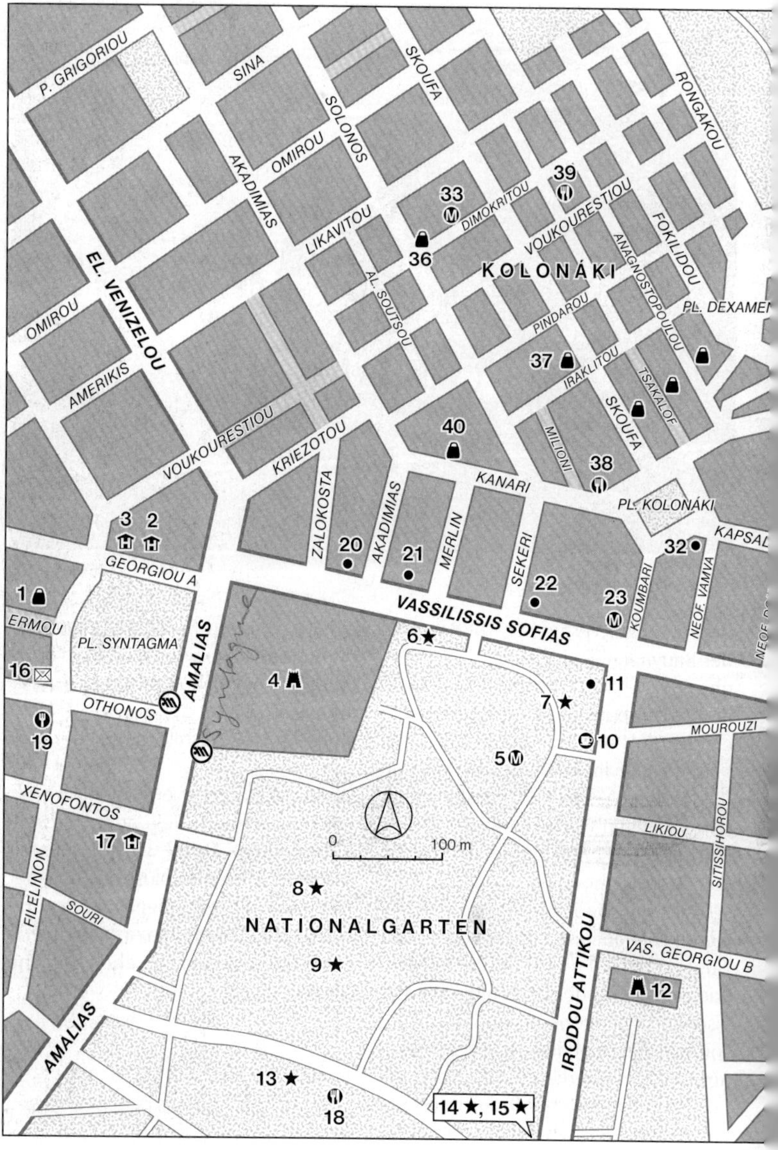
P. GRIGORIOU
SINA
SKOUFA
SOLONOS
OMIROU
AKADIMIAS
RONGAKOU
39
33
DIMOKRITOU
VOUKOURESTIOU
FOKILIDOU
ANAGNOSTOPOULOU
LIKAVITOU
36
KOLONÁKI
EL. VENIZELOU
AL. SOUTSOU
PL. DEXAMENI
OMIROU
PINDAROU
37
IRAKLITOU
TSAKALOF
AMERIKIS
SKOUFA
VOUKOURESTIOU
KRIEZOTOU
40
MILIONI
38
KANARI
PL. KOLONÁKI
3
2
ZALOKOSTA
AKADIMIAS
MERLIN
SEKERI
KAPSALI
GEORGIOU A
20
21
32
22
1
ERMOU
VASSILISSIS SOFIAS
23
KOUMBARI
NEOF. VAMVA
PL. SYNTAGMA
AMALIAS
6
16
4
11
OTHONOS
7
19
10
MOUROUZI
5
XENOFONTOS
0
100 m
LIKIOU
17
SITISSHOROU
FILELINON
SOURI
8
NATIONALGARTEN
IRODOU ATTIKOU
9
VAS. GEORGIOU B
12
AMALIAS
13
14, 15
18

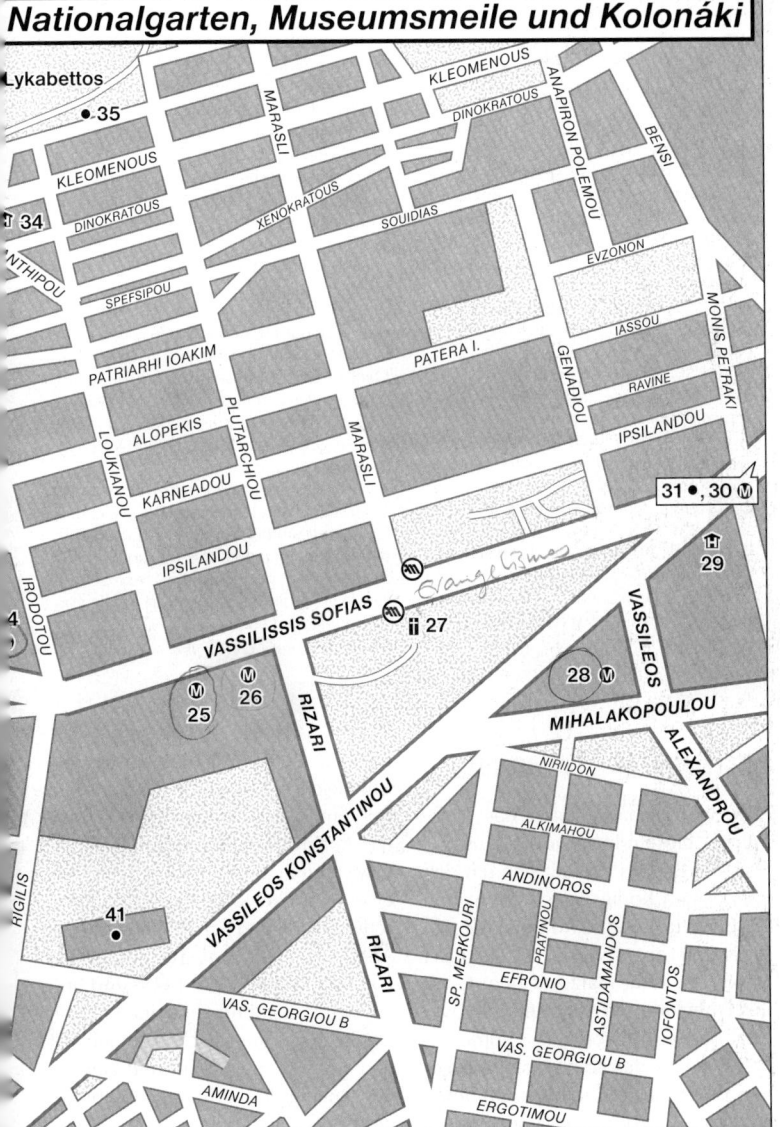

Um die Platía Syntagma

Die Evzonen

Jeder junge Grieche träumt davon – zumindest wenn er groß ist, gut aussieht und dem Militär zugetan ist – einmal Evzone zu werden. Diese 1824 während des Unabhängigkeitskriegs gegründete Einheit fungiert seit 1864 als hoch angesehene Elitetruppe der griechischen Armee. Sie ist zuständig für die Bewachung von Präsidentenpalast, Grab des Unbekannten Soldaten und Flaggenaufzug/-abzug auf der Akropolis.

Von Status und Aussehen her erinnert die militärische Spezialeinheit etwas an die Schweizer Garde im Vatikan oder an die Wachen vor dem Buckingham Palace: ein bisschen kurios, ein wenig altmodisch, aber sehr fotogen. Die Evzonen oder **„Gutgegürteten"** – der Begriff geht auf *Homer* zurück, der die Soldaten wegen ihrer Kampfqualitäten lobte – sind stattliche junge Männer in der alten griechischen Tracht, die Königin *Amalia* entworfen haben soll. Sie tragen entweder weiße (sonntags und zu offiziellen Anlässen) oder blaue (Alltags-) Faltenröckchen, „fustanella" genannt, die von speziell ausgebildeten Soldaten genäht und bestickt werden. Sie sollen den „klefts", Freiheitskämpfern, die 1821 die Türken bekämpften, abgeschaut worden sein. Weiter gehören zur (weißen) Bekleidung die „krossia", eine Art Schürze aus Lederstreifen, außerdem immer die „tsarouchia" oder „sarouchi", hölzerne Schnabelschuhe mit Pompon, dicke Wollstrümpfe und eine Mütze mit Quaste.

Bei 30°C im Schatten ist es in dieser Kleidung und angesichts des Verbots sich rühren zu dürfen, wahrlich kein leichter Job für die insgesamt rund 200 Männer. Ein Gehilfe steht zeitweise bereit um die Falten und Quasten zurechtzuzupfen und eventuell lästige Fliegen zu verscheuchen und immerhin gibt es am Wachstand ein Vordach als Sonnenschutz.

Stündlich findet ein **Wachwechsel** am Grab statt, aber auch auf der Rückseite des Parlaments, an der Irodou Attikou, wo sich der Präsidentenpalast befindet, können die Soldaten bei der Ablösung beobachtet werden. Besonders sehenswert ist die vor dem Parlament sonntags um 11 Uhr stattfindende große Zeremonie.

Alter Palast und Parlament

Den Syntagma dominiert das Parlament – ein eindrucksvoller, lang gestreckter Bau. Es handelt sich um den ehemaligen Königspalast, der in den 1830ern für König *Otto* im klassizistischen Stil erbaut wurde. Vorgelagert ist ein vertiefter Platz mit dem **Grab des Unbekannten Soldaten,** das, wie der Palast selbst, von kurios anmutenden Wachen, den so genannten **Evzonen** bewacht wird. Dieses Grabmal, an dem zu offiziellen Anlässen Kränze abgelegt werden, ist 1928 entstanden. Zur gleichen Zeit wurde die ursprünglich einteilige Freitreppe in zwei seitliche Auffahrtsrampen umgestaltet. Das Grab wird in der Mitte durch das Relief eines toten Kriegers mit korinthischem Helm und Schild markiert (vgl. Aphaia-Tempel, Ägina), geschaffen von *Fokion Rok* (1891-1945). Inschriften neben den Bronzeschilden zählen die Siege der griechischen Armee seit den Freiheitskriegen auf und zitieren den Anfang der berühmten Grabrede des *Perikles*.

Der **„Alte Palast"**, das heutige Parlamentsgebäude, ist ein gutes Beispiel für Athener Klassizismus. Das Erdgeschoss des Mitteltrakts zieren an Fassade wie Rückseite breite Portiken mit dorischer Säulenstellung. Wieder war es ein Deutscher – *Friedrich von Gärtner* (1792-1847) –, der im Auftrag von *Ludwig I.* von Bayern die Pläne für diesen 1838 fertig gestellten Bau lieferte. Sein Sohn *Otto I.* sollte hier mit seiner Gattin adäquat residieren, nachdem 1834 die Hauptstadt von Nauplia nach Athen verlegt worden war. *Gärtner*, ein Schüler *Schinkels,* hatte zuvor seinen Kollegen *Klenze* ausgestochen, übernahm jedoch von dessen älteren Plänen Grundriss und andere Details. 1884 und 1909 verursachten Brände Schäden, und 1910 verließ die königliche Familie *Konstantins I.* endgültig den Bau und zog in das Neue Schloss um. 1922/3 wurden in das leer stehende Gebäude Flüchtlinge aus Kleinasien einquartiert, 1930 folgte dann ein Umbau von *A. Kriezis* und fünf Jahre später zog das Parlament ein.

Nationalgarten und Neues Schloss

Der Nationalgarten, der sich in südöstlicher Richtung erstreckt, ist für Besucher und Einheimische eine beliebte **Erholungsoase** mit „guter" Luft, viel Schatten und Ruhe inmitten der hektischen Innenstadt. Das (teils etwas vernachlässigte) tropische Paradies im Asphaltdschungel birgt Teiche mit einer mittlerweile ausufernden Entenpopulation, einen kleinen (wenig attrakti-

- 1 Odos Ermou, Fußgängerzone
- 2 Hotel Grande Bretagne
- 3 Grecotel NJV Athens Plaza
- 4 Parlament/Königliches Schloss
- 5 Botanisches Museum
- 6 Mosaikfußboden einer römischen Villa
- 7 Reste einer antiken Wasserleitung
- 8 Architravteil vom Nymphaion
- 9 Reste vom Heiligtum des Apollon Lykeios
- 10 Café O Kypos
- 11 Kaserne der Evzonen
- 12 Neues Schloss
- 13 Zappeion
- 14 Panathenäisches Stadion
- 15 Hauptfriedhof Próton Nekrotafíon Athinón
- 16 Postamt
- 17 Hotel Amalia
- 18 Aegli
- 19 Neon Schnellimbiss
- 20 Außenministerium
- 21 Villa Danai (Französische Botschaft)
- 22 Megaron Psichas (Italienische Botschaft)
- 23 Benaki Museum
- 24 Museum für Kykladische Kunst/Goulandris-Museum
- 25 Byzantinisches Museum
- 26 Kriegsmuseum
- 27 Agios Georgios
- 28 Nationalgalerie (Alexandros Soutsos Museum)
- 29 Hilton Hotel
- 30 Eleftherios-Venizelos-Museum
- 31 Megaron Moussikis (Konzerthalle)
- 32 British Council Library
- 33 Trachtenmuseum
- 34 Hotel Saint George Lycabettus
- 35 Bahnhof der Standseilbahn
- 36 Delicatessen Agrotiki Goniá
- 37 Oinopnevmata Boutique
- 38 To Kioúpi
- 39 47 Maritsa's
- 40 Marinopoulos/ Champion-Supermarkt
- 41 Musik-Konservatorium

Um die Platía Syntagma

ven) Zoo und einen Kinderspielplatz. Das **Botanische Museum** in einem kleinen Pavillon von 1857 ist derzeit geschlossen, aber dafür sind einige archäologische Hinterlassenschaften zu sehen: der **Mosaikfußboden einer römischen Villa** (rechter Hand des Zugangs an der O. Sofias) und **Reste einer antiken Wasserleitung** aus dem 6. Jh. v. Chr. (linker Hand). In Richtung Zappeion-Ausgang gibt es einen **Architravteil vom Nymphaion** des Hadrianischen Aquädukts und **Reste eines Tempelfundaments,** möglicherweise vom Heiligtum des Apollon Lykeios zu sehen.

1836 war der Schlossgarten im Auftrag von Königin *Amalia* im romantischen Stil eines englischen Landschaftsgartens von *François-Louis Barrauld* geplant und angelegt worden. Zwei Jahrzehnte später begann *Friedrich Schmidt* ihn mit Pflanzen aus dem gesamten Mittelmeerraum zu bestücken und verlieh ihm somit den Charakter eines Botanischen Gartens. Die ersten 15.000 Stecklinge waren ein Geschenk von König *Ludwig I.* Ursprünglich war der Park alleiniger Rückzugsort der königlichen Familie und für Normalbürger gesperrt, erst 1923 wurde er als grüne Lunge der Stadt allgemein zugänglich gemacht.

Ehe man den Nationalgarten über den nördlichen der beiden Ausgänge zur O. Irodou Attikou hin verlässt, lädt noch das **Café O Kypos** zu einer Erfrischung ein. Linker Hand des Ausgangs, an der Ecke zur Vassilisiss Sofias, befindet sich die **Kaserne der Evzonen** und mit etwas Glück gelangt man auch hier, weit ungestörter als vorne, in den Genuss eines Wachwechsels.

●**Nationalgarten,** geöffnet tgl. von Sonnenauf- bis -untergang, Hauptzugänge: L. Amalias/neben dem Parlament, O. Sofias und O. Irodou Attikou

Auch das ein Stückchen weiter südlich an der O. Irodou Attikou hübsch im Grün gelegene **„Neue Schloss"** wird von Evzonen streng bewacht. Kein Besucher erhält Zutritt zu dem 1891-97 als Thronfolgerpalais entstandenen Haus im historischen Stil mit dreiteiliger Fassade und Seitenflügeln. Als sich Kronprinz *Konstantin* 1888 mit *Sophia von Preußen* verlobt hatte, wurde passenderweise der Architekt *Ernst Ziller* aus Sachsen mit der Planung einer Privatresidenz beauftragt. Die Ausführung beruhte auf einem früheren Plan *Th. Hansens* für den nicht gebauten Sommerpalast. Nach der Zerstörung des Alten Palastes bei einem Brand, residierte 1909-24 hier die königliche Familie. Nach der Republik-Erklärung wurde der Bau Sitz der Regierung und des Präsidenten, 1935 dann wieder Wohnung des Königs. Seit 1974 ist das Gebäude repräsentativer Präsidentensitz.

Zappeion

Weiter südwärts folgt an der Odos Irodou Attikou das Zappeion. Der zugehörige, südlich an den Nationalgarten anschließende Park war einst Teil des Königspalastes, wurde allerdings schon 1885 öffentlich zugänglich ge-

macht. Der erste Plan für den **Veranstaltungs- und Ausstellungsbau,** der seinen Namen dem Stifter E. Zappas aus Epirus, Freiheitskämpfer und Großgrundbesitzer, verdankt, stammt von *François Boulanger* (1807-75). *Hansen* vereinfachte ihn jedoch zu einem repräsentativen Zweckbau, der von 1885-88 von *Ziller* realisiert wurde. Den Zentralbau mit breit ausladenden Flügeln schmücken an der Fassade acht korinthische Säulen, die jenen am Lysikrates-Monument gleichen. Rechts und links rahmen Statuen den Zugang, weitere sind über den ganzen Park verteilt, darunter z. B. an der Südwestecke ein Standbild von Lord *Byron*. In dessen Nähe befinden sich auch die Reste einer römischen Villa.

Panathenäisches Stadion

Vorbei am Olympieion und dem ältesten **Tennisclub** der Stadt von 1895, dessen Rasenplätze während der ersten Olympischen Spiele der Moderne genutzt wurden, erreicht man über den Leof. Vassilissis Olgas das Panathenäische Stadion (tagsüber frei zugänglich, Café am Eingang), eine Sportstätte ganz aus pentelischem Marmor, deshalb auch „Kallimarmaro"

Im Panathenäischen Stadion „Kallimarmaro" fanden die ersten Olympischen Spiele der Neuzeit statt

Um die Platía Syntagma

genannt. In einer Talmulde zwischen den beiden Hügeln Agra und Ardettos war die Anlage 1896 anlässlich der **ersten Olympiade der Neuzeit,** basierend auf einen antiken Vorgänger, entstanden. Die Grünflächen an den Hängen gelten als beliebtes Freizeitareal mit Jogging- und Spazierpfaden.

Bereits 330-329 v. Chr. hatte *Lykurg* an eben dieser Stelle über dem Ilissos ein Stadion für die sportlichen Wettkämpfe der Panathenäischen Spiele errichten lassen. Zwischen 140 und 144 n. Chr. veranlasste *Herodes Atticus,* reicher Römer und Mäzen, der auch das nach ihm benannte Odeion gestiftet hat, eine Modernisierung und Restaurierung in Marmor. Auf seine Maßnahmen ist auch die bei den Grabungen 1870 festgestellte Form zurückzuführen: eine U-förmige Bahn von 204,07 m Länge und 33,35 m Breite. Doppelhermen markierten Anfang und Ende der Laufbahn. Die Wettläufe gingen über ein „attisches Stadion" von 184,30 m, bei Doppelstadionläufen musste man dieselbe Strecke auch zurück. Aufgrund seiner Maße und Kurven ist das Stadion für Laufwettbewerbe heute nicht mehr geeignet, allerdings werden während der **Olympischen Spiele 2004** der Zieleinlauf des Marathons und der Wettbewerb im Bogenschießen hier stattfinden.

Es sollen damals bis zu 60.000 Menschen auf den Zuschauerrängen Platz gefunden haben, das Volk kam über eine große Brücke über den Ilissos und betrat durch eine Zugangsportikus das Stadion. Die Brücke war bis 1778 erhalten und bei Grabungen 1958 fand man noch Reste. Bereits unter *Hadrian* sollen wüste Schlächtereien hier stattgefunden haben und 120 n. Chr. tausend wilde Tiere in wenigen Stunden niedergemetzelt worden sein. In spätrömischer Zeit wurde das Stadion komplett zur Arena für Tierhetzen und andere dubiose Volksbelustigungen umgebaut.

1869/70 hatte der deutsche Architekt *Ziller* die antiken Überreste freigelegt und *A. Metaxas* nach seinen Plänen den Bau in pentelischem Marmor rekonstruiert. Die Restaurierung für die Olympiade 1896 ist hingegen der großzügigen finanziellen Unterstützung eines Herrn namens *G. Averoff* (1818-99) zu verdanken, der dafür westlich des Stadions eine Statue erhielt. Gleich beim Betreten des Stadions fällt der Blick an den Enden beider Längsseiten auf Marmortafeln, auf denen alle Olympischen Spiele der Neuzeit aufgelistet sind, außerdem die griechischen Gewinner von Olympischen Wettbewerben.

Abstecher zum Hauptfriedhof (Próton Nekrotafíon Athinón)

Vom Olympiastadion ist es via O. Arditou nur ein Katzensprung zum Hauptfriedhof, dessen Haupteingang sich an der O. Anapáfseos befindet. Möglich ist auch ein Spaziergang über den Arditos, beliebter „Trimm-Hügel" der Städter. An der **Odos Anapáfseos,** der „Straße des Ausruhens", herrscht tatsächlich angemessene Ruhe: Wohnblöcke, Cafés und die in Athen selten gewordenen Kafenía, Bäckereien und kleine Lädchen wechseln sich mit Devotionalienhandlungen, Steinmetzwerkstätten und Blumenläden ab.

Ein Spaziergang durch die „Stadt der Toten" (und der Katzen) lohnt sich, wobei „Stadt" wörtlich gemeint ist. Die Gräber heißen auch „oikos" (Haus) und gleichen häufig mehr oder weniger kleinen Bauten, in deren Untergeschoss sich die Grabkammern befinden. Der Friedhof, der, wenn auch kleiner, dem Wiener Zentralfriedhof, dem Pariser Père Lachaise oder dem römischen Campo Verano in Bezug auf Weitläufigkeit und Parkidylle ähnelt, wurde ab 1839 angelegt. Es gibt eine ganze Reihe interessanter Gräber und Statuen, die eine nähere Betrachtung lohnen, obschon die Namen der Verstorbenen den Wenigsten etwas sagen werden.

Nahe dem Eingang befinden sich um einen kleinen Freiplatz die wichtigsten Gräber: jene der **Athener Metropoliten** (links neben der Kapelle), daneben das Sitzbild von **Georgios Averoff** (1904) – dem Sponsor des Stadions – und die Gräber der **Athener Bürgermeister,** unter anderem von A. Tritsis. Ein Stück weiter schmückt eine schlichte palmettenbekrönte Stele das Grab von **Melina Mercouri** und benachbart ruht Ministerpräsident **Andreas Papandreou;** auf der gegenüberliegenden Seite die Grabstätte von Athanasios Kanellopoulos (1995).

Erhöht über dem Grab der ehemaligen Kulturministerin fällt ein kleines Tempelchen ins Auge: das **Grabmal Schliemanns,** zu dem ein Seitenpfad hinaufführt. Seine auf der Schauseite aufgestellte Büste scheint noch heute den sich bietenden Blick auf Akropolis, Olympieion und – wie er selbst hervorhob – die Peloponnes zu genießen. Am Architrav bestätigt die Aufschrift „Schliemann, dem Helden" die Bauform, die an Heroengräber erinnert. Interessant an dem 1891/92 von *Ernst Ziller* erbauten Tempelchen ist der Fries, der den oberen Abschluss des Sockels bzw. der Grabkammer bildet: Er zeigt einerseits Szenen aus *Homers* Ilias und Odyssee nach der Vorlage von *John Flaxman,* andererseits Episoden aus *Schliemanns* Leben. Der Fries ist nicht der einzige Bildschmuck: Auf den Metopen sind im Relief Grabungsfunde aus Troja dargestellt.

Eine weitere eindrucksvolle Grabstätte ist jene der mit 18 Jahren verstorbenen *Sofia Afendakis* rechts vom Hauptweg, Sektion I, Nr. 35. Die so genannte **Koimomeni (Schlafende),** die ihre Ruhestätte schmückt, schuf der Bildhauer *Gianoulis Chalepa* (1854-1937), einer der angesehensten Bildhauer Griechenlands, im präraffaelitischen Stil.

Etwas erhöht, hinter der **Kapelle Agios Lazaros,** befindet sich der ummauerte Protestantische Friedhof, in dem viele Amerikaner, aber auch der deutsche Archäologe *Adolf Furtwängler* (1853-1907) bestattet sind. Sein Grab ziert ein Marmorpfeiler mit einer Bronzekopie der von ihm ausgegrabenen Sphinx von Ägina.

- **Hauptfriedhof Próton Nekrotafíon Athinón,** geöffnet Mo-Sa 9-18 Uhr, Busse A3, B3, 057 oder Metrostation Akropolis

Praktische Tipps

Service

- An der Platía Syntagma/Ecke O. Ermou befindet sich ein **Postamt,** außerdem gibt es rings um den Syntagma-Platz mehrere **Banken** (u. a. Citibank) mit Geldautomaten und **Reisebüros** mit Ausflugsprogrammen

Einkaufen

- Die **Odos Ermou** ist das Einkaufszentrum der Stadt (Fußgängerzone bis zur O. Eolou) mit vielerlei Boutiquen und zumeist exklusiven Shops, aber auch einer Filiale des Hondos Center, des Fokas Kaufhaus sowie Marks & Spencer

Essen & Trinken

- **Aegli,** rechter Hand des Zappeion, Tel. 210 336 9363, idyllisch mitten im Park gelegenes, täglich geöffnetes Toprestaurant von *Bocuse*-Mitarbeiter *Jean-Louis Capsalas;* leichte, kreative mediterrane Küche mit viel Gemüse, Früchten, Fisch; teuer!
- **Alekos,** O. Metropoleos 74, Tel. 210 331 9650, Top-Restaurant mit minimalistischem High-Tech-Dekor und italienischem Küchenchef, der mediterrane Küche mit dem gewissen Etwas kreiert
- **Karavan,** O. Voukourestiou 11, leckere Süßigkeiten wie Baklava oder Kataifi
- **Neon,** O. Mitropoleos 3/Syntagma, billiges Selbstbedienungsrestaurant mit großer Auswahl an Sandwiches, Salaten, Kaffees, aber auch Hauptgerichten
- **Spondi,** O. Pirronos 5 (Pangrati, östlich des alten Olympiastadions), Tel. 210 756 4021, abends geöffnetes Nobelrestaurant mit kreativer, südfranzösischer Küche und lohnendem sechsgängigen Degustationsmenü

Die „Museumsmeile" am Leoforos Vassilissis Sofias

Am Südwestabhang des mit 277 m höchsten Hügels von Athen, dem Lykabettos, breitet sich ein sehenswertes Viertel aus: **Kolonáki.** Einerseits ist es beliebtes und teures Einkaufs- und Bummelareal, andererseits das alte Wohnviertel von Künstlern und Literaten. Zudem stehen an der südlich begrenzenden Hauptachse Leoforos Vassilissis Sofias einige der bedeutendsten **Museen** der Stadt, prachtvolle Botschaftsgebäude sowie am westlichen Ende Nationalgarten und Parlament. Die Vassilissis Sofias ist wie die Panepistimíou eine der Athener **Prachtalleen.** 1880 wurde die Straße nach Kifissiá im Norden zur Promenade erweitert und es entstanden prunkvolle Gebäude, von denen einige als Museen oder Botschaften überlebt haben; die meisten – wie *Zillers* ägyptische Botschaft von 1900 – fielen jedoch der Bauwut der 1970er zum Opfer. Das **Außenministerium,** die **Villa Danai** (Französische Botschaft) oder das **Megaron Psichas** (Italienische Botschaft) genügen jedoch noch immer, um die Straße zu einem Musterbuch der Architektur des 20. Jahrhunderts zu machen. Ebenfalls in beachtlichen Gebäuden befinden sich drei der absoluten Highlights der Stadt, deren Besuch gleich nach dem von Nationalmuseum und Akropolis stehen sollte: das Benaki, das Kykladische und das Byzantinische Museum.

Karte Seite 260

DIE „MUSEUMSMEILE"

Benaki Museum

Das Benaki Museum geht auf eine Stiftung des Baumwollhändlers *Antonios Benaki* (1873-1954) aus Kairo zurück. Er vermachte 1931 Sammlung und Gebäude aus dem späten 19. Jh. dem Staat. Es handelt sich um eine vielseitige und hochkarätige Kollektion von über als 30.000 Ausstellungsstücken von der Antike über die byzantinische Zeit, Franken- und Ottomanenherrschaft bis hin zur griechischen Neuzeit. Beachtlich sind vor allem die Antiken, die Schmucksammlung und die byzantinische (Ikonen-)Sammlung. Zum Komplex gehören außerdem das „Documentation Centre for Neo-Hellenic Architecture", historische und fotografische Archive sowie eine Bibliothek.

Der neoklassische Kouloura-Bau an der Vassilissis Sofias enthält das Herz der Sammlung. Der ursprünglich schlichte Hauptbau von 1867/68 war 1910 von *Emmanuel Benakis* als Familienwohnsitz gekauft und ein Jahr später um Ballsaal und Dienstbotenquartiere erweitert worden. 1930, als die Umwandlung zum Museum geplant war, sorgte derselbe Architekt, *Anastasios Metaxas,* für einen Anbau. Immer neue Privatsammlungen kamen hinzu und 1965 kam eine neuerliche Erweiterung ins Gespräch. 1973 wurde der „New Wing" mit Leseräumen, Wechselausstellungen und mit schönem Café eröffnet, 1989 begann *A. S. Kalligas* mit einem fünfgeschossigen Neubau auf der Westseite und dieser vergrößerte bei seiner Fertigstellung 1997 die Ausstellungsfläche ums Doppelte.

Die **prähistorische, griechische und römische Sammlung** (EG-Räume 1-8, beginnend hinter der Zugangshalle, Shop und Ticketverkauf) umfasst Funde vom 6. Jtsd. v. Chr. (Neolithikum) bis zur Spätantike (3. Jh. n. Chr.). Keramik, Werkzeuge und Statuetten von den Ägäischen Inseln, aus Zypern und Zentralgriechenland gehören ebenso dazu wie mykenischer Schmuck aus einem Königsgrab in Theben. Die geometrische und archaische Kunst (9.-6. Jh. v. Chr., Säle 2 und 3) umfasst Keramik, Schmuck und Skulpturen aus verschiedenen Regionen Griechenlands. Besonders sehenswert in den Sälen 4-7 sind die klassischen und hellenistischen Skulpturen und Vasen, der Schmuck aus makedonischen Königsgräbern sowie Statuetten klassischer und hellenistischer Zeit (Saal 7). Römische Kunst (1. Jh. v.-3. Jh. n. Chr., Saal 8) wie Schmuck, Glas, Porträts und Grabstelen runden die Sammlung zusammen mit Spätantikem – Fayum-Porträts und Mosaiken (Säle 9,10) – ab.

Die **Byzantinische Sammlung** (Säle 9-12) besteht einerseits aus Bronze- und Silber-Haushaltszubehör, aber auch aus Lampen, religiösen Gefäßen, Manuskripten, Figürchen und andererseits aus einer sehenswerten Ikonen-Sammlung, vor allem Beispiele der kretischen Schule und vom Berg Athos.

Umfangreich ist die Sammlung **griechischer Kunst vom 15. bis 19. Jh.** (Räume 13-36), die Einblick in Kultur, Wirtschaft und Gesellschaft bis zum Vorabend des Unabhängigkeitskrieges

Die Neustadt

gibt. Den Abschluss dieses Teils bildet der Überblick vom Freiheitskampf bis zur Staatsgründung. Im Einzelnen handelt es sich Holzschnitzereien, Skulpturen, Möbeln, Keramik, Webarbeiten (Kreta, Zypern, Melos), Stickereien (Epirus, Ionische Inseln, Kleinasien), Schmuck und – besonders sehenswert – zwei nachgebaute holzvertäfelte Salons aus Kozani (Mitte des 18. Jh.). Außerdem ausgestellt sind Memorabilien historischer Persönlichkeiten bzw. Ereignisse, z. B. Waffen, nautische Instrumente, Manuskripte, so z. B. von *Iannis Ritsos*, *George Seferis* oder *Odysseus Elytis*. Das Kernstück bildet die **Gemäldesammlung** mit 6000 Bildern und Zeichnungen vor allem von europäischen Künstlern des 17.-19. Jh. sowie von griechischen Künstlern des 19. und 20. Jh., aber auch Karikaturen aus dem 19. Jh. und Landkarten vom 15.-19. Jh.

●**Benaki Museum,** O. Koumbari 1/Vass. Sofias, Tel. 210 361 1000, www.benaki.gr/index-en.htm; Mo/Mi/Fr/Sa 9-17, Do 9-24, So 9-15 Uhr, Eintritt 5 €, mit Shop

Museum für kykladische Kunst

Beim Museum für kykladische Kunst handelt es sich um einen zweiteiligen Museumskomplex, bestehend aus einem postmodernen schlichten Glas-Marmor-Bau, der 1983-85 von **Ioannis Vikelas** erbaut wurde und von der O. Neof. Douka 4 zugänglich ist, und dem erst 1991 dazu erworbenen herrschaftlichen **Stathatos-Haus** (Ecke Vass. Sofias/Irodotou), auch „New Wing" genannt. Das Haus mit ungewöhnlichem Grundriss wurde 1895 von dem bayerischen Architekten *Ernst Ziller* für die aus Rumänien zurückgekehrten reichen Athener *Otto* und *Athena Stathatos* geplant. Ein repräsentativer Eingang führt in die luftige Eingangshalle, an die sich eine offene Loggia und ein verglaster Wintergarten anschließt. Im EG ist die archäologische Sammlung der Academy of Athens aufgestellt, außerdem sehenswerte Möbelrepliken von *M. Vlastos* (1874-1936), und im Wintergarten hängen architektonische Pläne von *Ziller*. Im ersten Stock finden Wechselausstellungen statt.

Die Hauptzugangshalle an der O. Neof. Douka mit gut sortiertem Laden (authentische Antikenkopien oder andere attraktive Mitbringsel) und Café im Innenhof, ist durch einen Korridor mit dem Megaron Stathatos verbunden. Der moderne Hauptbau birgt auf mehreren Etagen die Sammlung kykladischer und antiker Kunst von *Nicholas* and *Ekaterini Goulandris*. Die 1986 gegründete **Nicholas P. Goulandris Foundation** betreut jedoch nicht nur das Museum und veranstaltet Aufsehen erregende Wechselausstellungen, sondern dient auch als Forschungsinstitut ägäischer (besonders kykladischer) Kunst. Es handelt sich um die weltweit bedeutendste Kykladensammlung, und da das Museum auch didaktisch ansprechend gestaltet ist, wird der Besucher von der Materialfülle nicht erschlagen.

In der **Zugangshalle** des Hauptbaus befinden sich Übersichtstafeln zur Kykladenkunst als Einführung, dazu Karten und andere sinnvolle Informationen.

Im **1. Stock** des Hauptbaus befindet sich die **Kykladensammlung** mit etwa 350 Objekten zur Inselkunst in ihrer Blütezeit zwischen 3200 und 2000 v.Chr., vor allem Idole, aber auch andere Marmorobjekte, Keramik und Metallgefäße. Die Sammlung gibt einen chronologischen Überblick über die Entwicklung der kykladischen Kunst, speziell der Steinschneidekunst und der **Marmor-Idole:** von frühen violinförmigen Figuren (ca. 3200-2800) zu größeren, plastischeren Beispielen (2800-2300). Es handelt sich größtenteils um weibliche Gestalten, nackt, mit verschränkten Armen dargestellt, möglicherweise Verkörperungen einer Gottheit. Ab dem 3. Jtsd. entstanden vereinzelt auch männliche Idole (Adoranten oder Gottheiten), vielfach Jäger, Musiker oder Krieger darstellend. Wenig ist bekannt über Kult und Religion in jener Zeit, da es keine schriftlichen oder andere bildlichen Quellen gibt.

Der **2. Stock** ist der **griechischen Antikensammlung** von mykenischer/minoischer Zeit (15.-13. Jh.) über die griechische Blütezeit bis hin zu den Römern (4. Jh. n.Chr.) gewidmet. Besonders Keramik (qualitätvolle sf.-attische Keramik ist zahlreich vertreten, wie eine Amphora des Swing Painters oder ein Krater (Mischgefäß) des Leningrad Malers, und rf. Vasen, z.B. die Hydria des Villa Giulia-Malers oder der rf. Krater des Kleophon-Malers). Die Beispiele belegen gut den stilistischen Wandel im Lauf der Zeit. Zahlreiche kultische Metallgefäße gehören ebenso zur Sammlung wie Terrakotten (Tanagräerinnen), hellenistische Skulpturen und Schmuck und Münzen aus klassischer und hellenistischer Zeit.

Neben kleinen Wechselausstellungen (Neuerwerbungen) finden im **3. Stock** Lesungen (Lecture Series, Okt.-Mai) statt.

Im **4. Stock** befindet sich die 1989 eingerichtete **Charles and Rita Politis Collection.** Sie umfasst Marmorfiguren, Terrakotten, Schmuck und zahlreiche antike Bronzehelme.

●**Museum für kykladische Kunst – Nicholas P. Goulandris Foundation,** O. Neof. Douka 4 bzw. Stathatos House, O. Vass. Sofias/Irodotou 1 (Wechselausstellungen), www.cycladic-m.gr; Tel. 210 722 8321-3, Mo, Mi-Fr 10-16 Uhr, Sa 10-15 Uhr, Eintritt 1,80 €

Byzantinisches Museum

Themenwechsel: Ein Stückchen weiter stadtauswärts befindet sich auf der gegenüberliegenden Straßenseite im Stadtpalais der Duchesse de Plaisance das bedeutende Museum für byzantinische Kunst. Die Sammlung umfasst **byzantinische Kunst vom 4. bis 19. Jh.,** darunter qualitätvolle Ikonen vom 13. bis 18. Jh., Skulptur und Architekturplastik, Kleinkunst, Fresken, Keramik, Textilien, Manuskripte und andere Dokumente, Holzschnitzereien, liturgische Objekte und Kopien bekannter Gemälde. Besonderes Highlight ist jedoch die weltgrößte Kollektion **byzantinischer Ikonen,** anhand

Die „Museumsmeile" am Leoforos Vassilissis Sofias

Museum für Byzantinische Kunst

derer selbst ein Laie gut die Entwicklung der Ikonenmalerei nachvollziehen kann.

Die Geschichte der Sammlung begann 1884 mit der Gründung der Gesellschaft für Christliche Archäologie durch *Georgios Lambakis* (1854-1914). Erstmals von jedermann zu besichtigen waren die Stücke 1924 in der Athener Akademie, dann im NM. 1930 erfolgte der Umzug in die „Villa Ilissia", 1928 von *Aristotelis Zachos* zum Museum umgestaltet. Das Haus war 1848 von *Stamatis Kleanthes* (1802-62) für seine Gönnerin *Sophie de Marbois-Lebran,* Comptesse de Plaisance, im Stil der Florentiner Renaissance erbaut worden. Der Bau schien aus allen Nähten zu platzen, ehe 1993 unter Leitung von *Manos Perrakis* ein zweiteiliger, unterirdischer Neubau mit 4550 qm Fläche und Veranstaltungssaal entstand. Nach einem erneuten Umbau wird dort ab 2004 die permanente Sammlung, chronologisch geordnet, untergebracht sein. In der hübschen Villa werden dann Wechselausstellungen stattfinden. Zugleich sind ein kleiner „archäologischer Park" im Freien, ein Open-Air-Theater, Café und Restaurant im Entstehen.

Wegen der aktuell laufenden Umgestaltung ist anzunehmen, dass die nachfolgende Beschreibung im Sommer 2004, was die Aufstellung angeht, nicht mehr aktuell sein wird, deshalb sollte das Augenmerk den Stücken selbst gelten.

Auf **Veranda und im Hof** befinden sich Architekturfragmente frühchristli-

cher Basiliken und byzantinischer Kirchen, unter anderem ein Mosaik aus einer zerstörten Basilika am Ilissos (Anf. 5. Jh.), Sarkophage und Statuetten. Das EG der Villa (5 Säle) war im Stil von Kirchenräumen dreier byzantinischer Bauperioden eingerichtet. Zu den Kunstwerken gehören **Steinskulpturen** byzantinischer Zeit, wie Skulpturen vom Guten Hirten oder eine Grabstele aus dem 4. Jh. mit der Darstellung des *Orpheus* (auf einem Baumstamm sitzend, Lyra spielend, außerdem ein eine Antilope reißender Löwe), sowie byzantinische **Marmorkunst** – Reliefs und seltene Reliefikonen aus dem 9.-12. Jh., Teile des Marmorarchitravs vom Vlatades-Kloster in Thessaloniki, eine Marmorplatte vom Epistyl einer Ikonostase mit Darstellung der Apostel *Johannes* und *Lukas,* ein bemaltes Flachrelief aus dem 10. Jh. (Enkaustik/Wachsmalerei), eine Marmor-Brüstungsplatte (10./11. Jh. mit Löwen und Lebensbaum) – außerdem **fränkische Skulpturen** aus dem 13. Jh., darunter vollplastische Marien-Skulpturen.

Die **Ikonensammlung** – bisher im OG der Villa – umfasst hochkarätige Beispiele der kretischen Malschule, aber auch liturgisches Gerät und Gewänder. Aus den Ikonen der mittelbyzantinischen Zeit der Paläologen und der frühkretische Kunst (9.-15. Jh.) ragen eine Reihe doppelseitiger Bilder heraus, darunter eine Holzikone mit dem hl. *Georg* (als Relief) aus dem 13. Jh. aus Kastoria auf einer Seite sowie zwei heilige Frauen auf Silbergrund auf der anderen. Ungewöhnlich und selten ist eine Mosaik-Ikone mit der Jungfrau *Maria* und dem Jesuskind auf goldenem Grund (14. Jh.). Zur Sammlung gehören sakrale Objekte und Keramik, wie das Zepter des Metropoliten von Hadrianopolis, später Patriarch von Konstantinopel, *Neophytos IV.* (1653-58), oder die Goldbulle des Kaisers *Andronikos II Palaiologos* von 1301, der damit dem Metropoliten von Menemvasia Privilegien zugestand. **Fresken** aus Oropos und Naxos und solche aus der naxischen Kirche Agios Georgios Lathrenou runden die Sammlung ab. Dargestellt auf dem Apsisfresko der Kirche sind oben *Christus Pantokrator*, die Jungfrau *Maria* und *Johannes* der Täufer, darunter die Hierarchen *Chrysostomos* und *Basil* (13. Jh.).

●**Byzantinisches Museum,** L. Vass. Sofias 22, Tel. 210 721 1027, Di-So 8.30-15 Uhr, Mi bis 21 Uhr, Eintritt bisher 4 €, mit kleinem Shop (auch Ikonen und Bücher), Forschungsbibliothek und Veranstaltungen

Kriegsmuseum

In erster Linie etwas für Militär- und Waffen-Fans ist das in einem Neubau 1975 großzügig konzipierte und anhand der Ausstellungsstücke im Freien leicht identifizierbare Kriegsmuseum. Hier werden vor allem der **griechische Freiheitskampf** und der **Zweite Weltkrieg** umfassend dokumentiert. Es gibt Waffen von der Steinzeit bis zum Zweiten Weltkrieg, Kampfflugzeuge, Fahnen, Karten, Uniformen und Modelle zu sehen. Sehenswert ist in erster Linie das 2. OG, das sich anhand von Modellen, Gipsabgüssen und Objekten der Militärgeschichte

Die „Museumsmeile" am Leoforos Vassilissis Sofias

von der Antike bis zum Zweiten Weltkrieg widmet. Vor dem Museum kann man einen Blick auf Grabungsfunde vom Metro-Bau werfen, außerdem gibt es Informationen im Metrobahnhof „Evangelismos".

● **Kriegsmuseum,** O. Vass. Sofias, Tel. 210 729 0543, Di-Sa 9-14 So 8.30-14 Uhr, Eintritt frei

Die Nationalgalerie

Neben dem Kriegsmuseum steht in einem Pärkchen die **Kirche Agios Georgios,** 1843 von dem dänischen Architekten *Christian Hansen* erbaut. Wenige Schritte entfernt liegt die Nationalgalerie **(Alexandros Soutsos Museum),** die 1878 entstandene **größte Kunstsammlung Griechenlands** mit Bibliothek, Fotosammlung und Restaurationswerkstätten. Den Kern bilden die von *Alexandros Soutsos,* Rechtsanwalt und Kunstliebhaber, gestifteten Werke, die 1954 mit der 1918 unter *Zacharias Papantoniou* gegründete National Art Gallery verschmolzen. Abgesehen von spektakulären Wechselausstellungen im 1996 fertig gestellten Anbau ist die Dauerausstellung zur griechischen Kunst, speziell Malerei, ab spätbyzantinischer Zeit bis heute über zwei Etagen im Hauptbau sehenswert (siehe auch Stadtporträt, „Die moderne griechische Kunst").

Während im linken Saal des EG Ikonen des 14. Jh. und **europäische Maler** des 16./17. Jh., wie *Luca Giordano, Jan Brueghel I./II., Caravaggio* oder *Tintoretto,* und einige des 18./19. Jh., wie *Boucher* oder *Delacroix,* mit Stillleben den Anfang machen, gehört der Saal rechter Hand bereits ganz den **Griechen.** Beginnend mit der ionischen Inselschule und der nachbyzantinischen Kunst nach 1453 reicht das Spektrum über *El Greco* (1541-1614) und die Kunst zur Zeit *Ottos* (1832-62) – unter anderem mit Porträts von *Kounelakis* und Historienbildern von *Vryzakis* oder *Tsokos* – über die Bürgerliche Malerei (1862-1900) mit Genrebildern von *Lytras* und *Gisis* sowie *Doukas* und *Iakovidis* (Porträts/Genres) bis hin zum griechischen Impressionismus. Besonders *Gisis* (1842-1901) ist zahlreich mit Bildern vertreten, die die ganze Palette seines Könnens von Obststillleben über Seebilder bis hin zu kitschigen Schlafzimmerbildern und Keramikstatuetten demonstrieren.

Das OG gehört der **modernen griechischen Kunst** des 19. und 20. Jh. und ist besonders sehenswert. Vom Zentralraum mit Porträtköpfen des Bildhauers *Chalepas* (1851-1935) in Vitrinen geht es linker Hand in den Saal, der mit der **Moderne von 1900-1922** *(Lytras, Maleas, Parthenis* und *Oikonomou)* beginnt und in die **Zeit zwischen den Kriegen (1922-40)** mit Bildern von *Moralis, Ghikas, Kontoglou, Theophilos, Tsarouchis* und wiederum *Parthenis* übergeht. Die **Nachkriegszeit** wird repräsentiert durch abstrakte Werke z. B. von *Moralis, Fassianos* oder *Tsachouris* („Neon"). Der letzte Saal, rechts, beschäftigt sich mit den griechischen Vertretern von **Expressionismus und Abstraktion** und zeigt interessante Werke von *Vlassis Caniaris,* z. B. „Landscape" von 1970, Zeitungscollagen von *Kostas Tsoklis* und Werke von *Stathis Logothetis* und *Panayiotis Tetsis* aus den 70ern.

- **Die Nationalgalerie,** Leof. Vass. Konstantinou 50, Tel. 210 0723 5937 o. 210 723 5857, Mo 9-15 Uhr, Mi-Sa 9-15 Uhr, So 10-14 Uhr, Eintritt je nach Wechselausstellung

Tritt man aus dem Museum heraus, blickt man rechter Hand auf einen lang gestreckten mehrstöckigen Komplex: das **Hilton Hotel** (O. Vass. Sofias 46). Als erster Großbau der Nachkriegszeit nach der US-Botschaft wurde das renommierte Hotel 1958-63 von *E. Vourekas, P. Vasiliadis* und *S. Staikos* erbaut. Die **US-Botschaft** liegt noch ein Stück weiter stadtauswärts an der Sofias (Trolley Nr. 8) und ist der einzige moderne Bau Athens, der in Architekturhandbücher Eingang fand. 1956-61 errichtete ihn kein Geringerer als Bauhaus-Architekt *Walter Gropius* (1883-1969) in Zusammenarbeit mit TAC (The Architecs Collaborative).

Auf dem Weg dorthin passiert man den Eleftherias Park mit dem **Eleftherios-Venizelos-Museum,** in dem persönliche Relikte des Ex-Ministerpräsidenten sowie wichtige historische Dokumente aufbewahrt werden.

- **Eleftherios-Venizelos-Museum,** O. Vass. Sofias, Tel. 210 722 4238, Di-So 10-13 Uhr

Des Weiteren kommt man an der ebenfalls architektonisch auffälligen Konzerthalle **Megaron Moussikis** vorbei, die abgesehen von großen Musikevents auf zwei Bühnen auch Wechselausstellungen bietet.

RUNDGANG DURCH KOLONÁKI UND AUFSTIEG ZUM LYKABETTOS

„Kolonaki used to be regarded as the ritziest if most conservative part of Athens to live in, until too much traffic and polluted air began to tarnish its upper-class image, though it always had a bohemian fringe around the slope of Lycabettus, where writers and artists, both foreign and domestic could find fairly cheap, congenial homes in the few two and three story houses left over from the early days when the streets were unpaved... And very recently some Athenians on the rise who chose to live in the distant suburbs where the air is cleaner and the parking easy have begun to come back to Kolonaki because they miss the sidewalk cafes and restaurants, however upgraded ..."

So beschrieb vor etlichen Jahrzehnten *Edmund Keeley* („Inventing Paradise: The Greek Journey 1937-47") Kolonáki, jenes Viertel am Südabhang des Lykabettos, das von Athenern vor allem mit **Shopping** und Geldausgeben, Sehen und Gesehenwerden in Verbindung gebracht wird und das heute zu den teuersten und beliebtesten Adressen zählt. Geändert hat sich seit Keeley wenig, hier sind immer noch edle Boutiquen internationaler und griechischer Designer zu Hause, außerdem Antiquitätenläden, Galerien, ungewöhnliche kleine Läden, Cafés und schicke Restaurants. Die Hauptachse ist die **Odos Tsakalof,** sie zählt angeblich zu den sechs teuersten Straßen der Welt, das Zentrum bildet die **Platía Kolonákiou** gleich hinter dem Benaki-Museum. Billiger und ideal für ein Päuschen wegen ihrer vielen kleinen Cafés ist die **Odos Skoufa.**

Und dennoch: Für manchen nordeuropäischen Touristen wirkt Kolonáki auf den ersten Blick kaum spektakulär. Es gibt keine dicht mit Läden bestückte Einkaufsstraße im eigentlichen Sinn, die feinen und teils ausgeflippten Shops verteilen sich lose über das ganze Viertel. Die Bars und Lokale sind teuer und fest in griechischer Hand. Dennoch macht es Spaß, z. B. am Hauptplatz sitzend, das Treiben zu beobachten, durch die Strassen zu schlendern und in einem der etwas versteckteren Cafés eine Pause einzulegen.

Platía Kolonákiou und Umgebung

An der Platía Filikis Etereias, wie der Kolonáki-Platz offiziell heißt, treffen sich die „Rich and Famous" zum späten Lunch, zum Drink nach dem Shopping und vor dem Dinner oder zum Nightlife. Gleich mehrere Cafés, alle mit „Showbühne" im Freien, im Winter mit großen Heizstrahlern erwärmt, gruppieren sich um den Platz und die Nebenstraßen, und allein die Luxuskarossen und Motorräder (gehäuft vor dem Café Ciao) sind beeindruckend.

Der Name „Kolonáki" geht auf die antike Säule in der Mitte des Platzes zurück, die heute kaum mehr jemand registriert. Direkt am Platz steht unübersehbar die renommierte **British Council Library,** die erst unlängst technisch auf den modernsten Stand gebracht und zusammen mit einem luftigen Forschungszentrum neu eröffnet wurde. Es gibt hier zahlreiche Veranstaltungen – Lesungen, Konzerte, Konferenzen u. a.

●**British Council Library,** Pl. Kolonákiou, www.britishcouncil.gr; Tel. 210 364 5768, Mo-Fr 9-19 Uhr, Sa 11-14.30 Uhr

Vom Platz in (nord)westliche Richtung zweigen die „Einkaufsstraßen" O. Tsakalof (teilweise Fußgängerzone), O. Skoufa und O. Kanari ab. Querverbindungen zwischen diesen Straßen bilden Iraklitou, Pindarou, Voukourestíou und Dimokritou. Im Haus Nr. 7 in der Odos Dimokritou befindet sich das kleine **Trachtenmuseum** des Vereins Lykeion ton Ellinidon, 1910 zur Wahrung und Förderung volkstümlicher Musik, Tanz, Literatur und textiler Techniken gegründet.

●**Trachtenmuseum,** O. Dimokritou, Mo/Mi/Fr 10-13, Do 17.30-20.30 Uhr, Eintritt frei

Blick auf den 277 m hohen Lykabettos

Auf den Lykabettos

Ein Kolonáki-Rundgang sollte auf alle Fälle an der **Platía Dexameni,** am Fuße des Lykabettos, enden, denn wer den Lykabettos nicht bestiegen hat, hat Athen nicht gesehen. Der Name des Platzes („Behälter, Tank") geht auf ein in hadrianischer Zeit hier verlaufendes und bis in die Neuzeit aktives Aquädukt bzw. die hier befindliche Wasserzisterne zurück, von der noch wenige Bauteile (Säulenbasen, Stufen, Stützmauerrest) im Norden erhalten sind. Den Platz überragt das luxuriöse **Hotel Saint George Lycabettus** und vorbei an diesem geht es auf der Odos Kleomenous zur Plutarchiou. Hier bieten sich zwei Alternativen: Entweder man wählt den bequemen Weg und setzt sich in die *teleferik*, die **Standseilbahn,** die innerhalb von nur zwei Minuten durch einen Tunnel hinauf zur 277 m hoch gelegenen Hügelspitze fährt, oder man wählt den gewundenen, teils etwas steilen, aber gut bewältigbaren Pfad, der wenige Schritte links der Seilbahnstation beginnt (ab O. Loukianiou). Die Seilbahnstation ist auch mit dem Auto bzw. Taxi zu erreichen. Für den Weg bergauf, auf dem man zum einen recht vielfältige Flora zu sehen bekommt und sich zum anderen ein immer grandioser werdendes Panorama eröffnet, muss man bei nur kurzen Verschnaufpausen (Bänke vorhanden) etwa eine halbe Stunde rechnen.

● **Standseilbahn,** O. Plutarchiou, tgl. 9-3 Uhr, ca. alle 30 Minuten, 4 € Hin- und Rückfahrt

Dem Mythos zufolge soll der Lykabettos entstanden sein, als die Göttin *Athena* einen Fels vom Pendeli holte, um damit die Akropolis zu befestigen. Sie erschrak beim Ruf einer Krähe und ließ den Fels fallen. Wo er auftraf, entstand der Lykabettos. Die Hänge des Hügels wurden erst 1882 bepflanzt, drei Jahre später legte der deutsche Architekt *Ziller* einen Plan für die gärtnerische Gestaltung vor, der jedoch wegen fehlender Finanzen nie realisiert wurde.

Auf dem oberen Plateau steht als höchster, weithin sichtbarer Punkt die **Kapelle Agios Georgios** (1834), zu der in der Nacht vor dem Ostersonntag eine Kerzenprozession führt. Von dem vorkragenden Sporn davor, bei Sonnenuntergang von Fotografen bevölkert, bietet sich der wohl **spektakulärste Ausblick** ganz Athens, von der Akropolis bis zum Olympiastadion, von der Küste und Piräus bis hin zu den Bergen im Hintergrund. Auf der Rückseite des Hügels, ein Areal, das im 19. Jh. als Steinbruch verwendet worden war, befindet sich heute das **Lykabettos-Amphitheater,** in dem im Sommer im Rahmen des „Athens Festivals" große Konzerte stattfinden.

Sehen und gesehen werden

Praktische Tipps

Einkaufen

- **Schicke Boutiquen** reihen sich an der **O. Tsakalof** auf (z.B. *Diesel, Kenzo* oder *Zara*), Ausgefallenes und moderne Modeschöpfer finden sich eher in **O. Skoufa** und **Anagnostopoulou** (*Aslanis, Boudoir, Harris&Agelos, Lakis Gavalas, Sotris* oder *Aerakis*)
- **Museumsshops:** Im Benaki- und Goulandris-Museum sind Originalabgüsse von Antiken in großer Auswahl, außerdem hübsches Kunsthandwerk und Accessoires, Bücher, Poster und Karten zu bekommen
- **Amélie,** O. Pindarou 29, der wohl ungewöhnlichste Keksladen der Welt: winzig, mit minimalistischer Auswahl, aber exquisit; allein die Präsentation im Schaufenster lohnt
- **Cellier,** O. Kriezotou 1, 1938 gegründeter Weinhandel mit großer Auswahl (auch Geschenkkörbe)
- **Delicatessen Agrotikí Goniá,** O. Solonos/Dimokritou, lauter feine Spezialitäten, dargeboten im Stil eines New Yorker Deli
- **Kombologadiko,** O. Koumbari 6, und **Museio Kombologadiko,** O. Omirou 39, zwei kleine Läden, die Fundgruben für Sammler von Komboloi sind
- **Green Farm,** O. Dimokritou 13, einer der wenigen Bio-Läden der Stadt, mit guter Lebensmittel-Auswahl, auch kretische Produkte sowie Wein und Kosmetika
- **Oinopnevmata Boutique,** O. Iraklitou 9a, Weinladen im Besitz von *Alexandra Boutari* aus der gleichnamigen Weindynastie

Essen & Trinken

- Schicke **Cafés** liegen um die Pl. Kolonakiou – z.B. **Café Central, da Capo** oder **Ciao** – und in der Odos Tsakalof **(News Café),** billigere und kleinere sind in der O. Skoufa zu finden, so **Sugar & Salt** (Nr. 35, leckere Pfannkuchen), **Rosebud** (eher fancy), das **Souvlaki Café** oder **Café aju**
- **Azul,** O. Charitos 43, Tel. 210 725 3817, innovative griechisch-mediterrane Küche, raffiniert mit Kräutern zubereitet, vor allem im Sommer schön zum draußen sitzen, eher teuer
- **Central,** O. Fil. Eterias 14, Tel. 210 342 2380, gemütliches Restaurant mit Sushibar, Cocktaillounge und mediterran-asiatischer Speisekarte
- **Fresh,** O. Kriezotou 12, tgl. Konditorei und Café der Sonderklasse
- **To Kafeneio,** O. Loukianou 26, Tel. 210 722 9056, Spezialitäten wie Auberginen mit Knoblauch und Tomate oder Schwein mit Sellerie (chirino me selino) werden hier serviert
- **To Kioúpi,** Pl. Kolonakiou/O. Kanari, seit 1929 eine Institution, Arbeiterkneipe mitten im heutigen Nobelviertel, Aussuchen ohne Karte, guter Wein und günstige Preise (Hauptgerichte ab 5,50 €)
- **47 Maritsa's,** O. Voukourestiou 47, Tel. 210 363 0132, klassische griechische Gerichte, bekannt für Fisch und Meeresfrüchte, außerdem tolle Mezedes-Auswahl
- **Ratka,** O. Charitos 30, Tel. 210 729 0746, seit Jahren wegen guter multi-ethnischer Küche beliebt, auch Shushi und tolle Spirituosen-Auswahl

AUSFLUG NACH PIRÄUS

*Ich bin ein Mädchen von Piräus
und liebe den Hafen, die Schiffe und das Meer.
Ich lieb' das Lachen der Matrosen und Küsse,
die schmecken nach See, nach Salz und Teer.*

Unsterblich wurde Piräus und sein Hafen durch *Melina Mercouri* und den 1960 von *Jules Dassin* gedrehten Film „Sonntags nie" mit dem Filmsong „Ein Schiff wird kommen". Dieser Ohrwurm von *Manos Chadjidakis* erlangte durch *Catharina Valente*, *Lale Andersen* und *Nana Mouskouri* weltweite Berühmtheit.

Ein Ausflug nach Piräus, griechisch „Pirefs" gesprochen und auf verschiedenste Art (Piraievs, Piraeus etc.) umgeschrieben, lohnt immer – auch wenn man nicht mit einer Fähre auf die Inseln weiterfährt. Die alte „Elektriki" (Metro-Linie 1) braucht rund zwanzig Minuten von der Innenstadt um ihre Endstation Piräus zu erreichen und gibt Gelegenheit, in eine andere Welt einzutauchen. Obwohl nur rund 10 km südwestlich des Athener Stadtzentrums gelegen und mit der Hauptstadt zum Ballungsraum verwachsen, ist Piräus nicht nur der **größte Hafen** Griechenlands, sondern einer der wichtigsten im Mittelmeer und die **Drehscheibe des Fährverkehrs.** Dazu kommt die Bedeutung als wichtiges Handels- (Banken- und Versicherungsgesellschaften) und Industriezentrum mit zahlreichen Werften und Fabriken (v. a. landwirtschaftliche Geräte, Textilien, Glas, Chemikalien).

AUSFLUG NACH PIRÄUS

Karibische Atmosphäre am Strand von Piräus

Piräus ist eine **moderne Hafenstadt,** laut und geschäftig, mit etwa einer halben Million Einwohnern, deren erster auffälliger Unterschied zu Athen das Meer ist, sein Geruch, die Schiffe. Aber auch die Stadt selbst unterscheidet sich: Überhaupt nicht anbiedernd, ganz und gar nicht touristisch, mit einigen schönen Flecken abseits des geschäftigen Haupthafens, die mit Geduld entdeckt werden wollen. Piräus ist umtriebige Hafenstadt, moderne Metropole und verträumtes Dorf zugleich – Letzteres beispielsweise um den Mikrolimano oder die Platía Kórai.

GEOGRAFIE

Es gibt nicht „den" Hafen, sondern gleich drei. Die meisten, die Piräus per Boot anlaufen oder von dort ablegen, lernen nur den größten kennen, den **Haupthafen Kantharos.** Der Kern der Stadt liegt heute auf einer **Halbinsel,** abgetrennt durch eben diesen Fährhafen im Westen und den gegenüber im Osten liegenden Zea-Hafen, und wird von den beiden Hügeln Kastella (ca. 90 m) und Akti (ca. 40 m) überragt. Die **beiden antiken Häfen, Zea** (Passalmani), und **Mikrolimano** (Tourkolimani) liegen idyllisch auf der weniger frequentierten Ostseite und werden nur allzu häufig von Durchreisenden und Besuchern übersehen.

Geschichte

Themistokles entschloss sich um 483/2 v. Chr. Piräus für seine Flotte auszubauen und so den bisherigen Hafen vor Faliron zu ersetzen. Obwohl auf sumpfigem Gelände, standen in Piräus gleich drei Naturhäfen zur Verfügung, die durch Molen verengt wurden. Rings um die Halbinsel entstand eine gewaltige Mauer, die von *Konon* nach ihrer Zerstörung 394/3 v. Chr. erneuert wurde. Davon sind heute noch Reste an der Südwestspitze – um die kleine Bucht der Aphrodite – erhalten. Um den Zugang von Athen zum Meer hin zu sichern, waren bereits um 445 v. Chr. die **„Langen Mauern"** entstanden, ein fast 200 m breiter Korridor. Überbleibsel davon sind in Piräus an der Hauptstraße von Athen (O. Skilitsi/Pilis) kurz vor dem Metro-Endhalt mit dem **Asty-Tor** sowie an der O. Kodrou zu sehen. Von jenen am Musenhügel in Athen war schon die Rede.

Der Hafen blühte wie die ganze Stadt in perikleischer Zeit auf und überstand auch den langen Peloponnesischen Krieg Ende des 5. Jh. v. Chr. gut. *Hippodamos* von Milet soll damals einen auf einem Rastersystem basierenden Stadtplan entworfen haben. 86 v. Chr. zerstörten römische Truppen unter *Sulla* während des so genannten **Mithridischen Krieges** den Hafen und in der römischen Kaiserzeit verschwand er, wie die Stadt, in der Versenkung. Sogar der kolossale Marmorlöwe an der Einfahrt, der dem Hafen zum Namen „Porto Leone" verholfen hatte, wurde im Mittelalter nach Venedig verschleppt.

1822 hatten sich Flüchtlinge aus Chios hier zahlreich niedergelassen, und im Lauf von zehn Jahren wuchs die Stadt auf rund 15.000 Einwohner an. Doch erst die Ernennung Athens zur Hauptstadt 1834 und damit verbunden die von *Johann Gottfried Gutensohn* vorgeschlagene Bestimmung von Piräus zum Hafen forcierte die Entwicklung. Um ein ungeregeltes Stadtwachstum zu unterbinden, entwarfen 1834 *Schaubert* und sein Kollege und Freund *Kleanthis* einen neuen Stadtplan. Die Hafenstadt blühte unter *Georg I.* erneut auf, erst recht, nachdem 1869 die Bahnverbindung nach Athen hergestellt war. 1920 zählte Piräus 130.000 Einwohner, nach der „kleinasiatischen Katastrophe" doppelt so viele. Heute ist Piräus die **drittgrößte griechische Stadt** nach Athen und Thessaloniki.

Obwohl verwaltungstechnisch beide Städte unabhängig sind, eigene Bürgermeister haben und von eigenen Gemeinden umgeben sind, treffen sie dank der **„Super-Präfektur Athen-Piräus"** übergreifende Entscheidungen gemeinsam. Wenig Gemeinsamkeit gibt es allerdings in Sachen Fußball. Das Traditionsteam Olympiakos, eine der erfolgreichsten griechischen Fußballmannschaften mit großer Anhängerschaft in ganz Griechenland, liefert sich mit den Erstligisten aus der Hauptstadt – Panathinaikos, AEK und Panionios – ständig heiße Lokalderbys.

Karte Seite 284 **HAFENVIERTEL – ARCHÄOLOGISCHEN MUSEUM**

VOM HAFENVIERTEL ZUM ARCHÄOLOGISCHEN MUSEUM

Kaum aus der schönen, alten Metro-Endstation herausgetreten, fällt der Blick schon auf den geschäftigen Fährhafen mit seinen klobigen Autofähren von und nach Italien, Rhodos oder Kreta, mit schlanken Schnellbooten und, etwas weiter entfernt, ein paar luxuriösen Kreuzfahrtschiffen. Die laute Akti Kalimassioti, die vom Bahnhof südwärts in die Possidonos, dann Miaouli und Xaveriou übergeht, ist nur ein Teil mehrerer **Uferstraßen** („akti" neugriechisch für „Küste"), die die Halbinsel – mit einer Unterbrechung am vornehmen Jachtclub – komplett umrunden.

An der **Akti Miaoulis** recken sich moderne, eher hässliche Hochhäuser gen Himmel. Es handelt sich um die Bürobauten der bedeutenden griechischen Reeder, in deren Erdgeschosse heute Banken und Reisebüros, Fluggesellschaften, Imbissbuden und Shops eingezogen sind. Rund hundert Groß- und Kleinstreedereien sind für den regelmäßigen Betrieb von zirka **350 Linienschiffen** zu den insgesamt 170 bewohnten Inseln zuständig, und an die **800 Reeder** sollen von hier aus die Fäden ziehen. Wo heute die Bosse der größten Handelsflotte des Mittelmeeres residieren, begann einst das Hafenviertel mit engen verwinkelten Gassen und kleinen Häusern, genauso wie in „Sonntags nie" zu sehen.

Der Fährhafen Kantharos

Am Kantharos-Hafen – wegen seiner Form entsprechend einem antiken Trinkgefäß so benannt – geht es hektisch zu, es wird gehupt und geschrien und man möchte am liebsten gleich wieder in die Metro zurück nach Athen steigen. Alles wirkt etwas vernachlässigt, etwas schmutzig, und es scheint, dass die momentane Aufbruchsstimmung in Athen Piräus noch nicht erreicht hat. Angekündigte Bemühungen, das Stadtbild zu verschönern, sind bislang im Umkreis des großen Hafens nur sporadisch und bei genauem Hinsehen erkennbar. Der Fährhafen ist Umschlagplatz für Alles und Aufenthaltsort für Viele, hier herrscht Multikulti, und wie man sonst schnell mal eine Busfahrkarte kauft, geht man hier in eines der Büros an den Piers oder der Uferstraße, um ein Fährticket zu erwerben.

Neu in Piräus sind ein Teil der Piers und vor allem die Schiffsflotte, die nach den schlimmen Katastrophen in der Vergangenheit modernisiert wurde. Aerodynamische Highspeedfähren (Katamarane) bzw. Flying Dolphins (Tragflächenboote), aber auch größere, ebenso windschlüpfrige Varianten, größtenteils von **„Hellas Flying Dolphins"**, fallen ins Auge. Sie verkehren vor allem von den Piers im nördlichen Hafenteil zu näher gelegenen Zielen wie den **Kykladen (Pier G und E).** Im Hintergrund: die großen „Pötte" nach Kreta oder in die Nordägäis und die großen Autofähren zur Dodekanes und nach Italien.

Piräus

Vom Hafenviertel zum Archäologischen Museum

Vom Hafenviertel zum Archäologischen Museum

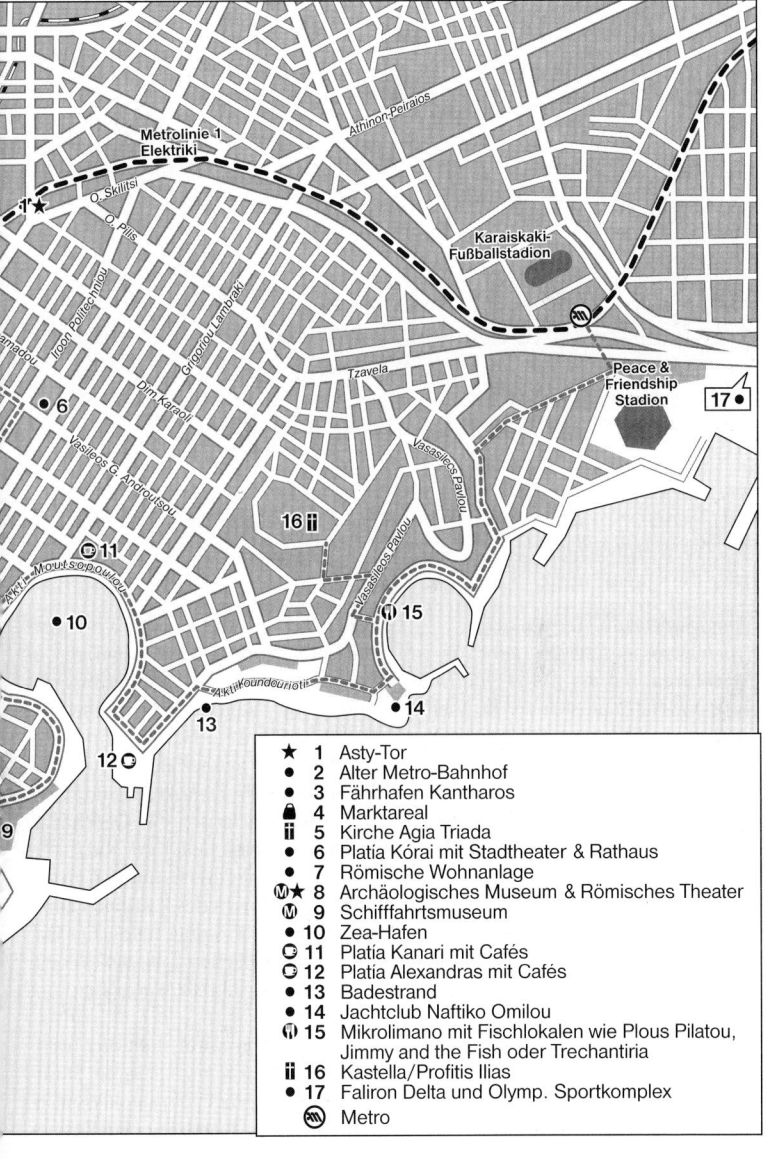

- ★ 1 Asty-Tor
- • 2 Alter Metro-Bahnhof
- • 3 Fährhafen Kantharos
- 🔒 4 Marktareal
- ⛪ 5 Kirche Agia Triada
- • 6 Platia Kórai mit Stadttheater & Rathaus
- • 7 Römische Wohnanlage
- Ⓜ★ 8 Archäologisches Museum & Römisches Theater
- Ⓜ 9 Schifffahrtsmuseum
- • 10 Zea-Hafen
- ☕ 11 Platia Kanari mit Cafés
- ☕ 12 Platia Alexandras mit Cafés
- • 13 Badestrand
- • 14 Jachtclub Naftiko Omilou
- 🍴 15 Mikrolimano mit Fischlokalen wie Plous Pilatou, Jimmy and the Fish oder Trechantiria
- ⛪ 16 Kastella/Profitis Ilias
- • 17 Faliron Delta und Olymp. Sportkomplex
- Ⓜ Metro

Piräus

Vom Hafenviertel zum Archäologischen Museum

Die Kirche Agia Triada wurde nach Plänen von Ziller im byzantinischen Stil erbaut

Vom Markt zum Hauptplatz

Genauso geschäftig geht es im **Marktareal** um die Odos Dimosthenous zu. Hat man sich an der Vielfalt an Fisch und Meeresfrüchten, Obst und Gemüse satt gesehen, geht es weiter zur zentralen Platía Orologiou, am Anfang der Akti Miaouli, wo sich die beachtliche **Kirche Agia Triada** erhebt. Sie war 1915/6 nach Plänen des Baumeisters *Ziller* in einem Stilgemisch romanischer und byzantinischer Formen erbaut, 1944 durch Bomben beschädigt und danach wieder original aufgebaut worden. Landeinwärts, Richtung Platía Korai, mit den Hauptachsen O. 34 Sintagmatos/Iroon Politechniou sowie Dimokratias und Tsamadou, erstreckt sich das **Geschäftszentrum.** Gleich hinter der Kirche eine große Filiale des **Hondos Center,** nicht weit entfernt das **Kaufhaus Lombropoulos** (34 Sintagmatos/O. Tsamadou), dazwischen zahlreiche kleine Lädchen mit viel Billigware, Kleidung und Schuhen.

An der **Platía Kórai** steht das 1884-87 von *G. Lazarimos* erbaute Stadttheater – ein prächtiger neoklassizistischer Bau, der derzeit auf eine Restau-

Karte Seite 284 **HAFENVIERTEL – ARCHÄOLOGISCHES MUSEUM**

rierung wartet. Auch die anderen Institutionen in diesem Gebäude – das historische Archiv, ein Theatermuseum (Aravandinos-Museum) und die beachtliche Gemäldegalerie (über 800 Werke, u. a. von *K. Volanakis, E. Doukas, D. Kokotsis, N. Lytras, K. Maleas* sowie von lokalen Künstlern, außerdem 80 Skulpturen von *G. Kastriotis*) – sind gegenwärtig nicht zugänglich. Es ist schade, dass in diesem einst größten Theater Griechenlands, älter als jenes in Athen, nicht mehr gespielt wird.

Zudem steht am Platz das **Rathaus**, das 1871 als Börse erbaut worden war, und einige Cafés (wie *Pallas* oder *Shiniko*) laden mit Freiplätzen zu einer kurzen Verschnaufpause ein.

Auf dem Weg über die Iroon Politechniou zum Museum blickt man bei Nr. 78 auf eine ausgegrabene **römische Wohnanlage** und in unmittelbarer Nachbarschaft des Museumsbaus auf die Reste eines **römischen Theaters** aus dem 2. Jh. v. Chr.

Archäologisches Museum

Wer bereits das Athener National-, das Akropolis- oder das Agora-Museum besucht hat, wird dankbar dafür sein, dass es sich hier um eine kleine, überschaubare, aber um so erlesenere Antikensammlung handelt. Der schlichte Bau stammt aus dem Jahr 1966, gegründet wurde das Museum jedoch bereits 1935.

Zu den Höhepunkten der Sammlung, die größtenteils von Ausgrabungen aus dem Umkreis stammt, zählt die chronologische Reihe von **Grabstelen aus dem 5. und 4. Jh. v. Chr.**, die es ermöglicht, die allmähliche Entwicklung dieser Kunstgattung, der Reliefkunst, nachzuvollziehen: die zunehmende Ablösung der Figuren vom Hintergrund, die wachsende Zahl der Personen, die Änderung des Bezugs der Figuren zueinander. Ausgestellt sind ein ungewöhnlich gut erhaltener, großer Grab-Naiskos aus Piräus, Weihreliefs des 5./4. Jh., außerdem lebens- bis überlebensgroße Plastik. Bronzestatuen der klassischen Epoche aus Piräus, Salamis und der Westküste Attikas, hellenistische und römische Plastik aus Piräus, so genannte neo-attische Reliefs aus einem Schiffswrack (2. Jh. n. Chr.) und nicht zuletzt Keramik aus Grabungen in Piräus, auf Salamis und an der Westküste gehören zur Sammlung.

Um die chronologische Kunstentwicklung nachvollziehen zu können, bietet es sich an den Rundgang nicht nach Saalnummern zu absolvieren, sondern gleich hinter der Eingangshalle durch **Saal 7** im EG – mit dem Löwen von Moschato (4. Jh.), der an den venezianischen Löwen erinnert – zum Obergeschoss hinaufzusteigen und die Räume dann in nummerischer Reihenfolge zu durchschreiten. **Saal 1** zeigt als Kuriosum ein Sekomata, ein antikes Eichgerät für Flüssigkeiten, außerdem einen Teil des Rammbocks eines antiken Kriegsschiffes; in **Saal 2** sind neben Keramik von verschiedenen Fundplätzen in Attika und den Saronischen Inseln u. a. Gliederpuppen und anderes Kinderspielzeug, wie Astragale – Knöchelchen, die in die Luft geworfen und gefangen wurden –, außerdem eine Lyra, Schreibutensilien, und das „Grab des Poeten" zu sehen.

Die **Säle 3 und 4** bergen den ganzen Stolz des Museums: fünf fast überlebensgroße Statuen aus Bronze – ein selten überliefertes Material, da es in Krisenzeiten meist eingeschmolzen wurde –, noch dazu griechische Originale! Sie waren 1959 am Hafen, bei der Agia-Triada-Kirche, ans Tageslicht getreten. Sicher versteckt hatten sie die turbulenten Zeiten unter *Sulla* überstanden. Es handelt sich um die archaische Figur des **„Apollon von Piräus"**, die um 520 v.Chr. entstand und die älteste bekannte Großbronze überhaupt ist. Des weiteren stehen hier eine bronzene **Athena** mit Helm, Federbusch und beeindruckenden eingelegten Augen (um 350) sowie die Jagdgöttin **Artemis** (um 330) aus der Praxitelesschule. In dieselbe Zeit datiert wird eine bronzene tragische Theatermaske. In **Saal 5** wurde ein Kybele-Heiligtum, das im nahen Moschato aufgedeckt wurde, rekonstruiert. Schön auch die Hera-Statue aus Moschato aus dem 4. Jh. v.Chr.

Mit **Saal 6** beginnt im OG der chronologische Katalog der Grab- und Weihreliefs. Hier oben sind es vor allem das Grabmonument des *Chairedemos* und *Lykeas* aus Salamis, eine Grabstele mit zwei Hopliten aus der Zeit des Peloponnesischen Krieges (420-410 v.Chr.) sowie die Grabmäler von *Hippomachos* und *Kallias* und der *Philo*, die sehenswert sind. Begibt man sich wieder ins Erdgeschoss, geht es in **Saal 8** chronologisch weiter mit attischen Grabreliefs des 4. Jahrhunderts. Highlight ist das **Grabmonument aus Kallithea** – ein Tempelchen mit *Nikeratos* und dessen Sohn *Polyxenos* als Hauptakteuren. Die Basis ziert ein Fries mit Amazonomachie und ein Tierfries (um 330 v.Chr.). Der Inschrift auf der Grabstele des Hopliten *Pancharos* kann man entnehmen, dass dieser in der Schlacht von Chaironeia (338 v.Chr.) gefallen ist. Damit liefert sie einen Datierungsanhalt. Außerdem qualitätvoll ist ein hier aufgestelltes Weihrelief an *Asklepios* aus dem 4. Jh. v.Chr.

Saal 9 zeigt Plastik aus dem 4. Jh. und aus hellenistischer Zeit, unter Anderem zwei Mädchenfiguren und zwei Gewandstatuen, wohingegen **Saal 10** sich der römischen Plastik widmet. Diese stammt zumeist aus dem Hafenareal, vorwiegend aus antiken Schiffswracks, die in den 1930ern geborgen wurden. Es handelt sich teilweise um serielle Massenproduktion, wie die verschiedenen Varianten der Amazonomachie und der so genannten neuattischen Reliefs zeigen. Letztere sind insofern interessant, als sie eine Szene zeigen, die nach Schriftquellen auf dem Panzer der verlorenen Athena-Kultstatue des *Phidias* (2. Jh. v.Chr.) im Parthenon dargestellt war. Porträts römischer Kaiser und Privatpersonen, römische Grabplastik und zwei Fragmente von Kolossalstatuen des Kaisers *Hadrian* bilden den Abschluss des Rundgangs.

●**Archäologisches Museum,** O. Charilaou Trikoupi 31, Tel. 210 452 1598, tgl. außer Mo 8.30-15 Uhr, Eintritt 3 €

Vom Zea-Hafen zum Mikrolimano

Vom Archäologischen Museum geht es durch die Wohnviertel Vrioni und Freatida auf den **Odoi Alkiviadou** und **Freatidas,** mit kleinen Läden und einfachen Tavernen, wieder Richtung Meer. Dort wo die Freatidas auf die Akti Themistokleous stößt, fällt der Blick hinab auf eine kleine halbrunde Grünanlage, auf der verstreut allerlei Kriegs- und Schiffsgerät steht und die durch einen halbrunden Flachbau eingefasst wird. In ihm befindet sich das auf den ersten Blick wenig attraktive **Schifffahrtsmuseum.** Innen scheint es ebenfalls etwas angestaubt, birgt allerdings eine Fülle interessanter Ausstellungsstücke zur Kriegs- und Zivilschifffahrt von der Antike bis zur Moderne, von Originalobjekten über Malerei bis hin zu Modellen. Sehenswert sind die nautischen Instrumente, vor allem aber die Modelle antiker Schiffe wie Trieren sowie jüngeren Schiffstypen, außerdem der berühmten antiken Bootshäuser.

● **Schifffahrtsmuseum,** Akti Themistokleous, Di-Sa 9-14, Eintritt 2 €, kleiner Shop

Vom Kriegs- zum noblen Jachthafen: der Zea-Hafen

Vom Zea-Hafen zum Mikrolimano

Nach einem kurzen Stück auf der Uferstraße öffnet sich der zweite Hafen von Piräus, Limin Zea(s) oder Passalimani. Hier am **Zea-Hafen** war im 5. Jh. der Kriegshafen der Athener Flotte entstanden, nach einer antiken Inschrift soll es 196 Schiffshäuser gegeben haben, in denen die Trieren überwinterten. Am nördlicheren Rand des Hafens soll man bei ruhiger See noch Fundamente solcher Anlagen im Wasser erkennen. Finanziert wurden die Schiffe übrigens nicht aus Steuern, sondern aus dem Geldbeutel wohlhabender Athener Bürger – wohl den Vorfahren jener, die heute hier ihre protzigen Jachten liegen haben.

Das Zentrum dieses vornehmen Hafens bildet die hübsch grüne **Platía Kanari,** um die herum sich genügend Gelegenheit zu einem Snack oder zum Kaffeetrinken bietet. Umrundet man den Hafen kommt man angesichts der Luxusboote kaum aus dem Staunen heraus und fühlt sich fast ein wenig an Marbella in Andalusien erinnert. An der schmalsten Stelle stößt man auf einen weiteren begrünten Platz, die **Platía Alexandras,** ebenfalls mit Freiluftcafés, und von hier ist es auf der Akti Koundourioti ein Katzensprung zum **Badestrand.** Ja, man glaubt es kaum, es gibt hier in Großstadtnähe einen recht sauberen und gut ausgestatteten Badestrand, der fast ein wenig karibisch anmutet und sogar bei den Einheimischen beliebt ist.

An der kleinen **Kirche Agios Charalambos** schneidet die Straße ein prominent auf einem Landzipfel gelegenes Areal ab: Dieser für Normalsterbliche nicht zugängliche Bereich gehört zum angesehenen **Jachtclub** „Naftiko Omilou". Beim Bau des Clubhauses im Bauhaus-Stil 1935 fanden sich Reste einer mittelhelladischen Siedlung (Anfang 2. Jtsd. v. Chr.) und eines Artemis-Heiligtums (7. Jh. v. Chr.).

Der kleinste der drei Häfen von Piräus heißt auch entsprechend, nämlich **Mikrolimano** (mikro = klein), wurde allerdings bis 1967 „Tourkolimano" (türkischer Hafen) bezeichnet. Er ist mit seinen Jachten und Fischerbooten sowie den sich ringsum aufreihenden Tavernen, die ihre Sonnenterrassen ins Wasser hineingebaut haben, der schönste der Trias. Hierher verschlägt es kaum Touristen, dafür wird er, vor allem an Wochenenden, heftig von betuchten Athenern frequentiert. Ganz billig sind die hier aufgereihten Fischlokale nicht, aber andererseits ist der Ausblick, erst recht bei Sonnenuntergang, einfach fantastisch und das Essen gut.

Kastella heißt das Viertel, das im Hintergrund die sanften Hänge des gleichnamigen Hügels bedeckt – in der Antike und manchmal auch noch heute, wie der Mikrolimani, „Mounichia" genannt. Auf dessen Spitze, von wo der Blick lohnt, steht die **Wallfahrtskirche Profitis Ilias,** am Hang ein **Freilufttheater (Veakio).** Im ganzen Viertel verstreut finden sich ebenso gute wie exklusive Fischtavernen, vermehrt schicke Cafés mit ungewöhnlichem Dekor, Bars, Nightclubs und Diskos. Aus dem alten Fischerviertel ist mit dem Aufblühen der Jachthäfen ein Yuppietreff geworden.

Vom Zea-Hafen zum Mikrolimano

Zurück zur Metro

Um den Rückweg nach Athen anzutreten, gibt es zwei Möglichkeiten: entweder der Weg durch Kastella (Leoforos Vasileos) zum Fährhafen und zurück zur Metrostation Pireas oder – kürzer – zur Metro-Station bzw. Tram-Endstation Nea Faliro vorbei am olympischen Sportkomplex. Dabei durchquert man das **Faliron Delta**: Lange vernachlässigt, erlebte das Areal am Meer zwischen Piräus und Athen im Vorfeld der Olympischen Spiele eine gelungene Umgestaltung. Direkt am Metrostopp befindet sich das Karaiskaki-Fußballstadion.

Praktische Tipps

Informationen

Das am Zea-Hafen befindliche Infobüro (O. Marina Zeas) war zuletzt geschlossen. Notfalls erteilen die Reisebüros um den Fährhafen Auskünfte.

Einkaufen

- **Kafekopteia Loumidi,** O. Tsamadou 12, in Piräus gibt es eine Filiale der alteingesessenen Kafferösterei
- **Der Markt** (O. Dimosthenous), der jeden Werktag am Vormittag stattfindet, ist zwar nicht allzu groß, lohnt jedoch.

Essen & Trinken

Preiswerte Kneipen und Imbissbuden befinden sich rund um den Fährhafen, exklusiver wird es um die beiden anderen Häfen. Nach Piräus fährt man in erster Linie wegen der **Fischlokale** – hier einige Tipps:

- **Plous Pilatou,** Akti Koumoundourou 42 (Mikrolimani), Tel. 210 413 7910, hervorragende mediterrane Küche in elegantem Ambiente

- **Jimmy and the Fish,** Akti Koumoundourou 46 (Mikrolimani), Tel. 210 412 4417, einfache, aber leckere Fischgerichte und traumhafter Blick, eines der besten Fischlokale
- **Trechantiria,** Akti Koumoundourou 52, Tel. 210 412 7900, etwas abseits gelegenes, dafür um so empfehlenswerteres Lokal am Mikrolimani, Spezialitäten aus Mytilini
- **Dourabeis,** Akti Protopsalti 29, Tel. 210 412 2092, eines der besten Fischlokale in Attika, besonders gut sind die frittierten Fische und Meeresfrüchte
- **Margaro,** Leof. Chatzikiriakou 126 (neben der Marine-Akademie), berühmt für seine frittierten Meeresfrüchte, stets überfüllt
- **Kollias,** O. Stratigou Plastira 3 (O. Kalokerinou/Dramas), Tel. 210 462 9620, eine der legendären Fischtavernen der Stadt, gemütliche Atmosphäre, frischester Fisch und Meeresfrüchte; gegenüber eröffnete der Besitzer Tassos Kollias kürzlich ein Mezedopoleio (7 verschiedene Vorspeisen für 7,70 €)

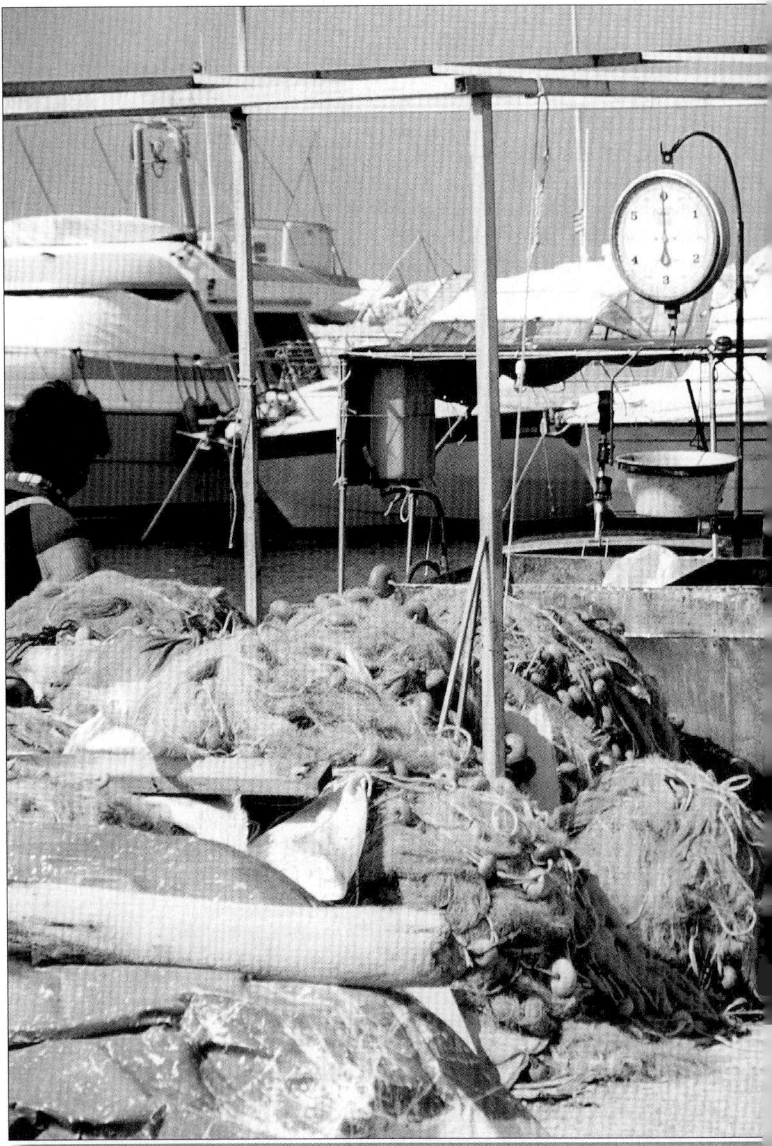

Ausflüge in die Umgebung

AUSFLÜGE IN DIE UMGEBUNG

Demeter-Heiligtum in Elefsina

Beeindruckende Architektur am südlichsten Punkt Attikas

Fischeridyll in Glyfada

KIFISSIÁ

Zugegeben, ein Besuch Athens ist ereignisreich genug, theoretisch müsste man bei ein paar Tagen Aufenthalt die Stadt gar nicht verlassen. Wer jedoch genug hat von dicker Luft, Lärm und Verkehr und einen halben oder ganzen Tag übrig hat, sollte die Gelegenheit nutzen das **attische Umland** kennen zu lernen. Die Palette reicht von noblen Vororten wie Kifissiá über die beliebte Küstenregion im Südwesten, die „attische Riveria", oder die Badeorte an der Ostküste, bis hin zu beschaulichen Plätzen und archäologischen Stätten wie Eleusis oder Kap Sounion. Wer die Wahl hat, hat die Qual, und Attika würde leicht ein weiteres Buch füllen, deshalb gibt es hier nur ein paar Anregungen. Die Reihenfolge der Orte stellt keine Bewertung dar, sondern orientiert sich an der Entfernung bzw. Erreichbarkeit von Athen.

Buchtipp
Ausführlich mit den archäologischen Hinterlassenschaften des Athener Umlandes beschäftigt sich das fundierte kleine Handbuch (englisch) von Panos Valavanis und Ioanna Phoca: **Athens and Attica. Archaelogical Outings,** Kedros Verlag, ISBN 960-04-1184-0

Highlight in Kifissiá: das neue Gaia Centre

KIFISSIÁ

Der im Norden gelegene **Villenvorort** Kifissiá ist seit der Antike wegen seines angenehmen Klimas beliebt. Reste einer großen römischen Badeanlage aus dem 2. Jh. n. Chr., die zur Sommervilla des *Herodes Atticus* gehört haben sollen, belegen die damalige Popularität unter den Bessergestellten. Etwa 280 m hoch gelegen und anscheinend weit weg von Lärm und Smog, zudem mit der Metro (Linie 1, Endstation) einfach zu erreichen, ist Kifissiá der ideale Ort zum Bummeln und Shoppen. Nur wenige Schritte von der Metrostation entfernt, dehnt sich um den Leoforos Kifissiás das Einkaufsareal mit zahlreichen Cafés und Restaurants aus.

Eine beliebte Attraktion für Familien ist das **Goulandris-Museum/Naturhistorisches Museum** mit dem angeschlossenen nagelneuen Gaia Centre (siehe unten). Das Museum für Naturgeschichte war 1965 gegründet worden, nicht nur um die Naturwissenschaften zu fördern, sondern auch um das Bewusstsein in der Bevölkerung für Umwelt- und Tierschutz zu wecken. Die große Sammlung umfasst Insekten, Mineralien, Fossilien und Muscheln, außerdem allerhand Wild- und Großtiere – z. T. in ihrem rekonstruierten Lebensraum zu sehen – und gibt einen Überblick über die griechische Fauna und Flora. Zum Museum gehören eigene Laboratorien und Forschungsabteilungen zu Ökologie, Botanik, Zoologie, Geologie, Paläontologie und Biotechnologie.

Karte Seite 296

DIE APOLLONKÜSTE

Während das Museum selbst etwas in die Jahre gekommen ist und eigentlich in erster Linie etwas für „Fans" und/oder Familien ist, ist das neue **Gaia Centre** ein paar Schritte um die Ecke allein wegen der Architektur sehenswert. Zudem werden die Besucher – besonders Kinder – mit einer Multimediapräsentation über die Erde als Gesamtkomplex informiert – gegenwärtig allerdings nur auf Griechisch.

- **Goulandris-Museum/Naturhistorisches Museum,** O. Levidou 13, tgl. außer Fr 9-14.30, Eintritt 3 €
- **Gaia Centre,** O. Othonos, tgl. außer Fr 9-14.30, Eintritt frei

Anfahrt

- mit der **Metro Linie 1** (Elektriki) bis zur Endstation

DIE APOLLONKÜSTE

Den etwa 70 km langen Küstenstreifen zwischen Piräus über den alten Flughafen (Olympiagelände Elliniki) und Orte wie Glyfada, Voula, Vouliagmeni oder Varkiza bis fast hin zum Kap Sounion nennt man „Apollonküste" oder „attische Riviera". Ab 2004 wird letztere Bezeichnung wirklich zutreffen, denn anlässlich der Olympischen Spiele entsteht derzeit ein fast zusammenhängendes **Strand- und Promenierareal** von den olympischen Stätten im Faliron Delta bis hinunter nach Vouliagmeni.

Die durchaus **schönen Strände** – welche Großstadt kann schon in unmittelbarer Nähe auf so viele verwei-

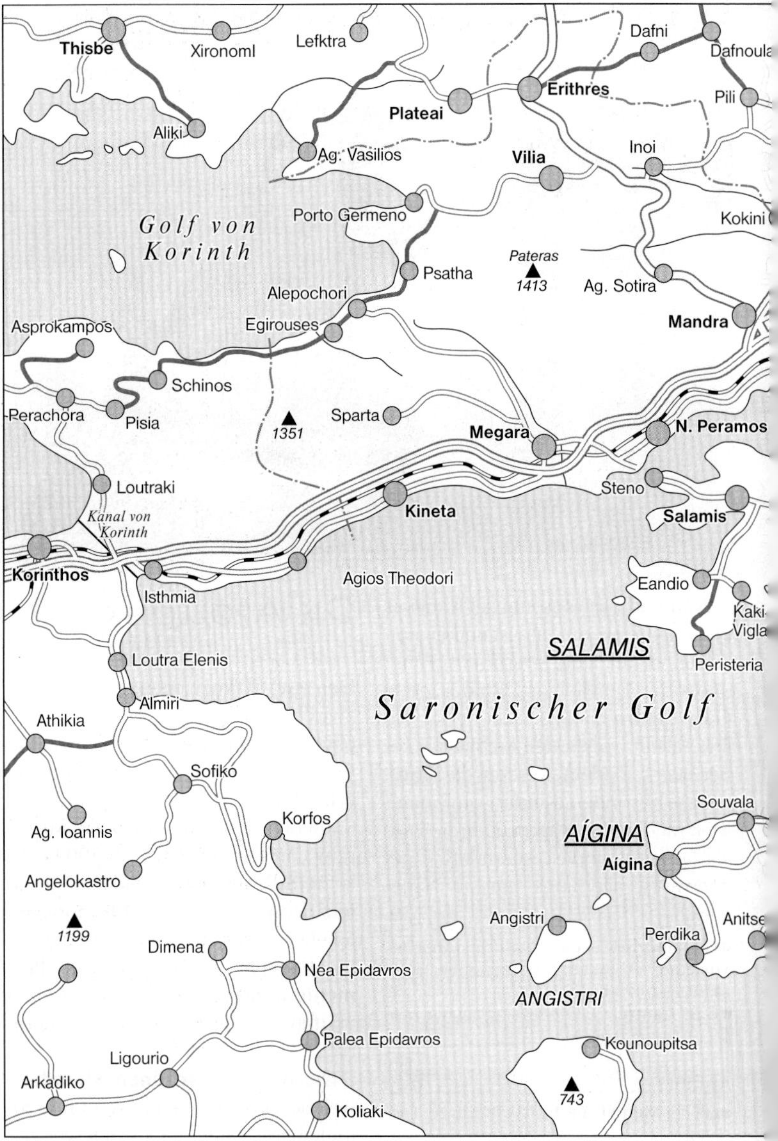

Attika – Grossraum Athen

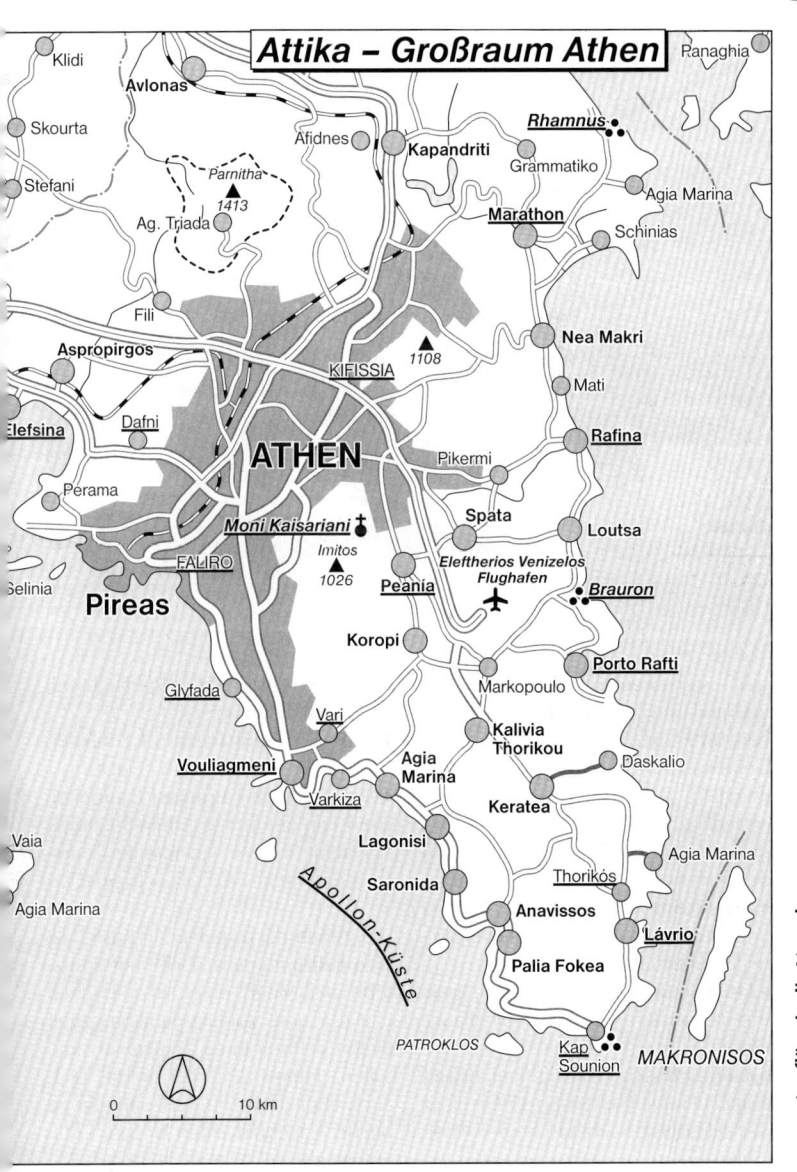

sen? – stehen unter Aufsicht des E.O.T. und sind prinzipiell von April bis Oktober (8-19 Uhr; Eintritt 3-11 €, mit Umkleidekabinen und Snack Bars) zugänglich. Die Ausstattung ist unterschiedlich, die Wasserqualität – glaubt man den blauen Flaggen – ist gut. Zu den wichtigsten Stränden gehören:

- **Asteria Seaside** (Glyfada, 10 €), neu und sauber, ideal für Familien, da zahlreiche Aktivitäten geboten sind
- **Attiki Akti** (Vouliagmeni, 3 €), einer der schönsten Strände, mit blauer Flagge
- **Asteras Beach** (Vouliagmeni, neben Asteras Hotel, 8 €, Sa/So 11 €), einer der exklusivsten Strände an der Apollonküste
- **Limni Vouligamenis** (Vouliagmeni, 4,50 €, siehe unten)
- **Akti Varkizas** (Varkiza, 3 €), ruhiger, da schon im Randbereich gelegen
- **Grand Beach Lagonissi** (Lagonissi, km 40 an der Straße Athen-Sounion), man fühlt sich wie in einem der Topresorts auf Kreta (7 €, Sa/So 10,50 €)

Der Athen nächstgelegene Küstenort **Neo Faliro** ist meist Ziel einer Spritztour ans Meer, die Orte zwischen Glyfada und Vouliagmeni hingegen bieten sich mit ihren Apartments und Villen, Hotels und Pensionen (z.T. auch über deutsche Reiseanbieter zu buchen) auch für einen längeren Aufenthalt an.

Karte Seite 296

KAP SOUNION

Glyfada liegt etwa 50 Minuten Busfahrt von Athen entfernt (je nach Verkehr, mit Express schneller) und ist ein beliebter Ausflugsort mit vier der besten **Jachthäfen** des Landes, Stränden und vielseitigen Möglichkeiten zum Wassersport. Doch man kommt nicht allein zum Baden hierher, sondern auch zum Einkaufen und wegen des Sehens und Gesehenwerdens. Besonders entlang der zentralen **Odos Metaxa** mit den kleinen Läden, Cafés, Restaurants und zahlreichen Shoppingcentern, pulsiert das Leben.

Vouliagmeni liegt nur wenige Kilometer südlich von Glyfada. Auf dem Weg dorthin passiert man einige der exklusivsten Villen Athens. Wellness-Anhänger sollten den kleinen Limni Vouliagmeni aufsuchen (Leof. Posidonos, an der Durchgangsstraße Varkiza-Sounion, Mai-Okt.), denn ein Bad in diesen **Quellen** soll gegen Arthritis und Rheuma helfen. Zur Anlage gehören ein kleines medizinisches Zentrum und ein Café mit schöner Aussicht.

Varkiza liegt weiter südlich Richtung Sounion. Hier beginnt die schöne **Felsenküste** Attikas.

Im nächsten Ort **Vari** lohnen vor allem die Tavernen entlang der Straße (Fisch und gegrilltes Lamm als Spezialitäten).

Anfahrt

- Mit den Stadtbussen A2, B2, E2 ab Metrostation Panepistimiou oder Syntagma bis Glyfada bzw. Voula, von dort weiter in den Süden mit den Lokalbussen 114, 115, 116, 138 oder 149
- Der Expressbus E 20 fährt ab Panepistimiou/Syntagma hinunter bis Varkiza
- Ab 2004 mit der neue Trambahn ab Syntagma nach Glyfada

KAP SOUNION

Die Küste an der Südspitze Attikas wird auch **Poseidon-Küste** genannt. Sie ist touristisch bestens erschlossen (Hotels vielfach von Deutschland aus buchbar). Kap Sounion liegt etwa 75 km südöstlich von Athen und gilt als **Topspot Attikas:** Die einzigartige Lage des Poseidon-Tempels auf einem abfallenden Felsplateau und die unvergleichlichen Sonnenuntergänge locken täglich unzählige Touristen an, denn ein Ausflug gehört zum Pflichtprogramm selbst des eiligsten Athen-Besuchers.

Voll im Trend:
Einkaufen an der Odos Metaxa in Glyfada

Ausflüge in die Umgebung

Kap Sounion

Kap Sounion mit dem weithin sichtbaren Poseidon-Tempel

Am Kap Sounion befindet sich ein sehr altes **Poseidon-Heiligtum,** in dessen Zentrum der viel gerühmte Tempel dominiert. Es war besonders das Baumaterial – glitzernder grobkörniger, strahlend-weißer Marmor aus dem nahen Agrileza-Tal, der nicht altert –, das schon früh Griechenlandreisende fasziniert hat. Viele konnten bereits damals nicht widerstehen und verewigten sich in Stein – so auch Lord Byron. Solche Aktionen sind natürlich absolut verboten! Eine kleine Stadt umgab das Heiligtum, von der nur geringe Überreste existieren wie z. B. ein Abschnitt einer 4 m breiten Straße mit angrenzenden Häusern. Außerdem gab es einen Hafen mit Resten eines Schiffshauses für zwei kleine Boote, die wohl als Kurierschiffe nach Piräus fungierten.

Warum ausgerechnet hier dem Meeresgott ein Heiligtum errichtet wurde, versteht man, wenn hier Sturm und schwere See herrscht – was allerdings selten vorkommt. Der südlichste Punkt Attikas gilt seit der Antike als berüchtigte Umfahrung wegen der unberechenbaren Winde aus Norden und Nordwesten. Der erster nachweisliche **Poseidon-Tempel** wurde nach 490 v. Chr. erbaut, doch bereits vor seiner Fertigstellung zerstört. Um 440 v. Chr. entstand der heute noch teilweise erhaltene und viel bewunderte Tempel in dorischer Ordnung mit 6 x 13 Säulen. Er ist dem Hephaisteion auf der Agora derart ähnlich, dass man für beide Bauten denselben Architekt annimmt. Neu waren hingegen der Innenfries in der Cella (Iktinos), das Fehlen von Innenstützen und die verstärkt ionischen Einflüsse. Neun Säulen der Südseite stehen noch, vier der sechs an der Nordseite wurden modern wieder aufgerichtet. Mit dem Tempel wurde ab 431 v. Chr. eine 70 m breite Terrasse aufgeschüttet, die von einer Mauer mit vorgelagerter Stoa im N und W umgeben wurde. Der Zugang erfolgte damals durch ein Propylon, einen marmorverkleideten Porosbau, und zwischen diesem und der Stoa lag ein Bankettraum mit Resten von elf Klinen.

Nordöstlich vom Poseidon-Heiligtum liegt das **Athena-Heiligtum,** von dem allerdings wenig erhalten ist. Nach mehreren Vorgängern war um 450 v. Chr. ein kleiner ionischer Tempel für *Athena Sounias* entstanden.

Anfahrt

- orange **KTEL-Busse** ab O. Mavromateon/Alexandras, Areos Park; tgl. ca. im Stundentakt hin und zurück zwischen 10 Uhr und Sonnenuntergang; einfache Fahrt 4 €

Kloster Dafní und Elefsina

Das ca. 10 km westlich von Athen gelegene Kloster Dafní (derzeit wegen Restaurierung geschlossen) ist wegen seiner Mosaiken aus dem 11. Jh. berühmt. Der Name des Klosters erinnert an ein antikes Apollonheiligtum (Apollon Daphneios), das 395 n. Chr. zerstört wurde. An seiner Stelle entstand im 6. Jh. ein Kloster. Um 1080 wurde die heute erhaltene Anlage (Kirche und Refektorium) erbaut, und nach der fränkischen Eroberung Athens 1205 lebten hier bis 1485 **Zisterzienser** aus Bellevaux und fungierte das Kloster als Grablege der Herzöge von Athen. Während der Türkenherrschaft im 16. Jh. zogen wieder griechisch-orthodoxe Mönche ein, bis im Freiheitskrieg das Kloster beschädigt und schließlich aufgegeben wurde. Nach einer Renovierung in den 1950ern wurde die Anlage bei Erdbeben 1981 und 1999 schwer beschädigt.

Weitere 12 km westlich liegt die **Hafen- und Industriestadt Elefsina (Eleusis)**. Berühmt war der Ort in der Antike als Endpunkt der Heiligen Straße, die von Athen kam. Besucher können heute Reste des Heiligtums und der antiken Stadt sowie ein **Museum** mit den Funden sehen.

- **Museum,** Di-So 8.30-15 Uhr, Eintritt 3 €

Inhaltlich wie architektonisch gibt das Heiligtum, das ab dem 6. Jh. v. Chr. in mehreren Phasen entstand, noch heute zahlreiche Rätsel auf. Am sechsten Tag der „Eleusinischen Mysterien" – einem mystischen Kult um *Demeter* und deren Tochter *Persephone* oder *Kore* – zog eine Prozession von Athen aus zum Demeter-Heiligtum. Wichtigster Kultbau dort war der zentrale große Rechteckbau, das Telesterion, das sich durch einen Säulenwald im Zentrum und Sitzstufen für Zuschauer rings um die Wände von der sonst üblichen Architektur deutlich unterschied. Davon wie von anderen Bauten des Heiligtums sind heute nur noch spärliche Fundamentreste erhalten.

Anfahrt

- Bus A 16 ab Pl. Eleftherias
- oder ab Metro-Station „Thission" mit einem K.T.E.L.-Bus

Attikas Osten

Athens Wachstum wird im Osten und Südosten durch die Bergketten des **Pentélikon** (ca. 1100 m) und **Hymettos** (ca. 1030 m) begrenzt. Das Pentélikon, auch „Pendéli" genannt, ist berühmt für seinen **Marmor** – über 25 antike Steinbrüche, die ab dem 5. Jh. v. Chr. ausgebeutet wurden, sollen dort existiert haben. Der Hymettos hat seinen festen Platz in der antiken Mythologie und Literatur, war er doch berühmt wegen der Wälder (!), der Quellen und des Honigs. Zudem wurde am Westhang der berühmte blaugraue hymettische Marmor abgebaut.

Hier liegen auch einige Klöster, wie z. B. **Moni Kaisariani**, eines der schönsten Klöster Athens, oder **Moni Asteri** (weitere 3,5 km). Jenseits der Berge erstreckt sich das attische Hinterland **Messogia**, mit Wein- und Olivenbaumhainen. Der größte Ort der Ebene, **Markopoulo**, gilt als Hauptzentrum der Retsina-Produktion. Mittlerweile hat die Metropole jedoch auch diese Region in Beschlag genommen, liegt doch hier, nahe der Ortschaft Spata, der neue Flughafen.

Anfahrt

- zum Kloster **Moni Kaisariani**, Bus 224 ab Vass. Sofias bis Endhaltestelle, dann 2,5 km zu Fuß

Peanía

Die kleine Ortschaft **Peanía** war schon in der Antike berühmt, da hier der Redner und Politiker *Demosthenes* (384-322 v. Chr.) geboren wurde. Vormals reines Agrarzentrum ist das Städtchen im Begriff, zum Vorort von Athen zu mutieren. Hauptattraktion der Region ist das **Vorres Museum**. Das attraktive und große Museum – ein mehrteiliger Komplex, zu dem auch ein Weinkeller gehört – widmet sich nicht allein der zeitgenössischen griechischen Kunst, sondern bietet über 6000 Objekte aus Kunst und Geschichte, die eine Periode von 4000 Jahren abdecken, darunter Alltagsgegenstände, Kunsthandwerk und Keramik.

- **Vorres Museum**, O. Parodos Diadochou Konstantinou 1, Sa u. So 10-14 Uhr; Eintritt 4,50 €

Die Hellenic Spelaeological Society hat über **400 Höhlen** in Attikas Bergwelt entdeckt, davon sind einige der Öffentlichkeit zugänglich. Die beste Gelegenheit zu einer Erkundung bietet sich in Peanía am Ostabhang des Hymettos. Halbstündliche Touren finden dort durch die **Koutóuki-Tropfsteinhöhle** statt. 1926 zufällig entdeckt, wurde sie erst 1963 von der bekannten Höhlenforscherin *Anna Petrocheilou* erforscht; sie liegt auf etwa 500 m Höhe und misst rund 3800 qm.

●**Koutóuki-Tropfsteinhöhle,** tgl. 9-16.30 Uhr, Eintritt 4 €

Anfahrt

●nach Peanía fahren die Busse 307, 308, 310 ab Thissio

Porto Rafti

Porto Rafti ist der wichtigste Ort an der Ostküste Attikas. Die kleine Hafenstadt, etwa 40 km östlich Athens, ist wegen der **Fisch-Tavernen** ein beliebtes Ausflugsziel. Auch **Badefreunde** kommen auf ihre Kosten: Der schöne Sandstrand Avlaki liegt südlich der die Stadt abschließenden Halbinsel Koroni.

Lávrio

Wichtigster Ort an der südlichen Ostküste ist Lávrio, etwa 10 km nördlich von Kap Sounion. Seit der Antike ist das Areal als Bergwerksregion bedeutend. Im frühen 5. Jh. v. Chr. finanzierten die **Silberminen** von Lávrio sogar den Bau der Flotte. Die Minen befanden sich in Staatsbesitz und wurden nur verpachtet. Hier arbeiteten ca. 20.000 Sklaven, zwar hart, aber relativ frei und sogar in Familienverbänden. Die Ausbeutung war derart stark, dass gegen Ende des 2. Jh. v. Chr. die Vorkommen erschöpft waren und die Region verödete. Zwischen 1864 und den 1970ern wurde noch einmal mit dem Abbau begonnen (Silber und Zink). Reste, wie Halden, verfallene Anlagen und die alte Betriebsbahn, sind noch erhalten. Mehr erfährt man im **Museum der Mineralogischen Gesellschaft,** das in einem Fabrikgebäude aus der Gründerzeit untergebracht ist.

●**Museum der Mineralogischen Gesellschaft,** Pl. Serpieri, tgl. außer Di 10-15 Uhr, Eintritt 2 €

Thorikós

Nur wenige Kilometer nördlich von Lávrio liegt Thorikós – der Doppelgipfel des Velatouri-Berges und die Rauchsäule des größten Kraftwerks dienen als topografische Signale. Es handelt sich um einen der ältesten Orte Attikas, mit einem wichtigen **Demeter-Heiligtum,** Silber-Bergbauminen und einem wegen der ovalen Form bedeutenden **Theater** aus dem 6. Jh. v. Chr.

Brauron

Die Region nördlich von Porto Rafti ist wegen seiner **Strände** beliebt, doch ehe man sich in der Sonne aalt und in die Wellen wirft, sollte man dem Ort Brauron („Vravron") einen Besuch abstatten. Das hier befindliche Heiligtum gehört zum **Demos Philaidai,** eine der zwölf Gründungsstädte Attikas und Heimat von *Miltiades* und *Peisis-*

tratos. Das Grabungsareal mit kleinem, sehenswertem **Museum** liegt über einem sehr alten Heiligtum, das zunächst einer Muttergottheit und später der *Artemis* geweiht war. Alle vier Jahre fand in der Antike das Fest „Arkteia" statt. Ausgesuchte Mädchen feierten dabei eine Art Initiationsritus und wurden „Arktoi", Bärinnen, genannt. Während vom Tempel nur spärliche Reste erhalten sind, stehen von der dorischen Stoa (um 420 v. Chr.), in der die Mädchen in neun Räumen schliefen und ihre Statuen aufgestellt waren, noch etliche Säulen an ihrem ursprünglichen Platz.

●**Museum,** Di-So 8.30-15 Uhr, Eintritt 6 €

Rafina

Rafina liegt etwa 27 km östlich von Athen und dient als **Fährhafen** Richtung Euböa und Kykladen. Der Ort ist berühmt für seinen **Fischmarkt** und Fischtavernen. Aufgrund der Nähe zu Athen und dem neuen Flughafen sowie zu den **Badestränden** – einer der schönsten von ganz Attika ist **Kokkino Limanaki** (etwas nördlich, ausgeschildert ab Campingplatz) – hat sich hier ein kleines Touristenzentrum entwickelt.

Attikas „wilder" Osten

Marathon

Marathon – ein Name, den jeder von der gleichnamige Laufdisziplin her kennt, ist zugleich mit einem bedeutenden **antiken Schlachtfeld** verbunden. Es liegt wenige Kilometer nördlich von Nea Makri, einem Urlauberort nördlich von Rafina. Ein Grabhügel für die 192 gefallenen Athener und ein Museum erinnern an jene Schlacht, bei der die Athener eine militärische Übermacht des Perser-Königs *Dareios* 490 v. Chr. bezwungen und damit die Eroberung ihrer Stadt verhindert haben.

●**Museum und Grabhügel,** Di-So 8.30-15 Uhr, Eintritt 3 €

Es gibt einen kleinen gleichnamigen Ort, der jedoch nur wegen des neuen olympischen Sportzentrums möglicherweise besuchenswert ist.

Grabungsgelände von Rhamnus

Von Marathon führt eine Straße Richtung Nordosten nach Agia Marina (Fähre nach Euböa) und nach weiteren 13 km zum Grabungsgelände von Rhamnus. Das dortige **Nemesis-Heiligtum** (etwa 50 km von Athen) ist eher etwas für Hobbyarchäologen, denn abgesehen von Fundamentresten ist weder von Heiligtum oder Festung, noch von Wohnareal oder Friedhof allzu viel erhalten. Theater, Gymnasium und andere öffentliche Bauten sind bisher ebenfalls nur zum Teil erforscht. Da *Nemesis,* die Rachegöttin, zusammen mit *Themis,* Göttin der Gerechtigkeit, verehrt wurde, handelt es sich hier um ein **Doppelheiligtum** bestehend aus zwei kleinen dorischen

DER SARONISCHE GOLF

Tempeln, die Anfang des 5. Jh. erbaut wurden. Bekanntester Fund ist die so genannte *Themis von Rhamnus* (im Athener NM) des *Chairestratos* (um 290 v. Chr.).

●**Nemesis-Heiligtum,** tgl. 8-17 Uhr Eintritt 2 €

Anfahrt

●nach **Porto Rafti, Lávrio, Thorikós, Brauron, Rafina, Marathon und zum Grabungsgelände nach Rhamnus** fahren K.T.E.L.-Regionalbusse ab O. Mavromateon/Alexandras, Areos Park

Massenhaft kleine Gemüsehändler

Insel Aígina

Die mitten im Saronischen Golf vor den Toren Athens liegenden Insel Aígina ist im Sommer ein **beliebtes Ausflugsziel**. Aufgrund der exponierten Lage war Aígina stets ein wichtiger Handelsumschlagplatz und im 7. Jh. v. Chr. bestanden sogar wirtschaftliche Kontakte bis nach Spanien (Silber). Die ersten griechischen Münzen, mit einer Schildkröte als Wappen, sollen hier geprägt worden sein. Kein Wunder, dass Aígina lange Zeit **Konkurrentin von Athen** war und sich deshalb 490 v. Chr. auf die Seite der Perser, gegen Athen, stellte. Erst der zweite persische Angriff auf Griechenland, zehn Jahre später, hatte eine Annäherung zur Folge, und bei der berühmten **Seeschlacht von Salamis** war Aígina wichtigster Verbündeter Athens. Mitte des 5. Jh. v. Chr. kam es dann erneut zum Streit mit Athen, und die Niederlage gegen den übermächtigen Gegner führte schließlich zum Niedergang der Handelsmacht.

Im Mittelalter zogen sich die Bewohner vor den Übergriffen von Piraten ins Landesinnere zurück und dort entstand mit **Paleochora** eine neue Hauptstadt. Die Insel wurde im 19. Jh. zum Rückzugsgebiet griechischer Freiheitskämpfer und fungierte deshalb zwischen 1827 und 1829 als erste Hauptstadt des modernen Hellas. Heute ist die Insel für ihre **Pistazien** berühmt, daneben sorgen Fischfang,

Schwammfischerei und Keramikherstellung für Einkünfte. Hinzu kommt die Rolle als „Sommerfrische" der Athener.

Die **Hafenstadt Aígina,** deren Altstadt recht charmant ist, entstand 1828 über dem antiken Ort. Ausgrabungen sind am Kap Kolona, in Paleochora und um den berühmten **Aphaia-Tempel** zu besichtigen. Auf der Insel sorgen Busse (Richtung Souvala, Perdika und Agia Marina/Paleochora/Aphaia-Tempel) sowie Taxis, aber auch Fahrrad- und Mofaverleih, für die nötige Mobilität.

Anfahrt

- zur Insel Aígina per Tragflügelboot ab Piräus, Pier E in ca. 45 Min. für ca. 6 € einfache Fahrt

Insel Salamis

Die direkt vor den Toren von Piräus liegende Insel Salamis ist nur durch zwei Meerengen (bei Perama und Megara) von Attika getrennt. Die Nähe und die gute Anbindung durch Pendelfähren hat die Insel zu einer Art Wochenend-Idyll der Athener gemacht. Vor allem im Süden finden sich zahlreiche Sommerhäuschen nahe den **schönen kleinen Badebuchten.** Berühmt geworden ist Salamis durch seine Rolle während der **Perserkriege** im Jahr 480 v.Chr.: Hierher evakuierte Athen seine Bewohner. Zudem verschanzte sich die attische Flotte in der kleinen Bucht beim heutigen **Paloukia.** *Themistokles* gelang es, die persische Flotte hierher zu locken, und dank der Wendigkeit der attischen Schiffe konnten die Perser besiegt und damit Athen und Griechenland vor dem Zugriff des orientalischen Herrschers befreit werden.

Anfahrt

- zur Insel Salamis, entweder mit dem Bus 88 ab Pl. Eleftherias nach Perama und von dort mit Pendelfähren oder direkt ab Piräus
- auf Salamis selbst mit Bussen und Taxen

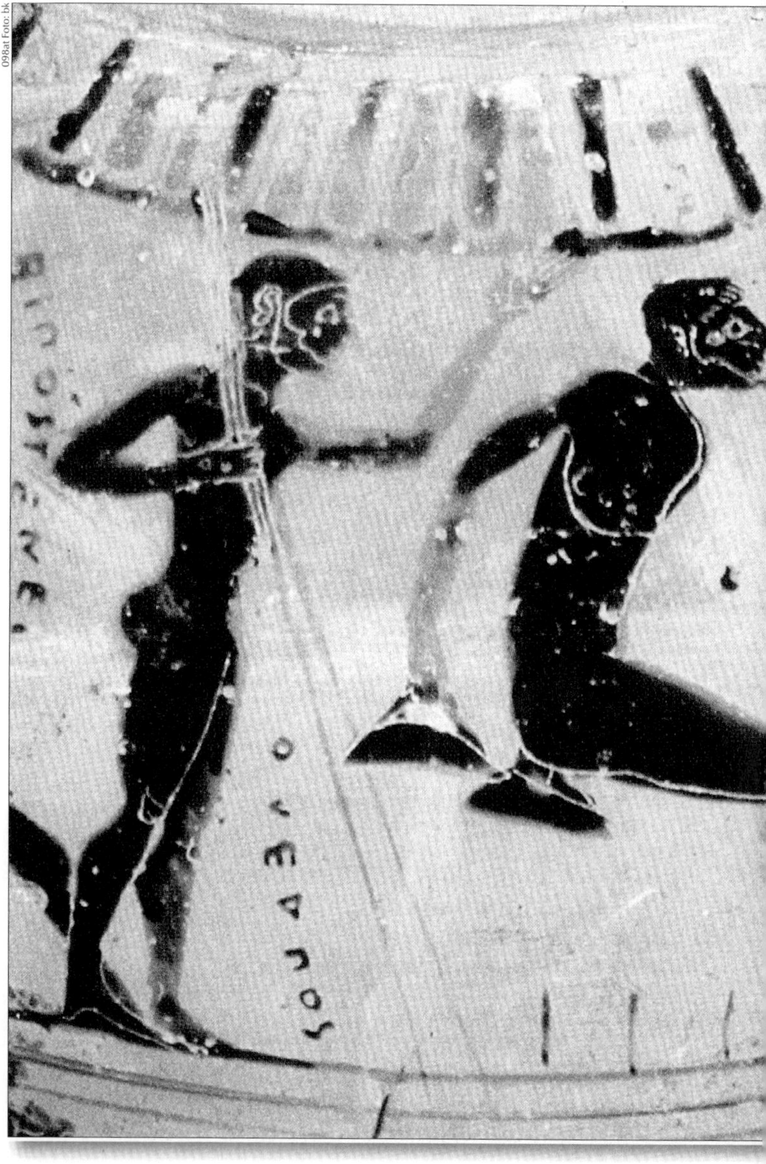

DIE OLYMPISCHEN SPIELE 2004

DIE OLYMPISCHEN SPIELE 2004 (13. BIS 29. AUGUST)

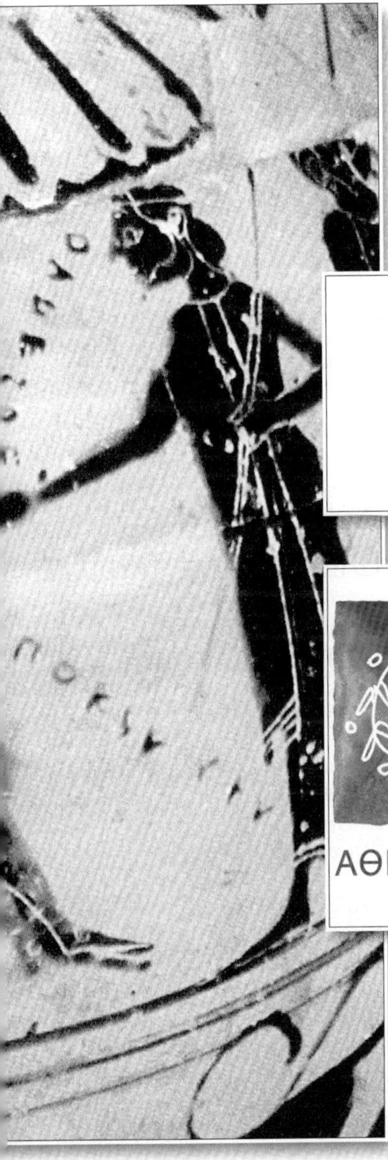

099at Foto: ocog

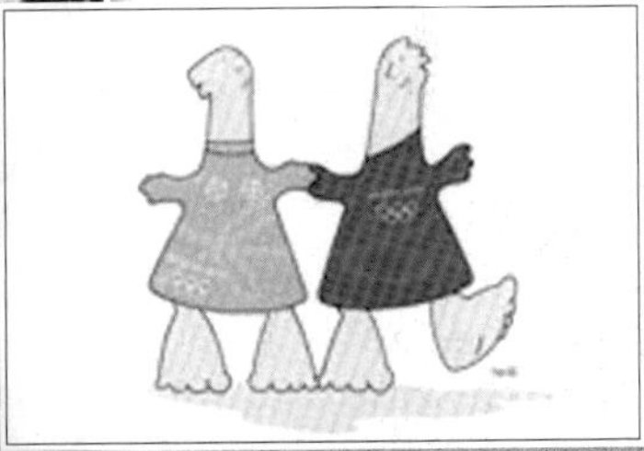

100at Foto: ocog

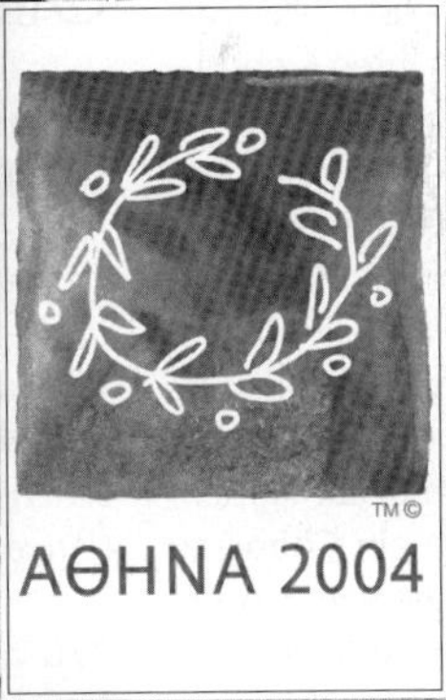

Maskottchen: Athena und Phévos

Emblem der Olympischen Spiele 2004

Antike Wettkampfdisziplin Weitsprung auf einer attisch-sf. Amphora

Athen als Austragungsort der Olympischen Spiele

„Premier *Simitis* möchte, dass 2004 alle Gerüste aus dem Blickfeld verschwunden sind. Also bauen wir sie vor der Olympiade ab – und hinterher wieder auf", erklärt unsere Freundin *Wanda*, derzeit Ausgrabungsleiterin am Asklepieion, zu den Vorstellungen des Ministerpräsidenten, Athen während der Spiele von seiner besten Seite zu zeigen.

Am 5.9.1997 hatte Athen in Lausanne, Schweiz, den **Zuschlag** erhalten und damit die Mitbewerber Buenos Aires, Kapstadt, Rom und Stockholm ausgestochen. Endlich sollten die Olympischen Spiele an ihren Geburtsort zurückkehren. Doch schnell kamen erste **Zweifel** auf: Wer soll das Geld aufbringen, wie können angesichts der südländischen Mentalität die Zeitpläne eingehalten, die Bauten termingerecht fertig gestellt, die Sicherheit gewährleistet werden?

In Wahrheit scheint nur für Außenseiter die Organisation ein **Chaos** zu sein. Wer Land und Leute kennt, weiß, dass dieses Chaos im griechischen Wesen liegt und dass im letzten Moment alle Anstrengungen in die selbe Richtung gehen werden und auf wundersame Weise das unmöglich Erscheinende möglich wird. Zudem gibt man sich bescheiden, strebt nicht nach gigantischen, „übernatürlichen" Spielen, sondern möchte „menschliche Spiele".

Buchtipp
- Peter Schollmeier, **Bewerbungen um Olympische Spiele**. Von Athen 1896 bis Athen 2004 (März 2001)

Infos aus dem Internet
(siehe auch „Vor der Reise")
- www.athens2004.gr
die offizielle Athener Olympiaseite mit News, Terminen und allen wichtigen Infos
- www.olympic.org
offizielle Seite der Olympischen Bewegung (IOC Lausanne), mit Infos über vergangene und zukünftige Spiele, Organisation, Sportarten, Athleten etc.

Wie alles begann – Athen und die Olympischen Spiele

Die antiken Olympischen Spiele

„Wie es tagsüber keinen wärmenderen und leuchtenderen Stern am Himmel gibt als die Sonne, gibt es keinen größeren Wettstreit als die olympischen Spiele."
(*Pindar*, 5. Jh. v. Chr.)

776 v. Chr. sollen die ersten Olympischen Spiele in Olympia stattgefunden haben. Auf dieses Datum hat man sich der Einfachheit halber geeinigt, wenn auch in der Forschung der genaue Beginn diskutiert wird. Ihr Ursprung liegt in den **Agonen**, gymnischen und musischen Wettkämpfen, wie sie während der **Panathenäen** stattfanden. Vor

Athen und die Olympischen Spiele

dem Beginn der Spiele, die alle vier Jahre im Juli/August abgehalten wurden, schlossen die teilnehmenden Staaten **Frieden für die Dauer der Wettkämpfe** (fünf Tage).

Die Zahl der Wettbewerbe – ganz zu Anfang ist nur der **Stadionlauf,** überliefert – war in der Antike noch beschränkt, erst im Lauf der Zeit kamen weitere dazu. Nach der Überlieferung fand am ersten Tag die feierliche Öffnung mit Opfern an die Götter statt, am zweiten gab es **Pferde- und Wagenrennen, Pentathlon (Fünfkampf), Diskus- und Speerwurf,** der dritte Tag war wiederum mit kultischen Zeremonien gefüllt, der vierte mit **Rennen** verschiedenster Art sowie **Boxen, Ringen und Pankration** (Kombination aus Boxen und Ringen). Am fünften und letzten Tag fanden ein großes Festessen und Rituale zum Abschluss der Spiele statt. **Frauen** durften damals weder teilnehmen noch zusehen – schließlich traten in der Antike die Athleten stets nackt auf. Erst seit 1928 dürfen auch Sportlerinnen dabei sein.

Auf dem Höhepunkt der antiken Spiele gab es **16 Disziplinen,** darunter den Stadionlauf über 192,28 m, den Diaulos, ein Zweirunden-Wettlauf, den Dolichos (24 Runden, ca. 4500 m), außerdem Fünfkampf bzw. Pentathlon (Diskus, Lauf, Weitsprung, Freistilringen, Speerwurf; nach Altersklassen getrennt), Freistilringen, Faustkampf, Pankration und Pferderennen. Außerdem fanden **Spezialwettbewerbe** der Knaben und der Hopliten (ausgerüstete Fußtruppen) statt. Über den regelgerechten Ablauf der Spiele wachten die **Hellanodiken** als Vorsitzende und Kampfrichter. Dabei handelte es sich um 12 einflussreiche Personen, die vor allem Bestechung und Fehlstarts ahndeten. Schon damals gab es **Geldpreise** von 500 Drachmen (zum Vergleich: 1 Schaf kostete 1 Drachme), außerdem Auszeichnungen durch Ölzweige und Oden (Preisgedichte) für die Gewinner. Als „Begleitprogramm" wurden Dichter-, Redner- und Musikwettbewerbe abgehalten. Zwischen **776 v. Chr. und 393 n. Chr.** fanden regelmäßig Olympische Spiele statt, erst unter *Theodosius I.* war mit der 293. Olympiade Schluss – bis zum **Neubeginn 1896.**

> **Buchtipp**
> ●Wolfgang Decker, **Sport in der griechischen Antike. Vom minoischen Wettkampf zu den Olympischen Spielen.** (C.H.Beck, 1995).

Die „Zappian Olympics"

Die Vorbereitungen für die ersten Olympischen Spiele der Neuzeit begannen schon 1859. Der Dichter *Alexandros Soutsos* hatte sich in einem Gedicht, das 1833 in „Helios" – einer in der damaligen Hauptstadt Nauplia erscheinenden Zeitung – publiziert worden war, für die Wiederbelebung der Olympischen Spiele eingesetzt. Davon beeinflusst, machte sich **Evangelos Zappas,** ein reicher Nordgrieche, für eine Wiederbelebung der Wettspiele stark und wandte sich

Athen und die Olympischen Spiele

zwecks Finanzierung an die griechische Regierung. Man einigte sich auf eine Mischung aus landwirtschaftlich-industriellem Wettbewerb und Sport und auch König *Otto* konnte zur finanziellen Beteiligung überredet werden. Die ersten „Zappian Olympics" fanden **1859** auf dem heutigen Omonia-Platz statt, im Beisein der Königsfamilie, der Regierung, hoher Militärs und anderer öffentlicher Würdenträger. Es waren eher **Sportspiele** als -wettbewerbe, da jedermann teilnehmen durfte. **1870** fanden erneut Spiele statt, diesmal bereits im restaurierten antiken Stadion, mit besserer Organisation und 31 auserwählten Athleten, die einheitlich gekleidet in **neun Wettkämpfen,** teils antiker, teils moderner Herkunft, antraten. Neu war die **Olympische Hymne** und es gab zusätzlich zu den Geldpreisen auch symbolische Preise, die vom König überreicht wurden. Nach diesem neuerlichen Erfolg waren die dritten Spiele, **1875** organisiert von *Ioannis Phokianos,* jedoch eher ein Flop.

Die ersten Olympischen Spiele der Neuzeit

Im Juni 1894 wurde das **Olympische Komitee (IOC)** an der Sorbonne in Paris gegründet, initiiert von Baron *de Coubertin* (1864-1937). Coubertin kreierte ein neues **Emblem, fünf Ringe** als Symbole für die Kontinente der Welt, und hoffte, dass die ersten Spiele 1900 in Paris stattfinden würden.

Aber er hatte nicht mit den Griechen und *Dimitris Michelas* gerechnet. Michelas gelang es, Athen für das Jahr **1896** als Austragungsort der ersten Spiele der Neuzeit durchzusetzen. Zu diesem Zeitpunkt zählte Athen zwar nur rund 80.000 EW und man hatte dieselben Probleme und Zweifel wie heute, doch letztendlich wurden sämtliche Vorbereitungen und Bauprojekte innerhalb von nur 14 Monaten bewältigt: das Panathenäische Stadion, die Radrennbahn in Paleo Faliro und der Schießplatz in Kallithea.

Dieses Mal hatte die Regierung kein Geld und weigerte sich zudem, die Verantwortung zu übernehmen. So lagen die Spiele weitgehend in der Hand des Königlichen Hofes und vor allem von Privatpersonen, meist vermögender Auslandsgriechen, wie z. B. dem in Kairo lebenden Athener *Georgios Averoff*. Er ließ das 1870 für die Zappion-Spiele gebaute Stadion renovieren, das sich an der Stelle des antiken Panathenäischen Stadium befindet. Dieses Stadion wird auch 2004 wieder eine Rolle spielen als Zieleinlauf des Marathons und beim Wettbewerb im Bogenschießen.

Am Ostersonntag, dem **24. März 1896,** fand im Stadion die **Eröffnungszeremonie** im Beisein von über 60.000 Besuchern statt, am folgenden Tag – dem 75. Jubiläum der Griechischen Unabhängigkeit – die offizielle Einweihung des Stadions durch *George I.* Als Begleitprogramm gab es eine Aufführung von *Sophokles'* „Antigone", außerdem ein Feuerwerk und eine Fackelzeremonie. Am 6. April

ATHEN 2004

1896 fiel dann der Startschuss für die sportlichen Wettbewerbe, eröffnet durch den König. **14 Nationen** nahmen teil, wobei Griechenland, Deutschland und Frankreich die größten Delegationen unter den insgesamt 241 männlichen Athleten schickten. **43 Wettbewerbe** in den Sportarten Turnen, Wassersport, Fechten, Schießen, Leichtathletik (100 m-, 400 m-, 800 m-, 1500 m-Lauf, 110 m Hürden-Lauf, Marathon, Weit-, Drei-, Hoch-, Stabhoch-Sprung, Speerwurf, Kugelstoßen), Ringen, Tennis, Radfahren, Gewichtheben und Rudern wurden seinerzeit ausgetragen. Als Siegespreis gab es eine silberne Medaille und einen Ölbaumkranz. Publikumsliebling war der **Grieche Spiridon Louis,** der den Marathonlauf gewann. Am Ende hatten die Griechen zehn Medaillen gewonnen und damit nach den USA mit elf und vor den Deutschen mit sechs einen stolzen zweiten Platz errungen.

Die ersten Olympischen Spiele der Neuzeit 1896 waren ein großer Erfolg und sie wurden anschließend zu einer festen Institution, die alle vier Jahre abgehalten wird. Lediglich 1916, 1940 und 1944 fanden aufgrund der politischen Situation keine Spiele statt.

Für 1996 bewarb sich Athen erneut um die Austragung der Olympischen Spiele, in der Hoffnung, im Geburtsland der Spiele den 100. Geburtstag der Neueinführung feiern zu dürfen. Diese Spiele fanden dann jedoch bekanntlich in Atlanta statt. Dennoch gab man in Athen nicht auf, bereitete sich gründlicher vor – und erhielt den Zuschlag:

Vom **13. bis 29. August 2004** werden Wettbewerbe in **28 Sportarten** und 37 Disziplinen in 38 Sportstätten in der griechischen Hauptstadt stattfinden, **10.500 Athleten** und 3000 Team-Offizielle aus **199 Ländern** teilnehmen und **301 Medaillen-Zeremonien** abgehalten. Zum Vergleich: in Sydney traten 10.651 Athleten an. Insgesamt 45.000 Personen sollen für die Sicherheit zuständig sein, darunter 25.000 Polizisten, allesamt Teil der Olympic Games Security Division (OGSD).

Ohne **Sponsoren** keine Olympischen Spiele – das wusste man schon in der Antike und baute auf reiche Privatleute wie *Herodes Attikus* oder betuchte Herrscher. Heute erfolgt die Organisation der Olympischen Spiele durch IOC bzw. NOC (National Olympic Committee) und das neu ins Leben gerufene, lokale **Olympische Organisationskomitee „Athen 2004"** (OCOG/Organising Committees of the Olympic Games), unterstützt durch die Stadt Athen und die griechische Regierung. Eine der ersten Maßnahmen von „Athens 2004" war die Gründung eines Sponsoring Departments. Das geschätzte **Budget** der Olympischen Spiele in Athen beträgt 1,962 Milliarden Euro, wovon der Löwenanteil durch Übertragungsrechte und Sponsoring gedeckt werden soll. Allein durch Sponsoring sind bis Frühjahr 2003 schon gut 460 Millionen Euro eingegangen. Die größten Geldgeber sind dabei auf nationaler Ebene unter Anderen Olympic Airways, OTE, Alpha Bank, Heineken, Hyundai, Delta und OAGE, auf internationaler Ebene Coca Cola, Kodak und McDonald's.

Eine weitere Geldquelle ist das Franchising. **„Olympic Stores"** schossen seit der Eröffnung des ersten Souvenirladens im März 2001 wie Pilze aus dem Boden. Als offizielles **Maskottchen** dienen **„Athena"** und **„Phévos"**, zwei eher unförmige Gestalten mit glockenförmigem Körper, Entenfüßen, flossenartigen Armen und haarlosem Kopf. Ihre Kleidung in Orange und Blau steht für Meer und Sonne, die Tunika ist dem Vorbild einer antiken Spielzeugpuppe des 7. Jh. v. Chr. im NM nachempfunden. Sie sollen die Stadtgöttin und Göttin der Weisheit *Athena* und *Apollon,* den Sonnen- und Musengott, verkörpern und damit eine Verbindung zwischen griechischer Geschichte und modernen Spielen herstellen.

Zur organisatorischen Durchführung der Spiele baut Athen auf freiwillige Helfer. Mittels Ausschreibung im Internet und Auswahlgesprächen sollen **60.000 „Volunteers"** aus aller Welt gewonnen werden, die für einen reibungslosen Ablauf (Stadien-Wartung, Aufsicht, Hostessendienste, Transport, Logistik, Tickets, Catering, Security etc.) der Olympischen Spiele und der anschließenden Paralympics sorgen sollen.

- **Infos:** www.athens2004.com/volunteers

Sportlicher Aspekt

Als die Zusage für die Olympischen Spiele erteilt war, äußerten Kritiker Bedenken, dass es in Hellas zu wenige Weltklassesportler gäbe und zudem Athen bzw. Griechenland seit Helsinki/Finnland (1952) die kleinste austragende Nation sei. Die Zweifel scheinen unbegründet: Schon 2000 in Sydney war ein 150 Athleten starkes griechisches Team angetreten, das beachtliche 14 Medaillen holte. 2004 wird der **Heimvorteil** noch mehr Athleten zu Spitzenleistungen anregen. Leichtathletik-Coach *Odysseas Papatollis* meinte unlängst, dass „wir mindestens 20 Medaillen gewinnen werden." Dabei werden nicht nur die zuletzt zur Weltspitze aufgeschlossenen Leichtathleten im Zentrum des Interesses stehen, auch die Gewichtheber- und Basketballwettbewerbe werden sich großer Popularität erfreuen.

Zu den griechischen Medaillen-Anwärtern zählen vor allem folgende Sportler bzw. Teams:

- der Weltklasse-**Sprinter** *Kostas Kenteris*
- die **Kurzstreckenläuferin** *Katerina Thanou*
- die **Speerwerfer** *Mirella Manjani* und *Kostas Gatsioudis*

Tickets, Verkehrsmittel und Unterkunft

- die **Diskuswerferinnen** Katerina Vongoli und Tassoula Kelesidou
- im **Gewichtheben** Ioanna Hatzioannou und Anastasia Tsakiri bei den Frauen sowie Akakios Khakiasvili und Pyrros Dimas bei den Männern
- im **Taekwondo** Michalis Moroutsos
- im **Segeln** (470er-Damen) das Duo Sofia Bekatorou und Emilia Tsoulfa
- das **Basketball-Nationalteam** mit Oldie Nikos Gallis und NBA-Profi Ioakovos „Jake" Tsakalidis und Panathinaikos-Star Antonis Fotsis
- auch im **Softball** hoffen die Griechen mithalten zu können, da 12 der 15 Spielerinnen des Nationalteams und Coach Linda Wells aus den USA stammen.

Olympische Souvenirs sind an jeder Ecke zu finden

Tickets

Für jeden Wettbewerb können Tickets in maximal vier verschiedenen Preisstufen, abhängig von der Größe der Sportstätte, erworben werden und sie kosten weltweit dasselbe. Insgesamt **5.300.000 Karten** stehen zum Verkauf. Wenn die Nachfrage das Angebot übersteigt, wird nach dem Losverfahren vorgegangen. Erklärtes Ziel der Veranstalter ist die Bereitstellung erschwinglicher Tickets, 34% preiswerter als zuletzt in Sydney. Der **Durch-**

schnittspreis liegt bei 35 €, die preiswertesten Tickets sind schon um 10 € zu bekommen, wobei jeweils die Nutzung des **öffentlichen Nahverkehrs im Preis eingeschlossen** ist. **Kostenlos** zusehen kann man z. B. beim Straßenradrennen durch Athen oder beim Marathon-Einlauf.

Am 12.5.2003 begann der Ticketverkauf, zentral organisiert durch das

● **Organising Committee for the Olympic Games ATHENS 2004 S.A.,** O. Kifissias, 11523 Athen, Tel. 210 200 4000, Fax 210 200 4004, www.athens2004.gr bzw. http://tickets.athens2004.com/en/

In Deutschland hat **DERTOUR Frankfurt** als Generalagent den Kartenvorverkauf übernommen. Der Sonderkatalog „live – Olympische Spiele Athen 2004" ist in jedem Reisebüro erhältlich.

● **DERTOUR,** Emil-von-Behring-Str. 6, 60439 Frankfurt Main, Tel. 069/958800, www.dertour.de

Verkehrsmittel

(siehe auch Praktische Tipps, „Öffentlicher Nahverkehr")

Es ist angekündigt, dass Ticket-Besitzer die öffentlichen Verkehrsmittel den ganzen Tag gratis benutzen dürfen, was auf alle Fälle die beste Transportalternative ist. Bis Sommer 2004 soll das Nahverkehrssystem mit weiteren Metrostationen, Trambahn (von der Innenstadt nach Faliro bzw. Glyfada) und 100 km neuen Bus-Spuren ausgebaut sein. Es soll dann auch computergesteuerte Ampeln, neue Verkehrsschilder und strikte Parküberwachung geben. Die Ringstraße wird vom Flughafen zur Küste führen und die National Road südwärts zum Peace and Friendship Stadium in Faliro verlängert sein. Ein Zusammenbruch des Verkehrssystems könnte ausbleiben, da viele Athener im August gewohnheitsgemäß die Stadt verlassen und sich in ihre Ferienasyle zurückziehen. Ob sie das allerdings auch während der Olympiade tun werden, ist fraglich.

Unterkunft

(siehe auch Praktische Tipps, „Unterkunft")

Die Schätzungen der **Besucherzahlen** anlässlich der Olympischen Spiele variieren erheblich, von 150.000 bis 400.000. Die Zahl der Betten in Athen liegt bei derzeit etwas über 60.000 und langfristige **Buchung im Voraus** ist dringend angeraten. Sieben Medien-Dörfer bieten darüber hinaus rund 10.000 Betten für Pressevertreter.

Für den „normalen" Olympiabesucher stehen mehrere Alternativen zur Wahl: Hotels der Mittel- und Unterklasse (da die hochklassigen Hotels bereits größtenteils für die „Olympische Familie" vergeben sind), Privatunterkünfte oder Campingplatz. Betuchtere können auch Segelboote oder Jachten chartern oder ein Zimmer auf einem der sieben **Kreuzfahrtschiffe** im Hafen von Faliro/Piräus mieten. Diese werden ein paar Tausend Menschen beherbergen, darunter die deutsche AIDAvita und die neu gebaute Queen Mary 2 (E-mail: cruiseships@athens2004.gr).

● **AIDAvita:** Deutsche Sport-Marketing, Tel. 069/695801-18, Fax 069/695801-30, E-mail: Heike-Marie.Ebel@DSM-Olympia.de

Eine private Organisation namens „Athens Hospitality" bietet über das Internet (Formular) luxuriöse **Privatunterkünfte** verschiedener Größe und Ausstattung, teils im Stadtbereich, teils im Umland, in günstiger Lage zu den verschiedenen Stadien.

● **Athens Hospitality,** O. Charilaou Trikoupi 76, 106 80 Athens, Tel. 210 361 5127, Fax 210 364 0098, www.athenshospitality.gr

Das größte Unterkunfts- und Begleitprogramm während der Olympiade bieten **DERTOUR** und **Vietentours.** DERTOUR hat sich in seinem **Sonderkatalog** „live" auf Hotels in Athen, Camping, Badeaufenthalte, Ausflüge und die AIDA konzentriert. Vietentours ist ein auf **Sportreisen** spezialisierter Reiseveranstalter, der für Athen 2004 verschiedene Pakete (mit Übernachtungen, Essen, Führungen, Reiseleitung, Infomaterial) offeriert, außerdem ein umfassendes Ausflugs-/Begleitprogramm (Inseln u. a.) und ein großes Angebot an Hotels (Stadthotels, Kiffisia, Apollonküste u. a.).

● **Vietentours,** Incentives & Sportreisen, Bagelstr. 85, 40479 Düsseldorf, Tel. 0211/177000, Fax 0211/1770017, www.vietentours.com

Alternativ wird erwartet, dass Besucher auf die nahe gelegenen **Saronischen Inseln** Aígina, Poros, Spetses oder Agistri ausweichen oder aber auf die etwas ferneren **Klykladeninseln** Kea, Andros, Kithnos, Siros, Tinos, Mykonos, Serifos oder Sifnos – maximal drei Stunden von Athen entfernt. Auch **Euböa** (ab Rafina) oder **Salamis** könnten Alternativen sein. Überhaupt setzt man in Griechenland auf den „Streueffekt", d.h. man hofft, dass Besucher nicht allein wegen des Sports kommen, sondern gleich ihren Urlaub in Hellas verbringen werden.

Sportstätten und Disziplinen

Sportstätten

Der Bau der Sportstätten war zu Drucklegung im Sommer 2003 noch in vollem Gange. Für die Zeit bis zur Eröffnung waren noch an die 40 Test-Events geplant und es wurde seitens des ATHOC verkündet, dass die meisten Sportstätten im Zeitplan lägen. Größtenteils handelt es sich um Umbauten bzw. Renovierungen bestehender Sportstätten, so beim olympischen **Hauptkomplex AOSC** in Maroussi, beim Peace & Friendship Stadium (Faliro) oder beim Karaiskaki-Fußballstadion. Der AOSC mit Olympiastadion, Schwimmzentrum, Basketballhalle, Tennisanlagen und Velodrom war im Sommer 2003 zeitlich etwas im Verzug. Ob die spektakulären Pläne des spanischen Stararchitekten Santiago

OLYMPISCHER ZEITPLAN

Sportart	Ort	13	14	15	16	17	18	19	20	21	22	23	24	25	26	27	28	29
Badminton	GOSC		•	•	•	•	F	•	F									
Baseball	HOC			•	•	•	•		•	•	•		•	F				
Basketball – Vorrunde	HOC		•	•	•	•	•	•	•	•	•	•						
– Finalrunde	OAKA													•	•	•	F	
Beachvolleyball	FOSC		•	•	•	•	•	•	•	•	•	F	F					
Bogenschießen	PA			•	•	•	F	F	F	F								
Boxen	PE		•	•	•	•	•	•	•	•	•	•	•	•	•	•	F	F
Fechten	HOC		F	F	F	F	F	F	F	F	F							
Hockey	HOC		•	•	•	•	•	•	•	•	•	•	•	•	F	F		
Fußball	div. Orte		•	•		•	•		•	•		•	•	•	•	•	F	F
Gewichtheben	NK		F	F	F		F	F	F	F		F	F	F				
Handball – Vorrunde	FOSC		•	•	•	•	•	•	•	•	•	•	•					
– Finalrunde	HOC														•	•	•	F
Judo	AL		F	F	F	F	F	F	F									
Kanu/Kajak – Sprint	SH												•	•	•	•	F	F
– Slalom	HOC					•	F	•	F									
Leichtathletik	OAKA										F	F	F	F	F	F	F	F
Marathon	MA/PA										F							F
Radfahren – Bahn	OAKA									F	F	F	F	F	F			
– Zeitfahren	VG						F											
– Straße	AZ	F	F															
– Mountain Bike	PT															F	F	
Reiten – Springen	MP									•		F			F			
– Dressur	MP							•	F		•	F						
– Vielseitigkeit	MP		•	•	•	F												
Rhythm. Sportgymnastik	GL														•	•	F	F
Ringen – Griech.-Röm.	AL											•	F	F				
– Freistil	AL										•	F				•	F	F
Rudern	SH		•	•	•	•	•	•	F	F								
Schießen	MP		F	F	F	F	F	F	F	F								
Schwimmen	OAKA		F	F	F	F	F	F	F									
Moderner Fünfkampf	div. Orte													F	F			
Synchronschwimmen	OAKA											•	•	F	•	F		
Segeln	AK		•	•	•	•	•	•	•	F	F	•	F	F		F		
Softball	HOC		•	•	•	•	•	•	•	F								
Taekwondo	FOSC														F	F	F	F
Tennis	OAKA			•	•	•	•	•	F	F								
Tischtennis	GL		•	•	•	•	•	•	F	F	F	F						
Triathlon	VG												F	F				
Turmspringen	OAKA		•	•						•	•	•	•	•	•	•		
Turnen – Kunstturnen	OAKA		•	•	F	F	F	F			F	F						
– Trampolin	OAKA						F	F										
Volleyball	FOSC		•	•	•	•	•	•	•	•	•	•	•	•	•	•	F	F
Wasserball – Vorrunde	OAKA			•	•	•	•	•	•	•								
– Finalrunde	OAKA												•	•	•	F	•	F
Zeremonien	OAKA	•																•

Hierbei handelt es sich um einen vorläufigen Zeitplan. Änderungen bleiben ATHOC vorbehalten!

Calatrava, die darauf abzielen, das olympische Zentrum zum Wahrzeichen der Olympiade zu machen, komplett realisiert werden können, wird sich zeigen. Komplette Neubauten stellen u. a. das Nikaia-Stadion für Gewichtheben, die Boxhalle in Peristeri, die beiden Arenen für Beach Volleyball in Faliro und große Teile des Hellinikon Olympic Complex (HOC) am alten Flughafen dar.

Das **Olympische Dorf** entstand am Fuß des Parnitha, einem Hügel im NW der Stadt bei **Acharnes,** ganz aus ökologischen Baumaterialien auf einem Gelände von 1,24 Mio. qm. Es soll 16.000 Athleten und Offizielle beherbergen. Nach den Spielen wird das Areal aus 366 Bauten mit 2292 Apartments der Bevölkerung übergeben. Es handelt sich um ein wichtiges **Städtebauprojekt** und das größte Wohnprojekt Griechenlands, das einmal 10.000 Menschen Wohnraum geben soll.

Das **Haupt-Medienzentrum** besteht aus dem alten HELEXPO Ausstellungs-/Messe-Komplex und zwei neuen Gebäuden nahe dem OCO. Es wird am 13.7.2004 eröffnet und dient den 5500 akkreditierten Journalisten und Fotografen.

Überblick über die Stadien und Wettbewerbe

Athens Olympic Sports Complex in Maroussi
(AOSC oder griech. OAKA)

- Olympic Stadium (75.000 Plätze, **Eröffnungs- und Schlussfeier, Leichtathletik**)
- Olympic **Tennis** Centre (8000)
- Olympic Indoor Hall (18.000, **Turnen, Basketball**)
- Olympic Velodrome (5000, **Bahnradrennen**)
- Olympic Aquatic Centre (11.000, 5000 und 6500, **Schwimmen, Wasserball, Synchronschwimmen, Turmspringen**)

Faliro Coastal Zone
Olympic Sports Complex (FOSC)

- Peace and Friendship Stadium Faliro (14.000, **Volleyball**)
- Olympic Complex (10.000 und 8000, **Taekwondo, Handball**)
- Olympic **Beach Volleyball** Centre (10.000 und 4000)

Helliniko Olympic Complex (HOC)

- Olympic **Baseball** Centre (12.000 und 7000)
- Olympic **Softball** Stadium (8500)
- Olympic **Hockey** Centre (15.000 und 5000)

Abkürzungen

AK: Ag. Kosmas
AL: Ano Llossia
AZ: Athen Zentrum
F: Finale
FOSC: Faliro Coastal Zone Olympic Sports Complex
GI: Galatsi
GOSC: Goudi Olympic Sports Complex
HOC: Helliniko Olympic Complex
MA: Marathon
MP: Markopoulo
NK: Nikaia
OAKA: Athens Olympic Sports Complex
PA: Panathenäisches Stadion
PE: Peristeri
PT: Parnitha
SH: Schinias
VG: Vouliagmeni

Olympische Sportstätten

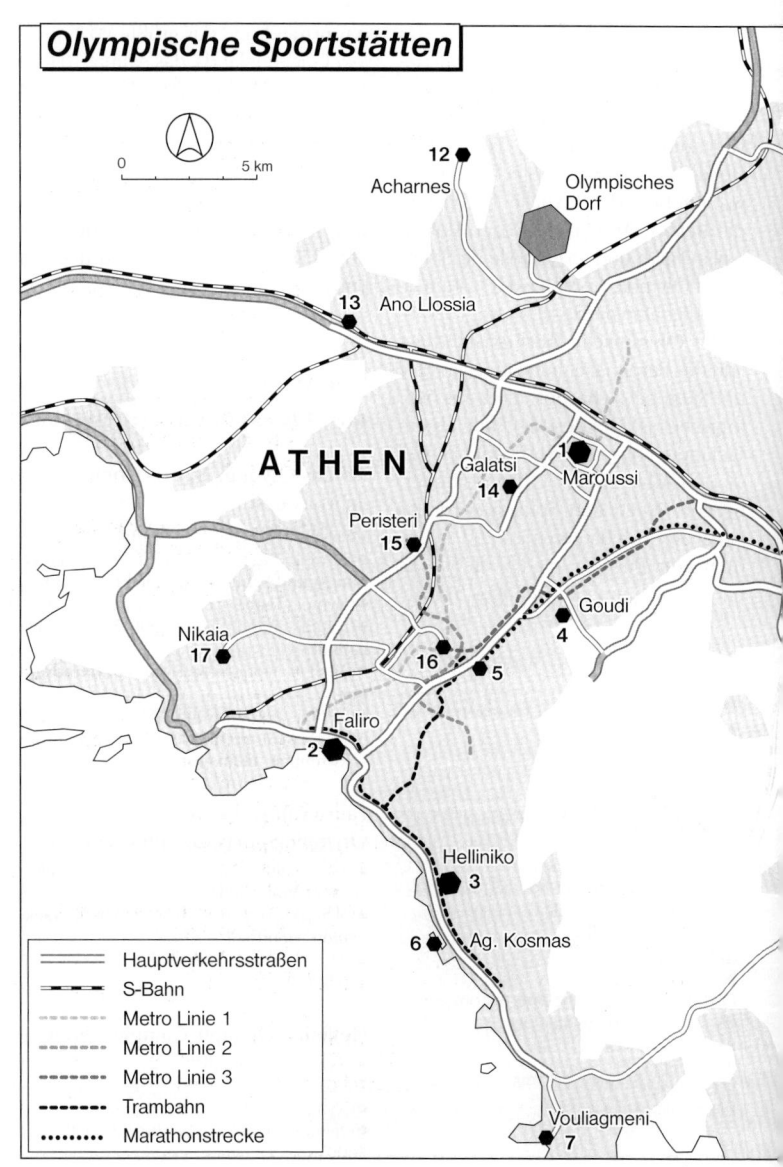

OLYMPISCHE SPORTSTÄTTEN

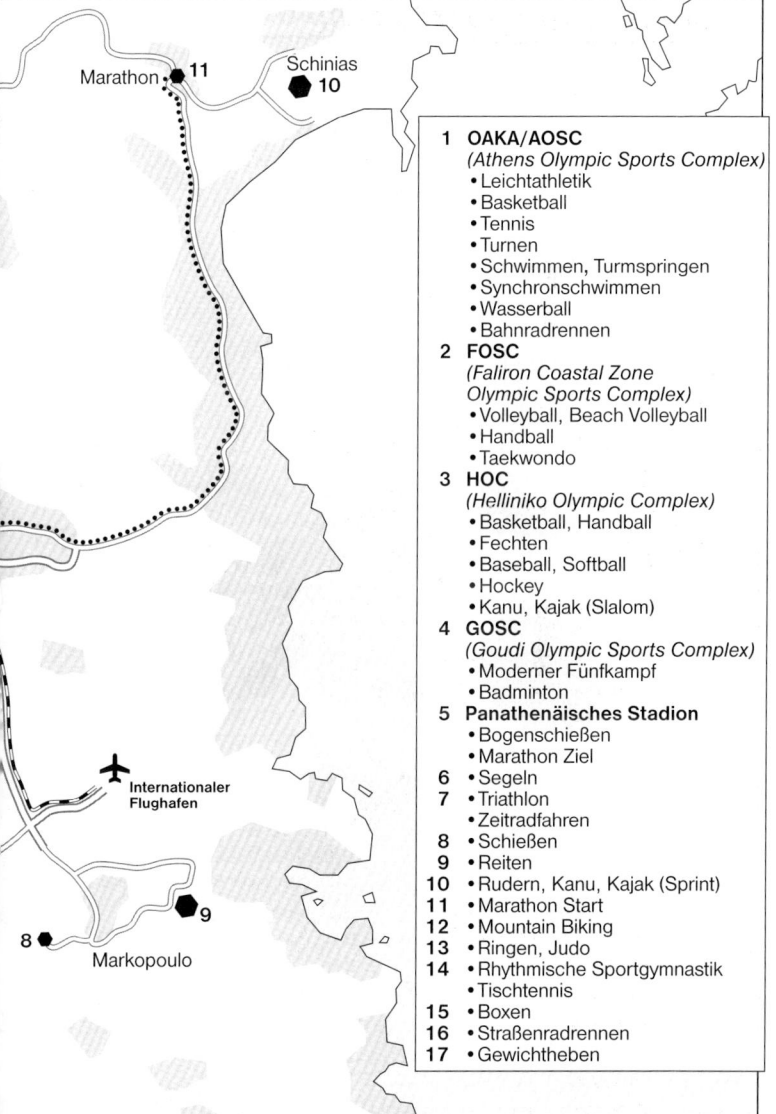

1. **OAKA/AOSC**
   (Athens Olympic Sports Complex)
   - Leichtathletik
   - Basketball
   - Tennis
   - Turnen
   - Schwimmen, Turmspringen
   - Synchronschwimmen
   - Wasserball
   - Bahnradrennen
2. **FOSC**
   (Faliron Coastal Zone Olympic Sports Complex)
   - Volleyball, Beach Volleyball
   - Handball
   - Taekwondo
3. **HOC**
   (Helliniko Olympic Complex)
   - Basketball, Handball
   - Fechten
   - Baseball, Softball
   - Hockey
   - Kanu, Kajak (Slalom)
4. **GOSC**
   (Goudi Olympic Sports Complex)
   - Moderner Fünfkampf
   - Badminton
5. **Panathenäisches Stadion**
   - Bogenschießen
   - Marathon Ziel
6. • Segeln
7. • Triathlon
   • Zeitradfahren
8. • Schießen
9. • Reiten
10. • Rudern, Kanu, Kajak (Sprint)
11. • Marathon Start
12. • Mountain Biking
13. • Ringen, Judo
14. • Rhythmische Sportgymnastik
    • Tischtennis
15. • Boxen
16. • Straßenradrennen
17. • Gewichtheben

Olympischer Hauptkomplex Maroussi

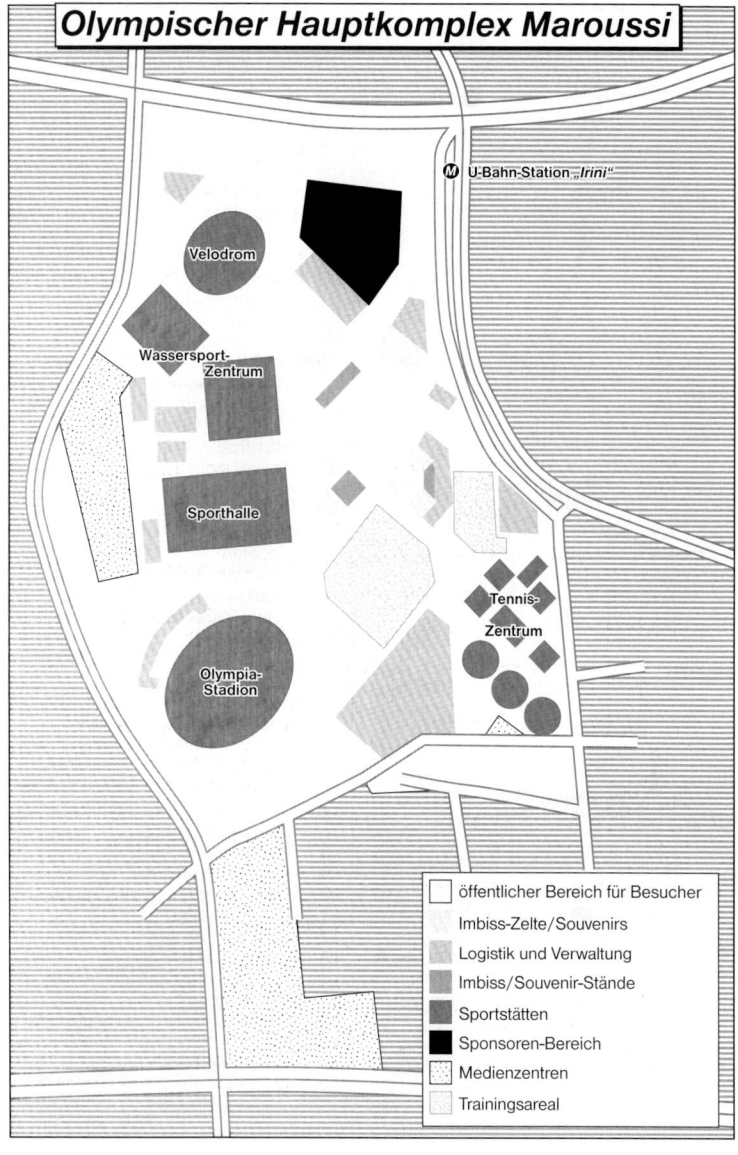

Karte Seite 320

- Olympic Indoor Hall 1 & 2 (15.000 und 5000/3500, **Basketball, Fechten, Handball**)
- Olympic Canoe Kayak Slalom Centre (5000, **Kanu- und Kajak-Slalom**)

Marathon

- Ausgangspunkt **Marathonlauf**
- Schinias Olympic Rowing and Canoeing Centre (14.000, **Kanu-, Kajak-, Ruder-Sprint**)

Goudi
Olympic Sports Complex (GOSC)

- **Pentathlon, Badminton,** außerdem Vorentscheidungen in anderen Sportarten wie **Schwimmen, Reiten, Leichtathletik, Fechten, Schießen**

Weitere Stadien

- Panathenäisches Stadion (45.000 – **Marathoneinlauf**, 5500 **Bogenschießen**)
- Agios Kosmas Olympic Sailing Centre (3000, **Segeln**)
- Vouliagmeni Olympic Centre (3000, **Triathlon, Zeitradfahren**)
- Markopoulo Olympic Shooting Center (8000, **Schießen**)
- Markopoulo Olympic Equestrian Centre (max. 40.000 Zuschauer, **Reiten**)
- Parnitha Olympic Mountain Bike Venue (**Mountainbiking**)
- Ano Llossia Olympic Hall (9300, **Wrestling, Judo**)
- Galatsi Olympic Hall (6000, **Tischtennis, Rhythmische Sportgymnastik**)
- Peristeri Olympic Boxing Hall (**Boxen**)
- Nikaia Olympic Weightlifting Hall (5000, **Gewichtheben**)
- Karaiskaki-Stadion, Faliro (**Fußball-Finalspiel**, Vorrundenspiele in Patras – Pampeloponnisiako Stadion/17.000, in Volos – Panthessaliko Stadion/20.000, in Iraklion/Kreta – Pankritio Stadion (27.000) und Thessaloniki – Kaftantzoglio Stadion/28.000)
- Das **Straßenradrennen** führt durch die Athener Innenstadt mit Start und Ziel am Rathaus am Pl. Ethnikis Antistaseos

Rund um die Olympiade

Paralympics

Zwei Wochen nach den Olympischen Spielen finden die Paralympic Games (**17.-28. Sept.**) statt. 1948 hatte Sir *Ludwig Guttmann* erstmals unter Teilnahme von Veteranen des Zweiten Weltkriegs in Stoke Mandeville, England, einen sportlichen Wettkampf für körperbehinderte Sportler organisiert. Die ersten Paralympics fanden **1960** in Rom statt, seit 1976 gibt es auch Paralympic Winter Games. In Athen werden dazu **4000 Athlethen** aus 130 Ländern erwartet, die sich in 18 Sportarten messen werden.

- **Infos:** www.paralympic.org

Cultural Olympiad 2001-2004

Als **Begleitprogramm** findet schon seit 2001 die Cultural Olympiad statt. Während der Sommermonate werden zahlreiche Veranstaltungen in ganz Griechenland sowie im Ausland in Kooperation von Olympischem Komitee, UNESCO, UN und anderen Organisationen angeboten. Dabei handelt es sich um ein breit gestreutes **kulturelles Programm.** Ein paar Beispiele für das Olympiajahr 2004:

- **9.8.2004** – IOC-Eröffnungszeremoniell in der Athener Concert Hall (Athener Konzerthalle Megaron, Neustadt)
- **15.6.-31.9.2004** – Ausstellung „Magna Grecia. Sport and Olympism in the Hellenic World" (Museum für Kykladische Kunst, Neustadt)

Rund um Olympia

- **15.6.-30.10.2004** – *Dakis Ioannou* Contemporary Art Collection (Dakis Ioannou Hall of Contemporary Art, Nea Ionia)
- **8-12.8.2004** – Ausstellung „Panorama of Greek Contemporary Art" (O. Xenofondos 7, nahe Syntagma)
- **13.-29.8 2004** – Ausstellung „Athens and the Olympic Games 1896 – 1906" (Zappeion, Neustadt)

- **Infos:** www.cultural-olympiad.gr

Ausblick

Olympiade Athen 2004 – Segen oder Fluch?

Wenn nach der Schlussfeier am 29. August 2004 die Stadiontore schließen, wird ein verändertes Athen zurückbleiben. Die Spiele haben endlich die Regierung zum Handeln gezwungen und der erfolgte komplette „Facelift" hat der Stadt gut getan. Der neu entstandene **Archäologische Park** – schon ein Traum König *Ottos* – mit Fußgängerzonen und Begrünung hat Athen lebens- und besuchenswerter gemacht und die **infrastrukturellen Verbesserungen** sind der Stadt sicher auch langfristig zuträglich: 120 km neue Straßen, knapp 8 km neue Metro- und 24 km neue Tramlinien sowie 32 km neue S-Bahn, dazu ein großer, moderner Flughafen und Renovierungen am Piräus- und Faliro-Hafen.

Welche Rolle der **Umweltschutz** nach der Olympiade spielen wird, bleibt abzuwarten. Momentan tut sich viel: Fußgängerzonen und Verkehrsberuhigung, Neubepflanzungen und Park-Renovierungen und das Propagieren umweltfreundlicher Verkehrsmittel könnten durchaus für eine Verbesserung der Lebensqualität im smogverseuchten Athen sorgen. Stolz ist man auch auf ein neu entstandenes **Natur- und Freizeitareal** am Schinias Olympic Rowing and Canoeing Centre bei Marathon. Im Juli 2000 zum Nationalpark erklärt, soll der neu angelegte See zur Rettung des dortigen Feucht- und Vogelschutzgebietes beitragen.

Zahlreiche neue Sportstätten und das Olympische Dorf als Wohnareal bleiben der Bevölkerung erhalten und auch auf kultureller und touristischer Ebene ist viel geschehen: **Renovierungen** (z.B. von National-, Kerameikos- und Byzantinischem Museum) bzw. **Neubauten von Museen** (wie dem Akropolismuseum), **Restaurierungsmaßnahmen** auf der Akropolis und **neue Ausgrabungen** sowie zahlreiche **Hotelum- und -neubauten** schlagen positiv zu Buche. Wirtschaftlich gesehen werden 65.000 neue **Dauerarbeitsstellen** prognostiziert, dazu ein Zuwachs im Tourismus und neue Einkünfte aus dem Dienstleistungssektor. In Sydney und Atlanta war nach den Spielen ein Anstieg an internationalen Besuchern feststellbar und Barcelona erlebte sogar einen Boom. Man wird sehen.

ANHANG

Literaturtipps

Griechische Literatur

- Neugriechische Literatur in deutscher Übersetzung gibt es zahlreich im **Romiosini Verlag,** Köln (www.unisolo.de/romiosini.htm).
- D. Kurtovik, **Griechische Schriftsteller der Gegenwart. Ein kritischer Leitfaden** (Romiosini, Köln 2000)
- P. Tzermias, **Die neugriechische Literatur. Homers Erbe als Bürde und Chance** (Francke Verlag, Tübingen 2001)
- D. Coulmas (Hsg.), **Griechische Lyrik des 20. Jahrhunderts** (Insel, Frankfurt 2001)

Erzählungen, Anthologien

- N. Eideneier/S. Georgallidis (Hsg.), **Die Erben des Odysseus. Griechische Erzählungen der Gegenwart** (dtv, München 2001)
- N. Eideneier/R. Krieg (Hsg.), **Thalassa, Thalassa – Erzählungen und Gedichte vom Meer und seinen Anwohnern. Eine Anthologie** (Romiosini, Köln 2001)
- S. Georgallidis (Hsg.), **Ausflug mit Freundinnen. Eine Anthologie zeitgemäßer griechischer Erzählungen** (griech.-deutsch) (Romiosini, Köln 2002)
- I. Rosenthal-Kamarinea (Hsg.), mehrere **Erzählbände** bei dtv München.

Griechenland/Athen-Beschreibungen

- G. Emrich, **Poetischer Athen-Führer. Athen – Attika. Klassische Stätten** (WBG, Darmstadt 2000)
- J. Gaitanides, **Griechenland ohne Säulen** (Fischer, Frankfurt 1987)
- E. Kästner, **Ölberge, Weinberge** (Insel, Wiesbaden 1974)
- M. Pristl, **Gebrauchsanweisung für Griechenland** (Piper, München 1996)
- P.-L. Völzing, **Athen. Literarische Spaziergänge** (Insel, Frankfurt 2000)

Geschichte

- J. Burckhardt/R.-R. Wuthenow, **Griechische Kulturgeschichte** (Insel, Frankfurt 2003)
- L. De Crescenzo, **Geschichte der griechischen Philosophie I/II** (Diogenes, 1990)
- Moses I. Finley, **Antike und moderne Demokratie** (Reclam, Stuttgart 1980)
- P. Funke, **Athen in klassischer Zeit** (C.H.Beck, Berlin 1999)
- H.-J. Gehrke, **Kleine Geschichte der Antike** (C.H.Beck, Berlin 1999)
- C. Meier, **Athen. Ein Neubeginn der Weltgeschichte** (btb/Goldmann, München 1997)
- K.-W. Welwei, **Das klassische Athen. Demokratie und Machtpolitik im 5. und 4. Jahrhundert** (WBG, Darmstadt 2001)
- K.-W. Welwei, **Die griechische Frühzeit 2000 bis 500 v. Chr** (C.H.Beck, Berlin 2002)
- R. Baumstark (Hrsg.), **Das neue Hellas. Griechen und Bayern zur Zeit Ludwigs I.** (Ausstellungskatalog München, 1999/2000)
- P. Tzermias, **Neugriechische Geschichte. Eine Einführung** (Francke Verlag, Tübingen 1999)

Archäologie

- H. Knell, **Athen im 4. Jahrhundert v. Chr. – Eine Stadt verändert ihr Gesicht** (WBG, Darmstadt 2000)
- U. Knigge, **Der Kerameikos von Athen: Führung durch Ausgrabungen und Geschichte** (Krene Verlag, Athen 1988), an der Kerameikós-Kasse erhältlich
- L. Schneider/C. Höcker, **Die Akropolis von Athen. Antikes Heiligtum und modernes Reiseziel** (DuMont, Köln 1990)
- J. M. Camp, **Die Agora von Athen** (Zabern, Mainz 1989)

Antike Autoren

- Aristoteles, **Der Staat der Athener** (Reclam UB 3010)
- Herodot, **Die Bücher der Geschichte** (Reclam UB 2200, 2204, 2206, 18221)
- Thukydides, **Der Peloponnesische Krieg** (Reclam UB1808)
- F. Eckstein/P. Bol (Hsg.), **Pausanias. Reisen in Griechenland**, 3 Bde. (Artemis & Winkler, Zürich 2001) – Bd.1, Athen

Antike Mythologie

- F. Pfister, **Götter und Heldensagen der Griechen** (Universitätsverlag Winter, Heidelberg 2002)

Glossar

Hinweis: Zu den Architekturbegriffen vgl. auch die Schemazeichnungen weiter unten.

- **Abakus:** rechteckige Deckplatte über einem Kapitell
- **Agon(e):** Wettkämpfe: 1. gymnische Agone (meist Fünfkampf – Lauf, Sprung, Diskus-, Speerwurf und Ringkampf), 2. musische Agone: Auleten (mit Gesang), Kitharisten, Kitharoeden (mit Gesang), Rhapsoden
- **Agora:** zentraler öffentlicher Platz einer antiken Stadt, Mittelpunkt des öffentlichen Lebens und meist als Marktplatz, Gerichtsort und Treffpunkt der Bürger fungierend
- **Akanthus:** florales Dekor an Säulenkapitellen korinthischer Ordnung, der Blattform gleichnamigen Pflanze nachempfunden
- **Akropolis:** allg. erhöhte Schutzburg einer antiken Stadt, Oberstadt
- **Akroter:** Bekrönung von First und Giebelecken, figürlich oder ornamental
- **Amphiprostylos:** Tempel mit beidseitig vor die Front gestellten Säulen, vgl. Prostylos
- **Ante:** pfeilerartige Stirnseite einer Wand, Wandvorsprung
- **Antentempel:** Verlängerung der Cella-Wände an der/den Schmalseite(n), dazwischen stehen in der Regel zwei Säulen (beidseitig: Doppelantentempel) „in antis" – vgl. Prostylos
- **Architrav:** (Epistyl) Teil des Gebälks, horizontales Konstruktionselement über Säulenstellungen, Fenster- und Türöffnungen
- **Basilika:** ursprünglich griechische Bauform der „Königshalle" (hellenistischer Repräsentationsbau), bei den Römern Markt-, Bank- und Gerichtsbasilika und in frühchristlicher Zeit mehrschiffiger Kirchenbau
- **Bouleuterion:** Rathaus bzw. Sitz der Ratsversammlung (Boulé) in antiken griechischen Städten
- **Cavea:** Publikumsraum im Theater, im Halbrund übereinander gestaffelte und durch *cunei* tortenstückartig gegliederte Sitzreihen
- **Cella:** Hauptraum des griechischen Tempels – „Allerheiligstes" – Aufstellungsort des Kultbildes
- **Chiton:** gegürtetes kurzes Männergewand, das auf einer oder beiden Schultern verknüpft wurde; darüber trug man einen Himation (langen Mantel); bei Frauen langes gegürtetes Gewand, dünn und feingefältelt, darüber Himation oder schräges Mäntelchen
- **Choregen:** von der Volksversammlung gewählte finanzkräftige Bürger, die für die Organisation des Chores verantwortlich waren
- **Dädalik:** Übergangsphase zwischen geometrischer und archaischer Kunst in der Monumentalplastik, auch „Früharchaik", benannt nach Daidalos, dem Erfinder der Großplastik aus Kreta
- **Dipteros:** Tempel mit doppelter Säulenstellung ringsum, mindestens 8 Frontsäulen; vgl. **Pseudodipteros**, wo ein verbreitertes Joch eine zweite Säulenstellung vortäuscht
- **Dipylon:** Doppeltor
- **Dreifuss:** dreibeiniger Metall- (meist Kupfer)-Kessel, als Weihgeschenk aufgestellt oder als Siegespreis vergeben
- **Fierstab:** Profilleiste am Gebälk mit plastisch ausgearbeiteten, eiförmigen Ornamenten, wird auch ionisches Kymation oder Kyma genannt
- **Entasis:** Schwellung einer Säule im unteren Teil zum Vermeiden von Starrheit; vgl. Kurvatur
- **Fries:** Reliefband am Gebälk eines Tempels
- **Grab-Naiskos:** Verkleinerungsform von *naos* (Tempel), d.h. Tempelchen, hier tempelartige Fassade mit Bildschmuck (Relief oder Freiplastik des/der Verstorbenen und eventuell von Familienmitgliedern) versehen, als aufwändiges Grabmal fungierend
- **Hydria:** Schöpf- und Trinkgefäß
- **Interkolumnium/Joch:** Abstand zwischen zwei Säulen; Interkolumnium: Zwischenraum zwischen zwei Säulen über dem Stylobat; Joch: Achsabstand
- **Kannelur:** senkrechte konkave Furchen am Säulenschaft, unterschiedliche Zahl je nach Ordnung
- **Kapitell:** oberer Säulenabschluss, der den Architrav trägt. Dorisches K. mit Echinus und Abakus, ionisches mit Voluten, korinthisches mit Akanthusblättern
- **Karyatiden:** weibliche lang gewandete Stützfiguren, die an Stelle von Säulen oder Pfeilern ein Gebälk tragen, benannt nach den Frauen von Karien in Kleinasien. Das männli-

GLOSSAR

che Pendant sind die Atlanten (benannt nach *Atlas*, Träger des Himmelsgewölbes)
- **Kore:** weibliche bekleidete Figur, in der Archaik verbreiteter Typus neben dem *kouros*; charakteristisches „archaisches Lächeln" und häufig Halten einer Frucht, eines Vogels oder eines Kultgegenstandes
- **Kouros:** in der Archaik verbreiteter Typ des nackten Jünglings, Pendant zur *kore*; in der Frühzeit langes „Perlschnurhaar", Körpergestaltung mit schematischen Inskriptionen; Unterscheidung von Landschaftsstilen möglich
- **Krater:** Mischgefäß
- **Kurvatur:** waagerechte Schwingung eines Tempelunterbaus, konvexe Wölbung des Tempelunterbaus zur Mitte hin
- **Kylix:** Trinkgefäß
- **Lekythe:** Salbgefäß
- **Mäander:** beliebtes geometrisches Ornament nach gleichnamigem kleinasiatischem Fluss benannt
- **Mänade:** griech. „die Rasende", Verehrerin des Dionysos, zu mehreren in dessen Gefolge auftretend
- **Megaron:** ursprünglich mykenischer Haustyp, mit langrechteckigem Grundriss und einem Vorraum an der Schmalseite
- **Metope:** rechteckige Platte mit Reliefschmuck am Gebälk eines Tempels, das zusammen mit den Triglyphen beim dorischen Gebälk den Fries bildet
- **Monopteros:** Rundtempel
- **Naos:** Tempel als Ganzer, *naiskos* Verkleinerungsform „Tempelchen", Tempel-Kernbau mit Cella, Pronaos und Ophistodom
- **Nekropole:** Totenstadt, antiker Friedhof
- **Nike:** griechisches Wort für „Sieg" bzw. übertragen für die griechische Göttin, die den Sieg personifiziert. Meist geflügelt mit Kranz und Palme dargestellt.
- **Nymphaeum:** den Nymphen – Quell-Göttinnen – geweihter Bezirk, meist in Verbindung mit Brunnen
- **Odeion:** theaterähnlicher antiker Bau, der künstlerischen Darbietungen diente
- **Ophistodom:** Rückraum eines Tempels (im W), häufig Ort, an dem kultische Gerätschaften, manchmal auch der Staatsschatz aufbewahrt wurde
- **Orchestra:** ursprünglich kreisrunder Tanzplatz des Chores, später im Theater Halbrund zwischen Zuschauerraum und Bühnengebäude, auf dem Schauspieler auftraten
- **Panathenäen:** 566 v. Chr. zu Ehren der Stadtgöttin Athena eingeführtes viertägiges Fest im Monat Hekatombion (Juli/August) mit großem Festumzug und verschiedenen Wettkämpfen, Opfern, Tanz und Musik
- **Peripteros:** Tempel mit einer rings umlaufenden Säulenhalle (Peristasis)
- **Peristasis:** rings um die Cella eines Tempels umlaufende Säulenhalle
- **Peplos:** dickes Frauengewand aus Leinen oder Wolle, durch Fibeln gehaltene Tuchbahn ohne Naht und Ärmel mit Überschlag (*apoptygma*) und gelegentlich Gürtung
- **Peristyl:** Säulenhalle, die einen Hof umschließt
- **Portikus:** römischer Name für die Säulenhalle (*stoa*)
- **Pronaos:** Vorhalle eines griechischen Tempels (meist im O)
- **Propyläen:** Torbau in prächtiger Ausgestaltung, z. B. auf der Akropolis
- **Prostylos:** vgl. *Antentempel*, Antentempel mit vorgestellter Säulenhalle an der Eingangsfront, Amphiprostylos mit einer solchen an beiden Fronten
- **Pseudodipteros:** vgl. *Dipteros*
- **Satyr:** Naturdämon, der zum Dionysos-Gefolge gehört. Wilde, übermütige lüsterne Wesen mit Pferdeschwänzen, oft Pferdehufen und erigiertem Phallus
- **Säulenordnung:** festgelegte Kombination von Säule und Gebälk – drei Hauptordnungen: dorisch, ionisch, korinthisch
- **Skene:** Bühnengebäude eines Theater
- **Spolien:** wiederverwendete Fragmente/Bauteile älterer Bauten
- **Stele:** freistehender Pfeiler oder hochrechteckige Platte, meist als Grabrelief (mit Reliefschmuck) verwendet
- **Stoa:** griechischer Name für Säulenhalle, gleichzeitig hellenistische Philosophenschule, gegründet von *Zenon von Kition* (ca. 334-263 v. Chr.)
- **Temenos:** heiliger Bezirk
- **Tholos:** Rundbau
- **Triglyphe:** Steinplatte zwischen den Metopen, „Dreizahn" aufgrund der drei Kerben
- **Tympanon:** Giebelfeld eines Tempels mit Bildschmuck

Grundrisstypen und Teile d. griech. Tempels

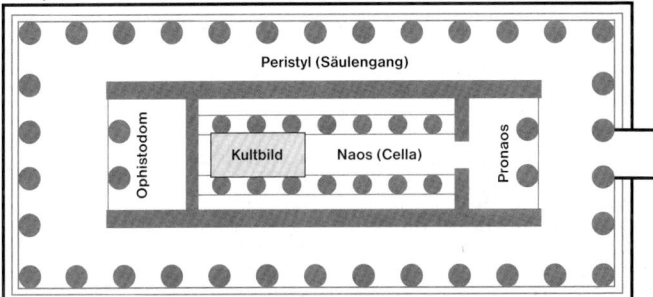
Peripteros

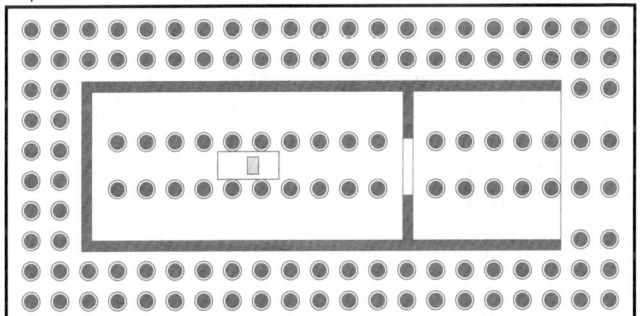
Dipteros

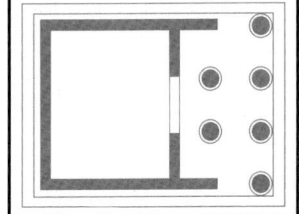
Prostylos

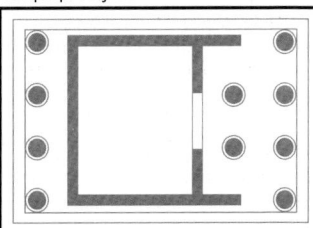
Amphiprostylos

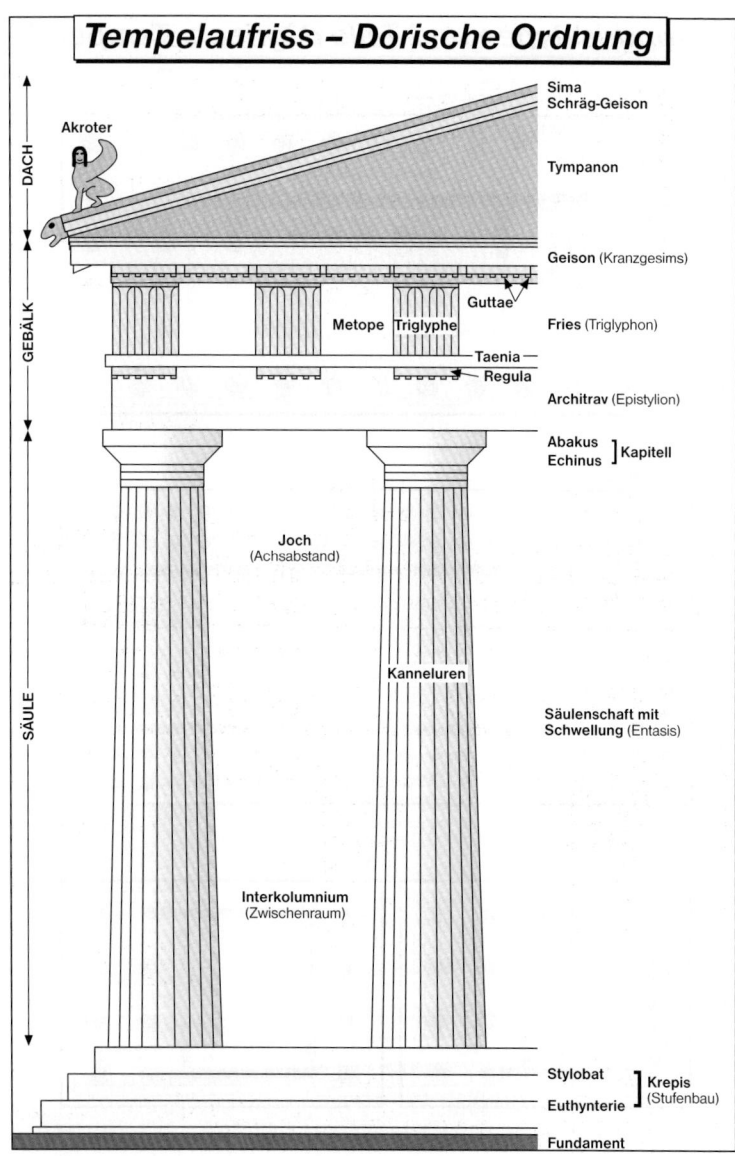

Tempelaufriss Ionische Ordnung

GEBÄLK
- Dach/Giebel
- Sima (Rinnleiste)
- Geison (Kranzgesims)
- Geisipodes (Zahnschnitt)
- Kyma (Eierstab)
- Epistylion (Architrav) mit drei Faszien
- Abakus / Voluten / Echinus } Kapitell

SÄULE
- Säulenschaft mit 24 Kanneluren (Kehlen)
- Basis [Torus (Wulst) / Spira (dop. Trochilus/ Hohlkehle) / Plinthe]
- Krepis (Stufenunterbau)

Tempelaufriss Korinthische Ordnung

GEBÄLK
- Dach/Giebel
- Sima (Rinnleiste)
- Geison (Kranzgesims)
- Geisipodes (Zahnschnitt)
- Kyma (Eierstab)
- Epistylion (Architrav)
- korinthisches Kapitell

SÄULE
- Säulenschaft mit 24 Kanneluren (Kehlen)
- Basis [Torus (Wulst) / Spira (dop. Trochilus/ Hohlkehle) / Plinthe]
- Krepis (Stufenunterbau)

Register

Agía Dinámis 224
Agia Ekaterini 220
Agia Triada (Piräus) 286
Agii Anargiri 217
Agii Apóstoloi 195
Agii Theodori 253
Agios Asomáton 229
Agios Dimitris Lombardaris 173
Agios Dionysios Areopagites 214
Agios Georgios (Psirrí) 232
Agios Georgios (Lykabettos) 278
Agios Ioannis Eleftherios 228
Agios Ioannis stin Kolonna 232
Agios Ioannis Theologos 218
Agios Konstantinos 235
Agios Nikolaos Rangavis 218
Agios Spiridon 215
Agonen 310
Agora 48, 185
Agora-Museum 194
Agoranomion 214
Aígina 306
Airport Eleftherios Venizelos 28
Akademie der Wissenschaften 251
Akropolis 35, 42, 48, 76, 80, 132
Akropolis-Nordabhang 170
Akropolis-Museum 165
Akropolis-Südabhang 48, 158
Alexander der Große 89, 134
Alexandros Soutsos Museum 274
Alkibiades 87
Alter Athenatempel 156
Alter Palast 262
Altes Parlament 254
Altstadt 204
Ambulanz 44
Anafiotiká 217
Angelopoulos, Theo 107
Ankunft 28
Anreise 18
Apollonküste 295
Apotheken 44
Archaische Epoche 81
Archaische Kunst 82
Archäologische Fußgängerzone 170
Archäologisches Museum (Piräus) 48, 287

Archäologisches Nationalmuseum 48, 239
Architektur 103
Areopag 76, 171
Areos Park 247
Aristogeiton 83, 190
Arrephorion 157
Artist's Building 239
Arzt 44
Asienfeldzug 89
Asklepieion 160
Athena 79, 147, 151
Athena-Nike-Tempel 142
Athener Schule 104
Athener Staatsoper 72
Athener Stadtmuseum 48, 253
Athener Trilogie 250
Athinaida 73
Attalos-Stoa 193
Attika 76
Augustus 90
Ausflüge 293
Ausgrabungsstätten 47
Auslandskrankenschein 44
Ausreisebestimmungen 22
Autofähren 20
Autofahren 30
Autonomie 94
Autovermietung 31
Averoff, Georgios 266, 312

Bahnhof 57, 234
Bakoyianni, Dora 123
Banken 44, 59
Bayern 97
Befreiungskampf 93, 273
Behinderte 31
Belvedere 150
Benaki Museum 48, 269
Beulé-Tor 140
Bevölkerung 120
Bibliothek des Pantainos 195
Botanisches Museum 264
Botschaften 32, 52
Bouleuterion 198
Bouzouki 113
Bouzouki-Tavernen 49
Brauron 303
British Council Library 276
Bronzestandbild der Athena Promachos 141

Buchläden 35, 254
Burgberg 132
Bürgerkrieg 98
Busse 29
Byzantinisches Athen 92
Byzantinisches Museum 48, 271

Centre for Contemporary Art 73
Centre for the Study of Traditional Pottery 229
Chatzidakis, Manos 115
Choregendenkmal d. Nikias 160
Cultural Olympiad 323

Dareios 85
Demokratie 83
Denkmal der Eponymen Heroen 199
Deutsche Schule Athen 73
Deutsches Archäologisches Institut 249
Dionissiou Areopagitou 252
Dionysos-Heiligtum 164
Dionysos-Theater 48, 161
Diplomatische Vertretungen 31
Dipylon 178, 183
Diskos 48
Dorische Wanderung 80
Drakon 81
Dunkles Zeitalter 80

Einkaufen 32
Einkaufsviertel 34
Einreisebestimmungen 22
Eintrittspreise 35
Eisenbahn 57
Eisenbahnmuseum 48, 235
Elafrolaika 118
Elefsina 301
Eleftherios-Venizelos-Museum 275
Elektriki 52, 56, 280
Elgin Marbles 136
Elytis, Odysseas 110
E.O.T. 14, 45, 59, 254
Erechtheion 150
Erechtheus 79
Erholung 61
Essen 36, 65
Essenszeiten 39
Eumenes-Stoa 160

REGISTER

Euro 42
Evzonen 262
Exarchía 49, 245

Fähren 20, 58
Fährhafen Kantharos 283
Faliron Delta 291
Feiertage 39
Fernsehen 47
Feste 39
Fethiye-Moschee 214
Film 107
Flohmarkt 35, 206
Flüge 28
Flughafenbusse 29
Flugzeug 19
Fotografieren 41
Fremdenverkehrsamt 14
Frissiras Museum 48, 221
Frühzeit 79
Führungen 42
Fußgängerzone 61

Gaia Centre 48, 295
Gazi Factory Workshops 177
Gazi Technopolis 73
Geld 42, 125
Geografie 76
Geografie (Piräus) 281
Georg I. 96
Gepäckaufbewahrung 28
Geschichte 75
Geschichte (Piräus) 282
Gesundheit 44
Getränke 40
Ghikas-Galerie 257
Ghikas, Nikos 105
Glyfada 49, 62, 299
Goethe Institut 73
Goulandris-Museum/Naturhistorisches Museum 48, 294
Grab des Unbekannten Soldaten 262
Gräberluxusgesetz 182
Grecotels 68
Griechische Medaillen-Anwärter 314
Griechische Nationaloper 72
Große Mitrópolis 223

Hadrian 91, 134, 168, 210

Hadriansbibliothek 210
Hadrianstor 168
Hafen 283
Hansen, Theophil 250
Harmodios 83, 190
Hauptfriedhof 266
Haustiere 23
Heiliges Tor 182
Heliaia 197
Hellenismus 89
Hephaistostempel 186, 199
Herodes-Atticus-Theater 158
Herodot 84
Heruler 91
Hipparchos 83, 190
Hippias 83, 190
Historisches Nationalmuseum 48, 254
Hotelbuchung 68
Hotel-Kategorien 66
Hotels 69
Hotelsuche 68
Hygiene 44
Hymettos 302

Ilias-Lalaounis-Schmuckmuseum 48, 170
Iliou Melathron 255
Informationsstellen 14, 45, 59, 254
Internet 63
Internetadressen 14, 310
Internet-Cafés 64

Jüdisches Museum 48, 222
Jugendherbergen 71
Junta der Obristen 100

Kästner, Erhart 120, 130, 132
Kanellopoulos Museum 48
Kap Sounion 299
Kapelle Metamorfosis tou Sotiros 217
Kapnikaréa-Kirche 224
Kapodistrias, Ionnis 94
Karaghiozis 219, 220
Karamanlis, Konstantin 99
Kastella (Piräus) 290
Kavouri 62
Kazantzakis, Nikos 111
Kekrop 79, 154

Kerameikós 48, 177
Kerameikós-Museum 184
Keramikabteilung des Museums für griechische Volkskunst 206
Kifissiá 49, 294
Kinder 45
Kindermuseum 48, 221
Kino 71, 73
Klassische Kunst 88
Klassizismus 103
Kleanthes, Stamatios 101
Kleidung 17
Kleine Mitrópolis 223
Kleisthenes 83
Klepsydra-Quelle 172
Klima 16, 76
Kloster Dafní 301
Kneipen 49
Kolonáki 268, 275
Kombiticket 35
Königsschloss 102
Konsulate 32
Konzerthalle Megaron 72
Kore 82
Kouros 82
Krankenhaus 44
Kreditkarte 43, 52
Kriegsmuseum 48, 273
Kunst 103

Laika 118
Lange Mauern 173, 282
Lávrio 303
Lebensmittelpreise 38
Leoforos E. Venizelou 249
Leoforos Panepistimíou 249
Lepta 42
Literatur 109
Lofos Strefi 245
Lord Elgin 134, 136
Ludwig 97, 101, 132, 204, 264
Lufthansa 28
Lycabettos-Theater 72
Lykabettos 277
Lysikrates-Denkmal 218

Maskottchen (Olympia) 314
Marathon 85, 304
Märkte 35
Medien 45

Anhang

REGISTER

Medienzentrum (Olympia) 319
Medizinische Vorsorge 25
Medrese 214
Megali Idea 98, 109
Megaron Dimitrou 258
Megaron Melas 233
Megaron Moussikis 275
Megaron Psichas 268
Mehmet II. 92
Mehrwertsteuer 38
Melina Mercouri Cultural Center 73
Mercouri, Melina 39, 122, 137, 267, 280
Metaxas, Ioannis 98
Metaxourgio 234
Metro 29, 53
Metroon 198
Mietwagen 21
Mikrolimano 290
Militärdiktatur 99
Miltiades 85
Mitsotákis, Kostas 100
Mittelstoa 196
Mobiltelefone 64
Monastiráki 205
Moni Asteri 302
Moni Kaisariani 302
Moussio 238
Museen 47
Musenhügel 76, 173
Museum der Athener Universität 217
Museum der Mineralogischen Gesellschaft 303
Museum für griechische Kinderkunst 48, 222
Museum für griechische Volksinstrumente 48, 215
Museum für griechische Volkskunst 48, 215, 221
Museum für Kykladische Kunst (Museum Goulandris) 48, 270
Museumsmeile 268
Museumsshops 35
Musik 113
Mythische Vorzeit 79

Nachtleben 48
Nationalbibliothek 250
Nationalfeiertag 94
Nationalgalerie 48, 274
Nationalgarten 61, 263
Nationaltheater 72, 235
Naxos Easter Lamb and Cheese Market 229
Nemesis-Heiligtum 304
Neo Faliro 298
Neues Schloss 264
Neustadt 238
Nikias-Frieden 87
Nordabhang der Akropolis 172
Notfall 51
Numismatisches Museum/ Iliou Melathron 48, 255
Nymphäum 195
Nymphenhügel 76, 176

Ochi-Tag 41, 98
Odeion des Agrippa 192
Odeion des Herodes Atticus 72, 158
Odeion des Perikles 164
Öffentlicher Nahverkehr 52
Öffnungszeiten 32, 59
Öffnungszeiten (Museen) 47
Olympic Airways 28
Olympieion 48, 168
Olympische Spiele 81, 308
Olympische Spiele d. Antike 310
Olympische Spiele der Neuzeit 312
Olympischer Zeitplan 318
Olympisches Dorf 319
Olympisches Komitee 312
Olympische Wettbewerbe 319
Osmanisches Athen 92
Ost-Propylon 214
Otto 96, 101, 199, 251, 258

Panagia Chrisokastriotissa 215
Panagia Pantánassa 206
Panagia Theotokos 152
Panathenäen-Straße 191
Panathenäen 148, 310
Panathenäisches Stadion 265
Panhellenischer Krieg 89
Papadopoulos, Georgios 100
Papandreou, Andreas 100, 267
Paralympics 323
Parlament 262
Parthenis, Konstantinos 104
Parthenon 144
Paul (König) 99
Paul und Alexandra Kannellopoulos-Museum 215
Pausanias 134
Peanía 302
Pedion Areos 247
Peisistratos 81, 148
Peloponnesischer Bund 87
Peloponnesischer Krieg 87
Pentekontaëtie 86
Perikles 86, 144
Perserkriege 84
Perserschutt 85, 133
Personalausweis 22
Pest 87
Philopappos-Monument 173
Philosophenschulen 89
Piräus 280
Pkw 20
Pláka 49, 207
Platía Alexandras (Piräus) 290
Platía Dexameni 277
Platía Exarchion 245
Platia Iroon 49
Platía Kanari (Piräus) 290
Platía Klafthmonos 253
Platía Kolokotroni 254
Platía Kolonáki 276
Platía Kórai (Piräus) 286
Platía Mitropóleos 223
Platía Monastiráki 205
Platía Omonia 103, 235, 249
Platía Syntagma 103, 249, 258
Pnyx 76, 176
Politik 120
Polizei 52
Polytechnische Universität 239
Pompeion 182
Porto Rafti 303
Poseidon 79, 147, 151
Poseidon-Heiligtum 300
Poseidon-Küste 299
Post 59-60
Poulopoulos-Hutfabrik 177
Profitis Ilias 290
Propyläen 140
Próton Nekrotafíon Athinón 266
Psirrí 49, 227

REGISTER

Radio 47
Rafina 304
Rathaus 234
Rauchverbot 44
Reisekrankenversicherung 25
Reisepass 22
Reiseplanung 18
Reisechecks 43
Reiseveranstalter 18
Reisezeit 16
Religion 120
Rembetiko 114, 228
Rembetiko-Lokale 48
Rhamnus, Grabungsgelände 304
Ritsos, Giannis 110
Roma-Augustus-Tempel 134, 150
Römer 134
Römische Agora 48, 187, 212
Römisches Athen 90
Römisches Bad 169
Rückreise 18

Salamis 85, 307
Saronischer Golf 306
Savvopoulos, Dionysis 117
S-Bahn 29, 55
Schattentheater 219
Schaubert, Eduard 101
Schifffahrtsmuseum (Piräus) 48, 289
Schinkel, Karl Friedrich 103
Schlacht von Marathon 85
Schliemann, Heinrich 255, 267
Seeschlacht bei Salamis 85, 306
Seferis, Giorgos 111
Sicherheit 61
Simítis, Kostas 100
Smog 77
Solon 81
Soodochos Pigi 249
Sotira Kottaki 221
Sotira Likodimou 222
Souvenirs 33
Sparta 87
Speisekarte 38
Spezialitäten 33
Sport 61
Sportarten (Olympia) 319
Sportstätten (Olympia) 317

Sprache 62, 109
Stadien (Olympia) 319
Stadtbusse 53
Stadtmauer 173
Stadtpark 245
Stadtrundfahrten 42
Städtische Pinakothek 232
Standseilbahn 277
Stephanópoulos, Kostis 100
Stoa Basileios 202
Stoa des Zeus Eleutherios 201
Stoa Poikile 187
Stoa tou Bibliou 73
Strand 61, 295, 298, 304, 307
Strom 63
Südstoa 196
Sulla 90, 134

Tanztheater Dora Stratou 73
Taxi 29, 58
Telefon 63
Telefonvorwahl 63
Tempel des Apollon Patroos 201
Tempel des Ares 191
Tempel des Olympischen Zeus 168
Tempelbezirk der Artemis Brauronia 144
Theater 71, 162
Theatermuseum 252
Themistokles 85, 169, 282
Theodorakis, Mikis 116
Theseus 80
Thissio 49, 177
Tholos 197
Thorikós 303
Thukydides 76, 86
Tickets (Olympia) 315
Ton & Licht-Show 73
Tor der Athena Archegetes 214
Tourismus 126
Touristenpolizei 51
Trachtenmuseum 276
Tram 55
Trinken 36
Trinkgeld 39, 64
Trödelmarkt 206
Trolley Busse 52
Tropfsteinhöhle 303
Turm der Winde 213
Tyrannenmörder 83, 190, 191

Tyrannis 81
Tzisdaraki-Moschee 206

Überlandbusse 57
Uhrzeit 65
Umgangsformen 65
Umschrift 62
Umsiedelungsaktion 98, 109
Umweltschutz 77
Universität 251
Unterkunft 21, 65, 316

Vari 62, 299
Varkiza 62, 299
Vasenmalerei 82
Venizelos, Eleftherios 98
Veranstaltungen 71
Veranstaltungsorte 72
Verhaltenstipps 65
Versicherungen 23, 51
Verwaltung 120
Villa Danai 268
von Gärtner, Friedrich 103
von Hansen, Theophil 103
von Klenze, Leo 102, 238
Vorres Museum 302
Voula Beach 62
Vouliagmeni 62, 299

Wachwechsel 262
Weltkulturerbe 135
Wirtschaft 124

Xerxes 85

Zappas, Evangelos 311
Zappeion 264
Zappian Olympics 311
Zea-Hafen 290
Zeittafel 78
Zeitungen 45
Zentralmarkt 34, 232
Zentrum für Akropolisstudien 164
Zentrum für Volkskunde und Tradition 48, 222
Ziller, Ernst 103
Zoll 23
Zug 20, 57
Zweiter Weltkrieg 98, 273
Zwölf-Götter-Altar 202

Die Autoren

Margit Brinke und Peter Kränzle sind promovierte Klassische Archäologen (Universitäten Augsburg/Würzburg), die sich nach Studium und mehrjähriger Ausgrabungstätigkeit dem Reise-, Kultur- und Sportjournalismus zuwandten. Seit 1995 als freie Journalisten und Autoren tätig, konnten sie sich einen Namen im Reise- und Sportjournalismus machen und arbeiten heute für verschiedene Buch- und Zeitschriftenverlage.

Im REISE KNOW-HOW Verlag liegen bereits die City Guides „New Orleans", „New York" und „San Francisco" sowie das Reisehandbuch „Kreta" vor, der Band „USA. Der große Süden" ist in Vorbereitung. Mehrere Titel über Rom, ein Reiseführer Andalusien sowie der REISE KNOW-HOW-Kretaband führten die Autoren in den letzten Jahren verstärkt zu ihren „Wurzeln" – zu Archäologie, Geschichte und Kunstgeschichte – und damit in den Mittelmeerraum zurück. „Athen" ließ alte Studienzeiten wieder aufleben, als man fast jede Semesterferien dorthin reiste, und gab Gelegenheit, die Stadt nun in ihrer bunten Vielfalt neu zu entdecken.